현대 정신분석과 기독교 영성

대상관계이론 I 자기심리학 I 애착이론 I 상호주관주의 I 정신화

편저자 이 만 홍

공동저자 김미희 · 김윤희 · 유현주

로뎀포레스트

차례

책 머리에   8

01
시작하는 글 ㅣ 이만홍   13

02
묵상적 영성과 영성지도 ㅣ 이만홍   37

03
대상관계 이론 ㅣ 유현주   57

04
대상관계 이론과 기독교 영성 ㅣ 이만홍   83

05
자기심리학 ㅣ 김윤희   111

06
자기심리학과 기독교 영성 ㅣ 이만홍   143

07
애착이론 ㅣ 유현주   165

08
애착이론과 기독교 영성 ㅣ 이만홍   195

09
상호주관주의 ㅣ 김미희   217

10
상호주관주의와 기독교 영성 ㅣ 이만홍   251

11
정신화 ㅣ 김미희   285

12
정신화와 기독교 영성 ㅣ 이만홍   315

13
마무리하는 글   331

책 머리에

지금 시대의 대표적인 키워드를 말하자면 치유와 영성이라고 할 수 있다. 저자들은 치유는 성숙과 같은 연장 선상에 있으며, 여기에는 두 차원, 즉 심리적 차원과 영적인 차원이 있다고 생각하는데, 이 두 차원의 지혜들이 통합되어야 온전한 치유와 성숙이 가능하다고 본다. 그 길은 멀고 요원해 보이며. 이 책은 그 길에서 하나의 출발지이다. 저자들은 오랜 동안 심리치료의 현장에서 그 한계점과 온전한 치유를 위한 통합의 문제를 고민하여 왔으며, 이제 더는 앉아서 궁리만 할 게 아니라 다소 무모하더라도 실천적인 방법에 발을 내디뎌야 하겠다는 각오를 하게 되었고, 그 구체적인 첫 발걸음으로 우선 두 차원의 실천적인 방법인 현대 정신분석과 영성지도를 선택하여 두 분야의 이제까지의 성찰들을 비교 적용하는 시도를 한 것이 이 책을 출간하게 된 계기이다. 지난 수 년간 우리는 SoH심리영성센터를 비롯하여 몇몇 대학원에서 같은 주제로 강의한 원고들을 정리하고 다듬었다. 당초 현대 정신분석이라는 흐름이 워낙 거대하고 다양했기 때문에 책임 편저자인 이만홍은 각각의 전문성을 높이기 위하여 몇몇 분들을 초대하였는데, 즉 대상관계 이론과 애착 이론에 유현주 선생, 자기심리학에 김윤희 선생, 그리고 상호주관주의와 정신화에 김미희 선생을 초대하여 각각의 기본적인 이론들을 비교적 독자들이 이해하기 쉽게 소개하는 작업을 의뢰하였고, 이에 대한 각각의 지혜와 성찰을 기독교 영성과 비교 고찰하는 작업은 책임 편저자인 이만홍이 맡았다. 감사하게도 각 선생들은 초대를 흔쾌히 수락하여 즐거운 마음으로 참여하였다.

그렇게 해서 이 책은 서론에 해당하는 '1장 시작하는 글'에서는 온전한 성숙과 치유를 위해서는 현대 정신분석과 기독교 영성의 성찰들이 비교 통합되어야 할 필요성을 제시하였다. 이어서 '2장 묵상적 영성과 영성지도'에서는 이 책에서 주로 다룰 현대 정신분석의 성찰들에 대비할 기독교 영성의 현대적 주류인 묵상적(관상적) 영성에 대한 소개를 간략히 서술하였다. 그리고 3장부터는 현대 정신분석의 주요 흐름들을 순차적으로 소개하였는데, '3장 대상관계 이론'에서는 Winnicott의 이론을 중심으로 한 대상관계 이론의 주요 주제들을 간결하게 제시하였고, '4장 대상관계 이론과 기독교 영성'에서는 이 주제들과 관련되는 기독교 영성의 성찰이 어떻게 만날 수 있는지의 가능성을 기술하였다. 이런 식으로 5장과 6장에서는 자기심리학, 7장과 8장에서는 애착이론, 9장과 10장에서는 상호주관주의, 11장과 12장에서는 정신화 이론들의 주요 주제들을 설명하고, 이와 관련된 기독교 영성의 성찰들과의 연결을 모색하는 시도를 하였다. 이상의 성찰들은 물론 아직은 너무나 부족하고 이 분야에 있어서 하나의 출발에 불과하다고 생각하며, 앞으로 후학들이 더욱 깊이 풍성하게 성찰을 이루어 가기를 바라는 마음을 가지고 '13장 마무리하는 글'을 마쳤다. 현대 정신분석의 여러 이론들이 어느 것 하나 예외없이 분석가들의 소중하고도 깊은 성찰을 보여주고 있지만, 편저자의 입장은 현대의 심리영성적 상황에 비추어서 특별히 상호주관주의와 정신화 이 두 이론의 성찰들과 기독교 영성과의 관련성에 각별히 주의를 기울였다. 독자들이 이 부분에 보다 많은 관심을 가져 주기를 바란다.

 이 책은 일차적으로 그리스도인들, 특히 치유와 성숙의 작업의 현장에서 땀을 흘리고 있는 심리치료자들과 영성 동반자들, 목회적 돌봄에 몸과 마음을 바치고 있는 이들을 위한 책이다. 저자들 역시 오랫동안 기독교 공동체 안에서 심리치료자와 영적 동반자들로 활동해 왔기 때문에 온전한 치유와 성숙의 통합을 위한 카운터 파트인 영성 쪽에 관해서는 오늘날 우리 사회에서 풍미하는 불교전통의 영성은 이 책의 논의에서는 제외하였고, 1960년대부터 북미를 중심으로 기독교 전통 속에서 새롭게 발굴되어 확장되어 가고 있는 묵상적(관상적) 영성(contemplative spirituality)을 주목하였으며, 그 실천적인 영성수련의 방법인 영성지도 (spiritual direction)의 방법과 성찰을 소개하였다. 그 이유는 앞으로 이 책에서 반복하여 설명하겠지만, 저자들은 기독교 영성의 독자적이고도 풍성한 가치는 인간과 인간, 인간과 하나님 간의 관계성과 그 사이에서 경험되는 정서(experienced affect)에 있다고 보며, 바로 이러한 기독교 전통의 영성적 특성들 그 자체가 바로 현대 정신분석에서 새삼 강조하고 있는 주제들이기 때문에 이 둘 사이의 관련성을 염두에 두고 이 책을 저술하였다. 그러나 아직 묵상적(관상적)영성에 관하여 잘 모르는 독자들을 위하여 '2장 묵상적 영성과 영성지도'를 덧붙임으로 독자들의 이해를 돕고자 하였다. 단 여기서 독자들의 인내와 양해를 구해야 할 점이 있는데, 그것은 오늘날 기독교 영성의 칼라가 너무나도 다양하고, 특히 저자들이 이 책에서 주목한 관상적 영성이 비교적 진보적이고 자유주의적인 신학과 영성을 탐구하는 사람들에 의하여 소개되어 온 데 반하여, 저자들은 비교적 보수적이고 복음주의권에 가까운 개혁신앙의 영성적 칼라를 유지하고 있기 때문에, 독자에 따라서는 저자들의 관점이 다소 편협하거나 일부에 치우쳐 있다는 인상을 받을 수 있다는 점이다. 할 수만 있으면 모든 사람과 화해하라는 사도 바울 선생의 가르침을 염두에 두면서 넓은 마음으로 이 책을 읽어나가 주길 바랄 뿐이다.

한 가지 추가로 주의를 환기하고자 하는 것은 독자들이 되도록 이 책을 어렵지 않고 부드럽게 읽어 나갈 수 있도록 하기 위하여, 책을 저술하면서 제시하게 되는 참고서적이나 까다로운 추가 설명들, 지나치게 세세한 학술적인 언급들은 이 책의 말미에 있는 후주로 미루어 두었으므로, 혹 읽다가 추가적인 궁금증이 있는 독자들은 후주를 참고하면서 읽기를 바란다.

이 책을 쓰게 된 배경에는 주님이 온전한 치유와 성숙을 바라신다는 저자들 나름의 부족하나마 부르심에 대한 감각이 있기 때문이며, 따라서 감사한 마음으로 모든 이들이 기쁘게 이 길로 함께 가게 되기를 초대하고 싶다. 그 밖에도 이 책의 편집과 출간에 희생에 가까운 봉사를 해준 장지원 선생에게 감사를 표하며, 함께 이 주제들에 대한 토론에 기꺼이 참여해 온 SoH연구소 모든 공동체 식구들에게도 감사한다.

2022년 6월 저자들을 대표하여

길나그네 이 만 홍

1장 시작하는 글

이 만 홍

그러므로 하늘에 계신 너희 아버지의 온전하심과 같이 너희도 온전하라
(마 5:48)

정신분석과 기독교 영성, 통합의 길, 어디서, 어떻게?

상담가나 심리치료사와 같이 정신건강 일에 종사하는 크리스천 전문
가라고 한다면 우리 모두가 오래 전부터 마음 속에 고민으로 담아왔으
면서도 어디서건 한번도 제대로 속 시원하게 지도를 받았거나, 드러내
놓고 본격적으로 토론해 본 적이 없는 의문이 한 가지 있다. 그 의문은
매일 매일 우리가 하는 임상 치료현장에서 맞닥드리는 문제이지만, 번
번이 대충 그냥 덮고 넘어 갈 수 밖에 없는, 그러나 언젠가는 해결해야
할 매우 절실한 문제이기도 하다. 그 의문이란 바로 우리가 정신건강 전
문가로서 치료현장에서 오랫 동안 교육과 수련을 받아 온 심리치료의
원리와 기법을 따라야 한다는 것과, 다른 한 편으로는 오랫동안 그리스
도인으로 살아오면서 우리 자신의 삶에서 실천해야 한다고 믿고 있는
기독교적 신앙의 가치관들을 어떻게 서로 조화있게 적용하여 우리의 도
움을 바라고 찾아온 내담자들을 제대로 도울 수 있는가 하는 의문이다.
현실은 이 두 가지, 심리치료적인 원리들과 기독교적인 성찰들, 즉 심리
학과 영성이 우리 머리와 가슴 속에서 따로 놀고 있기 때문인데, 이제는
더 이상 이 문제를 그대로 방치해 둬서는 안된다는 것을 시간이 갈수록
느끼게 된다.

저자가 오랫동안 전공으로 삼아온 심리치료는 대략 1900년부터 시작된 정신분석적인 이론을 시작으로, 그로부터 매우 다양한 심리치료의 방법들이 만개하였다. 정신분석을 필두로 하여, 역동심리치료, 인지 행동요법, 인본주의 심리요법, 가족치료, 집단심리치료 등등 이루 다 열거할 수 없이 다양한 치료법들은 오랜 동안 인류를 괴롭히던 많은 정신병리 현상들을 손 댈 수 없는 신비의 영역으로부터 이해가 가능한 치유의 현장으로 끌어내려, 상당부분, 적어도 일부 그리고 일시적으로나마 치유하는 성과를 이루었다. 그렇게 해서 정신분석을 시작으로 한 여러 다양한 심리치료 방법들은 거의 한 세기를 풍미하였고, 이제는 현대 사회의 정신건강에 크게 기여하는 매우 현실적이고도 확실한 치료모델로 굳게 자리를 잡게 되었다. 온갖 정신병리를 비롯하여, 인간관계의 모든 갈등과 모순, 일견 보기에는 성숙하지 못해 벌어지는 가족 간의 갈등, 음주문제, 경쟁사회에서 일어날 수 있는 이러저러한 다툼과 좌절의 문제 등 삶의 소소하게 보이는 문제들까지 심리치료사나 상담사를 찾아와서 의논을 하고, 지지를 받고, 도움을 받는 모습을 흔히 볼 수 있게 되었고, 아주 오랜 과거에는 지역사회의 지혜로운 장로나 종교지도자들이 맡았던 인간관계의 조율과 화해의 역할까지도 심리치료사가 당연히 맡게 되면서 이제는 당연히 그 사회의 존경과 보수가 보장되는 안정된 직업인의 하나로 자리를 잡고 있다.

한 세기라는 비교적 짧은 시간에 정신분석은 심리치료의 현장은 물론 그 울타리를 벗어나 우리 사회에 문화, 예술, 사상 전반에 걸쳐 심대한 영향을 미쳐 왔지만, 그러나 한편 치료현장에서는 20세기 후반 들어 심리치료의 효과와 한계가 점점 분명해졌다. 비판적인 시각으로 볼 때는, 심리치료는 치유의 현장에서 정신병리에 대하여 어느 것 하나 만족할만 임상적 성과를 거두지는 못 한 것 같아 보이기도 한다. 초기의 화려한

기대나 성과에 비하여, 정신병리 증상의 완화나 갈등의 해소들은 어느 것 하나 완전히 해결되는 것이 아니라, 일시적으로 증상의 호전을 보이는 것일 뿐, 대부분이 나중에 다시 재발하거나 악화되고 만다. 조현병이 그렇고, 우울증이 그러하며, 알코올중독이 그렇고, 공황장애가 그렇고, 성격장애가 그렇고, 따지고 보면 거의 대부분의 정신의학적 또는 심리적 장애가 그런 셈이다. 게다가 정신분석은 전이의 문제에 발목을 잡히면서 치료에 드는 오랜 시간(보통 수 년 간에 걸친)과 비용에 비하여 초라한 치료성적을 보이면서 임상현장에서는 일부의 활동으로 물러난 채, 다만 인간의 심층심리를 이해하는 데에 관한 괜찮은 하나의 형이상학적 이론의 하나로 여겨질 상황에 처했다.

정신분석을 공부하고 임상에서 심리치료를 실천해 온 저자의 오랜 임상경험에서 얻어진 결론도 이와 크게 다르지 않다. 표면적으로 보이는 임상적인 병리현상의 제거나 회복을 온전한 치유의 목표로 삼는 것은 현재의 상담기법이나 심리치료 방법만으로는 어려운 일이며, 혹 가능하다고 하더라도 증상의 제거나 갈등의 해결이 삶을 괄목할 만하게 성숙시키거나 의미있게 만드는 작업은 아니라고 여기게 된다.[1] 그렇다면 좀 더 나은 정신병리의 극복과 재발방지를 위한 어떤 방법이 있을 것인가? 반복되는 정신장애와 상호 간(부부 간이나 부모 자식 간)의 갈등과 악화를 보다 근본적으로 해결하기 위하여는 어떤 방법이 필요한 것인가? 이런 의문들은 저자로 하여금 자연스레 온전한 치유나 성숙이란 무엇인가? 라는 근본적인 의문을 갖게 만들었으며, 여기서 저자가 절실히 느끼게 된 것은 바로 증상의 부침보다 더 중요한 것은 개인의 인격이 성숙하게 되는 것의 중요성과, 그것은 심리학적 접근만으로는 가능하지 않으며, 환자의 삶과 존재 자체를 다른 시각으로 보는 관점, 즉 우리가 오랫동안 신앙생활에서 주일에만, 교회에서만 가졌던 생각들, 좀 고급스럽게 표현하자면 영적인 성찰과 연결될 때 가능한 것이 아닐까 하는 생각을 하게 되었다. 그리고 그 생각이 확신으로 바뀌게 된 것은 바로 저자 자신의 우울증을 앓는 경험과 그에 대한 신앙적 성찰이었다. 그렇게 해서 저자의 매일 매일의 진료실에서의 작업은, 한편으로는 당면한 환자(내담자)의 고통과 증상을 감소시켜 주는데 주력하면서도, 다른 한편으로는 어떻게 해야 내담자의 인격의 성숙과 영적인 성숙을 도울 수 있을 것인가에 관심을 기울이는 것이 되었다.

저자가 우울증 치료 전문가를 자처하면서도, 자신이 절망 가운데 빠지는 실존의 상태에 이르렀을 때에 비로소 하나님의 구원의 손길을 간절히 바라게 되는 경험을 하고 나서 온전한 치유에 자아초월적인 성찰의 중요성을 인식하게 된 것은 아마도 심리치료 전문교육을 받은 사람 중에서는 흔치 않은 케이스에 속한다고 볼 수도 있다. 통계적으로도[2] 전문 심리치료교육을 받은 치료자들에서보다 그렇지 않은 일반인들에서 자신이 정신건강 상의 심각한 문제에 빠졌을 때 신앙적으로 치유를 구하는 경우가 훨씬 많다고 알려져 있다. 진료실에서도 이 사실은 흔히 맞닥드려진다. 종종 내담자들은, 물론 기독교인의 경우 훨씬 더 흔하게, 자신이 절망 상황에 처하게 되었을 때 하나님으로부터 치유와 구원의 손길을 간절히 바람을 고백할 때가 많이 있으며, 저자에게도 중보기도를 요청하면서 정신의학적 뿐만 아니라 신앙적으로도 함께 다루어주기를 간청하는 경우가 많다. 그럴 경우, 반갑게 성찰하려는 마음과 함께 자신과 내담자가 공통의 믿음 안에서 기꺼이 연대하여 치유와 성숙을 추구하려는 마음이 생긴다. 그런데 솔직히 말하자면, 심리치료 전문가로서는 단순히 그런 마음만 있는 것이 아니라, 미묘하게 마음 한 구석에서는 그렇게 영적인 성찰로, 하늘로 눈을 돌리는 것은 웬지 이제까지 오랫동안 훈련받고 가르쳐 오던 심리학적인 원칙들을 배신하는 것은 아닌

16

지 하는 느낌이 있음을 알게 된다. 막연한 당황스러움과 불편함이 은근히 깔려 있는 것이다. 따라서 당연한 현상일른지는 모르나, 일반적으로는 치료현장에서 심리치료 전문교육을 받은 사람들은 일반인들보다는 심리적인 문제에 접근함에 있어서 영적인 차원의 해법을 추구하는 경우는 드물다. 하지만 저자의 입장에서는 한편으로는 기독교인이 되면서부터 오랫동안 교육받았던 인간 성숙의 길, 사랑을 위시한 기독교의 고급스런 인간적 가치들이 마음 한 구석에서 부름을 기다리고 있음을 느끼며, 이것들을 정신의학적인(심리학적인) 원칙들과 어떻게 조화를 만들지, 어떻게 접근해야 하는지를 오랫동안 고민해 왔으며, 이제는 현실적으로 양자 간의 조화있는 해법을 찾으려는 노력을 실제적으로 하게 된다.

  결국 이제 치유에는 두 가지 차원의 각기 다른 체계가 있다는 것을 분명히 알게 되었다. 즉 그것은 심리적 차원과 영적 차원이라고 할 수 있는데, 그러나 이 두 차원은 아직은 현실적으로 분리된 채로 치유의 현장에 있다고 할 수 있다. 치유와 성숙의 심리적 차원이라 함은, 우리가 살고 있는 현실 사회에서 큰 갈등이나 고통을 느끼지 않고 보다 효율적으로[3] 삶을 살아가기 위하여는 자아가 어느 정도 성숙을 해야 하는 것을 전제로 한다. 고전 정신분석의 이론에 따르면, 우리가 느끼는 심리적인 고통이나 타인과의 갈등은 자아의 방어기제가 미숙하기 때문이며, 따라서 심리적인 차원의 성숙/치유라 함은 결국 자아의 방어기제를 보다 성숙하게, 치료관계와 성찰을 통하여 개선해 나가는 것을 의미한다. 학자에 따라서는 이것을 자기실현, 또는 자아실현이라는 말로 표현된다. 그러나 이미 언급한 것처럼, 여기에는 한계가 있게 마련이다. 정신장애중 상당수는 타고날 때부터 심리적이 아닌 체질적으로 타고 나기 때문에 죽을 때까지 그런 장애의 한계를 극복하기 어렵기도 하고, 때로는 심리적인 원인으로 오는 장애라 하더라도 어릴 때 너무나 심각한 장애를 겪어서 자아가 지나치게 약한 채로 성장한 후에는 그 성숙에 한계가 있기 때문이기도 하다. 냉정하게 따져보면 아마도 우리 대부분의 인간은 어느 정도는 모두 죽을 때까지 해결할 수 없는 병적인 장애나 성격의 장애를 극복하지 못한다고도 볼 수 있다. 바로 여기서 영적인 차원의 이해와 접근이 필요한 시점이 된다. 간단히 말하자면 기독교 영성의 차원에서 성숙이나 치유의 문제를 풀어나간다는 것은 우리의 숙명인 연약함과 성숙의 문제를 하나님과의 관계 안에서 새로운 시각으로 바라보고 새로운 의미를 부여한다는 뜻이라고 본다. 비유하자면, 앞을 못 보는 시각장애를 가진 사람이 그의 장애를 다른 차원에서 바라본다면, 예를 들면 자신은 비록 육안으로는 사물을 보지 못 하지만, 그 대신 초월적인 마음의 눈으로 사물의 핵심이나, 남들이 쉽게 파악하지 못하는 사람들의 가치를 바라보는 지혜에 더욱 의존하게 되었다면, 그의 육체적인 장애는 더 이상 그의 삶에 장애가 되지 못하며, 오히려 마음의 눈을 뜨게 만드는 계기가 되었다고 말할 수 있으며, 그로 인하여 그는 삶을 보다 가치있게 살 수 있으며, 그의 마음은 이를 허락하신 하나님의 은혜에 감사하는 시각을 가지게 될 것이다. 저자에 있어서의 우울증 경험이 바로 그렇다. 삶의 고비마다 가끔 깊은 절망과 고립을 느끼게 하고 삶을 멈추게 하던 우울증이 회복되기를 간절히 기도하던 시절이 있었다. 그러나 어느 순간에 하나님이 나와 함께 하신다는 "깨달음"이 있었는데, 이로부터 우울증을 다른 차원에서 이해하기 시작하게 되었다. 우울증이란 저자가 하나님을 갈망하게 하는 일종의 도구가 되며, 이로부터의 성찰은 인류가 타락하여 에덴에서부터 쫓겨나고 하나님과 분리된 상태의 상황에서부터 오는 현상이라는 것과 따라서 하나님과의 더불어 사는 삶을 향하여 가는 여정에 있는 것이 인생이라는 것, 그리고 그 여정은 죽음 이후의 삶에서 완성되는 것이기 때문에, 비록 현재의 삶과 우울증이 계속

가끔 고통을 주더라도, 하나님의 자녀라는 확신 속에서는 오히려 축복 받은, 그리고 계속해서 하나님과 함께 하는 삶의 다른 측면이라는 이해를 하게 되었고, 그 뒤로는 우울증이 계속 존재하지만, 저자의 삶을 흐트러놓을 만큼 파괴력을 가지지는 못하게 되었다. 바로 이런 의미 차원의 변형을 우리는 영적 성숙 또는 영적 치유라고 부를 수 있을 것이다.

그런데 이러한 영적 성숙을 이루어 나가기 위하여는 많은 경우 그 발목을 잡고 있는 정신병리를 먼저 해결해야 할 경우들이 있다. 만약 우울증이 지나치게 깊어서 성찰을 가로막는다면, 우리는 항우울제를 사용하거나, 또는 심리치료를 통하여 다소 간의 회복과 자아의 성찰기능을 높여주는 노력이 필요할 수도 있다. 물론 예외는 있지만 일반적으로는 자아의 성찰기능이 어느 정도 수준까지 올라오지 않으면 영적인 성찰이 가능하지 않기 때문이다. 더구나 이미 언급한 것처럼 정신병리의 치료 자체가 최종적인 치유작업의 목표가 될 수는 없으며, 치유 작업의 궁극적인 목표가 정신병리의 해결을 넘어서서 인격과 영성을 아우르는 전인적인 치유/성숙이라는 점을 염두에 둔다면, 온전한 성숙/치유를 위하여는 심리치료가 반드시 필요하다고 할 수 있다.[4]

여기서 저자의 생각은 결국 치유/성숙이란 현실에서의 자아의 제한성에서 벗어나(깨달음), 자신의 종교가 추구하는 정체성을 자아가 동일시함으로 한 차원 높은 '지속적이고 통합적인 정체성'[5]을 얻어가는 과정이라고 할 수 있다. 이 과정은 심리적 자아의 현실적 자기실현과, 그 자기실현을 포기하고 차원 높은 영적인 자기실현을 구현하는 데 있다고 말할 수 있다. 여기서 우리는 온전한 치유/성숙을 위하여는 영적인 깨달음과 영적인 성숙과 아울러서 심리학적 이해와 심리치료가 왜 필요한가에 대한 답을 얻을 수 있게 된다. 삶을 보다 충실히, 참되게 살면서 열린 마음으로 세상과 더불어 살기 위하여는 이를 방해하는 무의식적인 심리 패턴과 정서상의 콤플렉스를 이해하고 다루어야 한다. 따라서 영적인 성찰은 심리학적인 성찰을 필요로 하고, 반대로 심리학적인 성찰들은 영적인 영역으로 확장되고, 흡수되어야 함이 필요함을 이해할 수가 있게 된다.

따라서 성숙과 치유의 현장에서 분리되어 있는 두 체계의 지식 또는 지혜들이 온전히 통합되어야 함은 지극히 당연하게 여겨지며, 이는 날이 갈수록 절실해 진다. 사실 본래 인간은 정신영성 복합체(psycho-spiritual complex)이다. 정신현상(심리현상)과 영적 현상은 원래 나눌 수가 없는 하나의 현상일 뿐이며, 다만 논리적으로 다루기 위하여 편의상 구분할 수 있을 뿐이다. 즉 우리가 일상에서 겪는 모든 현실 경험은 심리적 측면과 영적인 측면, 모두를 포함한다.[6] 우리 모두가 잘 알다시피 이러한 생각, 즉 심리적 치유/성숙과 영적 치유/성숙이 통합되어야 한다는 생각은 새로운 것이 아니고, 이미 지난 세기부터 이론적으로는 매우 익숙한 것들이었지만, 문제는 이를 현실적으로 치유를 필요로 하는 대상을 앞에 놓고 치료 작업을 하는 바로 그 현장 한 복판에서 구체적이고 실제적인 방법으로 적용한다는 것은 결코 쉬운 일이 아님을 갈수록 분명히 깨닫게 된다. 심리치료의 장에서 영성을 함께 다룬다는 것은 앞서 말한 것처럼 대부분의 치료자들에게 상당히 어색한 느낌을 줄 뿐만 아니라, 오랫동안 훈련받고 실천해 온 과학적이고 논리적인 방법을 버리고, 애매모호하고 구름잡는 소리같은 말 주장에 그칠 가능성이 매우 큰 도전이며, 사실 그런 허무맹랑한 사회현상이 실제로 치유사역이라는 미명 하에 도처에서 벌어지고 있는 것 또한 엄연한 현실이다. 게다가 그 반대의 목소리도 만만치 않다. 특히 보수적인 교회공동체 안에서는 심리적 접근에 대하여 아직도 믿음의 영역을 침해한다는 비판과, 그런 접근은 하나님의 역사하심을 가로막는 불경스럽다는 꾸지람과 비꼼이 존재하며, 뚜렷하게든 미묘하게든 지나치게 심리학에 경도되었다는 주장과 함께 심리학을 혐오하는 기류마저 존재한다. 최근까지도 상당한 수의 영적 지도자나 종교지도자들에서 심리적인 접근은 필요 없다는 주장은 흔히 접할 수 있었으며, 특히 기독교 내에서는 아직도 상당수의 목회지도자들은 정신병리를 해결하는데 있어서 하나님의 은혜에 의한 치유, 신유은사에 의한 신앙적인 해결만이 필요하며, 심리적인 접근은 필요하지 않고 오히려 영적 통찰과 믿음을 방해하는 부정적인 것이라고 주장하고 있는 실정이다. 이런 식으로 지난 한 세기 조금 넘는 세월 동안 기독교 영성과 심리치료는 대체로 서로를 배척하여 왔다고 할 수 있다. 특히 정신분석을 위시한 심리학은 신의 존재를 부정하는 입장에서 종교를 유아적 신경증 쯤으로 우습게 알고 심리학의 일부로 끌어 내리려고 하였고, 기독교 영성의 세계에서는 그러한 심리학적 시도를 괘씸하게 여기면서 외면해 왔다.

그러나 최근 들어 상당수의 의식있는 현대의 영성가들이 강조하고 있는 것은 심리학적 성숙의 단계는 반드시 필요하며, 이를 외면하거나 건너뛸 수 없다는 생각들이 점차로 증가하고 있다. 치유/성숙의 길은 심리학적 단계의 현실 문제로부터 출발해야 하며, 이를 무시하고 영적인 차원에서의 성숙/치유 만을 고집할 경우 그것은 필연적으로 '공허한 영성(영적 회피, 영적 우회)'가 될 수 밖에 없다는 것이다. 안셀름 그린의 "아래로부터의 영성", "하늘은 네 안에서부터"라는 책들이 잘 표현하고 있는 것처럼[7] 하나님을 찾아가는 길은 우리가 처해있는 구체적인 현실로 내려감으로, 즉 우리의 실패와 무능, 그리고 고통과 병리현상의 현장을 참된 기도의 장소로 삼음으로 이루어진다고 할 수 있으며, 그의 심리치료와 영성이 만날 수 있는 접점을 잘 보여준다고 할 수 있다.

사실은 원래부터 길고 긴 인류 역사 내내 치료현장에서는 지역사회의 종교지도자에 의하여 심리적 차원과 영적 차원이 통합적으로 행하여져 왔다는 사실은 누구나 다 알고 있는 바다. 단지 지난 세기에 정신분석을 위시한 현대 심리학이 기독교 신학으로부터 떨어져 나오면서 탈종교화를 외친 까닭에 신학과 심리학이 서로 분리된 채 대립해 왔다는 사실은 그 오랜 통합의 세월에 비하면 매우 짧은 시대에 불과하다는 것을 알 수 있으며, 따라서 현대에 들어서 심리학적 성찰과 치료가 영성 또는 신학적 성찰과 다시 통합되어져야 한다는 주장이 굉장히 빠른 속도로 새삼 고개를 들고 있는 것은 어찌 보면 너무나 당연한 현상이라고 말할 수 있다.[8]

여기서 우리가 주목해야 할 현상은 지난 세기 후반 들어서면서, 기독교 신학과 정신분석 양 자에서 동시에 새로운 변화가 일어났으며, 이 변화의 한 복판에는 이 양 자를 더욱 가깝게 묶어주는 고리로 등장하고 있는 공통적인 개념이 있는데, 그것은 바로 경험적 정서(experienced affect)와 관계성(relatedness)이다.[9]

현대 기독교 신학의 변화

이러한 변화는 신학 자체 내에서도 정신분석의 변화와 유사한 시기인 지난 세기 후반부터 동시에 일어나고 있음을 발견하게 된다.[10] 과거의 전통적인 신학이 하나님의 변치 않고 초월하여 홀로 계시고, 정해진 질서와 섭리에 따라 구원과 재창조를 이루어 가시는 초월적 하나님의 논리적 속성에 초점을 맞춘 조직신학이었다면, 현대로 들어오면서 이런 도그마들은 성경의 새로운 해석학과 문헌학 등의 발전과 더불어 변화하고 있다. 그 변화의 중심을 이루는 것은 놀랍게도 정신분석의 변화와 동일한 주제, 즉 정서적 경험과 관계적, 상호주관주의적인 요소들이다. 고정된 초월자의 진리로써 일방적으로 선포되던 복음은 빛을 잃고, 사람들은 경험주의적인 즉 내재적인 성령의 역사를 체험하는 신앙과 이를 설명하는 신학을 주목하게 되며, 하나님의 창조와 구원의 사역은 하나님과 인간 간의 공동체적이며 관계적, 상호주관주의적인 역동의 맥락 안에서 이해되어지므로, 그것은 정신분석에서의 치료개념이 설명하는 것과 놀랍게도 동일하다. 우리 인간을 당신의 형상대로 지으셨을 때의 그 형상은 더 이상 이성이나 본성 등이 주목을 받지 못하고, 삼위일체끼리의 내재적인 관계, 교통 속에서 사랑으로 창조하셨다는 점이 강조되는데, Martin Buber는 "태초에 관계가 있었다."는 말로 이 점을 간결하게 표현하였으며, 인간의 본성 속에 선험적으로 타자와의 관계를 형성하기 위한 능력을 가지고 있다고 하는 성찰이 신학자의 고백을 통하여 들을 수 있게 되었다.[11] 개신교 대표적인 신학자 Karl Bart도 하나님의 가장 중요한 속성이자 인간의 가장 신적인 속성은 상호 간의 관계, 특히 이 관계는 부부 간의 관계에서 그 진수를 보인다고 강조한 바 있으며,[12] Emil Brunner는 하나님은 인격이시며, 그 중심은 사랑의 관계성이라는 점을 그의 성경적 인격주의에서 주장하고 있다.[13] 더 이상 인간은 하나님의 꼭두각시나 노예로 머무는 것이 아니며, 우리들을 친구로 부르셨던 예수의 핵심적인 가르침은 하나님과의 관계, 인간 상호 간의 관계, 그리고 암묵적으로 다른 피조물들과의 관계로 이루어지는(창세기 무지개사건의 암묵적 의미-하나님은 인간만이 아니라 다른 피조물들과도 언약을 세우셨다.) 삼중관계의 중요성을 내포한다. 하나님의 창조, 인간의 타락과 구원, 성화와 재창조는 관계성 안에서 주요 의미를 가지는 것도 현대정신분석의 강조와 궤를 같이 하며, 이런 일을 이루어 가시는 하나님이 성령으로 우리 속에 내재하여 지속적으로 우리와 교통하시며

이루어 가시는 것이 강조된다.[14]

방법론적인 시도들도 주목할 만한데, 예를 들면 지난 세기에 저명한 신학자 paul Tillich를 위시한 몇몇 학자들이 다양한 심리학적인 주제들을 신학적인 개념과 연관하여 보다 설득력 있게 설명을 시도한 바 있다. Paul Tillich는 소외와 죄, 심리학적인 수용과 은총, 치료와 구원, 실존의 불안과 인간의 유한성 등의 주제들에 대하여 심리학과 신학을 연결하려는 시도, 즉 "심리학이 묻고 신학이 답한다."로 표현되는 방법론을 '상관관계법(method of correlation)"[15]이라고 하여 심리학적 성찰과 신학적 성찰을 연결하려고 시도하였는데, 그의 연구는 그런대로 심리학과 신학의 두 논리체계가 어떻게 서로를 이해해야 하고, 이론적으로나마 서로에게 적용될 수 있는지에 관해서 도움을 주고 있기는 하나 실제 치유의 현장에서 이 양자의 성찰을 통합하는 실제 치유의 방법론으로는 크게 기여하지는 못 하였다고 본다.

기독교 신학은 주로 신의 존재와 그의 인간과의 관계에 대하여, 심리학과 정신치료는 (신과는 관계없는) 인간의 존재와 관계에 대하여 말해 왔는데, 이는 동일한 영역과 동일한 현실 경험, 즉 인간이 경험하는 현실과 인식에 대하여 단지 서로 다른 표현을 쓰며 정반대의 입장을 취하여 온 것일 뿐이라고 볼 수 있다.[16] 따지고 보면 단 한 가지 출발점이 다를 뿐이라고 생각할 수도 있다. 그것은 신이 존재하느냐 아니냐의 관점인데, 그러나 이것은 자연과학으로도, 인문학적인 인식론에 의해서도 입증되는 범위를 벗어나는 믿음의 영역이므로, 얼핏 보기에 심리학과 신학은 학문적 체계로서의 양자는 서로를 영원히 용납하지 못하고 평행선을 달리는 듯 보인다.[17]

24

여기서 분명해지는 것은 치유의 현장에서 필요한 것은 학문적인 이론보다는 실천적인 영성이 더욱 요구된다는 점이다. 세계적으로 저명한 상담치유학자 Adrian Van Kaam은 서구의 신학적 전통을 계시적이고 교리적인 아카데믹한 조직신학과 영성의 실천과 성찰을 주로 하는 수도원 신학 또는 신비신학으로 날카롭게 구분하였으며, 그는 인간의 성숙과 치유에는 전자보다는 후자가 절대적으로 중요하다는 점을 역설하였다.[18] 인간치유의 현장에서는 논리적, 학문적 성찰은 자칫 비현실적이고 추상적으로 여겨져 그 적용에 어려움을 느끼고 이론으로 그칠 가능성이 높기 때문이다. 따라서 신학적 성찰과 심리학적 성찰의 실제적, 즉 치유/성숙의 현장에서의 통합은 논리나 교리를 중심으로 하는 신학적 성찰보다는 영성적 성찰을 그 통합의 당사자로 삼아야 한다는 것으로 귀결된다. 왜냐하면 영성이란 하나님과의 관계, 인간의 삶과 현실 가운데 내재하시는 하나님과 자신의 관계적 경험과 정서에 대한 성찰이 그 중심에 있기 때문이다.

현대를 치유와 영성의 시대라고 부르는 것은 매우 적절하다. 지난 20세기 초부터 현재까지 서구사회를 강타하고 있는 영성의 흐름은 우리 사회의 피폐한 정신적 상태에 대한 치유의 필요성에 대한 반증이기도 하다. 그 전 시대의 기독교 신학의 학문적 논리와 객관성이 현대인의 심각한 정신병리에는 아무 힘도 쓰지 못한다는 사실을 절감한 서구 사회가 자연스레 눈을 돌린 곳은 동양종교, 특히 불교적 영성이다. 현실적인 집착과 효율성의 추구를 내려놓고 마음의 평화와 갈등없는 무념의 세계를 추구하는 불교영성은 두 번의 세계대전으로 황폐해진 서구의 정신세계와 학문의 세계를 구해 줄 대안으로 떠올라 오늘날까지 새로운 보편적인 영성으로 일반적인 영성의 세계 뿐만 아니라 성숙과 치유의 현장에서도 그 위세를 떨쳐가고 있는 실정이다. 이러한 영성의 흐름은 기독교 세계 안에도 깊은 영향을 미쳐, 많은 기독교 신학자들과 영성가들이 기독교 자체의 전통에서부터 영성의 흐름을 새롭게 발굴해내고 있는데, 이것이 바로 관상적 영성(contemplative spirituality)으로서, 사막의 교부들로부터 비롯되어, 중세시대 수도원을 통하여 이어져 내려온 무념적, 수도적 영성인 것이다. 특히 1970년대부터 현재까지 미국을 중심으로 기독교 공동체들의 돌봄과, 성숙과 치유의 현장에서 특히 강조되고 있는 영성은 사막의 교부들과 이베리안 영성가들, 그리고 현대 대표적 영성가인 Thomas Merton 등으로부터 크게 영향을 받은 바 있으며,[19] 구체적인 방법론으로는 관상기도 운동과 영적 분별(spiritual discernment)을 중시하는 영성지도(spiritual direction)라고 볼 수 있다. 따라서 이 관상적 영성과 그 구체적인 치유/성숙의 실천 방법론인 영성지도는 저자가 앞으로 이 책에서 심리학적(정신분석) 성찰들과 비교, 통합을 시도하는 중심 주제들로서 계속해서 다루어 나갈 것이다.[20]

현대정신분석의 새로운 흐름

한편 20세기 들어 갑자기 역사에 등장한 인간치유의 방법과 이를 체계화한 정신분석이라는 학문은 물질세계에서의 산업혁명에 견줄만한 변화를 정신세계에 불러 일으켰다. 오랜 세월 동안 감추어져 왔던 인간본능과 무의식의 세계에 새로운 빛을 비추었고, 그 긴 세월을 고난과 저주를 감수하면서 종교적 신비의 영역으로 치부되어 왔던 정신병리들을 비로소 과학적 이해로 이들에 대한 치유의 길을 열었다. 아울러 정신분석에서의 발달심리학은 아기가 태어나서 무지의 정신세계에서부터 어떻게 어떤 과정을 거치며 인간의 정신이 성숙하게 되는가 하는 추측이 가능하게 되었다. 이런 새로운 발견들을 토대로 인간본성과 행동들에대한 보다 풍성한 이해가 가능해 졌으며, 비로소 현대적인 의미의 심리학이 새롭게 틀을 갖추는 계기가 되었다. 뿐만 아니라, 이러한 새로운 인간이해는 심리학의 영역을 넘어, 문학, 종교, 예술, 도덕 등 사회문화 전반에 걸쳐 심대한 영향과 변화를 이끌어 냈다. 무엇보다도 지난 100년 조금 더 넘는 세월 동안 정신분석은 정신병리를 치료하는 실제적인 치료모델로서, 그 전 시대까지는 종교 지도자들이 감당해 왔던 치유와 회복의 역할을 재빠르게 몰아내고, 대신 그 자리를 차지하여 왔다. 그러나 정신분석은 지난 세기 동안 매우 다양한 후속 심리치료 모델들로 숨가쁘게 진화해 왔음에도 불구하고, 그 자신의 고유모델, 즉 고전 정신분석은 초기의 영광에 훨씬 못 미치는 성과와 실용적 적용에 있어서의 한계들로 인하여 심리치료의 영역에서는 비주류로 밀려난 느낌이 있다. 그러나 아직도 인간의 심층 심리를 이해하고 설명하는 데 있어서는 가장 중요한 기초학문이 되고 있으며, 이는 인간의 종교행동, 신앙행태, 특히 하나님과의 관계 즉 영성의 여러 경험과 현상들을 이해하고 설명하는 데에도 빼놓을 수 없는 지식을 제공하고 있다는 것은 부인할 수 없는 사실이다.

한 동안 정체에 빠져 있던 정신분석은 지난 세기 후반 들어 매우 괄목할만한 변화를 겪게 되었으며, 바로 이 책에서 주로 다루게 될 현대 정신분석의 몇몇 학파들의 등장인데, 즉 대상관계 이론, 자기심리학, 애착이론, 상호주관주의, 그리고 가장 최근의 정신화(mentalization) 이론을 말한다. 이들은 과거의 고전 정신분석(주로 자아심리학을 말한다.)이 개인의 심층심리 내에서의 본능, 자아, 초자아 간의 역동적 갈등과 이로 인한 불균형을 정신장애로 이해하고 이에 대한 자아의 성숙한 조정 능력을 다룬 반면, 현대 정신분석의 이들 유파들은 개인과 개인, 내담자와 치료자, 엄마와 아기, 돌보는 자와 돌봄을 받는 자 상호 간의 관계가 치유의 중요한 요소가 된다는 주장에 초점을 맞춘 연구들로서, 바로 이 점이 우리가 삶에서 가장 관심을 두는 영역의 하나인 영적 삶에서의 인간과 하나님 간의 관계에 관한 성찰에 그 깊이를 더 하기도 한다. 이들 정신분석의 현대 유파들의 성찰은 위에서 언급한 것처럼 지난 세기부터 일기 시작한 기독교 신학에서의 새로운 변화들, 하나님의 내재화와 관계성을 중시하는 이론들의 변화와 궤를 같이 한다.

Freud가 창안하였을 때의 정신분석의 대상은 원본능, 자아, 초자아로 구성되는 객관적이고도 관찰이 비교적 용이한 개인의 내면적 현상이었다. 그는 정신분석을 하나의 자연과학으로 생각하였으며, 그의 시대에는 자연과학은 오직 경험에 의하여 확증될 수 있는 것, 그리고 객관적인 방법론에 의하여 입증된 것만을 추구하였으므로, 자연히 정신분석은 인간의 가치관이나 윤리, 종교와는 다른 중립적인 자연과학으로서의 인간의 성격과 행위에 관한 연구를 의미하였다.[21] 그러나 모던 그리고 포스트 모던 사회에서는 자연과학적인 객관성은, 특히 인간을 대상으로 한 연구에서는 한계를 지닐 수밖에 없다. 왜냐하면 인간존재는 생물학이나 일부 심리학 등의 자연과학적으로는 이해될 수 있는 요소와 더불어, 이들과는 다른 윤리, 가치관, 문화, 종교와 같은 요소들이 복합적으로 이루어진 존재이기 때문에, 이들을 단지 경험적이고 객관적인 과학의 대상으로 환원하여 분류하고, 정의하고, 관찰하고, 해석하는 것은 필경 진실의 한계에 도달할 수 밖에 없기 때문이다. 인간의 행동이나 정신과정은 그 부분의 기능으로 완전히 환원되어질 수 없으며, 그 역동은 훨씬 복잡하기 때문에 객관적인 데이터의 수집 수준을 넘어서는 관찰자와 피관찰자의 관계적인 경험, 정서, 시각, 가치관, 문화들이 포함될 수밖에 없는데, 그 중 특히 주목을 받게 된 것이 정신분석의 현대적 흐름을 이끌고 있는 경험적인, 그리고 주관적인 관계성에 대한 측면이다. 즉 과거의 Freud의 고전 정신분석이 의도적으로 객관적인 팩트, 정체적이고 보편적이고 데이터적인 내용으로 구성되어 있었다면, 현대의 정신분석은 상호주관주의적 관계성과 경험된 정서(experienced affect)에 더욱 중요성을 두고 있으며, 이에 따라 특히 애착이론, 상호주관주의, 및 정신화(mentalization)로 일컬어지는 성찰의 이론들이 인간이해의 길과, 치유/성숙의 현장에 깊은 영향을 미치고 있다.[22]

 이와 같이 정신분석가들의 연구와 이에 따른 성찰은 점차로 자연스럽게 경험된 정서(experienced affect)와 인간과 인간의 관계성(inter-relation)에 더욱 주목하게 되었는데, 즉 고전 정신분석의 고식적인 방법인 자아심리학의 기계적인 성찰과 통찰에 집착해서는 치유와 성숙에 한계가 있다는 점을 깨닫고, 여러 모양으로 진화를 시도하여 오고 있으며, 특히 대상관계 이론에서의 아기와 엄마 사이의 관계에서의 수용과 조율의 문제, 자기심리학에서의 공감과 자기대상의 개념들, 애착이론의 애착, 안전기지와 성찰의 개념들, 상호주관주의와 정신화가 보여주는 상호주관의 중요성과 메타인지적인 성찰의 중요성 등이 그 대표적인 개념들이라고 할 수 있으며, 이러한 주제들은 오늘날 심리적인 치유와 성숙의 현장에서 기여하는 바가 매우 클 뿐만 아니라, 보다 온전한 치유를 위하여 이런 개념들이 우리의 영적인 삶의 영역으로까지 그 적용범위를 넓힐 수 있다고 보기 때문에 앞으로 이 책에서 주로 다루려고 하는 주제들이 된다.

통합의 흐름

 현대에 들어 심리요법적인 방법들이 한계에 봉착하게 된 근본적인 원인 중의 하나는 인간을 총체적으로 바라보지 않고, 처음부터 종교와 영성을 배제한 채 이를 그 연구 대상에서 제외하였기 때문에 인간의 정신병리를 치유하는데 한계에 이를 수 밖에 없지 않았나 하는 각성이 일고 있다. 그러나 사실은 이미 정신분석의 초창기부터 인간의 성숙과 온전한 치유를 위하여는 영성적인 영역을 통합적으로 다루어주어야 한다는 주장이 일각에서 꾸준히 있어 왔다. 이 주장의 흐름을 거슬러 올라가면 분석심리학의 C. G. Jung이 그 시작이라고 할 수 있는데, 그는 인간의 정신활동을 다루는 일에 영혼을 생각하지 않고는 충분히 온전한 치유와 성숙을 이루기 어렵다고 생각했고, 이것이 그의 이론에 중심을 이루는 사상이 되었다는 것은 누구나 다 아는 사실이다. 이를 본격적으로 치유 사역의 현장에서 실천하려는 시도는 지난 세기 중반에 구체화하면서 온전한 인간의 성숙과 의미를 고려하는 인본주의 심리학과 실존주의 심리학에 영향을 미쳤으며, 나아가 자기초월 심리학(transpersonal psychology)을 거쳐, 최근에는 영성지향 심리치료(spiritually-oriented psychotherapy)라는 이름으로 다양한 시도가 이루어지고 있다. 이러한 시도들은 꾸준히 산발적으로 이루어지긴 하였지만, 그동안 정신분석의 본류에 존재감을 드러내거나, 심리치료의 흐름을 바꿀만한 커다란 영향을 주는 방법론은 없었다고 본다. 그러나 최근 들어서 현대 심리치료에 한계를 느끼는 심리치료자들이 보다 적극적으로 동양적 영성으로부터 치유적인 가능성을 찾고 있으며, 특히 북미대륙을 중심으로 많은 심리치료자들이 내담자들에게 심리치료 도중에 명상을 겸하는 것을 권고하고 있으며, 수 많은 명상센터들 또한 심리적인 상담을 겸하여 시행하고 있는데, 이들 중 가장 유행하는 명상치료의 하나로서 위빠사나 명상(Vipassana meditation)을 들 수 있다.[23] 이러한 흐름은 심리치료 영역을 넘어서 다양한 인접 정신건강 분야와 의료영역에까지 자리를 잡고 있는데, 가장 유명한 예를 들자면, John Kabazin의 하버드 대학 부속 병원 명상치료 센터를 들 수 있는데, 여기서는 스트레스 치료를 비롯하여, 정신신체질환이나 비만, 암 등의 치료에 보조적인 수단으로 적극 활용되고 있으며, 그 효과에 대한 논문도 많이 나오고 있는 중이다.[24] 이상의 움직임들도 심리학과 영성의 하나의 통합적 움직임이라고 볼 수는 있지만, 보다 더 학술적이고 체계적인 치유의 현장에서의 흐름으로는 현대정신분석의 가장 최근 흐름을 주목할 필요가 있다. 즉 앞의 불교 명상적 접근이 기독교 밖의 영적 전통들과의 통합을 지향하고 있는 반면에, 현대 정신분석에서 상호주관주의적 접근과 정신화(mentalization)는 그 관계적인 특성들로 하여 기독교 전통의 관상적 영성과 매우 높은 연관성을 찾아 볼 수 있기 때문에 기독교 공동체의 세계 안에서 실제적인 적용의 가능성이 매우 높으며, 그 관상적인 영성의 실천방법인 영성지도와의 통합 적용을 중심으로 심리학과 영성이 인간치유의 현장에서 그 통합의 분위기가 조용히 무르익어 가고 있다고 본다.[25] 그 중에서도 특히 지난 수십 년간 미국과 유럽을 중심으로 이러한 동양적 영성인 명상이 치유의 중심에서 관심을 끌고 있을 때, 기독교 세계 안에서도 몇몇 개척자들, 예를 들면 David Benner[26]나 Gerald May[27]와 같은 사람들을 중심으로 기독교 전통의 영성과 심리적 치유의 현장을 통합하려는 노력이 희미한 각성의 촛불을 밝혀 왔으며, 이제 기독교 공동체 안에서 이들에 대한 관심과 재평가가 이루어져야 할 때가 되었다.[28]

상호 보완적인 세 관계영역

이상과 같이 인간의 보다 온전한 성숙과 치유을 위하여는 심리적 차원의 성숙/치유와 영적 차원의 성숙/치유가 통합되어야 한다고 보는데, 그것이 현실적으로 가능하기 위하여는 학문적 또는 논리적인 통합이 아닌, 치유현장의 방법으로서의 정신분석과 현대적 영성지도[29]를 주목할 필요가 있다고 보았다. 따라서 앞으로 저자들은 이어지는 다음 장들에서 각기 두 가지 다른 차원을 대표하는 실제적인 치료모델로서의 정신분석, 특히 현대 정신분석의 여러 유파들의 기본 개념들을 제시하고, 이를 다른 한 축인 기독교 영성에서의 치유, 영적 성숙의 개념이라고도 말할 수 있는 성찰들에 비교, 또는 적용을 통하여 이 양 자의 성찰을 아우르려는 시도들을 제시할 것이다.

그런데 이상의 두 가지 차원의 치유/성숙이 이루어지는 삶의 현장은 몇 가지 주요한 관계의 장 안에서 이루어진다. 물론 인간은 관계 속에서 태어나 관계 안에서 모든 성숙과 치유가 이루어지는 것이므로, 인간의 모든 관계는 치유와 성숙의 언더그라운드가 될 수 있긴 하지만, 여기서는 그 중에서도 치유와 성숙의 매카니즘을 보다 분명하게 볼 수 있고 적용할 수 있는 현장으로서 세 영역을 중심으로 논의를 진행하려고 있는데, 그것은 첫째, 아기와 엄마의 관계의 장, 둘째, 심리치료(정신분석)에서의 상담자(분석가)와 내담자(피분석자)의 관계의 장, 그리고 셋째, 영성과 신학적 성찰이 이루어지는 장이라고 할 수 있는 하나님과 인간 간의 관계의 장이라고 할 수 있다. 이들 성숙과 치유가 이루어지는 인간의 삶의 세 주요 관계의 장들은 각각 독립적으로 온전한 모습으로 그 지혜와 성찰을 전달하고 있는 것이 아니라, 서로 다른 일부분만 분명하고 다른 부분은 희미하거나 애매한 모습을 띠고 있기 때문에, 서로 보완적인 성찰과 지혜의 정보를 나타내 주고 있으므로, 이들을 함께 비교 분석을 해보아야 비로소 돌봄을 주는 자(엄마, 분석가, 하나님)와 돌봄을 받는 자(아기, 내담자, 인간)의 내적 상태와 이 둘 간의 관계의 양상의 온전한 전모가 보다 잘 드러나게 되는 특성이 있다. 그 관계를 도표로 표시하자면 표1.과 같다. 따라서 어느 한 영역에서 드러난 관계의 매카니즘을 다른 관계의 영역에 적용하는 작업을 교차로 함으로써 그 성찰들은 상호 보증이 되거나 완성될 수 있다. 특히 이 책에서는 두 심리적 차원, 즉 아기-엄마 양육의 장과 심리치료의 장에서 얻어진 성찰과 지혜들을 보다 추상적이고 이해하기 어려운 하나님과 인간 사이의 영적 영역에 적용을 시도하는 작업이 주를 이룬다고 할 수 있다.

　첫째 관계의 현장인 아기와 엄마 간의 관계에 대한 성찰은 발달심리학에서 주로 연구한 결과들을 들 수 있으며, 최근 들어 가장 핫하게 거론되고 있는 영역이 애착이론의 연구결과들이다. 애착이론으로부터 얻어진 인간성숙에 관한 성찰들은 정신분석과 상담에서의 치유의 원리에 적용되며, 동시에 우리를 성숙시키시는 하나님의 양육 원리를 보다 쉽게 이해할 수 있게 한다. 예를 들자면 아기와 엄마 간의 주관적 정서경험의 상호교류와 연결로부터 치료자와 환자 간의 치료에 필요한 관계적 연결을 이해할 수 있으며, 이런 모습의 유추를 통하여 우리를 성숙케 하시는 하나님의 모습을 보다 잘 이해할 수 있게 된다. 성경은 구약의 하나님 묘사에서, 특히 시편을 통하여 우리의 기쁨과 고통에 조율하시는 하나님의 심정과 그의 표현을 쉽게 볼 수 있으며, 인간이 울면 하나님은 귀를 기울이시고, 우리가 슬퍼하면 위로하시고, 우리가 춤추고 노래하면 하나님도 기뻐하신다는 사실에 대하여 아기와 엄마 간의 상호 교류의 모습을 세밀히 관찰함으로써 더욱 잘 이해할 수 있게 된다. 신약의 예수님을 통하여도 그런 모습을 많이 볼 수 있는데, 마태복음에서 중풍병자를 치료하시는 예수님에 관한 기록에서 그분의 사랑과 우리의 고통이 만나는 곳에서 치유와 기적이 이루어진다는 사실을 보다 깊이 이해할 수 있게 된다. 둘째 관계의 장인 치료자와 환자, 상담자와 내담자의 관계, 그리고 특히 이 책에서 다루려고 하는 현대 정신분석에서의 분석가와 피분석자의 경험에서 얻어진 성찰과 지혜들은 목회자와 신도들, 영성지도자와 수련자 간의 관계의 장으로까지 확장될 수 있으며, 이는 역으로 아기와 엄마의 관계의 장에 대한 이론적인 근거를 제시해 줄 수 있으며, 나아가서는 하나님과 인간과의 관계가 어떠해야 하는가에 대한 구체적인 그림을 제시해 줄 수 있다. 셋째 하나님과 인간관계에서의 성찰은 알고 있는 대로 성경과 기도 가운데서 경험되는 하나님에 대한 개인적인 영적 친밀함의 장 안에서 우리의 초월적인 삶과 온전한 치유/성숙에 대한 최종적인 목표와 되어야 할 모습을 유추할 수 있는데, 이는 앞에서의 두 영역이 이루어가야 할 목표와 궁극적 상태를 제공받기도 하며, 역으로 두 영역으로부터의 성찰에서 논리적인 근거를 제공받기도 한다.

요약하자면, 정신분석과 신학이나 영성의 성찰들은 우리 삶의 몇 가지 주요 영역, 돌보는 존재와 돌봄을 받는 존재 사이, 즉 엄마와 아기, 치료자와 내담자, 목회자와 신도, 영적 지도자와 수련자, 그리고 하나님 성령과 그 자녀되는 그리스도인 사이의 관계적이고 정서적인 공통점을 내포하게 되는데, 따라서 어느 한 영역에서 얻어진 성찰들은 다른 영역에 적용될 수 있는 가능성을 보여 주며, 정신분석적인 탐구는 그 또한 인간성에 대한 진실을 추구하기 때문에 이를 진지하게 성찰해 나갈 때 우리는 하나님의 창조사역을 더욱 축하하게 된다.

표1. 삼각구도의 관계 영역

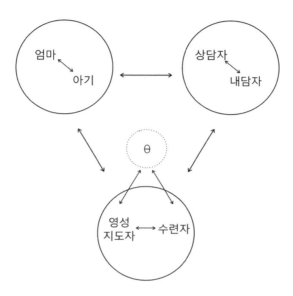

2장 [1] 묵상적 영성[2]과 영성지도(spiritual direction)

-기독교 영성수련의 현대적 실천방안으로서의 영성지도-

이 만 홍

내가 여호와께 바라는 한 가지 일 그것을 구하리니 곧 내가 내 평생에 여호와의 집에 살면서 여호와의 아름다움을 바라보며 그의 성전에서 사모하는 그것이라 (시 27:4) [3]

서론에서 설명한 것과 같이 성숙과 치유에는 심리적 차원과 영성적 차원의 두 차원이 있으며, 인간을 통합적으로 보고 온전한 치유와 성숙으로 접근하려고 할 때, 치유현장에서 두 차원의 치유와 성숙에 대한 개념을 실제로 적용하기 위한 방법론으로서 저자가 염두에 두고 있는 양대 축은 심리학적 차원에서의 접근방법으로는 현대정신분석(특히 상호주관주의와 정신화)이며, 영성적 차원에서의 실제적 접근 방법은 영성지도를 생각하고 있다. 그러므로 이 책에서 앞으로의 서술은 정신분석적인 지혜와 성찰이 어떻게 영적인 차원의 성찰, 그리고 그것을 실제 치유와 성숙의 현장에서 적용하는 방법으로서의 영성지도로 확대, 적용될 수 있는가 하는 점이 주로 논의 될 것이다. 이에 앞서 이 두 방법론에 대한 소개가 필요할 터인데, 이 중 현대 정신분석의 최근 경향에 대하여는 수 많은 서적과 논문을 통하여 우리 사회에 비교적 잘 소개되어 있고 이 책의 앞 장에서도 간략하나마 소개를 하였으므로, 이 장에서는 비교적 우리나라에는 아직 일반적으로 소개가 잘 되어 있지 않은 다른 영적 차원의 방법론인 '영적지도(spiritual direction)', 특히 현대적인 형태로서

의 '영성지도'에 관하여 소개하고자 한다. [4]

　요즈음 국내에서도 조금씩 영적 지도에 대한 논의가 일어나기 시작하고 있지만, 넓은 의미에서 '영적 지도(spiritual direction)'란 한 사람의 그리스도인이 다른 그리스도인의 신앙생활 전반에 걸쳐 영적 성숙을 돕는 행위라고 말할 수 있는데, 이런 행위는 물론 거슬러 올라가자면 사도들의 성경적 사례와, 그 후 특히 사막의 교부들인 abbas, ammas 들의 예에서부터 형태를 갖추기 시작하였고, 중세 시대를 거치면서 수도원이나 수도회에서 매우 보편화된 제도로 정착되어 왔으며, 종교개혁 후에는 개신교 공동체 안에서도 다양한 형태의 목회활동이나 소그룹 모임 등의 형태로 이어져 왔다. 이 경우 영적 지도는 영적 인도(spiritual guidance), 영적 우정(spiritual friendship), 영혼의 친구(soul friend), 영적 멘토링(spiritual mentoring) 등과 거의 같은 의미로 사용된다.[5] 그 형태는 수도공동체 또는 신앙공동체에 따라 매우 다양하게 이루어지고 있는데, 성경에서의 대표적인 예를 들자면 디모데 전, 후서에서 사도 바울이 디모데에게 세세히 신앙생활을 가르치고 있는 예를 들 수 있다. 사막 교부들의 금언은 또 다른 영적 지도의 대표적인 예라고 할 수 있는데, 기독교 전통에서 구체적으로 조직화된 영적 지도라고 한다면, 바로 이들 초기 사막의 교부들로부터 비롯된 것이며, 이어서 형성되는 수도원들에서 보다 체계적인 형태로 자리잡기 시작하여 중세를 거쳐 이어져 내려오고 있다고 할 수 있다. 종교개혁 이후에도 일부 수도원의 전통 속에 이어져 내려왔지만, 개신교 공동체 안에서도 형태는 다르지만 나름 소그룹 모임의 영적 지도가 여러 모양으로 형성되어 왔다고 할 수 있다. 예를 들면 오늘날 우리 주변에서 이루어지고 있는 영적 지도의 대표적인 예로서는 감리교의 속회를 들 수 있으며, 구역예배, 목장이나 셀이라는 이름의 다양한 소그룹 공동체 활동들도 모두 이에 속하며, 가톨릭

쪽에서도 전통적인 수도원적인 형태의 영적 지도는 2차 바티칸 공의회 이후에 다시 활성화된 감이 있다.

Gerald May[6]는 영적 인도(spiritual guidance)란 "사람들이 그들의 영성 형성의 과정 안에서 도움을 받고, 도와주고, 무엇에 주목을 하고, 촉진시켜 주는 그런 모든 상황에 적용되는 말이다. 이것은 하나님과의 관계에 있어서의 개인적인 깨달음을 더 깊게 해줄 뿐만 아니라, 그런 깨달음을 매일 매일의 활동에서 역동적으로 살아날 수 있도록 적용 되는 것이다. 영적 인도가 다른 개인과 일대 일의 관계에서 공식적으로 일어날 때, 우리는 그것을 영적 지도(spiritual direction)라고 부른다. 고전적인 형태로서의 영적 지도는 지도자(director)와 수련자(directee)가 있는데, 즉 한 사람이 다른 사람의 삶에 있어서의 주님의 역사하심을 분별해주고, 또한 자기의 삶을 다른 방향으로 유혹 하려는 다른 영들의 힘 가운데서 구분하는데 도움을 주는 것이다."라고 정의하였다.

그러나 여기서 저자들이 특별히 언급하고자 하는 협의의 '영성지도'란 최근 약 50년 전부터 새롭게 조명되기 시작한 특정한 형태의 관상적 영성운동, 즉 묵상생활과 기도(contemplative life and prayer) 및 영적 분별(spiritual discernment)을 주 개념으로 하는 보다 체계적이고 구조화인 영성지도를 의미한다.[7] 간략히 설명을 하자면, 영적 생활에 있어서 지도를 받고자 하는 그리스도인, 즉 수련자가 가지고 온 영적 체험, 특히 소명이나 기도생활, 하나님 표상 등에 관한 체험과 느낌들을 기도 가운데서 듣고 함께 성령님의 임재하심 가운데서 그 분의 뜻을 분별해 나가는 작업을 말한다. 그렇게 함으로써 수련자의 묵상생활을 돕고, 점차로 수련자 스스로가 성령님의 음성을 듣고 분별해 나가게 되도록 영적 성숙을 돕는 것이다. 영성지도의 핵심은 '너희는 이 세대를 본받지 말고 오직 마음을 새롭게 함으로 변화를 받아 하나님의 선하시고 기뻐하시고 온전하신 뜻이 무엇인지 분별하도록 하라(롬12; 2)'는 말씀에 기초하여, 가장 중요한 두 가지 개념인 묵상기도(contemplative prayer)와 영적 분별(spiritual discernment)로 이루어져 있다. Barry와 Conolly[8]는 그의 고전적 교과서, '영적 지도의 실제'에서 영적 지도를 정의하기를, "대화로 다가오시는 하나님과의 개인적인 관계에 주의를 집중하여, 그 분에게 개인적인 반응을 함으로써 하나님과의 친밀감을 증진시키고, 그 관계에 합당한 삶을 살아나가게 돕는"행위라고 하였다.

영적 지도 하면 우리는 많은 경우 수도원에서 행하여지는 수도자들 간의 권위적인 지도나, 피정기간 동안 체계적으로 하는 영성훈련과 같은 전통적인 모습을 상상하는데, 현대적 영성지도는 이와는 사뭇 다르다. 물론 영적 지도는 신앙공동체의 신앙이나 수도공동체의 영성의칼라에 따라 매우 다양하고도 형식에 매임이 없이 자연스레 이루어지므로 그 전형적인 모습을 보여주기가 쉽지는 않지만, 현대에 이루어지는 새로운 형태의 영성지도를 간략히 묘사하자면, 지도자와 수련자가 일상에서 2주 내지 1달에 한번 만나서 심리치료 하듯 정기적으로 영성지도 시간을 갖는 것이며, 영성지도를 받고자 하는 그리스도인이 가지고 온 삶의 문제나 기도 생활의 문제들을 기도 가운데서 함께 나눈다. 영성지도자는 수련자와 함께 묵상기도와 묵상생활을 점검하면서, 삶의 매 순간 하나님의 부르심과 그분의 뜻을 분별하기 위하여 함께 마음을 열고 성령님의 역사하심을 의식하고자 하는 시간들로 이루어지는데, 특히 비권위적인 분위기에서 수련자의 말을 경청하고, 그리고 나서 그 문제를 놓고 함께 침묵 가운데 성령님의 인도하심에 마음을 열고 묵상기도를 하는 것이다. 그리고는 다시 기도 가운데 느꼈던 느낌, 생각, 체험을 나누면서 함께 인도하심을 따라 분별하는 것이기 때문에 외형은 상당히 역동적 심리치료와 유사한 모습을 띠지만, 실제로는 그 목표나 진행과정 등에서 매우 다른데, 가장 중요한 차이점은 심리치료가 문제해결을 주 목표로 한다면, 영성지도는 하나님의 임재에 함께 예민해질 수 있도록 훈련을 하는 것일 것이다. 그렇게 함으로써 수련자의 묵상생활을 돕고, 점차로 수련자 스스로가 성령님의 음성을 듣고 분별해 나가게 되도록 하며, 이를 통하여 영적 성숙을 돕는 것이다. 영성지도는 말씀공부도 아니고, 신앙에 관한 조언이나 충고도 아니고, 제자훈련과도 다르며, 은사사역도 아니고, 설교도 아니며, 고해성사와도 다르다.[9]

영적 지도는 과거 사막의 교부시대로부터 비롯하여 중세 시대까지 동방과 서방의 수도원들을 중심으로 상당히 성행하였지만, 중세 후반 이후에는 갈멜수도회나 예수회 등 가톨릭의 일부 수도공동체에서만 명맥을 유지해 오다가, 20세기 중반 Thomas Merton의 저술들에 힘입어 1970년대부터 다시 영성가들과 신앙공동체들의 관심을 끌기 시작하고 있다. 왜 영성지도가 오늘날 사람들로 하여금 새로운 관심을 가지게 하는가? 그 가장 큰 이유는 현대인들이 느끼는 영적인 갈급함에 있다고 할 수 있다. 현대는 삶의 공허함과 고독을 심각하게 겪는 시대이면서 동시에 개인적인 느낌과 경험으로 이를 극복하려는 체험의 시대이기도 하다. 그러나 현대의 다중화, 기계화, 정보화가 인간의 고립과 고독을 가중시켜 결국 영적 갈급과 공허함에 허덕이게 하며, 이를 채워 줄 영적 체험을 더욱 추구하게 된 것 같다. 이에 따라 지난 세기 60-70년대부터 영성에 대한 관심이 고조되었고, 영적 성장, 영성훈련, 영성지도 등에 관한 주제를 다룬 책과 세미나들이 넘쳐나게 되었다. 이런 현상들은 결국 갈수록 심화되는 영적 갈급과 인간 존재의 공허함, 비인간화의 병폐, 그리고 여기서 출발하는 불안감과 병리현상들을 어떻게 교회가 치유해 나갈 것인가에 대한 심각한 질문과 책임감을 던져 주고 있다.[10] 하지만 아직도 오늘의 교회는 물질주의와 편의주의를 추구하는 사회와 밀착되어 다중적인 사역에 치우친 나머지 일대일의 인격적인 만남을 통한 영적 성숙에는 소홀한 감이 있다. 고식화된 종교제도와 종교생활이 초월을 향한 개인의 깊은 내면적 욕구를 채워주지 못하는 만큼, 신비와 거룩함을 체험함으로써 인간의 해방과 초월을 구현하고자 하는 실천적인 관심이 증가하고 있기 때문이란 것이다. 그럴 즈음, 삶을 영적 여행이라고 생각하는 신앙인들이 동반자나 인도자의 입장에서 같이 앉아 마음을 비우고 고요 속에서 주님의 음성을 듣고자 하는 묵상기도나 영성지도가 오늘날, 수도공동체를 넘어서 개혁신앙 공동체에 속한 우리들에게까지 관심을 끌게 되는 것이다. 이제 우리는 다시 초대 기독교 시대 사막의 교부들이 꽃피워 왔던 영적 지도를 우리의 치유와 성숙을 향한 여정에 사용할 수 있도록 신중히 검토할 필요성이 심각하게 대두되는 시점에 와 있다.

현대 영성지도의 특성

앞에서 기술한 바와 같이 지나친 물질 위주와 편의주의, 사회와 밀착, 인격적인 만남의 관계와 영적 체험에 대한 결핍과 이에 대한 갈망, 권위와 부성의 상실 등 현대 사회에서 영적 지도에 대한 요구가 뚜렷해 진 토양 위에서 기독교 영성가들은 과거의 전통으로부터 새로운 시도를 발굴해 내게 되었다. 즉 판에 박힌 종교제도와 신앙생활로부터 깨어나, 초월을 향한 깊은 욕망과 고양된 갈망 위에서 거룩함과 신비를 체험하려는 실천적 방법을 모색하게 된 것이다. 이러한 경향은 1970년대 후반부터 구체적인 하나의 형태적인 흐름을 띠기 시작하였는데, 이는 필연적으로 과거의 전통적인 영적 지도로부터 상당히 변화된 양상을 보이게 된다. 그 특징들을 요약해 보자면, 관상적(contemplative) 인식과 태도를 중시하며, 예전의 권위적인 모습은 사라지고, 지도자와 수련자는 동반자나 영적 친구와 같은 상호적인 개념과 자세를 가지며, 함께하는 기도가 중심이 되며, 규격화되거나 형식화된 기도가 아닌 직접적이고도 체험적인 성령님의 임재에 대한 강조가 중심이 되며, 교파와 교리를 초월한 상호 열린 모임의 형태를 띠게 되었으며, 에큐메니칼하게 연합적으로 상호 보완하는 연구와 실천 등이 강조된다. 아울러 지난 세기 동안 쌓여진 정신병리에 대한 심리치료에서의 통찰과 인간이해가 영적 지도의 과정에서 점점 하나로 통합되어 간다는 점 등이다.[11]

저자는 영성지도에서의 이러한 현대적인 변화를 매우 중요하게 생각하며, 이를 과거의 전통적인 영적 지도와 대비하여 현대 영성지도라 부르고자 하며, 이러한 현대 영성지도의 몇 가지 주요 특성들을 다음의 세 가지 큰 트렌드로 묶어서 이에 대하여 좀 더 상세히 설명하려고 한다.

첫째, 현대 영성지도는 묵상(관상)적 영성에 기초한다. 근래 들어 북미를 중심으로 이루어지고 있는 현대 영성지도의 가장 중요한 특성으로서 묵상적(관상적) 영성의 강조를 꼽을 수 있다. 앞서 언급한 것처럼, 목회 활동을 포함하여 일반적으로 한 사람이 다른 사람의 영적 성숙을 유도하고 신앙생활을 지도하는 모든 행위를 넓은 의미에서 영적 지도라고할 수 있는데, 이 때 강조하는 영성이 어떤 성격의 영성이냐에 따라서 그 영성지도의 형태가 매우 다른 모습을 띠게 된다. 치유와 성숙을 위한 기독교 공동체들 안에서의 이러한 활동들은 오랜 역사와 전통 안에서 다양한 형태로 있어 왔는데, 예를 들면 유념적 또는 무념적 영성, 사회봉사적 영성 또는 수덕적 영성, 경건의 영성 또는 관상적 영성 등의 모습으로 존재해 왔다. 그런데 1970년 대부터 북미를 중심으로 붐이 일기 시작한 현대 영성지도는 수도원적 영성(monastic spirituality)에 기초하는데, 즉 예수회를 창립한 이냐시오, 아빌라의 데레사, 십자가의 요한 등 스페인의 신비적 영성가들의 저술에서 많은 영향을 받은 바 있으며, 특히 뒤의 두 사람은 상당 부분 동방정교회의 무념적 영성에 그 뿌리를 두고 있는 관상적 영성이며, 이 영성은 무엇보다 하나님 임재 앞에서의 침묵을 절대시 하며, 감성적 체험과 성찰적 분별을 중요시하는 영성이다.

관상적 영성을 함양하고 삶 속에서 실천하는 구체적인 영성수련의 방법의 중심에는 당연히 '관상적 기도(contemplative prayer)'가 있게 되는데, 사막의 교부들로부터 동방정교회와 가톨릭의 수도공동체들을 거쳐 오랜 세월 동안 기독교 전통 속에서 뿌리깊게 전해져 내려왔으며, 개혁신앙 쪽에서는 그 성격이 약간 다른 면은 있지만 대체로 '침묵기도' 또는 '묵상기도'로 잘 알려져 있다. 관상기도의 구체적인 방법으로는 오래 전부터 수 많은 영성공동체에서 각기 다른 다양한 양상으로 전해져 내려왔는데, 예를 들면 예수기도, 아이콘 기도, 순례기도, 라브린스 기도, 현대에 들어와서 개발된 향심기도 등등을 들 수 있으나, 무엇보다도 기독교 전통의 특성인 관계적 영성을 가장 잘 함양할 수 있다고 생각되는 '거룩한 독서'와 '의식성찰'을 들 수 있으며, 이 두 관상기도의 방법은 개혁신앙의 영성과도 잘 부합한다고 생각되는데, 개혁신앙에서 영성가로도 잘 알려져 있는 Dietrich Bonhoeffer 목사는 그가 가르치던 신학생들에게 아침에는 거룩한 독서를, 저녁 잠들기 전에는 의식성찰(양심성찰)을 꼭 하도록 그의 책에서 강조하고 있기도 하다.[12]

'렉시오 디비나(Lectio Divina)'라는 용어로 잘 알려져 있는 '거룩한 독서'는 현대에 들어와서 개혁신앙에서도 '큐티'라는 방법으로 변형되어

널리 유행되고 있지만, 원래는 성경읽기를 통한 관상기도의 방법이며 오랜 기간 동안 수도원적 영성수련의 중심이 되는 방법으로 이어져 내려왔다. 각 수도공동체마다 약간씩 다른 점이 있지만, 중세시대 수도원장인 귀고 II세에 의하여 정리된 대로 독서(lectio), 명상(meditatio), 기도(oratio), 관상(contemplatio)의 네 단계로 이루어져 있는데, 매일 매일 주어지는 말씀 속으로 들어가, 말씀을 묵상하면서 결국 하나의 말씀되신 예수의 영을 만나고 그의 임재 가운데 주어지는 쉼을 누리며 하나님을 바라보는 것이라고 간단히 표현할 수 있다. 한편 관상기도의 또 다른 중요한 방법인 **의식성찰(conscious examen)** 역시 오랜 시간 동안 수도원적 영성수련의 중심을 이루어 온 방법인데, 당초에는 지도자와 함께 매일매일의 생활을 돌아보며 회개와 감사를 드리는 양심성찰(consdience examen)으로 이어져 내려왔으며, 현대에 들어 와서는 이러한 하루의 성찰에서 무엇보다도 삶의 매 순간에서 우리의 의식을 하나님의 임재(presence)로 돌리는 점을 보다 강조하기 위하여 '의식성찰'로 바꿔 부르는 경우가 많아졌다.[13] 이 의식성찰은 거룩한 독서에 비하여 일반에 비교적 덜 알려져 있지만, 이 책에서 강조하는 현대 정신분석의 마지막 흐름인 정신화(mentalization)가 성찰을 강조하는 개념이라는 점에서는 앞으로 통합적 성숙과 치유의 장에서 매우 중요한 역할을 하게 될 것으로 전망된다. 아울러 이런 성찰의 중요성과 관련하여 현재 대중적으로 유행하고 있는 명상이 불교적 영성전통에 뿌리를 두고 있다는 점을 생각할 때, 기독교 전통의 성찰로서의 의식성찰은 앞으로 더욱 일반인들에게 쉽게 적용될 수 있도록 개발되어야 할 여지가 많다고 보며, 특히 의식성찰의 (하나님과의) 관계적인 성격은 정신분석의 정신화와 함께 치유와 성숙의 장에서 훨씬 도움이 많이 될 것으로 기대된다.

현재 일고 있는 관상기도에 대한 관심은 기존에 해오던 기도를 대체하려는 것이라기 보다는 기도의 관상적 차원을 회복하고자 하는 움직임과 깊은 관련이 있다고 보는데, Henri Nouwen은 그의 책 '마음의 길'에서 기도를 능동적이고도 청원적인 성격으로 국한 할 때, 이는 이성을 통해 세상을 지배하는데 높은 가치를 두고 있는 문화의 산물이며, 우리의 지성적 노력으로 하나님을 발견할 수 있다는 신념에 기초하고 있다고 지적한다. 그리고 기도에 대한 이 같은 태도는 이해를 넘어서 하나님을 체험하고자 하는 현대인들의 갈망을 충족시키지 못하였다고 하며, 바로 이러한 점에서 묵상기도가 관심을 받게 된 이유이기도 하다.

묵상적 영성은 사막의 교부들을 거쳐 수도원적 전통으로 이어져 왔으며, 특히 서방교회의 지적이고 유념적인 영성에 비하여 동방 정교회적인 무념적 전통의 영향을 강하게 받은 것이다. 현대에 들어 각광을 받게 된 관상적 영성은 중세로부터 현대에 이르기까지 기독교 신학적 성찰이 지나치게 서방교회의 지성적 영성에 치우쳐 있음을 자각하고, 수도원적, 무념적 영성과 조화를 이루려는 시도로 풀이되고 있다.

영적 성장을 인간 영혼이 하나님과의 깊은 관계 속에서 각 사람을 향한 하나님의 고유한 사랑의 섭리에 기꺼이 응답하는 과정이라고 정의할 수 있다면, **묵상적(관상적) 영성이란 우리로 하여금 하나님의 임재 앞에서 침묵을 지키며, 그 분의 말씀하심에 귀를 기울이고, 그 분의 지혜 가운데서 분별을 함으로써 우리의 삶을 그 분 안에 존재하게 하며, 세상에서 거룩하게 행동하도록 영감을 받게 하는 것이라고 할 수 있다.**

오늘날, 관상적 영성이나 관상기도를 설명하는 수 많은 글들이 있지만, 각각 개인적인 체험과 강조점에서 기술하고 있기 때문에 많은 사람들이 아직도 관상이란 무엇이고 관상기도를 하면 어떤 깨달음이 있는지에 대하여 혼란스러워하고 있기도 하다. 이 문제는 특히 저자가 속해 있는 개혁신앙의 장 안에서 어떤 개념으로 이해될 수 있는지에 관하여는 보다 세심하고 깊이 있는 신학적 성찰이 필요한 부분이므로, 영성신학자들의 향후 지속적인 연구를 기대해 보게 되지만, 동시에 이 문제는 우리 모두의 매일매일의 일상에서의 우리의 삶과 기도생활에 직결된 문제이므로, 이 책에서는 간략하게나마 여러 저술에 나타난 관상에 대한 개념들을 소개하고, 저자의 생각을 덧붙여 보기로 하겠다.

  잘 알려진 대로 'contemplatio'라는 라틴어는 'cum(with)'이라는 전치사와 'templum(temple)'이라는 단어의 합성어로서, 하나님과 관계하는 특성을 의미하며, 하나님은 어떤 분이시고, 무슨 일을 하시며, 그 하시는 일에 내가 어떤 영향을 받고 있는지 등과 같은 깨달음 속에서 하나님께 반응하는 관계의 특성을 의미한다.[14] 관상이란 개념에는 '집착, 과거, 욕망 등으로부터 벗어나 자유로움', '관조(觀照)'의 뜻이 있으며, '자각(awareness)', '깨어난다(awakening)', '하나님께 의식을 연다(opening to God)'란 뜻이 있다. 기독교적으로는 관상이란 하나님의 임재를 바라고 묵상하는 것을 의미한다. 17세기 카르멜 수도회 수사 로렌스형제가 "모든 것에서 하나님을 발견하는 사랑스런 바라봄(the loving gaze that finds God everywhere)"이란 표현을 한 것이 바로 이런 뜻이다.[15] 신학적으로는 초월적인 절대타자로서의 하나님의 이미지보다는, 성령으로 우리 속에 존재하시는 내재적 이미지가 강조된다. 여기서 'within temple'이란 어원을 가진 'contemplatio'란 단어의 뜻이 가장 선명하게 드러난다. 즉 나의 내면 깊은 곳(영혼)에 하나님이 임재하시므로, 우리 자신은 하나님이 거하시는 성전이며, 우리 모두는 서로 연락되어 거룩한 교회를 이루는 하나님의 몸이 되는 것이다(고전 3:16, 엡 3:20-22).

  관상은 성령의 말씀에 귀를 기울이며, 성령의 이끄심에 예민해지며

(sensitive to the Spirit), 성령의 이끄심에 순종하는 삶을 의미한다. 그런가 하면 관상이란 하나님과 연합하는 삶, 하나님과 함께 하는 삶을 의미하기도 한다. 이것은 예수께서 가르쳐 주시고 몸소 실천하셨던 삶이기도 하며, 우리 모든 그리스도인들이 소원하는 삶이기도 하다. 이것은 하나님 품 안에서 누리고, 호흡하고, 쉬고, 안식하고, celebrate하고, 기뻐하고, 사랑하고, 열매를 맺는 삶이다(요 15:5). 이 밖에도 관상이란 말에는 하나님의 사랑에 머물고자 하는 갈망을 의미하기도 한다. 영적인 삶은 철저하게 사랑에 관한 것이다. 하나님은 사랑이시고, 우리는 사랑 안에서, 사랑하기 위해 창조되었다. 모든 사람은 하나님과의 사랑, 다른 사람들과의 사랑 가운데 성장하고자 하는 갈망을 그들의 중심에 가지고 있다.

그러나 관상의 대한 이상과 같은 신비주의적으로 심오한 듯 보이는 다양한 개념들의 표현에도 불구하고 저자 나름대로는 Gerald May의[16] 가장 소극적이고 소박한 의미로 만족하는 것이 좋다는 의견이다. 즉 관상(묵상)이란, 물욕에 찌든 세상으로부터 고개를 돌려 반복적으로 하나님을 바라보고자 하는 의도(willingness)를 의미하며, 주님 앞에서 그 분의 함께 하심(임마누엘)을 느끼고, 이해하고, 누리고, 축하하고자(celebrate)하는 태도와 기도라는 면을 가장 강조하고 싶다.

현대 영성지도의 두 번째 특성으로서는 상호주관주의적이란 점을 들 수 있다. 많은 사람들이 영성지도라는 말보다 영적 친구(spiritual companion), 또는 영적 인도(spiritual guidance)라는 말을 선호하는데, 그것은 권위적인 의미를 피하기 위해서이다. 현대 들어 정신분석과 기독교 신학 양자 모두에서 나타난 중요한 변화의 하나로서는 상호 관계성을 매우 중시하는 경향을 들 수 있다. 과거 중세시대 전통적으로 수도원이나 신앙공동체에서 조직의 지도자에 의하여 행해지던 영성지도가 일방적이고도 권위적인 영성지도였다면 현대의 영성지도는 상호관계성을 중시하는 전혀 다른 모습을 띤다는 것이다. 즉 세상 속에서 영성지도자와 수련자가 탈권위적으로 주님의 임재 앞에서 함께 같은 길을 가는 영혼의 친구로서, 서로의 증인으로서 어깨를 나란히 한다는 것이다.[17] 이에 따라 영성지도의 실제 현장 모습도 과거의 전통적인 수도단체의 모습과는 다르게 된다. 두 사람의 그리스도인이 그가 맡은 직위나 지식의 높고 낮음을 떠나서, 동등한 입장에서 동일한 하나님에 대한 갈망을 나누기 위하여 서로 만나 함께 기도하고 서로의 기도생활이나 하나님과의 관계를 고백하고, 나누고, 서로 분별해 주는 자연스러운 상호 지도관계를 형성하는 것이다. 즉 서로 번갈아 가며 영적 분별을 제공하고, 상호간에 완전히 협동적인 평등(co-equal) 관계에서 서로 충고하고, 제시하고, 지도를 제공하기도 한다.[18] 때로는 이렇게 완전히 호혜적이지는 않으면서 영성지도를 전문으로 하는 일종의 전문가가 나타나기 시작하였는데, 이 경우도 기독교의 어떤 특정 종파에서 공식적인 종교지도자의 직함을 받은 것이 아니라, 성령의 부르심과 인도하심에 따라 그러한 역할을 하는 평신도적인 사역이며, 어떤 경우에도 권위자로서 비권위자를 일방적으로 이끌거나 가르친다거나 양육한다는 개념보다는, 함께 성령님의 임재 앞에서 동등하게 마음을 열고 중보적인 입장에 선다는 정신이 중요하다고 보는 것이다. 1970년대부터 생긴 현대 영성지도의 이러한 특성은 바로 Martin Luther의 만인제사장주의를 그대로 실천한다는 것인데, 우리 모두는 영성의 길을 함께 가면서 서로 격려하고 분별해 가는 길 동무, 즉 영혼의 친구라는 개념이다. 그래서 새로운 영성지도는 '함께 간다' 는 영적 친구(spiritual companionship)로, 너와 내가 함께 어깨를 나란히 하고 간다는 개념이며, 그런 면에서 평신도적인 사역의 성격이 매우 강한 면이 있기도 하며,[19] 이 점이 바로 현대의 심리치료자들의 입장과 일치하는 면이기도 하다.

 이렇게 비권위적이고 상호주관적인 개념의 현대 영성지도는 하나님 앞에서 권위나 정해진 조직체계나 신학의 논리의 그늘에 안주하지 않고, 누구에게나 생생하게 역사하시는 하나님의 임재 앞에 벌거벗고 절실하게 서로를 비추게 된다는 아주 좋은 장점이 있으며, 새로운 영성적 목회의 모습으로 기대를 높여 준다. 동시에 이러한 상호주관적인 의미에서의 현대 영성지도는 실제 치유의 현장에서는 매우 강력한 변화를 이끌어 내는 중요한 요소가 되며, 각 개개인이 하나님의 임재 앞에서 보다 적극적이고 책임적인 관계를 형성하게 만들며, 따라서 성령을 향하여 직접적이고 관상적 수용성을 높여줌으로써 영적인 성숙을 보다 깊이 있게 만드는 요소가 되기도 한다.

 현대 영성지도의 세 번째 특성으로는 영성지도 자체의 영적 분별(즉 성찰)의 모습과 심리치료의 통찰적 기능이 한데 연결되고 통합되는 경향을 들 수 있다. 영성지도에서 주 개념 중의 하나인 영적 분별의 모습은 여러 신앙전통에 따라 다양하긴 하지만, 현대적인 영성지도는 성령님의 인도하심에 보다 더 전적으로 의지하기 때문에 그 함께 하는 영성지도의 분별의 과정이 보다 자유롭고 역동적이 된다. 즉 영성지도 과정 중에 일어나는 체험, 생각과 감정들이 분별을 위한 성찰의 대상이 되는데, 특히 이냐시오의 개념을 빌리자면 분별이란 자신이 느끼는 위안(consolation)이나 고독(desolation)이 어디서부터 왔는지를 성령의 임재와 인도하심을 따라 깊이 성찰하는 것이라고 말할 수 있다. 이와 같은 분별의 과정인 성찰의 모습은 바로 현대 정신분석, 특히 애착이론에서 의미하는 메타인지(metacognition)와 이로부터 발전하는 정신화(mentalization)이야말로 인간의 성숙을 이끄는 치유인자라는 주장과 매우 근접하게 된다. 따라서 현대의 정신역동적 심리치료의 과정은 그대로 현대적 영성지도와 자연스레 통합이 될 수 있는 강력한 근거를 얻게 되는 셈이다. 더구나 기독교적 심리치료가 일반 심리치료의 목표를 넘어서서 인간 내면의 깊은 곳에서 하나님을 알고 그 속에서 진정한 자아를 깨닫고 삶의 의미와 고통의 의미를 이해함으로써 성숙하게 되는 것까지 그 영역을 넓히는 사역이라고 이해된다면, 이것은 영성지도의 작업과 깊이 연결되는 것으로 이 양자의 목적까지도 많은 공통점을 갖고 있음을 알게 된다. 따라서 정신분석이나 통찰지향적 심리치료에서는 치료자가 내담자를 일방적으로 이끌거나, 문제를 해결해 주거나, 논리적으로 설득하는 것이 아니라, 내담자의 삶의 현장에서 느껴지는 감정을 상호주관적으로 이해하고, 내담자 스스로가 자신의 내면과 대화하도록 함께 도와 나가는 것처럼, 현대 영성지도 또한 수련자가 가진 신앙적인 문제를 일방적으로 권위를 가지고 해결해 주는 것이 아니라, 함께 하나님의 임재 가운데 상호주관적인 이해를 하고, 기도 가운데서 수련자가 직접 하나님과 대면하여 관계를 개선해 나가도록 돕는 작업이므로, 이 양자는 사실 그 정신과 방법에 있어 매우 근접해 있다는 것을 알 수 있다. 따라서 정신분석이나 통찰지향적 심리치료에 익숙한 사람은 현대 영성지도를 더 잘 이해할 수 있기 때문에 심리치료와 영성지도는 쉽게 통합이 될 수 있으며, 실제로 현재 미국을 중심으로 한 영성지도의 장안에서는 이론적으로 인위적인 접근을 시도하지도 않았으나 자연스레 이 양자가 뒤섞여 실행되고 있는 것을 흔히 볼 수 있다.

그러나 다른 한편에서는 현대 영성지도가 지나치게 심리치료에 물들어 있다는 비판이 있으며, 이에 대한 경계의 목소리도 있다. 물론 영성지도와 심리치료는 그 목적과 접근 방법 등에서 전혀 다른 부분도 있고, 혼동해서도 안 되는 부분이 있으며, 이에 대하여는 기존의 다른 참고서들에 잘 나와 있으므로 여기서는 생략하겠다.[20] 아울러 현대 영성지도, 나아가서는 최근의 관상적 영성운동에 대한 비판적인 시각도 있는데, 특히 개신교의 신앙의 입장에서 신학적인 평가와 조화가 필요하다는 주장이 있다. 이러한 복잡한 입장을 감안한다면, 현재 강렬하게 등장하는 현대 영성지도 운동과, 이를 포함한 묵상적 영성운동 자체에 대한 일부의 우려하는 목소리에도 귀를 기울면서 진지한 자세로 논의를 해 나가는 것이 필요하다고 보는데, 이는 이 글의 범위를 벗어나는 것으로 추후 별도의 논의가 필요하다.

마지막으로 한 가지 논의를 보태고자 하는 점은, 전래의 전통적인 기독교 영성에서는 강조되었으나, 현대에 들어서 소홀해진 하나님과의 관계성이 다시 강조되어야 한다는 점을 지적하고자 한다. 영성심리학자들은 기독교를 포함한 세상의 모든 종교 전통의 영적 수련은 크게 두 가지 요소가 있음을 인정하는데, 즉 첫째는 현실에 대한 자아의 왜곡과 집착을 포기하고 자신의 마음을 청결케 해야 하나님을 포함한 초월적 현실이 제대로 보인다는 것이고, 두 번째는 이를 바탕으로 하여 그 다음 단계인 각 종교전통이 추구하는 초월성을 달성하는 수련이 있다는 주장이며,[21] 첫 번째 단계는 대체로 모든 영적 전통들의 공통적인 단계이지만, 두 번째 단계는 각 종교전통에 따라서 그 목표하는 바가 다를 수 밖에 없게 된다는 것이다. 예를 들어 불교가 추구하는 최후의 경지는 니르바나라고 하는 무의 경지에 도달하는 것이지만,[22] 기독교의 그것은 이와는 정반대의 초월적 현실, 즉 하나님이라고 하는 절대불변의 존재와의 관계성과 그 분과의 연합 속에서 완성되는 영원한 현실을 추구하는 것이다.[23] 과거 역사 속의 수많은 기독교 전통의 영성가들은 이 두 요소의 균형은 놓치지 않으려고 애를 썼으며, 오히려 두 번째 하나님과의 관계성을 추구하기 위하여, 즉 하나님을 만나기 위하여 첫 번째 요소인 마음을 비우는 작업을 하나의 준비 단계로서 여겼다고 보는 것이 옳다. 사막의 교부들이 그랬고, 중세 스페인 영성가들이 바로 그랬다. 그들의 기도 가운데는 언제나 하나님을 찾는 치열한 갈망이 먼저 존재하였고, 이를 달성하기 위하여 사막을 찾고 은둔처를 찾았던 것이다. 그들은 결코 하나님과의 관계성을 배제한 채 마음을 비우는 작업을 하지는 않았다. 안토니, 존 카시안, 에바그리우스 등과 같은 교부들,[24] 로욜라의 이냐시오,[25] 아빌라의 테레사,[26] 십자가의 요한[27] 등의 글들은 그들의 하나님 추구가 얼마나 치열했는지를 잘 보여주고 있다.

그러나 안타까운 일이 벌어진 것은 20세기 영성가들이, 이들 과거의 기독교 전통적인 영성가들로부터 관상적 영성을 다시 발굴해 내면서 첫 번째 마음의 청결함을 지나치게 강조하는 나머지 이러한 두 번째 단계의 요소, 즉 하나님과의 관계성을 지나치게 무시하는 결과를 가져왔다. 그렇게 된 데에는 당시의 기독교가 위의 첫 단계의 영적 수련의 측면을 너무나 소홀히 했던 일반적인 기독교 공동체 안에서의 분위기가 원인이 되기도 했지만, 당시 서구 사회를 풍미하던 동양 종교, 특히 불교적 영성전통에 크게 매료되었던 탓도 있다고 본다. 결국 관상적 영성은 마음의 청결함을 추구하는 측면에서는 현실적인 도움이 있었으나, 하나님과의 관계성을 소홀히 하게 된 점은 오늘날까지도 매우 심각한 문제로 남아 있다. 20세기 위대한 영성가로 불리는 Thoma Merton을 위시해서, 향심기도를 만들고 발전시킨 Thomas Kidding, Cynthia Bourgeault, 그리고 "붓다 없이 나는 그리스도인이 될 수 없었다."라는 제목의 책을 낸 영성신학자 Paul Knitter들의 저서에서 우리는 하나님과의 관계성이 심각하게 없어지는 것을 관찰할 수 있게 된다.[28] 그러나 이책에서는 이들의 흐름을 따르지 않고, 다시 고전적인 기독교 전통의 영성가들로부터 그들이 인간의 치유와 성숙의 현장에서는 마음의 청결함과 동시에,

그 이상으로 하나님과의 관계성이 있었음을 기억하고 이 점이 다시 오늘날 기독교 전통의 관상적 영성의 본류로 회복되도록 열망하면서, 이를 현대 정신분석의 관계성의 강조와 근접시키는 시도를 하려고 한다. 그렇게 해서 온전한 치유/성숙은 심리학적 치유/성숙과 영적 차원의 치유/성숙이 통합되어 이루어지는 것이 바람직하며, 그 중심에는 하나님과의 관계성이 자리하고 있음을 강조하려고 한다.

3장 대상관계이론 – Winnicott이론을 중심으로

유 현 주

대상관계이론은 인간의 가장 근본적인 동기를 "욕동추구"에서 "대상추구"로 옮기는 혁신적인 관점을 제시함으로써 정신분석의 새로운 변화를 이루었다. 여기서 인간이 추구하는 대상은 표상이나 본능을 충족하기 위한 수단이 아니라 "대상 그 자체"이며 사랑이나 미움 등 정서적 경험이 반영되어 있는 "대상과의 관계들"이다.[1] 대상과 관계 맺기를 갈망하는 것이 인간의 가장 중요한 동기임을 시사한 것이다. 위니컷은 인간이 가지고 있는 근본적인 경험을 두 가지로 구분하여 설명하였다.[2] 전자는 본능적인 욕구를 만족시키는 경험으로 프로이트의 욕구충족과 관련이 있다. 후자는 인격적인 관계가 이루어지는 훨씬 더 심오하고 지속적이며 변함이 없는 경험이다. 위니컷은 "아기는 배고프지 않아도 여전히 젖가슴에 머물 필요가 있는데 이는 음식 때문이 아니라 관계성 때문이다"라고 하였다. 더 나아가 "아기가 존재하기 시작하고, 삶이 실제라고 느끼며, 삶이 살만한 가치가 있다는 것을 발견할 수 있도록 해 주는 것은 본능적인 만족이 아니라 충분히 좋은 인격적 관계 경험으로써 이는 본능적 만족보다 선행되어야 한다."[3] 라고 말하면서 충분히 좋은 인격적 관계의 중요성을 강조하였다.

대상관계 이론가들은 유아에게 적절한 환경을 제공해 주는 초기 양육자와의 관계 경험이 인간의 발달에 결정적인 영향을 준다는 공통적 견해를 가지고 있다.[4] 유아와 양육자와의 실제적인 그리고 상상된 관계경험들이 성격을 형성하게 되고 정신병리 원인이 되며 치료적 접근에 매우 중요한 이해를 제공한다. 대상관계이론은 유아가 어린 시절, 정서적으로 강렬한 경험, 주로 양육자와의 경험에 대한 반응으로 자기 자신과 타인을 보는 관점과 그에 따른 관계 패턴을 형성한다고 본다. 예를 들어 양육자가 유아의 욕구를 만족시켜주는 적절한 돌봄을 제공하여 유아가 양육자와 좋은 관계를 경험하게 되면 유아는 내면 안에 긍정적인 자기 표상과 타인 표상, 그리고 긍정적 관계방식과 태도를 갖게 된다. 이는 그 사람의 일생동안 지속적인 영향을 미친다. 그 반대일 경우 자기와 타인에 대한 부정적인 표상과 관계방식을 갖게 되고 이 또한 이후 관계에 지속적인 영향을 미치게 된다. 즉 어린 시절 대상과의 강렬한 관계 경험이 감정적, 경험적 각인을 통해 자신과 타인, 세상을 보는 관점의 패턴을 형성하게 되고 그 이후의 현실에서 만나는 사람들과의 관계에 지속적이고 반복적으로 되풀이 되는 것을 말한다.

대상관계이론의 또 다른 중요한 공헌은 생애 초기 유아의 심리형성과정에 대한 깊고 폭넓은 이해를 제공하였다는 점이다. 프로이트 학파는 3~5세에 해당하는 오이디프스 시기 갈등에 뿌리를 둔 신경증에 초점을 두고 이론과 기법을 발전시켰으며 그 이전 시기에 대한 관심과 이해가 부족하였다. 그러나 현대로 오면서 보다 초기 유아시절에 뿌리를 두고 있는 심각한 정신 병리를 지닌 사람들이 상대적으로 증가하고 있다, 따라서 생애 초기 유아의 심리적 경험을 깊이 있게 연구하여 유아의 발달과정과 정신병리에 미치는 영향과 치료에 대한 풍부한 이해를 제공한 것은 대상관계 이론의 괄목할만한 성과라고 볼 수 있다. 대상관계이론은 학자들의 다양함과 이론적 방대함으로 간단하게 설명하기는 쉽지 않다. 이 논고에서는 독창적이면서도 일관되게 대상관계적 개념을 제시하였으며 기독교 영성과의 관계를 살펴보기에 적합한 위니컷의 이론을 중심으로 살펴보고자 한다.

위니컷의 생애와 이론적 배경

 도날드 위니컷(Donald W. Winnicott, 1896~1971)은 소아과 의사이
며 정신분석가이다. 그는 2차 세계대전 동안 전쟁으로 인해 가족들과
떨어져 지냈던 많은 아동들을 치료하였으며, 정신장애가 있는 비행청소
년, 문제 아동들과 그의 부모들이 포함되어있었다. 더 나아가 정신병리
가 심한 성인 환자들을 만날 수 있었다. 위니컷은 모든 연령의 다양한
환자들을 직접적으로 임상관찰 할 뿐 아니라 이들을 정신분석하는 과정
을 통해 정신 질병의 원인을 이해하고 실제적으로 치료에 도움을 주기
위한 목적으로 대상관계이론을 정립하였다. 위니컷은 초기 유아기부터
개인의 성숙과정과 촉진하는 환경의 중요성을 강조하였으며 여기서 환
경은 유아를 돌보는 모성적 환경을 의미하며, 아이를 키우는 실제적 여
건에도 관심을 가졌다. 위니컷은 아이들을 양육하는 어머니를 위한
BBC라디오 방송에 시리즈로 출연하였고 런던 대학에서 '인간발달과
성장'이라는 강좌를 20여년간 지속하는 등 사회적으로도 활발하게 활
동하였다.[5]

 Davis와 Wallbridge는 위니컷의 특성을 따스하고 부드러우며 창조적
인 생명력이 느껴지는 독특한 사람이라고 표현하였다.[6] 그는 초기 어린
시절을 안전하고 따뜻한 가정에서 보냈으며 타인에 대한 신뢰감을 발달
시킬 수 있었다. 그의 아버지는 기사 작위를 받았고 영국의 플리머스에
서 시장을 두 번 역임하였다. 그의 부모는 감리교 신자였으나 자녀들에
게 대해서는 교리적으로 접근하거나 강요하는 방식이 아니였다고 한다.

위니컷이 논쟁거리가 될 수 있는 질문을 아버지에게 했을 때조차도 그의 아버지는 자신의 생각을 강요하기보다 "성경을 읽어 보거라. 거기서 찾는 것이 네게 진실한 대답이 될 것이다"라고 대답함으로 스스로 생각해 볼 수 있었다고 회상하였다. 위니컷의 장례식에서 조사를 읽은 한 소아과 동료의사는 아이들이 위니컷과 만나면 상태가 호전되었는데 이는 그의 특출난 지성과 직관력 그리고 아이들과 잘 지내는 것 때문이라고 언급하였다.

대부분의 이론가들이 정신병리에 더 많은 관심을 보인 것과 달리 위니컷은 건강한 심리성장에 더 초점을 두고 연구하였으며 인간을 통합적으로 바라보는 개념을 창안하여 설명하고자 하였다.[7] 그는 인간을 기계적으로 보거나 대상화하지 않고 상호적 관계 경험을 통하여 자발성과 창의성을 통해 고유한 모습을 형성하는 특별한 존재로 보았다. 인간의 본능과 충동은 자발성과 창조성의 근원이며 이를 통해서 각 개인의 삶은 살 만한 가치를 지니게 되고 사회를 위해 생산적인 기여를 할 수 있게 된다고 믿었다.[8]

충분히 좋은 엄마(good enough mother)

위니컷은 홀로 있는 아기란 없으며 엄마와 아기는 하나의 단일체로 구성되어 있다고 보았다.[9] 아기는 홀로 존재할 수 없으며 본질적으로 엄마와 함께 있어야 한다는 것이다. 유아의 신체적, 정서적인 성장은 충분히 좋은 엄마(good enough mother)의 모성적 돌봄에게 전적으로 달려 있다는 것이 위니컷 이론의 핵심이다. 유아에게 안아주기 환경(holding environment)을 제공하는 충분히 좋은 엄마는 두 가지 상반된 역할이 있다. 유아가 흥분된 시기에 유아의 자발적 욕구와 몸짓에 전적으로 동일시하여 반응해 주는 '대상으로서의 엄마'와 유아의 고요한 시기에 유아에게 요구하거나 침범하지 않고 관심을 가지며 고요히 함께 있어주는 '환경으로서의 엄마' 이다.[10]

대상으로서의 엄마 (object mother)

'대상으로서의 엄마'는 유아가 흥분된 시기 (excited phase)에 유아의 욕구와 몸짓에 반응해 주는 엄마이다. 유아의 배고픔을 해결해 주고, 안아주고, 기저귀를 갈아주는 등 본능적 욕구를 충족시켜주며 거울 반응을 해주는 엄마를 말한다. 이 시기의 유아는 엄마와 자신이 하나라고 느끼며 다른 존재임을 인식하지 못하기 때문에 엄마의 얼굴을 보면서 자신을 경험하게 된다. 즉 엄마를 외적 대상으로 보는 것이 아니라 자신을 보는 "거울 역할"로 보는 것이다. 유아가 만나는 자신의 첫 이미지가 엄마의 얼굴 표정에 있다는 것을 의미한다. 유아는 자신에게 보여지는 엄마의 표정, 느낌, 생각을 마치 거울 속에 비치는 자신을 보는 것처럼 경험한다. 위니컷은 "내가 쳐다볼 때 나는 보여요. 그래서 나는 존재해요 (When I look I am seen, so I exist)"라고 표현하였다. 유아가 거울을 바라보았을 때 아무 것도 없다면 어떻겠냐고 질문하면서 엄마의 반응의 중요성을 강조하였다. 따라서 엄마는 유아의 자발적인 욕구과 몸짓을 거울처럼 그대로 느끼면서 표현해주고 반응해주는 대상이 되어주어야 한다.

환경으로서 엄마 (environmental mother)

'환경으로서 엄마'는 유아의 고요한 시기 (quiet phase)에 유아에게 요구하거나 침범하지 않고 관심을 가지며 고요히 함께 있어주는 엄마를 말한다. 생애 초기의 유아는 엄마와 하나로 융합되어 있어서 엄마와 침묵으로 의사소통 할 수 있다. 이 때 엄마는 적절한 온도와 습도를 제공하며, 환경이 유아의 정서적 성장을 방해하는 침범이 일어나지 않도록 해 주어야 한다. 유아가 자극 없이 홀로 있을 수 있을 수 있도록 유아에게 아무런 요구도 하지 않고 다만 함께 있어주는 것이 필요하다. 유아가 편안하게 자기에게 몰입할 수 있게 엄마가 하나의 환경으로만 있어주는 것이다. 이러한 조건에서 유아는 생생하게 느끼는 경험을 할 수 있다. 이는 '함께 있으면서 홀로 있는 경험'이다. 위니컷은 이를 '자아 관계성 (ego-relatedness)'이라고 불렀는데 엄마의 존재 속에서 '홀로 있음'의 경험을 통해 유아는 거짓이 아닌 진실한 자신의 삶을 발견할 수 있고 생생한 실제 느낌을 가질 수 있다. 곧 참 자기를 경험하는 것이고 궁극적으로 자기의 정체성과 연결되는 경험이다.

유아의 공격에서 살아남는 엄마

위니컷은 Freud나 Klein이 유아의 공격성을 파괴적 속성으로 보는 것에 반대하며 오히려 '생명력'으로 보고, '활동성'과 거의 동의어로 사용하였다.[11] 유아가 탐욕스럽게 어머니 젖을 빨아먹는 것이나 무는 것과 같은 거친 행동은 '무자비하고 위험한 것'이라 관찰될 수 있지만 이는 유아가 엄마를 일부러 공격하는 것이 아니라 우연히 활기찬 힘에서 나오는 생명력 넘치는 행동일 뿐이다. 엄마가 힘을 가지고 있어서 그 관계를 당연히 견디고 파괴되지 않을 것이라는 믿음에 근거한 행동이다. 그러므로 엄마는 유아가 신체를 공격할 때 기꺼이 그 공격을 잘 견뎌주고 안아주어야 한다. 만약 엄마가 유아의 공격성을 잘 받아주지 못하면 유아는 자신의 공격성이 엄마를 해쳤다는 무의식적 죄책감이 발생하고 대상 사용이 어려워진다. 또한 엄마가 유아의 공격성을 과도하게 불안해하면, 유아는 자신의 행동에 대해 불안해할 것이고 자신의 인격 안에 있는 공격적 요소를 거부할 것이다. 결과적으로 유아는 활기차고 생명력 있는 자기를 잃어가게 된다.

어머니가 유아의 공격을 불안해하거나 보복하지 않고 변함없는 돌봄을 제공하게 되면 유아는 자신의 환상 속에 있는 엄마는 파괴되고 실제 세계에서 살아남은, 자신과 구분할 수 있는 실제 대상을 경험하게 된다. 이는 살아있는 동일한 사람이 자신과 분리되어 항구적으로 존재한다는 것을 느끼게 해준다. 이를 통해 유아는 다른 사람을 그 사람 자체의 성질을 가진 독립된 타자로서 인식하여 내사하게 되고 자기를 향상시키려고 대상을 사용하기 시작한다.[12] 이러한 성취는 '나와 다른' 타인에 대한 이해를 함축하기 때문에 타인의 입장에 설 수 있는 능력이나 감정이입을 포함하는 인격적 관계를 위한 능력을 발달시킨다.[13] 유아는 또한 엄마에게 해를 끼쳤다는 느낌 없이 엄마를 미워해도 되는 것을 배우게 되면서 사랑과 증오의 양가감정을 통합할 수 있게 된다. 즉 공격성의 수용은 한 사람 안에서 일어나는 양가감정을 통합하는데 매우 중요한 요소이며 이는 대상을 향한 본능적 흥분과 만족을 온전히 경험할 수 있도록 한다.[14] 건강한 인격의 경우, 대상에 대한 양가감정을 담아낼 수 있고 성애적 욕동과 공격적 충동은 대체로 잘 융합되어 있어서 건강한 애정 관계를 즐길 수 있다.

완벽하지 않은 평범한 엄마

위니컷은 충분히 좋은 엄마(good enough mother)는 완벽하지 않을 뿐 아니라 일상적인 일들을 하는 평범한 사람들이라는 것을 강조한다.[15] 위니컷은 아기가 안전하게 인생을 출발할 수 있도록 도와주는 엄마의 능력은 지식이 아니라 자연스럽게 흘러나오는 느낌에 의존한다고 하였다. 그는 엄마 자신이 안전하다고 느낄 때, 아기의 아빠와 그녀의 가족 안에서 사랑받고 있다고 느낄 때 그리고 그 가정을 둘러싸고 있는 사회를 구성하는 보다 확장된 공간 안에서 수용되고 있다고 느낄 때 이 역할을 잘 수행할 수 있다고 보았다. 그는 또한 엄마의 헌신이나 사랑이 감상적으로 이상화되어서는 안 된다고 말한다. 아기는 엄마의 상상 속에 있는 관념적 존재가 아니라 엄마의 삶을 방해하고 희생하게 하는 현실 속에 있는 존재이기 때문이다. 엄마의 사랑은 아주 원초적인 것이며 그 안에 관용과 겸손, 힘도 있지만 심지어 아이에 대한 미움까지도 있다고 서술한다. 이러한 현실적 인식에 바탕으로 한 엄마는 아기에 대한 부정적 감정이 들 수도 있음을 수용하면서 다시 회복되어 '아이에게 화풀이' 하지 않고 모성적 돌봄을 감당하게 된다. 따라서 돌보는 이 즉 엄마는 돌보는 자로서 행동하기 전에 자신의 안녕을 유지, 회복할 필요가 있다고 강조하였다. 그럴 때 비로소 엄마는 '엄마와 아이 사이에 존재하는 친밀한 몸과 영혼의 결속에 속한 커다란 즐거움'을 즐길 수 있게 되고 엄마로서 참으로 자기 자신이 되어갈 수 있다.

참자기와 거짓자기

위니컷은 인간의 심리구조를 '참자기'(true self)와 '거짓자기'(false self)를 중심으로 견해를 제시하였다.[16] 여기서 '자기'라는 개념은 프로이트의 자아(ego)개념이 아니라 다른 사람들과의 관계, 즉 자기와 타자의 경험들과 그에 부여된 의미와 함께 더욱 복잡하고 미묘하게 내면화한 것이다. 위니컷은 인간은 누구나 본성 내에 선천적인 기질적 잠재력을 가지고 태어난다고 보았다. 여기서 잠재력은 "성장과 발달의 경향성"을 의미한다. 그러나 한 아기 속에 있는 잠재력은 미성숙하며 통합되지 않은 상태라서 스스로 발현시킬 수 없으며 엄마의 돌봄을 통해서 비로서 유아의 자신의 것으로 표현될 수 있다. '참자기'는 인격의 본능적인 핵인데 생애초기에는 심장박동과 호흡과 같은 신체 기능에 근거한다. 이때 유아가 방해받지 않고 존재의 핵심에 머물며 연속성을 경험하려면 유아에게 "촉진적 환경" 즉 충분히 좋은 양육(good enough mothering)이 지속적으로 제공되어야 한다. 개인의 성장을 이해하고 수용하며 지지하는 충분히 좋은 엄마와의 인격적 관계가 있을 경우 타고난 잠재력은 자발성과 창의성을 가지고 살아갈 수 있는 씨앗이 되어 '참자기'가 발현된다.

그러나 유아의 욕구에 엄마가 충분한 반응을 해 주지 못하거나 엄마자신의 욕구에 따라 침범하는 것을 경험했다면 유아는 자신의 진정한요구에 맞추어 참자기를 발달시킬 수 없게 된다. 엄마가 자신의 아기와인격적인 관계를 맺지 못함으로써 성장을 향한 아기의 잠재력이 일깨워지지 않는 것이다. 자발적인 자신의 몸짓이 불가능한 유아는 엄마에게순응하여 엄마의 것을 자신의 것인양 받아들이는 '거짓자기'를 형성하게 된다.[17] 거짓자기는 위협에 처한 참 자기를 보호해 주는 기능을 할뿐 너무 이르게 강박적으로 자신이 아닌 엄마에게 후에는 타인들에게맞춰주게 된다. 거짓자기는 존재의 핵(kernel)이 아닌 껍질(shell)에 머무르며 최소한의 불편 속에서 생존하는 것이지 활기차고 자발적이며 창조적인 완전한 자기됨, 즉 참자기를 향하는 것이 아니다. 거짓자기는 크게 세 부류로 나눌 수 있는데 첫째로 극단적인 거짓자기의 경우 참 자기는 깊숙이 철저하게 숨겨져 있으며 거짓자기가 완전히 실제 모습을 대신한다. 자발성을 상실하고 모방과 순응의 삶을 살아가며 깊은 대인관계를 맺지 못한다. 두 번째로 방어로서 거짓자기는 거짓자기의 삶을 살지만, 참 자기도 잠재적으로 가능성을 가지고 있으며 비밀스러운 삶을 살아간다. 주로 어린 시절 주요 인물과 동일시하면서 형성된 삶을 살게 된다. 건강한 거짓자기의 경우도 있는데 이는 자신의 감정을 있는 그대로 드러내지 않고 공손하고 예의바른 태도를 보이며 승화될 경우 연기자의 모습으로 나타날 수도 있다.

발달

위니컷은 유아의 발달이 엄마에게 전적으로 의존하는 "절대적 의존단계"에서 "상대적 의존단계"를 거쳐 "독립을 향해 가는 단계"로 이루어진다고 보았다. 상대적 의존기의 하위 단계로서 "중간단계"가 있다. 단계의 특징과 발달과제에 대해 살펴보도록 하겠다.[18]

절대적 의존기

생의 시작 단계의 유아는 타고난 잠재력을 가지고 있으나 통합되지 않은 상태이다. 이 때 유아는 자신을 환경과 분리된 존재임을 인식하지 못한다. 엄마와 아기는 하나의 단일체로 융합된 상태로 아직 유아에게 자신의 경험이 존재하지 않는 단계이다. "나"도 없고 "나 아닌 것"도 없는 상태인 것이다. 유아는 어머니나 모성 돌봄에 대해도 전혀 의식하지 못한다. 유아의 욕구가 엄마에 의해 충족되어 만족감을 느끼면 유아는 엄마가 분리된 존재로 의식하지 못하기 때문에 자신이 원하기만 하면 무엇이든 곧바로 충족되는 것으로 알고 마술적 세상에서 주관적 전능감을 가지고 산다. "이것이 바로 내가 원했던 것이다"라는 경험이 반복되면서 "내가 이것을 창조했다"는 경험으로 변하게 된다.[19] 여기에서 짧은 기간이지만 유아에게는 환상과 현실이 하나이며 세계의 창조자로 전능감을 느끼게 된다. 유아는 이러한 자기의 경험이 축적되면서 존재감을 갖게 된다. 이 때 유아는 오로지 신체적 접촉을 통하여 자신을 느낄 수 있기 때문에 신체접촉을 방해받거나 철수될 때 자신의 존재가 산산조각 나서 멸절될 것 같은 불안을 쉽게 경험한다. 즉 어머니가 오랫동안 아기를 홀로 내버려 두면 아기는 상상할 수 없는 불안, 극심한 혼란의 상태를 경험하게 되고 정서적 성장이 중지된다. 이렇게 모성적 돌봄이 적절히 제공되지 않을 때 유아의 타고난 잠재력은 존재감으로 연결되지 못하고 참자기로 표현될 수 없을 뿐 아니라 성장이 중지되어 심각한 병리를 일으키게 되는 원인이 된다.

절대적 의존기의 엄마는 거의 완벽한 돌봄을 제공해 주어야 하는데 위니컷은 이를 '일차적 모성적 몰두(primary maternal preoccupation)'라고 하였다.[20] 일차적인 모성몰두는 아이가 태어나기 전부터 출생 후 얼마동안 어머니가 자신의 삶을 포기하고 아기에게 몰입하는 자연스러운 현상을 말한다. 그것은 거의 완벽에 가까울 정도로 엄마가 아이의 입장에서 아이의 욕구를 알고 느끼는 신체적이고 정서적으로 하나 된 상태로서 다른 상황에서 본다면 거의 병적이라 간주될 정도이다. 이 시기의 유아는 자신의 감정, 욕구, 긴장 상태들을 자신의 것으로 경험하지 못하기 때문에 그 경험들이 유아의 인격 안에 심리적 현실로 자리를 잡지 못한다. 따라서 유아는 자신의 욕구들에 대한 신호를 보내지 못하기 때문에 전적으로 어머니의 경험과 공감을 바탕으로 유아의 욕구를 충족시켜 주는 것이 필요하다. 그럴 때 유아는 분리됨을 인식하지 않고 어머니와의 유대를 형성할 수 있으며 전능 경험을 즐길 수 있다. 이러한 유아의 경험들이 자기의 것으로 통합되면서 인격화를 이루어 가게 된다.

점진적으로 유아는 전능적 마술적 세계에서 나와 현실감을 발달시키는 것이 필요하다. 아무리 최선을 다하는 엄마라고 할지라도 유아의 욕구를 완벽하게 충족시킬 수 없다. 따라서 유아는 자신이 원하는 대로 충족되지 않는 것을 경험하면서 좌절하게 되고 전능성에 구멍이 뚫리면서 현실에 대한 인식을 하게 된다. 자신의 욕구가 즉각적으로 이루어지는 전능적 세계와 다른 실제가 있다는 것을 경험하게 되는 것이다. 그러므로 이 시기에는 엄마가 유아의 욕구를 온전히 채워주지 못하는 적응의 실패가 과거 온전히 적응해 주는 것만큼이나 유아의 현실감 발달에 결정적인 중요성을 갖는다. 도리어 유아에게 완벽하게 적응하는 것은 현실에 안착하도록 돕는데 방해가 된다. 그러나 이러한 엄마의 적응 실패는 유아가 감당할 수 있는 만큼 적절하고 점진적이어야만 한다. 절대적 의존기에서 유아는 욕구가 충족됨에 따라 최초의 자기감이 자라나고, 좌절은 점점 더 견딜 수 있게 된다. 그 결과 유아는 시간에 대한 감각이 생겨나고 후기 의존단계에 도달하면 현실과 환상의 구별이 가능해지고 현실에 대한 인식이 가능해 진다.

상대적 의존기

상대적 의존기의 유아는 친숙한 사람과 낯선 사람을 뚜렷이 구별하면서 나와 나 아닌 것의 차이를 처음으로 인식하게 된다. 유아는 자신이 전능하다는 느낌을 상실하게 되고 자신이 엄마와 하나가 아니라는 현실을 알게 된다.[21] 자신이 외부 대상, 엄마에게 의존하고 있다는 사실을 인식하게 되는 것이다. 이런 인식은 처음으로 자기감을 경험하는 것이지만 처음으로 상실을 경험하는 것이기도 하다. 이 때 유아는 한 사람에게 긍정적인 감정과 부정적인 감정 즉 양가감정을 모두 경험하는 전체 대상관계 능력이 생겨나게 된다. 이전에 자신의 욕구를 전적으로 충족시켜주는 사람이었던 어머니가 지연되거나 불완전한 충족으로 좌절을 주는 대상이기도 하다는 것을 인식하게 된 것이다. 좌절을 경험하면서 유아는 마술적 통제를 포기하고 욕구충족을 위해 자신이 원하는 것을 신호를 보내야 함을 인식하게 된다. 점차 현실에 기초한 말과 행동을 사용하여 소통을 시작하게 된다. 결과적으로 이 단계에서 유아는 적절한 좌절을 경험하면서 엄마가 해 주었던 모성적 공급 경험을 자기를 돌보는 능력으로 내면화하게 되고 독립된 존재로 나아가게 된다.

상대적 의존기의 엄마는 절대적 의존기의 어머니가 유아를 완벽에 가까울 정도로 돌봐주어야 하는 것과는 달리 점차 아이에 대한 몰두에서 벗어나야 한다. 이전 단계에서 어머니가 전적으로 자신의 공감을 토대로 돌봄을 제공했다면 이 단계에서는 점차 유아의 의사 표현을 주목하고 이해하면서 그 표현에 따라 반응해 주는 것이 매우 중요하다. 위니컷은 "엄마와 분리가 시작하는 유아에게 여전히 모든 좋은 것들이 계속해서 존재한다면 그것들에 대한 통제를 획득할 어떤 수단도 가지지 못하게 된다. 창조적인 몸짓, 울음, 항의, 엄마의 행동들을 일으키도록 유도하는 모든 작은 신호들을 모두 잃어버린다." 위니컷은 이 시기의 유아가 분리를 원할 때 엄마가 미리 그들의 욕구를 알고 충족시키면 아이들에게 위험스러운 마녀가 된다."[22] 라고까지 표현하였다. 이전 단계에서 유아의 욕구를 완벽하게 채워주지 못하는 것이 문제였다면 이 단계에서는 엄마의 완벽에 가까운 돌봄이 오히려 문제가 된다. 즉 이 시기에 유아의 욕구를 완벽하게 알고 지속적으로 채워준다면 유아는 마술적인 상태에서 나올 수 없고 자신의 의사 표현도 하지 못하며 진정한 대상관계를 시작할 수 없게 되는 것이다. 또한 이 시기에는 안전하고 보호된 환경 속에서, 아이가 방해받지 않고 탐구하고 놀이할 수 있도록 허용해 주어 독립해 나가기를 원하는 욕구를 지원해 주어야 한다.

중간단계

유아가 성숙하기 위해서는 절대적 의존기의 환상의 영역에서 전능감을 만족시키던 곳에서 현실 세계를 수용하며 나아가는 단계가 필요하다. 유아는 자신이 엄마와 분리된 존재이며 스스로 욕구를 충족시킬 수 없는 불안을 감당하고 현실을 받아들이기 위해 "중간현상(transitional phenomena)"라고 부른 새로운 경험을 이용한다. 이는 위니컷의 인간 본성 연구의 독창적인 공헌 중 하나인데 환상과 현실 사이의 간격을 메꿔주며 자연스럽게 이 둘을 연결하는 영역인 '잠재적 공간'(potential space)이다.[23]

자신과 어머니가 분리된 대상이라는 사실, 그리고 엄마가 시야에서 사라질 수 있다는 사실을 깨닫기 시작하는 이 시기에 유아가 좀처럼 떼어 놓지 않으려 하는 부드러운 담요나 장난감 등이 있다. 위니컷은 이렇게 유아가 각별하게 여기는 소유물을 "중간대상(transitional objects)"이라고 불렀다.[24] 중간대상은 유아 자신도 아니고 대상도 아니면서 양쪽의 특성을 다 가지고 있다. 예를 들어 담요나 곰 인형은 사랑하는 엄마처럼 여겨지기도 하고 자기 자신처럼 취급되기도 한다. 유아가 불안해졌을 때 중간대상은 유아에게 어머니를 상기시키며 엄마가 되돌아올 때까지 유아가 안심하도록 엄마에 대한 이미지를 계속 살아 있는 것으로 유지시킨다. 아기의 중간대상이 엄마의 실제성에 대한 신뢰할 수 있는 표상이 될 수 있도록 만들어 주는 것이다. 위에서 언급했듯이 생애 초기 유아는 엄마의 충분하고 적절한 반응으로 자신의 욕구가 만족되면서 유아는 자신이 원했던 것을 스스로 창조했다고 착각을 하게 된다. 그러나 점차로 자신의 욕구가 완벽하게 만족되지 않는 경험을 하면서 좌절과 불안을 경험하게 되는데 이때 자신이 마음대로 가지고 놀 수 있는 중간대상이 자신의 전능적 욕구를 만족시켜주는 대상으로 여기면서 불안을 달래게 되는 것이다. 이 때 중간대상 자체가 중요한 것이 아니라 대상과 관계하는 내용이 중요하며 환상과 현실 사이에서 어떻게 성장을 이루어 가느냐 하는 것이 핵심이다. 중간대상과 같은 기능을 하는 중간현상으로는 노래나 자장가, 몸짓, 습관적인 태도 등이 있다.[25]

  유아는 점차 상상을 펼치며 중간대상에 개인적인 의미를 부여하면서 놀이의 세계로 들어가게 된다. 놀이는 현실적인 것을 바탕으로 하기 때문에 대상에 부여하는 의미는 상상이지만 놀이하는 동안 실제처럼 취급된다. 중간현상과 놀이는 개인적으로 부여되는 의미를 가진 고유한 것이기 때문에 항상 창조적이라 할 수 있다. 즉 중간현상과 놀이는 현실에서 좌절을 달래주며 상상 속에서 유아의 소망을 지켜주는 방어적 공간일 뿐 아니라 창조적인 공간이다. 이 공간에서 유아는 상상의 세계로 나아가 자신만의 독창적인 의미를 가지고 창조한 새로운 대상, 새로운 관계 속에서 새로운 세계를 창조한다. 위니컷은 중간대상은 관계성에 대한 최초의 상징이며 인간의 모든 창조성은 중간현상에 속한 것이고 이는 건강한 성인의 창조적이고 문화적 삶의 시작이라고 믿었다.[26]

독립을 향한 단계

  이 시기의 유아는 신체적 욕구나 감각에 훨씬 덜 의존하며 실제적 돌봄 없이도 자기에 대한 감각을 가지고 있기 때문에 홀로 있을 수 있다. 이는 그동안 돌봄 받아 온 기억을 축적하며 돌봄의 내용을 내사한 것을 바탕으로 이루어진다.[27] 위니컷은 완전한 독립이란 없으며 건강한 개인은 고립되어 있지 않고 개인과 환경은 상호 의존적인 방식으로 관련을 맺는다고 보았다. 위니컷은 또한 이 시기를 고전정신분석의 견해와 같이 유아가 삼자 관계를 감당할 수 있다고 본다. 유아의 발달된 자기감과 양가감정을 경험할 수 있는 능력이 생기면서 엄마, 아빠 각각의 부모와 함께 사는 상태에서 엄마, 아빠와 유아 세 사람 모두가 함께 사는 상태로 옮겨갈 수 있는 것이다. 유아는 이제 가족들과 또 외부 사람들과도 함께 관계할 수 있게 된다. 이 시기의 엄마는 유아와 관계를 유지하며 의존욕구를 충족시켜주지만 엄마 자신의 삶에 초점을 두는 것이 유아에게 가족 안에서 함께 사는 삶을 경험하도록 한다. 유아가 절대적 의존기에서 독립을 향한 단계에 이르기까지 통합과 대상관계를 시작할 수 있는 성취를 이룬 것과 함께 '홀로 있을 수 있는 능력'은 발달의 중요한 지표가 된다.

홀로 있을 수 있는 능력

위니컷은 인간의 정서발달에 있어서 "홀로 있을 수 있는 능력"을 갖는 것을 매우 중요하게 생각하였다. 역설적으로 이러한 능력은 유아가 아무도 없이 혼자 있는 것이 아니라 신뢰할만한 엄마 곁에서 자극 없이 고요히 홀로 있을 수 있는 경험을 통하여 생긴다.[28] 누군가 존재하면서 자극없이 홀로 있을 수 있는 환경에서만 유아는 그 자신의 개인적인 삶을 발견할 수 있다. 이 때 유아는 자신의 감각이나 충동을 생생하게 느끼고 개인적 원 본능 경험을 하면서 진정한 자기를 경험하게 된다. 궁극적으로 자기의 정체성과 연결되는 경험이다. 그렇지 못할 때 외적 자극에 대한 방어로 반응하는 거짓 삶이 병리적으로 나타나게 된다. 그러므로 유아의 고요한 시기에는 엄마가 유아에게 아무 것도 요구하지 말고 하나의 환경으로만 존재하는 것이 필요하다. 어머니와 안전하게 연결되어 있다는 신뢰감 아래서 자아 지원적인 엄마를 내사하고 개인의 확립된 성격으로 자리잡아 홀로 있을 수 있는 실제적인 능력이 된다. 이로 인하여 유아는 점차 어머니 없이 혼자일 때도 또는 엄마의 상징물이 없어도 고립되어 있다고 느끼지 않는다. 결과적으로 어머니와 유아의 자아 지원적 관계는 유아가 관계의 경험을 상실하지 않고도 어머니로부터 분리되어 독립으로 나아가는 발달을 이룰 수 있게 해 준다. 홀로 있을 수 있는 능력은 혼자 존재하는 것이 아니라 개인의 심리적 실재 안에 좋은 내적 대상이 존재하는 것이다. 이는 충분히 좋은 엄마의 돌봄을 통해 안전하고 자유롭게 느끼며 좋은 환경에 대한 신뢰를 가졌다는 것을 의미한다. 그러므로 홀로 있을 수 있는 능력을 갖춘 성숙한 개인은 혼자일 때 고립되어 있거나 관계를 상실했다는 느낌을 가지지 않고서 편히 쉼과 같은 상태에서 고독과 사색을 즐길 수 있게 되며, 이것은 창조성의 본질일 수 있다.[29]

정신병리와 상담자의 역할

대상관계이론에 기초한 심리치료는 자기와 타인에 대한 왜곡된 시각과 이로 인해 생긴 관계의 어려움을 다루는데 도움을 주는 것이다. 다시 말하면 내담자가 과거 경험으로 인한 왜곡된 내적 환상에 근거하여 자신과 타인을 인식하고 관계하는 것에서 온전한 대상관계 즉 현실에 바탕을 둔 자신과 타인에 대한 통합적 시각을 가지고 새로운 관계로 나아갈 수 있도록 하는 것이다.[30] 이때 상담자의 역할은 내담자가 겪는 어려움을 파악하고 지금 여기에서 "새로운 관계 경험"을 내담자에게 제공하는 것이다. 즉 치료관계 자체가 변화를 일으키는 가장 중요한 요소이다.

위니컷은 "촉진적 환경"을 통해 참자기가 발현하고 성숙하여 통합되고 자발성 가진 삶을 건강하다고 보았고 모든 병리는 촉진적 환경의 결여 즉 충분히 좋은 엄마 경험의 결여로 인한 것으로 보았다.[31] 따라서 상담자의 핵심적인 역할은 내담자의 발달이 정지된 시점을 평가하고, 그 지점의 내담자의 충족되지 않은 욕구에 '충분히 좋은 엄마'처럼 안아 주기 환경을 제공해 주는 것이다. 이는 상담자가 관찰자로서 명석한 해석을 제공하는 것이 아니라 새로운 관계를 제공하는 것을 의미하며 이때 상담자는 새로운 대상으로 내담자에게 내재화된다.

절대적 의존기의 병리와 치료

초기 유아기에 해당하는 절대적 의존기의 병리는 '절대 박탈(privation)'로 불리우며 유아가 전능감을 충분히 경험하지 못하고 너무 이르게 현실과 접촉함으로써 멸절불안, 즉 상상을 초월하는 공포를 느끼게 된다. 이러한 불안과 공포는 산산이 부서지는 것 같은 느낌이나 끝없이 떨어지는 느낌, 몸과 아무런 관련이 없는 것 같은 느낌, 아무런 방향 감각이 없는 것 같은 다양한 모습으로 나타난다.[32] 이러한 유아는 모든 긴장되는 상태들이 멸절할 것 같은 불안으로 느껴지기 때문에 좌절감이나 실망감은 부인하기 쉽고 '마술적으로' 위안을 얻으려고 전능환상을 사용해서 자신을 보호한다. 위니컷은 정신증이 기질적인 요소와 관련되어 있음을 부인하지는 않았지만 절대적 의존기의 멸절불안이 정신증 발생의 결정적인 요인이라고 믿었다.[33]

위니컷은 "거짓자기"의 형성과 관련된 자아의 왜곡을 이 시기의 가장 경미한 병리라고 보았다. 유아는 환경에 순응하며 자신을 방어하느라 살아있다는 감각을 몰수한다. 피상적 인격은 겉으로 보기에 정상적으로 보이기 때문에 사람들은 그를 진짜 인격으로 간주하기 쉽다. 그러나 그에게 세상은 비현실적으로 느껴지고 생생한 감정이 느껴지지 않기 때문에 주된 감정은 공허감, 지루함, 산만함이다. 환경과의 진정한 접촉을 차단한 채 살아가고 있음을 말해준다. 이러한 내담자에게 치료적 접근은 참자기가 출현할 때까지 차단된 채로 살고 있는 거짓자기와 진짜 같지 않은 감정을 다루는 것이다.[34]

상담자의 주된 역할은 내담자에게 충분히 좋은 엄마로서 기능하며 그들이 아기로서 마땅히 경험해야 했던 것을 경험하도록 초기 양육 과정을 재연하는 것이다. 위니컷은 심리치료가 명확한 해석을 제공하는 것이라는 전통적인 견해를 반대하고, 내담자의 충족되지 못했던 욕구들을 채워주는 것이 되어야 한다고 강조하였다. 즉 내담자의 발달이 정지된 시점을 평가하고, 그 욕구에 적응해 주는 것이다. 상담자가 민감성을 가지고 내담자가 기꺼이 맡길 수 있도록 안아주기 환경을 제공하는 것은 내담자로 하여금 발달이 정지되었던 시기로 되돌아갈 수 있게 한다. 이때 상담자가 충분히 좋은 어머니로서의 기능을 내담자에게 제공하는 것이다. 이것은 내담자에게 사랑하는 대상이 되거나 미움의 대상이 될 수 있고 보복하지 않는 것을 말한다. 상담자는 내담자의 혼란스러움과 무의미를 참고 기다려야 한다. 그는 "나는 퇴행적 경향을 촉진시켰고 그것이 어디로 이끌던지 그대로 따라가게 했다; 결국 퇴행은 한계에 도달했고, 그 이후로는 거짓자기의 활동대신에 참자기의 활동이 자연스럽게 자리를 잡게 되었다..."라고 설명하였다.[35] 상담자가 내담자의 절대적 의존을 허용하고 멸절 불안의 상태를 그대로 따라가면서 내담자의 표현할 수 없었던 욕구를 충족시켜줄 때 비로소 치료적 진전을 향해 나아갈 수 있다. 해석의 가치는 내담자에 대한 깊은 이해를 바탕으로 내담자의 아동기의 욕구 즉 의존 관계 안에서 인정받고 싶은 욕구를 충족시켜 준 상태에서 적절한 순간에 주어질 때만 신뢰할 만하고 효과가 있다.

상대적 의존기의 병리와 치료

상대적 의존기의 정신 병리는 어느 시기까지는 엄마의 돌봄이 충분히 제공되었다가 그 후에 상당한 실패가 발생하고 그 실패가 회복되지 않을 때 발생한다고 본다.[36] 상대적 의존기의 다른 침범은 어머니의 완벽한 돌봄이다. 이 시기에 유아는 엄마에게 자신의 욕구를 표현하는 신호를 보낼 수 있게 되고 그에 따라서 엄마가 반응해 주는 것이 필요하다. 그러나 어머니가 유아가 신호를 보내기도 전에 미리 알아서 처리해 주면 유아는 다른 사람의 반응을 가져오게 하는 몸짓도 신호도 발달시키지 못하게 된다. 결과적으로 유아는 퇴행하여 엄마와 지속적인 융합상태에 머무르거나 전적으로 엄마를 거부하게 된다.

또한 홀로 있고자 하는 유아의 욕구를 좌절시키는 침범이 문제가 된다. 이러한 침범은 "자아관계성 (ego-relatedness)"을 발달시키기보다는 유아가 지속적인 신체 접촉과 관계에 매달리게 되고, 홀로 있을 수 있는 능력을 발달시키지 못한다.[37] 이런 유아는 신체적 현존 없이는 타자에 대한 감각을 유지하지 못하며 외로움을 느끼며, 삶과 현실의 느낌을 복원하기 위해 신체적 접촉을 필사적으로 추구한다. 그런 내담자들은 과도한 의존 욕구나 성적 욕구로 인해 타인들에게 중독된다. 상담자는 내담자의 침묵을 저항으로 이해하기보다 홀로 있도록 허용되지 못했던 과거를 깨고 자아 관계성을 형성하려는 발달적 노력으로 이해하여야 한다. 상담자가 조용히 곁에 있는 동안 홀로 있는 경험을 하는 것은 내담자에게 신체적 접촉 없이도 서로 연결되어 있다는 감각을 제공한다.

그 결과 내담자는 상담자를 좋은 대상으로 내재화 할 수 있으며, 상담자가 내재화되고 나면 내담자는 존재감 상실의 불안을 느끼지 않고 홀로 있을 수 있게 된다.

상담은 상담자와 내담자가 만나는 잠재적 공간이며, 내담자들은 유아기의 "중간영역"에서 살고 있다. 상담자는 위안이 필요할 때 항상 사용할 수 있으면서도 그렇지 않을 때는 잊혀지는 중간대상처럼 자신을 내담자에게 제공해야 한다.[38] 이렇게 내담자가 상담자를 중간대상으로 사용할 수 있으려면 상담자 자신의 생각과 틀을 내담자에게 강요하지 않도록 조심해야 한다. 치료공간을 상호적 놀이 공간으로 제공하는 것이다. 그래야만 내담자가 치료 공간 안에서 자신만의 고유한 의미를 창조해낼 수 있으며 자기를 형성하는 과정에 들어갈 수 있다. 내담자에게는 내재화된 충분히 좋은 엄마 이미지가 부재하기 때문에 잠재적 공간 안에서 구체적이고 직접적인 관계를 통해 새로운 대상을 창조하고 내재화하는 것은 매우 중요하다. 상담자의 해석은 내담자가 제공하는 범위를 넘어서지 않는 적절한 것이어야 한다. 상담자 자신의 지식에 따라 섣불리 해석하는 것은 내담자에게 침범이 되며 상담자를 의존하게 만들고 퇴행시킬 수 있다.

점진적으로 엄마가 아이의 욕구를 다 채워주지 못하는 적응의 실패가 아이에게 전능 환상적 세계에서 나와 현실감을 갖도록 돕는 것과 마찬가지로 상담자의 적절한 적응 실패 역시 내담자의 치료적 발전에 반드시 필요하다. 이 때 상담자가 자신의 실패 즉 내담자에게 온전히 적응하지 못했음을 기꺼이 인정하는 것이 매우 중요하다. 상담자가 자신의 한계를 인정하는 것은 내담자로 하여금 상담자가 자신의 통제 하에 있지 않음을 인식하게 함으로써 현실적 관계로 나아갈 수 있는 기회가 된다.

내담자에게 상담자의 적응과 실패, 즉 상담자가 내담자의 욕구에 적응하여 안아주기 환경을 제공할 뿐 아니라 외상이 될 정도로 심각하지 않은 적절한 실패가 반복되는 과정은 살아있는 관계 안에서 내담자를 치료와 성장으로 이끌게 된다.

공격성과 치료

앞에서 살펴본 바와 같이 공격성의 억제는 삶에 대한 흥미와 동기의 고갈을 가져오며 그 결과 충일한 삶을 살 수 있는 기회의 상실을 가져온다. 좋은 대상과 나쁜 대상의 분열은 유아의 초기 공격성을 안아주지 못한 것의 병리적 반응으로 본다. 자신이 의존하고 있는 관계에서 갈등이 생길 경우 위협으로 경험하기 때문에 모든 관계를 항상 긍정적인 것으로 유지하기 위해 다른 사람들과의 모든 갈등을 부인하게 된다. 따라서 현실적으로 자신을 보호하기 위해 공격적으로 반응할 필요가 있을 때에 조차도 갈등을 부인하거나 억제하는 성격 특성을 보이게 된다. 이러한 수동성과 부적절감은 공격성이 인격으로 통합되지 못하여 발생한 것이라 볼 수 있다.

위니컷은 "회복 충동을 인식하기 전에 먼저 파괴적 충동과 접촉해야 했다.... 먼저 파괴성이 접촉하지 못한다면, 건설적인 노력은 거짓이며 의미 없는 것이 되고 만다."[39]고 하였다. 파괴적 충동과 건설적인 충동은 서로 뗄 수 없이 연결되어 있다. 과도한 적대감은 유아의 공격적 충동을 담아주지 못한 돌봄의 실패에서 기인한 것이다. 위니컷은 아동청소년의 반사회적 경향성은 아직 희망이 남아있다는 사실을 가리키며 강하고 사랑할만한 신뢰할 사람들에 의해 통제받기를 원하는 행동으로 보앗다. 그들에게는 심리치료를 제공하거나 가정에서 통제 안에서 개인적 보살핌과 사랑을 주고 점차 자유를 허용하는 안전한 환경을 제공할 것을 권하고 있다.[40] 그러므로 상담자는 내담자들이 치료 공간이라는 안전한 환경 안에서 자신들의 파괴적 충동을 발견하도록 하여 자신의 분노를 표현할 수 있도록 해야 한다. 이 때 상담자는 환자의 공격성을 보복하지 않고 담아주어 전체 인격 안으로 통합하도록 돕는 것이다.[41] 공격성이 온전히 표현될 수 있을 때에만, 공격성은 사랑의 감정과 융합될 수 있고 자신의 삶에서 진정한 감정을 느끼게 된다.

마치는 글

대상관계 이론은 엄마와 유아의 관계가 인간이 생물학적으로 생존하기 위한 것을 넘어서 하나의 인격을 가진 자기로 발달하고 성숙을 이루어 가는데 결정적인 요소임 강조한다. 위니컷의 이론의 핵심은 인간이 건강한 자기의 발달을 이루려면 유아의 잠재력을 방해하지 않고 유아의 창조적 몸짓 혹은 충동을 표출하도록 기회를 주는 촉진적 환경의 제공 즉 충분히 좋은 어머니의 돌봄이 절대적으로 필요하다는 것이다. 이러한 환경은 지속적으로 도움을 주며 양육하는 환경이며, 유아의 미성숙한 의존을 수용하면서도 독립, 개별성을 향한 유아의 머뭇거리는 듯한 모험을 지원해주는, 인격적인 관계 내에서 자기 자신의 삶을 발견해 내도록 돕는 환경을 의미한다.

정신 병리는 환경의 결핍 즉 충분히 좋은 엄마가 유아의 욕구에 적절히 반응해 주지 못한 결과이다. 따라서 핵심적인 치료적 개입은 내담자에게 결여되었던 촉진적 환경, 즉 잃어버린 참 좋은 엄마의 돌봄을 제공해 주는 것이다. 이는 "새로운 관계 제공"을 의미하며 상담자는 내담자에 의해 내재화되어야 할 새로운 대상이 된다. 정확한 해석이나 통찰보다 상담자가 내담자와 맺는 진실한 관계 자체가 변화를 일으키는 가장 중요한 요소이다. 상담자와의 실제 관계는 새로운 내재화의 토대가 되어 내담자가 내적 세계를 재통합하거나 재 조직화할 수 있는 가능성을 열어주며, 내담자가 자기감을 회복하며 존재감을 발달시키도록 촉진한다. 상담자는 안아주는 환경을 제공하며 내담자의 자발적인 욕구와 몸짓에 거울 반응해 주거나 조용히 침묵 가운데 내담자와 함께 머문다. 이 공간 안에서 내담자는 두려움, 분노, 공허감 등 깊은 감정을 충분히 표현하게 되고 상담자는 내담자의 표현을 제지하거나 압도되지 않고 든든히 자신의 모습으로 현존함으로써 둘의 관계 안에서 내담자는 자기의 것을 회복하고 창조해 나간다.

Guntrip은 정신적 질병은 엄밀하게 말해서 의학적 질병이 아니라고 말한다. 증상들이 너무 심할 경우 증상을 통제하는 것은 의학적 문제이지만 결국에는 인격적 관계의 문제라는 것이다.[42] 그는 의미 있는 관계를 통해 자신의 중요성과 다른 사람들의 중요성을 경험함으로서 자신의 존재감을 발견하게 된다고 하였다. 그렇게 됨으로써 자신의 삶에 목적이 생기고 가치 있는 삶을 살 수 있도록 해 준다는 것이다.[43] 진정한 인격적 관계가 있을 때만 변화와 성장이 있으며, 가치 있고 의미를 지닌 삶으로 인도될 수 있음을 말하고 있다. 이는 진정한 사랑의 관계를 갈망하는 우리의 지향을 설명해 주고 확인시켜준다.

4장　대상관계 이론과 기독교 영성

이 만 홍

광야에서도 너희가 당하였거니와 사람이 자기 아들을 안음같이 너희 하나님 여호와께서 너희의 행로 중에 너희를 안으사 이곳까지 이르게 하셨느니라(신 1:31)

　인간행동의 가장 근본적인 동기가 본능을 추구하는 것이 아니라 대상과의 관계맺기라는 대상관계 이론은 특별히 관계성을 강조하는 기독교의 영성과 깊이있게 조화를 이룬다. 인간은 하나님과의 관계성 안에서 창조되었으며 하나님이라는 절대 타자와의 관계성을 갈망하는 영적 존재이며, 자기 자신과, 동료 인간과, 그리고 모든 피조물과 화목한 관계를 이루는 것을 영적 성숙이라고 하는 기독교의 영성이 동양종교 특히 불교의 영성과 확연히 다름을 나타낸다는 점에서 온전한 치유와 성숙을 추구하는 기독교 공동체는 특별히 대상관계 이론을 주목할 필요가 있다.

대상관계의 중요성

　2020년 6월 18일 조선일보는 "'새대가리'를 천재로 만든 부모의 사랑"이라는 제목의 흥미있는 기사를 싣고 있다. 내용은 새들 중에서 까마귀는 다른 새들과 달리 지능이 매우 높아서 나뭇가지를 도구삼아 사냥을 한다는 것이다. 생태학자들은 그 이유로 까마귀의 경우 알을 부화해서 새끼를 데리고 있는 둥지생활이 더 길어 엄마의 양육기간이 다른 새들에 비해 3배나 길며, 그 뒤에도 바로 떠나지 않고 4년이나 더 부모 곁에서 보고 배운다는 것이다. 마찬가지로 사람의 뇌가 원시인이나 침팬지의 뇌와는 달리 크고 발달한 것은 인간은 대략 20세까지 부모와 함께 사는 것 때문에 이런 관계적 집단생활이 지능을 높인다는 것이다. 관계란 성장과 성숙에 그만큼 매우 중요하다는 주장이며. 심지어는 수명에도 영향을 미쳐서 일반 새들의 수명이 평균 10년인데 비하여 까마귀는 18년이 된다는 것이다.

대상관계 이론가들은 인간은 태어나면서부터 관계를 지향하는 존재라고 말하며, 치유와 성숙에 있어서의 관계의 중요성을 강조하고 있다. 특히 어린 시절 엄마가 아이에게 어떤 돌봄을 제공하느냐가 아이의 인격형성과 대인관계에 절대적인 영향을 주며, 그것을 통해 부모와 맺은 관계의 형태는 일생동안 타인들과 관계를 맺고 살아가는 유형으로 자리잡는다고 하였고, 후에 Rizzuto는 이런 관계유형이 인간과 인간 사이를 넘어서 하나님과의 관계로 확장될 수 있다고 보았는데, 이는 Rizzuto의 하나님 표상에 대한 이론들로 구체화되었다. 아울러 대상관계 학자들이 아기가 성장하는데는 무엇보다도 유아의 첫 대상관계인 부모, 특히 어머니의 돌봄이 매우 중요한 요인이 된다는 점에 주목했던 사실은 그들 스스로가 신학자나 목회자, 또는 신실한 그리스도인으로서, 이러한 대상관계가 인간 사이의 관계를 넘어서 인간과 하나님 사이의 관계와도 서로 밀접한 유비가 있음을 추측했기 때문일 것이다. 따라서 그들의 이론들을 깊이 성찰하게 되면, 대상관계 이론이 관계성을 추구하는 존재인 인간에 대한 성경적 이해와 맥을 같이 하며, 바로 거기에 하나님이 우리를 어떻게 창조하셨으며, 어떻게 영적으로 양육하시려는지에 대한 지혜가 드러나게 되므로, 바로 이 부분이 대상관계 이론과 기독교 영성이 만나는 기초가 된다고 할 수 있다.

최근의 유아연구와 뇌과학의 발달로 구체적으로 입증되고 있는 사실이지만, 대상관계 이론이 인간을 타고 날 때부터 선천적으로 대상을 추구하는 존재로 보는 것은 바로 하나님의 형상을 따라 창조되었다고 할 때의 그 중심에 관계성이 있다고 주장하는 신학자들의 주장과 연결된다. 에밀 부르너 등의 현대 신학자들은 우리 인간을 당신의 형상대로 지으셨을 때의 그 형상이란 더 이상 과거 어거스틴 등 고전적인 신학자들이 주장한 것처럼 이성이나 본성, 도덕성, 양심이라기 보다는, 삼위일체 하나님끼리의 내재적인 관계, 교통 속에서 사랑으로 창조하셨다는 점이 강조된다. 풀어서 말하자면 삼위일체 하나님은 당신(들)의 사랑이 넘쳐나는 관계성의 확장으로서 인간을 창조하시되, 대상을 추구하는 관계성을 통하여 믿음과 사랑을 바라보게 하시고, 그를 바탕으로 결국에는 당신을 찾아오고, 사랑을 완성하게끔 섭리를 두셨다는 설명이 가능하다. 그래서 대상관계 정신분석가이자 회중교회 목사인 Harry Guntrip은 "인간이 하나님과의 인격적인 관계 안에 존재하는 것이야말로 자신의 풍부한 잠재력을 발휘하는데 필요한 성숙의 일부분이다.......종교는 삶을 살아가는데 있어서 좋은 대상관계를 맺고자 하는 인간의 타고난 욕구의 표현이다...."라고 말하고 있다.

그렇게 볼 때 현대인들이 더욱 절실하게 겪는 단절감, 고독, 그리고 홀로 분리되어 있음의 상황은 영적인 의미를 띠게 되며, 인간의 최후의 목표이자 최고의 성숙과 치유는 결국 하나님과의 관계의 회복을 의미하며, 천국은 관계의 회복이라는 기독교적 영성의 개념으로 이해되어 질 수 있다. 그리스도인들은 자신의 정체성을 이해할 때 죄로부터의 해방과 자유를 얻은 구속받은 자로서의 정체성에 더하여, 하나님과의 사랑의 관계의 대상자로 선택된 존재로서의 인식에 더욱 관심을 가질 필요가 있으며, 하나님의 관계적 속성에 대한 깊은 이해를 필요로 한다. 그런 의미에서 여호와의 이름 역시 관계의 장 안에서 갖는 의미에 주목할 필요가 있는데, 예를 들면, 고독과 절망에 빠진 모세를 찾아오신 하나님이 당신의 이름을 알려달라는 모세의 요청에 대한 하나님의 두 가지 응답, 즉 '나는 스스로 있는 자이니라.'(출 3:14)이라는 첫째 말씀과 이에 바로 이어 "너희 조상의 하나님 여호와 곧 아브라함의 하나님, 이삭의 하나님, 야곱의 하나님"(출 3:15)이라고 응답하시는 말씀은 바로 이 두 개념, 즉 스스로 존재할 수 있는 정체성과 동시에 관계적 정체성, 즉 관계성의 하나님임을 밝히는 말씀이라고 볼 수도 있다. 하나님과 인간의 정체성을 말할 때 우리가 결코 빼어놓을 수 없는 것이 바로 관계성임을 이해할 수 밖에 없다. 그런 같은 의미에서 다음의 심리치료자의 고백은 매우 감동깊게 다가온다.

"나는 삼위일체 하나님이 자신의 형상을 따라 인간을 창조하셨기 때문에, 인간은 관계성 안에서 창조되었다는 전제를 믿는다; 즉 하나님과의 관계, 자기 자신과의 관계, 동료 인간과의 관계 안에서 존재하며, 충만하게 살아가도록 축복받았음을 믿으며, 이것은 모든 창조물 중에서 인간 존재 만의 독특한 의미를 지닌다고 믿는다.

영성생활에서의 관계성

대상관계 이론은 인간은 성장한 후에도, 다른 사람과의 관계를 통하여, 지속적으로 관계 자체를 자기의 일부로 만들어 자기의 구조를 재구성하는 쪽으로 내재화(internalization)함으로써 성숙한다고 말한다. 이러한 인격의 성숙에 관여하는 내재화의 개념은 당연히 그대로 영적인 치유와 성숙의 과정에도 적용될 수 있다. 내주하시는 성령 하나님과 인간의 관계에서 그 관계가 깊고 신실할수록 내재화되는 자기구조는 전

삶과 인격을 변형할만큼 결정적이라고 주장할 수 있다. 이는 그리스도인들이 하나님의 자녀가 되어, 그 분과의 인격적인 관계를 지속하면서 살아가게 될 때 고백하게 되는 "그런즉 누구든지 그리스도 안에 있으면 새로운 피조물이라 이전 것은 지나갔으니 보라 새 것이 되었도다"(고후 5:17)라는 표현에서의 정체성에는 관계성이 중심에 있음을 새삼 이해하게 된다. 다른 무엇보다도 기독교의 성만찬은 이 과정을 상징적으로, 또는 신비적으로 실제화함을 보여준다고 할 수 있는데, 예수 그리스도의 피와 살을 먹는다는 것은, 단순한 심리학적인 내재화를 넘어서 존재론적으로, 총체적으로 우리의 삶과 인격이 변형됨을 구체적으로 보여준다. 대상관계 이론은 이런 신학적인 신비를 우리가 이해하는데 심리학적 도움을 준다.

대상관계이론은 또한 요즘 흔히 말하는 우리의 영성 생활에 대한 깊은 이해를 제공해준다. Holmes는 그의 저서 '목회와 영성'에서 영성은 인간의 관계형성 능력이라고 주장한다. 영성이란 관계성을 향한 우리의 개방성이며, 이는 전인을 포함한 우주적 인간 능력이고, 그것은 관계성에서 시작되며 영성은 궁극적으로 하나님과 관계성을 형성할 수 있는 우리의 능력이라고 볼 때, 영성의 핵심은 관계성이고 이것은 하나님과의 형상으로 지음 받은 인간의 본질적인 영역이 된다. 기독교에서 기도란 인간을 찾아 관계를 맺고자 하시는 하나님의 사랑의 기선성(the loving initiative of God), 즉 하나님은 인간과 관계를 맺기를 원하셔서 먼저 찾아오시는 분이라는 사실에 근거한 관계적인 행위라고 할 때, 이러한 하나님의 속성이 그대로 인간에게 부여되어 있다고 말할 수 있는 현상은 아기는 태어나서부터 본능적으로 타인을 찾아 관계를 맺고자 하는 행동을 보인다는 사실에서 찾아볼 수 있다. 이렇게 볼 때 기도의 영성에서도 기도의 첫째 목적은 소원성취에 있다기보다는 관계성 형성

(the establishment of a relationship)에 있음을 말할 수 있다. 즉 기도란 사랑의 관계를 맺고자 하는 하나님의 신적 속성이 그대로 당신의 모습을 닮게 창조하신 인간의 원초적인 속성에서 나오는 행위로 이해될 수 있다. 마찬가지로 복음서에는 기도의 능력에 대해 확신을 주는 구절들이 있지만, 그런 말씀들은 그리스도를 따르는 자가 하나님과 맺어야 할 관계성에 대해 우선적으로 가리키고 있는 것으로 이해될 수 있는 것도 그 때문일 것 이다.

성장과 치유란 기적이나, 가르침이나, 충고나 지시가 아닌, 관계 그 자체 안에서 비로소 가능해 진다는 대상관계 이론의 주장은 그 전 시대의 고전적인 정신분석의 근본적인 개념을 뛰어넘는 것인데, 즉 고전 정신분석에서는 주요 치료인자를 자신의 무의식에 대한 개인의 통찰로 보았으며, 이에 따라 중립적인 분석가의 관찰과 분석가와의 관계를 최소화한 상태에서 피분석자 본의의 내면에서 이루어지는 자아와 본능, 초자아 간의 치열한 갈등을 해결하는 것, 그리고 저항이나 전이를 피분석가 내부의 왜곡으로 파악하고 이에서 벗어나는 것을 목표로 삼았던 반면, 대상관계 이론은 두 사람 사이에서 일어나는 모든 현상을 관계적인 맥락 안에서 상호적으로 이해하려는 시도라고 보며, 이러한 사고의 전환이 없이는 치유나 성숙이 가능하지 않다고 보는 것이다. 바로 이러한 주장은 오늘날 목회적인 돌봄의 현장에서도 그대로 적용될 수 있을 것이다. 즉 오늘날 기독교 공동체 안에서 영적 성숙은 선언적, 진리의 전달에만 매달리는, 일방적인 말씀의 선포에만 매달리는 기독교의 목회활동으로서는 기대할 수 없으며, 오늘날의 현실은 이와 배치되는 양상을 보인다는 점에 주목할 필요가 있다.

기독교 입장에서 대상관계 이론은 치료자-지도자는 전이나 역전이로의 가상적인 대상이 아니라, 우리 스스로 현실 세계의 건강한 대상으로 우리 자신, 우리 몸과 시간과 정신과 영을 상대에게 내어 줌으로써 그리스도의 성육신의 뜻을 이어가는 존재이어야 함을 강조하고 있다. 그것은 우리가 단지 건강하고 따뜻한 공감을 한다는 뜻을 넘어서, 보다 높은 가치, 즉 자율, 회생, 인내, 절제, 그리고 이에 더하여 사랑 등의 고급한 가치를 내담자들에게 내재화하도록 삶과 관계 속에서 제공함을 의미한다. 이는 이 세상이 줄 수 없는, 전통적인 정신분석에서는 제공되지 않는 성숙을 위한 기독교적인 가치를 제공한다는 의미이다. 그런 의미에서 Bland의 고백, "나는 진료실 안에서 환자나 내담자 또는 수련자와 관계를 맺고, 심리치료를 하거나 영성지도를 하는 내가 하는 행위는 이러한 인간 존재의 전제를 구체적으로 실현하시는 하나님의 행위에 참여하는 일종의 성례전적인 행위와 동일하다고 믿는다."라는 말은 하나의 기독교 돌봄의 장에서 일하는 사람들의 기본적인 자세를 말하고 있다고 할 수 있다.

그러나 오늘날 정신분석적 정신치료나 상담이 그 치료에 현실적으로 심각한 한계성을 드러내고 있다. 그 이유 중에 하나는, 치료자와 내담자가 많아야 주 1~2회 50분이라는 정해진 시간에 상담자와 내담자의 경계를 지키면서, 비용을 주고 받는 범위 안에서만 이루어지는 극히 제한된 상담체제 안에서는 이루어지는 관계이기 때문인데, 그런 자복주의 사회제도에 적용된 대상관계로는 결코 치유나 성숙이 가능해 질 수 없다는 주장이 가능하다. 그렇지만 반대로 삶의 현장에서 보다 많은 시간 서로 교류하는 기독교 본래의 목회적 돌봄의 관점, 공동체적인 영성지도의 현장에서나 가능할 수 있는 개념들이 오늘날 우리가 처한 각박한 자본주의 사회에서 가능할 것인가? 심각한 의문이 아닐 수 없으며, 이 이론과 현실 사이의 간극을 어떻게 메꾸어 나가야 할 것인가는 우리 모두의 숙제가 아닐 수 없다. 여기서 우리가 바라볼 수 있는 하나의 가능성있는 길은 성령의 내주하심과, 말할수 없는 탄식으로 우리를 도우시고 이끄시는 성령과의 교제 안에서 주님과 우리의 교제를 주목하는 인격적인 관상적 영성과 이의 실천적 방법인 영성지도에 귀를 기울이며, 이로부터 지혜를 찾아가야 할 필요가 있다고 본다.

충분히 좋은 엄마와 교회 공동체

대상관계 이론은 인간의 성숙과 치유를 말하는 중에서 특히 돌봄을 받는 아이의 성숙에 미치는 돌보는 존재(엄마)의 특성에 관하여 많은 통찰을 알려주고 있다. Winnicott은 초기 유아와 엄마의 상호관계에서 돌봄의 특성의 중요함을 강조한다. 간단히 말해서 그는 따뜻한 엄마의 안아줌이 미숙한 '자아'로 하여금 정체성을 가진 '자기'로 발달하게 된다고 설명한다. 반면에 충분히 좋은 엄마로서 이러한 안아주기 환경(holding environment)을 제공하지 못하는 모성적 결함은 유아에게 존재의 영속성을 방해하는 공포스러운 '자기 멸절(annihilation)'의 경험을 하게 한다고 하였다. 이와 같은 인격의 성숙에 미치는 충분히 좋은 엄마에 대한 서술들에서 곧 바로 영적 성장과 삶의 차원에서 우리의 하나님에 대한 이미지로 연결된다. 하나님은 분명히 여러 기록을 통하여 당신이 인간의 영적 성숙과 치유를 위하여 충분히 좋은 엄마의 역할을 하시고 계심을 반복해서 알려주고 있다는 사실을 우리는 대상관계 이론으로 더욱 분명하게 이해할 수 있게 된다.

광야에서도 너희가 당하였거니와 사람이 자기 아들을 안음같이 너희 하나님 여호와께서 너희의 행로 중에 너희를 안으사 이곳까지 이르게 하셨느니라(신 1:31)

그는 목자같이 양무리를 먹이시며 어린 양을 그 팔로 모아 품에 안으시며 젖먹이는 암컷들을 온순히 인도하시리로다(사 40:11)

뿐만 아니라 이는 현대 사회에서 영적 돌봄의 역할을 해야 하는 오늘날의 교회를 향하여 의미하는 바가 매우 크다. 하나님이 이스라엘 백성에게 안아주는 경험, 안아주는 환경을 제공하셨듯이 오늘날 교회는 삶의 문제를 안고 있는 내담자에게 유사한 경험과 환경을 제공해야 한다고 볼 수 있다. 그리스도인들은 자신 스스로, 그리고 하나님과 함께 깊은 평안을 누리면서 살며, 또한 그가 속한 공동체 안에서 타인들과 함께 건강한 관계 속에서 의미있고 목적있는 삶을 살도록 지음을 받았기 때문이다. 교회는 관계 공동체이다. 교회를 포함한 모든 공동체에서의 관계의 성격과 실천이 절대로 중요하다는 점은 두말할 필요가 없다. 여기서 진정한 기독교 공동체는 대상관계 이론으로 보다 잘 설명될 수 있으며, 대상관계 이론은 기독교 공동체를 통하여 구체적으로, 현실적으로 잘 구현될 수 있다고 본다. 특히 Winnicott의 안아주는 환경(holding environment)이란 개념은 그렇지 못한 현대적 상황에서의 교회의 정체성을 새롭게 이해하는데 매우 중요한 점을 제공하고 있다고 본다.교회에 대한 이러한 해석은 교회사에서 발견되는 '어머니로서의 교회'를 떠올리게 한다. 교회를 어머니라고 한 표현은 어거스틴 이후 로마교회에서 교회의 절대권을 주장하기 위해 사용해오던 용어였지만, 칼빈은 로마 교회에서 즐겨 사용하던 그런 의미로 이 용어를 사용한 것이 아니라 가부장적 권의를 가진 로마 교회와는 달리 어머니로서 자식을 보호하며 훈련하듯 신자들의 신앙을 훈련하는 곳으로 그렇게 표현하였다. 어머니로서의 교회에 대한 칼빈의 이러한 이해는 대상관계 이론적 개념으로 설명할 때 더욱 풍성한 현대적 의미들을 담을 수 있을 것이다.

이처럼 교회가 치유 공동체가 되어야 하고, 교회가 가진 치유적인 힘은 공동체 내의 관계 경험에 의한 것이라는 점에는 이의가 있을 수 없는데, 다만 문제는 어떻게 하면 기독교 공동체에서 보다 깊이 있는 관계 경험이 일어나도록 할 수 있는가의 방법 상의 문제라고 볼 수 있다. 최근의 움직임들, 교회 내에서의 소그룹 운동과 목회상담 등이 바람직한 움직임으로 제시되고 있는데, 그러나 아직도 기독교 공동체 지도자들의 관계성과 치유/성숙의 관련성에 대한 이해가 부족해 보인다. Guntrip은 종교지도자들과 교육자들이 먼저 인간의 정서적 욕구에 대한 이해를 심화하고, 종교를 가르치거나 상담할 때 그들은 어떤 신적 권위에 종속시키려 라는 방식이 아니라, 그들 자신들의 진정한 자기를 성장시키도록 격려하는 방식으로 가르치고 상담해야 한다고 촉구하고 있다. 문희경은 관계중심 목회상담을 통해서 내담자가 얻게 되는 중요한 결과는 하나님 형상으로서 관계성의 회복이라고 주장하며, 관계중심 목회상담의 중요성을 강조한 바 있는데, 그는 관계중심 목회상담에서는 공감을 매우 중시하여, "즐거워하는 자들로 함께 즐거워하고 우는 자들로 함께 울라"라는 구절에서 보듯이 성육신의 연장에서 이해하고 있으며, Schlauch도 공감을 목회상담의 진수(essence)라고 하였다는 점을 인용하였다. 그는 또한 관계중심 목회상담은 하나님이 교회를 안아주듯, 어머니가 아기를 안아주듯, 정서적으로 내담자를 안아주는 상담자의 능력에 성패가 달려 있다고 해도 과언이 아니라고 주장함으로써 대상관계 이론에서의 공감을 치유와 성숙의 키워드로 제시하였다.

그러나 대상관계에서 말하는 충분히 좋은 엄마의 개념은 생각보다 간단하지는 않다는 것도 사실이다. 즉 대상으로서의 엄마, 즉 흥분된 시기의 유아에게 엄마는 온전한 공감으로 유아의 자발적 욕구와 몸짓에 전적으로 동일시 반응을 해주는 대상이 된다는 것이며, 아울러 환경으로서의 엄마, 즉 유아가 고요히 있는 시간에 침범하거나 요구하지 않고 관심을 갖고 환경으로만 있어 주며, 때로는 아기의 공격성으로부터 살아남을 수 있어야 하는데, 이러한 복잡하고 다양한, 충분히 좋은 엄마의 역할개념을 이해하면서 충분히 좋은 목회자, 또는 충분히 좋은 영성지도자라는 역할을 어떻게 그려낼 수 있는지는 보다 깊이 있는 성찰해야한다. 신도들의 신앙적 욕구, 참 하나님을 찾아 친밀한 관계를 이루며스스로 정체성을 찾아 자기 성숙을 이루어 나갈 수 있도록, 때로는 적극적으로 공감하며, 때로는 주님처럼 침묵하고 홀로 성찰할 수 있는 여유와 신뢰를 제공할 수 있으려면 어떻게 해야 하는가? 그와는 반대로 완벽한 엄마의 개념처럼 신도들이 (하나님과의) 진정한 대상관계를 찾아가지 못하게 지나치게 지배하고 가르치려고 지시하려고 하는 잘못된 관행을 행사하고 있지는 않은가?

여기서 심리치료자와 영성지도자는 그 어느 때보다 관계의 단절감을느끼는 우리 사회에서 그리스도인들이 하나님과의 깊고, 지속적이며 생명을 주는 연결을 통하여 자신의 이러한 삶의 독특한 목적을 발견하고이루어 가는 생의 여정에, 함께 속한 공동체 안에서 지속적인 믿음의 동반자로 봉사할 기회를 갖게 된 정체성을 잘 이해하고 대상관계 이론들에 좀 더 귀를 기울이는 것이 필요하다고 하겠다.

하나님 표상과 하나님 실재

한 개인은 생의 초기에 주로 부모와의 관계에서 경험한 정서적 관계들을 통해서 그 자신의 하나님 이미지를 형성하고 채색하며 또한 자신이그 하나님과 어떻게 관계 맺을지를 결정하게 된다. 어린 시절 아이에게힘있고 위대하게 생각되었던 부모의 표상은 상당부분 그대로 하나님 표상으로 옮겨가며, 부모의 기도나 예배 등을 통해 하나님 이미지를 새롭게 확장 발전시킨다. 이러한 이미지들 또는 표상들은 고정된 실체들이 아니다. 삶의 현실은 우리 모두로 하여금 어린 시절 만났던 사람들에 대한 기억들을 의식적으로든 무의식적으로든 계속해서 수정하도록 거듭 압력을 가한다. 하나님 이미지는 놀라운 존재들인 부모와의 상호작용 안에서 발생하는 사실들, 환상들, 그리고 소원들의 모체로부터 지속적으로 만들어지고 변형되어진다.

대상관계 이론가로서의 Rizzuto는 '살아있는 신의 탄생'(the birth of the living God)이라는 자신의 저서에서 한 개인의 발달과정에서 하나님 표상이 어떻게 생겨나는지, 그리고 그의 전 생애에 걸쳐 이 표상이 어떻게 사용되는지에 대한 여러 가지 가능성을 연구하여 이 하나님 표상이 형성되는 과정을 '살아있는 하나님의 탄생과정' 이라고 불렀다. 이렇게 태어난 하나님 표상은 원래 그 표상의 토대였던 실제 부모보다 더욱 자상하게 달래주고, 위로해주며, 더욱 많은 용기를 불어 넣어주고, 영감을 불러일으키는 새로운 근원적 표상이 된다고 하였다. Rizzuto는 하나님 표상의 구성요소가 아버지 또는 어머니에 대한 상들이 가장 중요한 원천이 되긴 하지만, 이 보다 더 다양하고 광범위한 원천들로부터 온다고 결론짓는다. 그리고 일반적으로 말해서 보다 후기에 편입되는 개념적 하나님이 표상적 하나님의 통합이 이루어지기 위해서는 상당한 영적 갈구와 자기 성찰, 그리고 이 표상을 재내면화하는 작업이 필요하다고 하였으며, 여기서 하나님 표상은 하나님의 정신적 실제에 대한 느낌, 즉 실제로 존재하고 살아있으며, 신자와 상호작용 하는 하나님에 대한 느낌을 제공한다고 보았다.

여기서 Rizzuto가 말하는 심리적 표상이란 외부 세계에 존재하는 대상이나 사물이 마음속에 형성한 하나의 상을 의미하는데, 즉 Rizzuto의 말을 비판적으로 지적하자면, 그녀는 개인이 마음 속에 가지고 있는 하나님 표상이란 어릴 때 부모로부터 얻어진 하나의 변형된 표상이란 뜻으로 해석되기도 한다. 그러나 기독교적 관점에서 볼 때 하나님은 본질적으로 심리학적 범주의 표상화라고만 할 수는 없다. Rizzuto는 하나님이 실재하는 존재냐 아니냐 하는 믿음의 문제에 대한 존재론적 논의는 피하고 개인의 삶에 변화를 줄 수 있는 심리학적인 실재(reality)로서의 하나님 표상이라는 개념을 다루고 있을 뿐이다. 즉 Rizzuto의 개념은 하나님 표상에 대해서만 말하고 하나님의 실재에 대해서는 말하지 않는데 이렇게 되면 우리는 하나님을 경배하는 것이 아니라 하나님 표상을 경배한다는 말이 될 수도 있다. 따라서 Rizzuto가 말하는 대상관계 이론은 내적 표상과의 관계를 하나님과의 실재 관계와 동일시하는 오류에 빠질 수 있다. 이러한 경향은 하나님에 대해 심리학적으로 접근하는 시도가 가진 일반적인 한계이며, 마찬가지로 Schleiermacher가 하나님을 인간 정신의 투사물로 이해하거나 Jung이 하나님을 인간 내면에 있는 자기로 설명하려는 시도 등은 과연 그들이 하나님을 객관적인 실재로 보는가 하는 의문을 갖게 한다.

대상관계 이론을 인용하자면, 하나님 표상은 다른 대상들에게 작용하는 것과 똑같은 기능으로 하나님 관계에서도 작용하는 과도기적 현상이며, 하나님의 실재에 대한 느낌과 이해를 제공함으로써 마음으로 하여금 실존하는 실재를 파악할 수 있게 한다고 말할 수 있다. 유아가 표상 없이는 엄마를 파악할 수 없듯이 말이다. 그리스도인들은 하나님을 신비의 성령님에 의하여 실재로 파악하지만(믿지만), 동시에 구체적으로는 표상에 의지하여 이해한다고 볼 수 있다. 그러나 그 표상은 결코 순수할 수 없으며, 정도의 차이가 있겠지만 상당한 왜곡, 즉 부모와 기타

대상관계 인물들에 의한 왜곡이 있기 때문에 그 자체가 곧 하나님은 아니며, 그러므로 실재의 하나님을 하나님 표상과 혼동하지 말아야 한다. 하나님 표상은 마음이 하나님을 추구해야 하는 과정에서 과도적으로 얻어지는 심리적 수단이라고 할 수 있다. 그 표상의 발달과 역동의 원천은 무의식적인 것이기 때문에 심리학적 탐색을 하지 않고는 알 수 없으므로 그리스도인들은 끊임없는 영적 수련, 성화과정을 거치면서 점차로 마음의 왜곡을 고쳐가면서 참 하나님과의 교제를 통하여 실재 하나님을 찾아가는 도상에 있다고 할 수 있다. 이때의 영적 수련은 기독교 전통에서는 관상적 영성, 또는 침묵의 영성, 또는 묵상적 영성이라고 부를 수 있으며, 이들은 마음의 청결함(clarity of mind)을 얻는 과정이기도 하다.

  대상관계 이론은 그 이론가들의 기독교적인 믿음에도 불구하고 탈종교적인 과학적 방법론에서 벗어나지 않기 때문에 믿음의 문제에 대하여는 논외로 하고 있지만, 우리 그리스도인의 입장에서는 기독교적인 성찰의 적용이 필요할 듯 하다. 즉 그리스도인은 우리의 믿음이 성숙해져서 참하나님의 실재를 바로 이해할 때까지는 유아기적인 하나님 표상을 의지할 수 밖에 없을 것이라고 말할 수 있다. 영적 성숙의 과정에서는 우리를 안아주시는 하나님의 표상을 필요로 하며, 복잡한 왜곡과 수정과정을 거치면서 드디어는 스스로 존재하시는 하나님을 찾아간다. 그러나 그 과정은 결코 순탄하지 않고 실패와 좌절(고난이라고 부르는)을 경험하면서 끝까지 붙드시는 하나님을 찾게 되며, 하나님(의 표상)은 그 과정을 거치면서 우리 안에서 결국 살아 남으신다. Winnicott의 말대로, 아이들은 대상관계에서 대상 사용이라는 것을 배우면서 이 대상이 자기의 공격성으로부터 살아남는 것을 경험해야만 한다sms 말과 같은 뜻이다. 그래야만 그 파괴로부터 살아남은, 그 자체의 권리로 존재하는 독립적 대상의 충만한 타자성이 아이 안에서 경험된다는 것이다.

 Winnicott은 심리치료에서 치료자는 치료과정 중에 내담자의 깊은 상처에 도달할 때 공허감, 분노, 등의 압축된 감정에 직면하게 되는데, 이때 상담자가 내담자의 의존성을 받아주며 존재함으로써 내담자가 회복될 수 있는 공간을 만들어야 하고, 이 공간에서 내담자는 자기감이 자라며 상징화할 수 있는 능력이 살아난다고 하였다. 이 능력이 영성에 있어서는 하나님의 현존을 파악할 수 있는 능력이 되며, 그러나 하나님께서는 이 맑지 않은 이미지들을 부수고, 드디어는 그 분의 실재와 연결해주실 것이다. 그 과정에서 파괴되어지는 것은 Winnicott이 우리의 주관적 대상이라고 부른 타자에 대한 자신 속의 이미지이다. 이것이 하나님과의 관계에서 너무나 중요하다. 즉, 하나님 자신이 아니라 자신의 하나님 이미지가 파괴되는 것이라고 할 수 있다. 그때 자신 앞에 서 있게 되는 것은 자체의 객관적 현실을 지닌 타자의 타자성이다. 그 때에야 비로소 그 타자는 자신의 공포나 소망의 산물이 아니라 진정한 현실이 된다. 즉 자신의 파괴성은 하나님을 파괴하지 못 한다. 그것은 다만 마치 자신에게 상처를 준 사랑하는 사람의 사진을 찢어버리는 것과 같이 하나님에 대한 자신의 그림을 파괴할 뿐이다. 그 때 우리는 "나는 스스로 존재하는 자다."(출 3:14)는 목소리를 들을 수 있을 것이다. 반면에 영적 성숙의 길에서 두려움과 불안에 휩싸여 길을 잃는 경우, 그리스도인들은 그 반대로 하나님에 대한 자신의 낡은 이미지들에 화장을 입히고, 그것들을 떠받치는 것인데, 이런 종류의 영적 삶은 탄력성과 견고성을 갖지 못 하고, 종교적인 형식과 권위 속에서 진정한 생명력이 고사되어 가게 된다. 그것은 우리의 파괴성이 하나님보다 더 강하다는 두려움으로부터 나온 것이다.

자아발달과 영적 발달 이론

모든 인간은 '성숙 과정'이라는 운명을 갖고 태어나며 유아는 적절한 부모의 돌봄, 곧 '촉진적 환경'(facilitating environment)을 통해 성장하고 발달한다. 이 촉진적 환경이 실패할 경우 발달은 방해받고 정서장애가 발생할 수 있다. 대상관계 이론에서 인간이 성숙해 가는 파라다임은 엄마와의 합일 상태로 태어나, 절대 의존기에서부터 상대적 의존기인 과도 이행기를 거쳐 결국에는 하나의 독립된 인격체가 된다는 과정으로 구성되어 있다. 이러한 인격발달의 모형이 그리스도인들의 기덕교 전통의 영적 발달의 개념과는 오히려 상반된 것처럼 보일 수도 있다. 왜냐하면 영적으로 거듭남을 통하여 하나님의 자녀로 태어나서 영적 성숙을 한다는 것은 하나님과의 관계를 맺고 그 분께 더욱 의지하게 되는 것으로 일반적으로 이해하고 있기 때문이다. 성경의 여러 언급들, 즉 하나님을 의지하라, 그에게 모든 것을 맡기고 그분과 연합하는 것을 성숙으로 여기며, 어린 아이와 같이 되라는 예수님의 말씀은 우리와 하나님과의 관계에 있어서 의존적인 관계로 돌아가는 것을 의미하는 것이 아닌가 하는 의문을 갖게 된다. 심지어는 이제는 내 안에 내가 사는 것이 아니요 예수가 산다는 사도 바울의 고백까지 있지 않은가? 기독교 영성신학에서도 중세시대부터 오랜 전통으로 이어져 내려온 영성발달의 모형은 인간이 하나님과의 분리된 상태에서부터 회심을 거쳐 그리스도인이 된 후, 정화(purification)와 조명(illumination)의 단계를 거쳐 마지막에는 하나님과의 합일(unification)에 이르는 과정으로 알려져 있다. 이렇게 기독교적인 성숙 모델이 하나님과 분리된 상태로부터 합일의 관계로 역행하는 것이라면 결국 대상관계 이론과 기독교적 성찰은 독립과 의존이라는 발달이론의 방향성에 있어서 서로 배치되는 것인가?

그러나 얼핏 보기에는 이 두 모델이 서로 배치되는 것처럼 보이지만, 실은 인격의 발달과 영적인 발달의 방향성은 같은 방향성을 가지며, 이 점을 이해하려면 두 가지 지점의 변화에 대한 새로운 이해가 필요하다고 생각한다. 그 첫째는 최종 단계의 인간과 하나님과의 "합일"이라고 알려져 온 상태에 대한 이해이고, 두 번째는 영적으로 깨어난다, 즉 새로운 정체성을 가진다는 의미에 대해서다.

첫째, 인간과 하나님과의 "합일"이라고 알려져 온 영적 발달의 최종 단계에 관해서는 이 책의 뒷 부분, 상호주관주의 관점을 설명하는 데에서 더욱 상세히 설명하게 될 터이지만, 우리가 영적으로 성숙해서 결국 하나님과 "합일" 상태에 이르게 된다는 것은 아기의 출생 시 엄마와 일치된 절대의존의 상태와는 완전히 다른 상태에 이르는 것으로서, 그것은 간단히 말하면 완전한 독립과 완전한 상호의존이 공존하는 신비의 상태를 의미한다고 본다. 따라서 그런 상태를 "합일"이나 "상호의존"이라는 용어로 부르는 것은 오해의 소지가 있으므로, "연합" 또는 "상호보완". "상호연결"이라는 용어로 더 잘 이해가 될 수 있을 것으로 본다. 그것은 설명하기는 어려우나, 쉽게 표현하자면, 진정한 상호주관적인 사랑의 관계라고 말할 수 있는데, 즉 참사랑이란 두 사람 사이의 완전한 독립을 전제로 한다. 주인과 노예, 엄마와 아기 사이의 사랑은 그 자체로도 아름다운 사랑일 수는 있지만, 두 인격체 사이에 의존의 조건이 있을 경우에는 그것은 온전한, 성숙한 사랑이라고 부를 수는 없다. 사랑한다는 것은 의존과 독립이 동시에 가능해야만 하고 동시에 필요한 행위다. 우리와 하나님은 부부 사이로부터 유추되는 관계이다. 우리는 하나님으로부터 독립된 존재이면서 하나님과 연합을 이룬다. 그것은 심리내적으로는 초기 신앙기에서 자신이 가지고 있던 하나님에 대한 자기애적인 하나님, 유아기적인 하나님상이 점차로 깨져가는 것으로 이해된다.

하나님과 내가 합치된 것으로서의 하나님상, 내가 원하는 대로 하나님이 창조되거나 움직인다는 유아기적인 하나님은 점차로 깨져가고 현실적으로 하나님은 내게 있어서 객관적인 즉 나와는 동떨어진 별개의 독립적 존재라는 것, 그것을 점점 더 확실히 느끼게 되면서 나는 참 실재의 하나님께로 가까이 가며, 결국은 하나님과 연합된 삶으로 간다. 내가 뭔가를 바라는 대로 하나님이 이루어주실 것이라는 유아기적인 소망은 점차로 좌절에 직면한다. 그래서 옛 영성가들이 말하는 어둔 밤이 오며, 우리는 고난과 결핍을 통하면서 성숙한다. 그 고난과 성숙을 통하여 우리가 독립과 자유를 얻은 후, 즉 따라서 절대 타자로서의 하나님을 인식하고 나서야 비로소 우리는 하나님과 연합된 삶, 즉 진정한 사랑의 경지에 이를 수 있게 된다고 본다. 이렇게 볼 때 인간 성숙과 영적 성숙은 의존에서 독립으로의 발달의 방향성에 있어서 서로 배치되지 않는 개념으로 이해될 수 있다.

둘째, 우리가 태어나서 인격, 즉 자기, 그리고 그 중심역할을 하는 자아가 성숙하여 가는 과정에서, 어느 순간 하나님의 찾아오심으로 인하여 영적으로 깨어난다는 의미에 관하여 좀 더 구체적으로 이해할 필요가 있다. 자아가 성숙한다는 것은 여러 발달심리학자들이 주장했듯이 자아실현을 목표로 하여, 청소년기에는 양심적 단계, 또는 순응적 단계를 거쳐, 그 이전에는 자신이 속한 집단의 가치관에 속하여 있다가, 점차로 자기에 대한 인식, 개인적 정체성과 자율성을 얻어가면서, 상호개인적인 단계를 거쳐, 통합적인 단계로 간다는 주장이다. 그러나 저자의 이해는 이러한 단계를 거쳐 현실적으로 자아실현 또는 자기완성을 하는 이루는 개인은 거의 없다고 보는 것이다. 우리 인생은 자기완성을 꿈꾸며 죽을 때까지 성숙의 길을 걷다가 중도 어딘가에서 죽음을 맞이하는 비참한 운명이다. 그러나 그 과정 어느 순간에 하나님의 은혜로 깨달음을 얻고 영적으로 깨어나게 되는데, 이 과정을 많은 영성가들은 자아가 포기된다고 표현한다. 성경에도 이에 관한 여러 표현이 있는데, 즉 옛 사람은 죽고 새 사람이 된다라든지, 무릇 생명을 얻으려고 하면 죽어야 하고, 죽으면 살리라는 예수님의 말씀도 있다. Benner는 자아를 포기하려면 포기할만한 (성숙된)자아가 있어야 한다고 정확히 말했지만, 결국 우리가 자아를 포기한다는 의미는 자아 자체가 죽어 없어진다는 뜻이 아니라, 생전에 자아가 완성이 된다는 망상을 내려놓고, 그런 기대를 포기하고 새로운 세계 안에서의 새로운 정체성에 눈을 뜬다는 의미로 이해된다. 왜냐하면 깨어난 후에도, 영적 성숙을 향해 가는 모든 길의 여정에서도, 심지어는 날마다 자아를 죽이는 행위 자체도 자아의 역할이기 때문이다. 따라서 정확히 말하자면 자아 자체는 죽는 것이 아니라, 성령의 이끄심을 따르는 영혼에게 그 결정권을 양보하고 순종하는 것이라고 보는 것이 타당하다. 이 때의 새로운 세계와 새로운 정체성이란 기독교적으로는 예수를 머리로 하는 공동체로서의 한 차원 높은 단계의 영적 현실과 영적 정체성을 의미한다. 인간은 미완성으로 죽음을 맞이해야 하는 지금 수준의 현실을 수용하기 위하여 자아의 주도성과 자율성을 한 차원 높고 더 넓은 세계의 주도성을 가진 영(spirit)에게 포기하고 양보하는 것으로 이해하게 된다. 그렇다면, 자아포기란 자체가 없어지거나 죽는 것이라기 보다는 그 주도성을 내려놓는 것, 더 큰 현실체계 안에서 서로 조화를 이루는, 즉 서로 보완하고 연합을 이루는 존재로 통합이 된다는 의미로 이해된다. 그리고 이 새로운 영적인 차원의 세계를 이루는 것을 우리는 천국, 하나님이 다스리시는 나라, 예수님과의 사랑의 연합인 결혼, 새 하늘과 새 땅에서 함께 거니는 삶 등등으로 묘사될 것이다.

결국 하나님과 우리와의 관계의 최종 성숙상태를 영적인 신비의 사랑의 관계라고 보게 되면, 즉 인간의 성숙은 단순히 1.부모합일--2.의존기--3.과도기--4.부모로부터 독립인 자아의 성숙과정을 거쳐 영적으로 깨어난 후 5.정화, 6. 조명을거쳐 하나님께로 의존적 합일로 되돌아가는 모델이 아니라, 1.-2.-3.을 거쳐 4.의 자아성숙의 어느 정도를 유지한 채, 어느 순간 자아성숙의 단계를 포기하고, 새롭게 다시 하나님으로부터 상호주관적으로(독립적이면서 관계적으로) 5.-6.을 거쳐 7. 독립과 상호의존이 서로 배치되는 개념이 아니라 통합되는 신비로운 연합이 달성되는 것이라고 이해되며, 이 상태는 죽음의 순간, 또는 그 후 부활의 상태에서나 완성되는 신비라는 것이라고 말하고 싶다.

기타 중간현상, 적절한 좌절 등의 개념들

여기서 영적 성숙의 과정과 관련되는 개념으로 우리의 관심을 끄는 몇 가지 대상관계 이론, 특히 Winnicott의 개념들이 있는데, 그것은 적절한 좌절(optimal frustration), 중간 현상과 중간 대상, 잠재적 공간과 같은 개념들이다.

Winnicott은 아기가 출생 후 절대적 의존기에 자기와 엄마의 경계가 없이 전능감을 만족하던 환상의 영역에서부터 자신이 엄마와 분리된 존재로서 스스로 욕구를 충족시킬 수 없다는 불안을 일으키는 현실세계의 영역을 수용하기 위하여 과도기적으로 "중간현상"이라는 잠재적 공간을 경험하게 된다고 하였다. 요약하자면 성장하는 인간의 정신세계는 환상의 세계, 나중에 겪는 현실세계, 그리고 중간의 중간현상이라는 세 종류의 정신세계의 경험이 있다는 말이다. 그리고 이 중간의 잠재적 세계에서는 초기에는 엄마의 부재를 달래주며 불안을 일으키는 현실세계

표 2. 자아발달과 영적 성숙

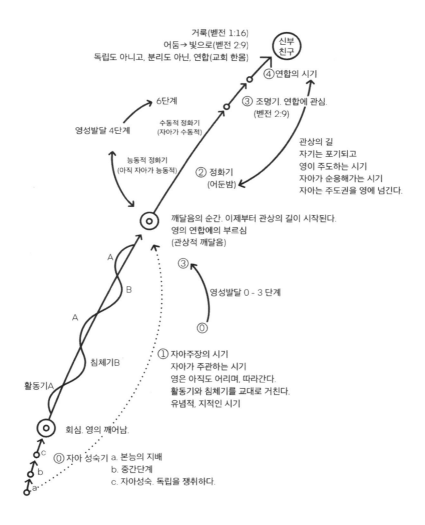

거룩(벧전 1:16)
어둠→ 빛으로(벧전 2:9)
독립도 아니고, 분리도 아닌, 연합(교회 한몸)

신부
친구

④ 연합의 시기

6단계

③ 조명기. 연합에 관심.
(벧전 2:9)

영성발달 4단계

수동적 정화기
(자아가 수동적)

관상의 길
자기는 포기되고
영이 주도하는 시기
자아가 순응해가는 시기
자아는 주도권을 영에 넘긴다.

능동적 정화기
(아직 자아가 능동적)

② 정화기
(어둔밤)

깨달음의 순간. 이제부터 관상의 길이 시작된다.
영의 연합에의 부르심
(관상적 깨달음)

A

B

③

A

영성발달 0 - 3 단계

⓪

침체기B

① 자아주장의 시기
자아가 주관하는 시기
영은 아직도 어리며, 따라간다.
활동기와 침체기를 교대로 거친다.
유념적, 지적인 시기

활동기A

회심. 영의 깨어남.

c

⓪ 자아 성숙기 a. 본능의 지배
b. 중간단계
c. 자아성숙. 독립을 쟁취하다.

b

a

103

에 적응하기 위한 담요나 곰인형 등 비교적 단순한 중간대상(transitional object)이 있게 되며, 후기에는 이런 단순한 대상만이 아닌, 좀 더 정교하고 이야기로 구조화된 놀이의 세계가 있게 된다는 것이다. 성장하는 유아는 이런 정신현상들을 이용하여 방어적인 곳으로부터 개인적인 의미를 부여하면서 상상 속에서 새로운 세계를 창조한다고 보았다. 이러한 창조의 활동은 유아가 성인이 되면서도 예술, 게임, 문화활동으로 발전이 되며, 종교활동 또한 이러한 창조적인 중간현상이라고 보았다. 이런 관점을 우리는 현재의 영적 성숙을 논의하는 자리로 어떻게 수용할 수 있을 것인가?

기독교적인 관점에서 우리가 어느 순간 회심을 하고 나서, 즉 영적으로 깨어난 후, (영적으로) 유아기라고 했을 때, 우리는 하나님과 나(자아)의 경계가 모호한 경험을 하는가? 영적으로 성숙해 간다는 것은 하나님과 나(자아)의 경계가 점점 분명해지는 것이고, 결국에는 언젠가는 하나님과 나(자아), 또는 우리(자아)가 온전히 성숙해서 현실에서의 하나님의 실재를 똑바로 볼 수 있을까? 그리고 그 사이 중간단계를 거친다면 그것은 시기적으로 어느 때가 될 것인가? 이런 질문들은 어찌 보면 매우 흥미롭게 보일 수도 있으나, 한편으로는 정확하게 논리적으로 말하기는 어려운 질문이 될 수가 있다. 저자의 관찰은 우리가 온전히 성숙해져서 현실에서의 하나님의 실재를 똑똑히 보게 되는 것은 불가능하지 않을까 하는 생각이 든다. 불교전통에서는 이것이 가능하다는 논리를 펴면서 명상을 권유하고 있지만, 성경은 *"우리가 지금은 거울로 보는 것 같이 희미하나 그 때에는 얼굴과 얼굴을 대하여 볼 것이요 지금은 내가 부분적으로 아나 그 때에는 주께서 나를 아신 것 같이 내가 온전히 알리라"(고전 13:12)*고 말하고 있지 않은가? 그렇다면 혹 우리가 하나님의 실재를 뚜렷이 볼 수 있고 모든 영적인 성숙을 완전히 이루는 것은 우리가 죽고 나서 부활한 후가 아닐까? 그렇다면 이생에서 삶을 사는 기간 내내는 모두 중간단계에 속하는 것이 된다고 할 수 있는가? 그렇다면, 우리가 신앙생활을 하는 사이에 사용하는 모든 대상과 경험들은 모두 중간대상 내지는 중간현상에 속할 수도 있을 것이다. 우리가 신앙생활을 하면서 경험하게 되는 간단한 대상들, 예를 들면, 묵주, 십자가, 성화, 등등에서부터 심지어는 아름다운 찬양, 감동적인 설교, 성경, 예배, 형식화된 기도, 교회조직, 성만찬, 이 모든 것들이 중간대상 내지는 중간현상이라고 할 수 있을 것인가?

우리의 종교생활 중 의지하고 있는 이런 대다수의 대상이나 개념, 종교활동들은 긍정적이거나 부정적인 점, 양 면 모두를 포함하고 있다고 볼 수 있다. 어떤 대상이나 활동이 우리의 신앙생활에서 하나님의 임재를 더욱 느끼게 하고, 하나님과의 친밀함으로 인도할 때, 우리는 그것이 영적으로 창조적이라고 말할 수 있지만, 동일한 대상이나 활동에 집착하거나 그것에 고착되어서 하나님의 임재에 대한 추구를 대체할 때 그것은 심각한 종교적 병리현상으로 남게 될 수도 있다. 대표적 예가 개혁신앙에서는 이미 오래 전 포기하였지만 가톨릭 교회에서 흔히 볼 수 있는 조각품들이나 장식품들을 들 수 있다. 신학적인 논란이 있을 수 있으나, 성경의 문자주의에 집착한다는 비판 또한 그런 경우일 수도 있으며, 어쩌면 예수기도나 아이콘 기도와 같이 정형화된 기도형태 또한 그런 예가 될 수도 있다. 무엇보다도 가장 현실적으로 쉽게 발견할 수 있는 예로서는 교회의 경직된 권위체계와 개인적인 영적 경험에 대한 분별의 혼란 등을 들 수 있을 것이다. 일반 평신도들이 신앙의 초기에 많이 의지하는 목회자나 영적 지도자들 자신이 중간대상일 수 있으며, 신학자들의 성경주석 또한 대표적인 중간대상일 수가 있다. 또는 이상의 보편적인 것들과는 달리, 그리스도인 각 개인이 가지고 있는, 신앙생활에서의 특정 습관이나 개념(하나님 이미지)들이 훨씬 심각한 중간현상일 수도 있을 것이다. 이 문제에 대하여 앞으로 보다 더 깊은 개인적 그리고 공동체적 성찰이 필요할 수 있다.

또 한 가지 우리의 관심을 끄는 개념 중의 하나는 적절한 좌절이라는 개념이다. 삶에서의 좌절은 아기가 자아 중심의 인격으로 성숙하게 되고 건강하게 현실에 적응하기 위하여 반드시 필요한 것으로, 아기에게 충분히 좋은 엄마가 되기 위한 조건이기도 하다. 인간은 엄마의 대상으로서의 공감적 반응을 받으며 상호 신뢰의 관계를 형성하지만, 적절한 좌절을 통하여 성찰과 성숙을 일궈 나갈 수 있게 된다. 이 역시 우리의 영적 여정에서도 중요한 역할을 하는 개념으로 볼 수 있는데, 즉 우리는 언젠가 영으로 깨어난 후 신앙생활의 초기에는 성령의 가시적인 보살핌, 초자연적인 신비체험과 은혜의 경험을 많이 받지만, 점차로 주님을 향한 갈망이 깊어질수록 주님께서는 사랑하는 영혼의 성장을 위하여 감각을 거두어 가시고, 어둔 밤을 허락하신다. 예부터 영성가들은 그렇게 해서 우리는 정화의 단계를 거쳐 영적 성숙의 길로 나아가게 된다고 설명하였다. 아기가 건강한 자기를 형성하기 위하여는 엄마의 적절한 좌절이 필요하듯이 우리도 영적 정체성이 성숙해 가기 위하여 하나님이 허락하시는 시련과 고난, 어둔 밤을 거치게 된다는 것이다.

마지막으로 대상관계 이론의 성찰들 중에서 우리의 관심을 끄는 것은 침묵에 관한 Winnicott의 개념이다. 아기가 때로는 세상(엄마)과의 소통(놀이)에서 물러나 홀로 쉼을 갖는 순간이 있는데, Winnicott은 이를 '침묵'의 소통방법이라고 표현하였다. 이 때 아기는 쉼, 고독, 침묵의 시간을 가짐으로써 자신을 내면의 참자기(real self)에게로 직면하게 된다고 하며, 그 속에서 에너지를 얻고 창조적인 성숙의 시간을 마련한다고 보았고, 그렇게 함으로써 아기는 침묵 가운데서 내면의 참자기와 소통의 시간을 갖는다고 하였다. 아기가 이렇게 표현없이 엄마의 품에서 쉬는 것은 충분히 좋은 엄마의 보호와 신뢰의 관계가 있음으로 해서 가능한 것이다. 여기서 우리의 관심을 끄는 것은 내면세계의 참자기란 표현인데, Winnicott은 이에 대하여 구체적인 설명을 하지 않았지만, 참자기란 세상이나 그 누구도 침범할 수 없고, 변형시킬 수 없는 각 개인의 고유한 영역이며, 자기의 핵심적인 부분을 의미한다고 보았다. 이 표현은 곧바로 우리가 회심 후 성령의 인도하심과 보호하심 가운데 있게 되는 영(spirit)을 의미할 수도 있겠구나 하는 점으로 이해가 되며, 우리는 침묵기도 속에서 나 자신의 영과 성령의 소통하심 가운데서 생명의 에너지를 받고 영적 성숙의 길을 가는 것으로 이해될 수 있다. 따라서 기독교 전통에서는 물론이고, 세상의 모든 영적 전통들이 영성수련의 과정에서 침묵을 가장 중요하게 고려하는 점을 이해할 수 있게 된다.

마치는 글

왜곡된 하나님 이미지를 수정해 나가는 것은 바로 영적 성숙을 향하여 나아가는 것이며, 하나님과 동료 인간들, 나아가서는 세계의 모든 생명체와의 관계에서 깊이 있고 의미있는 대상관계를 맺고 이기심 없는 타자에 대한 사랑과 헌신을 이루어 나가는 것, 이 점이 바로 우리 그리스도인들이 대상관계 이론에 깊이 공감할 수 있는 것이며, 하나님의 이끄심 아래 상담자, 심리치료자 영성지도자로서 우리 자신을 참 좋은 엄마와 같은 돌보는 대상으로 제공하는 일의 의미를 보다 잘 설명할수 있게 된다. 이 작업을 현실적으로 가장 효과적으로 수행할 수 있는 것이 바로 심리치료와 영성지도의 실천이다. 특히 영성지도는 하나님의 이미지에 관하여 구체적으로 표현하고 이해할 수 있는 기도의 장을 제공하며, 실

존하는 존재로서의 하나님, 중간대상으로부터 실제 대상으로 내면화하
는 바로 그 현장을 제공하므로, 심리치료자들이 주목해야 할 성숙/치유
의 기술이기도 하다.

5장　자기심리학(Self Psychology) 주요 개념, 하인즈 코헛(Heinz Kohut)

김 윤 희

자기심리학은 비극적인 인간을 위한 치유의 길을 모색하는 휴머니즘이다. 고전적인 정신분석이 오이디푸스 콤플렉스에 짓눌린 죄책감을 갖는 인간을 그린다면 자기심리학은 일평생 자기발달의 결함으로 공허한 정신에 제공되는 산소같은 선물이다. Kohut이 제시하는 자기(self)와 자기대상(selfobject)이라는 독특한 개념 때문에 자기심리학은 정신분석으로 분류되기도 하고, 대상관계 이론으로 분류되기도 한다. 그러나 자기심리학은 분류를 떠나서 그 개념들이 주는 인간의 심리 내적인 진실들을 알아가는 데에 상당한 도움을 제공한다. 자기대상과 자기의 발달, 발달의 촉진 요인인 공감, 그리고 오이디푸스 콤플렉스와 전이의 새로운 해석, 치료장면에서의 제2의 자기 발달의 기회 등은 Kohut의 공로라고 말할 수 있다.

그는 그의 마지막 저서에서(1984) '자기'의 병리는 오이디푸스 단계보다 더 깊은 곳에 자리한다고 확신했다. 그리고 정신분석이 설명해내지 못하는 인간의 타고난 잠재력에 부여되는 자기대상의 돌봄의 중요성, 상호성의 철학적인 의미를 심리학적으로 규명해 냈다. 오이디푸스보다 더 깊은 실존의 자리에서 일어나는 자기의 결함이 주는 일평생의 폐해를 따뜻한 시선과 예리한 통찰력으로 발견해내어 준 것이다. 그는 아마도 엄마의 외아들로 쓸쓸하게 지내며 유럽과 미국을 오가는 동안 스스로의 내면 안에서 그것들을 발견해 냈으리라 추측해본다. 이제 하나씩 Kohut의 개념들을 살펴 볼텐데 이것들을 통해 반향되는 빛에 각자의 마음의 이야기들이 모듬어지고 다듬어지기를 바래본다.

자기(self)

Kohut이 말하는 '자기'는 인격의 중심이 되는 어떤 구조, 조직체라고 말할 수 있다. 좀 더 풀어서 설명하는데, 세 가지 정도로 나열해보겠다. 먼저 그가 말하는 '자기'는 Freud가 말하는 생물학적인 몸으로부터 출발하는 자기가 아니라 인격의 중심에 이미 자기가 실재한다고 여기는 '가상적(virtual)인 자기'이다. 또한 '자기'는 '자기대상'이라는 기반(matrix)을 떠나서는 설명되지 못하는 '자기'이다. 아기와 엄마와의 상호작용의 경험 안에서, 즉 '자기'와 '자기대상'의 기반 안에서 '자기'는 탄생된다. 그래서 그는 이것을 '경험적인 자기'라고 말했다. 마지막으로 그가 말하는 '자기'는 아기의 타고난 잠재력에 선택적으로 부가되는 '자기대상'의 집중을 통해 도출되는, 잠재력 그 자체로서의 '초월적 자기'이다.

Kohut은 엄마와 아기의 상호작용 경험에서 엄마가 아기에게 선택적으로 집중하게 되는 부분은 아기의 잠재력들이라고 본다. 그는 특별히 두 가지 잠재력을 제시했는데 그중의 하나는 자신에 대한 포부에 입각한 과시적인(exhibitionistic) 주장이 특징인 잠재력이고, 또 하나는 어떠한 이상화된(idealized) 실체에 경탄하는 측면의 잠재력이다. 아기에게 마치 온전한 '자기'가 있는 것처럼 여기면서 엄마는 이 두 가지 측면의 잠재력에 선택적으로 집중하면서 '자기'는 도출된다는 것이다. 이렇게 '자기'는 '자기대상' 기반, 즉 아기와 엄마의 관계 기반(matrix of infant-mother relationship)속에서 상호작용하는 경험을 통해 생성된다.

　정리해보면 엄마는 아기의 눈빛을 바라보며 아기의 '자기'가 이미 다 실재하는 것처럼 아기와 관계를 시작하고, 이러한 수도 없이 쌓이고 모이는 상호작용의 경험들이 아기의 '자기'를 탄생케 하는 결정적인 요건이다. 그래서 kohut은 이 자기가 가상적인 자기, 경험적인 자기, 자기대상 없이는 설명될 수 없는 자기라고 말하는 것이다. 자기대상에게 집중적으로 선택되어지는 아기의 두 가지 잠재력은 발달하는데, 하나는 과대적인 자기(grandiose self)의 극으로 발달하고, 또 다른 하나는 이상화 부모원상 자기(idealized parental imago)의 극으로 발달하면서 응집적인 핵자기(cohesive self)를 향하게 된다.

　Kohut은 응집적인 핵자기를 만드는 두 극으로의 발달의 과정은 보통 6세 정도에 완성이 되는 것으로 보았다. 과대자기의 극이 주로 엄마와의 관계에 영향을 받으며 먼저 발달을 시작해서 4세 정도까지 발달을 하고, 이상화 부모원상의 극이 그 뒤를 이어 주로 아빠와의 관계에 영향을 받으며 6세 정도에 구조화되는 것으로 보았다. 이때의 발달의 과정에서 응집되지 못한 자기는 결함을 갖게 되며, 그 결함은 일평생에 걸쳐 결함의 흔적을 안게 된다. 그 흔적은 주로 깊은 '공허감'을 동반한 '대상허기'와 '대상착취'라는 흔적이며, 그로 인해 심하면 자기대상 결함으로 인한 여러 가지 병리를 갖게 되기도 한다. 그러나 '자기'는 '자기대상'을 만나면 다시 발달을 이어갈 수 있고, 이것은 일평생 주어진 '자기'의 희망이다.

　Kohut을 통해 개념화한 '자기'를 앞에서처럼, 설명해 보았으나 실은 그는 '자기'에 대해 고정적인 의미를 부여하지 않는다고 말하기도 했다. 그만큼 그가 말하는 '자기'는 정신기구의 특정한 구조로서 이해되든, 개인의 심리적 우주의 중심으로 이해되든 본질적으로 알 수 있는 것이 아니라고 본 것이다. 그러면서 새로운 세대들이 과학적으로 탐구해주기를 바라는 깊은 소망이 있다고도 했다. 그래서 혹자는 Kohut의 '자기'를 매우 철학적이고 신학적인 자기로 이해하기도 한다. Kohut이 말하는 '자기'를 이해하는 부분에서 이미 우리는 어떤 모호함을 가지고 그 다음 개념을 이해하는 출발을 해야 함을 밝혀둔다. 다음은 자기애 (narcissism)에 대한 이해인데 Kohut에게 있어서 자기애는 '독자적인 발달'이라는 독특한 측면에서 설명되고 있다.

자기애(narcissism)

인간의 원초적인 사랑은 자기를 사랑하는 것으로부터 출발한다. Kohut에게 있어서 자기를 사랑하는 것으로부터 출발하는 '자기애'는 일평생 발달을 이어간다. 자기가 발달한다는 것이 Kohut의 독특하고 창의적인 생각이다. 그리고 발달하는 '자기애'는 앞에서 말한대로 두 극으로 향하는 구조를 가진다. 이렇듯 Kohut은 고전적인 정신분석과는 다른 '자기애는 발달한다'는 생각을 시작으로 자기심리학 이론을 창시했다.

Freud 생각으로의 자기애는, 리비도(libido)가 몸자기에 부착되어 있는 상태라고 볼 수 있다. 그리고 이 자기애는 대상애를 오간다고 보았다. 아메바 몸통에서 위족이 뻗어 나갔다가 다시 돌아오기도 하는 원형 동물의 모습처럼 Freud는 자기애와 대상애는 서로 오간다고 본 것이다.[1] 이를 알 수 있는 증거로 그는 사랑하는 상태에서의 자기애를 예로 들었다. 사랑을 하면 대상에게 리비도가 부착되었다가 사랑이 끝나면 리비도가 다시 자기에게로 환류, 다시 '자기애 상태'가 되지 않느냐는 설명을 하는 것이다. 반면 Kohut은 자기애는 그렇게 오가는 것이 아니라 독자적인 노선을 따라 일평생 발달을 이어간다고 보았다. 그렇게 5,6세 경이 되면 응집되어 핵자기가 될 수 있기도, 자기대상 실패로 응집되지 못하고 결함을 가지면, 자기애는 일평생 발달적인 결함을 안게 되기도 한다는 것이다.

Kohut에게서 인간이 타고 태어나는 여러 잠재력 중에 가장 선택적으로 집중받는 잠재력은 앞서 말한 두 가지 측면이다. 이것을 통틀어 원초적인 자기애적인 구성물(archaic narcissistic structure)이라고 했고, 하나의 측면은 과대적인 자기애, 또 하나는 이상화된 부모원상이라고 불렀다. 앞의 것은 자기의 과시성을 말하는 것으로, 아기가 태어나 엄마의 젖을 먹을 때 그것이 엄마가 주는 젖이라고 인식하지 못하고 아기 스스로가 창조하는 것으로 여기는 것과 같은 '전능성'이 그 특성이다. 뭐든지 다 잘 할 수 있을 것 같은, 자기가 이 세상의 중심, 나로부터 세상이 돌아간다는 느낌, 자기 자신에 대한 웅대한 느낌이 주 내용인 것이다. 이것은 인생의 포부를 좌우한다. 후자는 이상화된 대상을 높이, 마음껏 우러러보는 특성, 존경의 대상을 향한 완벽한 의존성이 그 특징이다. 견인차가 되어줄 것에 대한 기대, 온전한 수용체가 되어 줄 것이라는 소망이 담겨 있다고 할 수 있다. 이것은 인생의 '이상'을 향해 발달한다.[2] 발달해가는 자기애는 개인 각자의 포부와 이상의 '정도'를 결정한다. 건강한 자기애의 '정도'를 형성할 수도, 구조적인 결함을 가질 수도 있는, 자기애의 '정도'는 스펙트럼이 다양하게 나타난다.

자기대상(selfobject)

이 두(bipolar) 원초적인 자기애적인 구성물인 과대자기와 이상화 부모원상의 극은 파편화되지 않는 응집된 핵자기를 갖기 위해 절실히 필요한 것이 있는데, 그것이 '자기대상'이다. 가상적이고 경험적이며 타고난 잠재력이라고 할 수 있는, 이 자기는 원초적인 형태의 자기애로부터의 발달에서 '자기대상'이라는 빼놓을 수 없는 존재를 필요로 한다. Kohut의 '자기대상'은 이해하기 어려운 독특하고 창의적인 개념이다. 이것이 자기심리학을 일인(一人) 심리학으로 볼 것인지, 이인(二人) 심리학으로 볼 것인지를 고민하게 만들기도 한다. '자기대상' 없이는 Kohut이 말하는 '발달'도 설명되지 않는다.

'자기대상'은 자기이기도 대상이기도 하다. 인간의 정신세계 안에 구조물이 있는데, 자기의 일부이면서 동시에 대상처럼 밖에 있기도 한, 그런 자기이기도 대상이기도 한 심리학적인 개념이다. 이 '자기대상'은 '자기'에게 있어서 발달의 길을 잘 갈 수 있느냐 없느냐를 결정한다. 응집된 핵자기를 만들어 내는 목적을 달성할 수 있느냐 없느냐는 전적으로 '자기대상'에게 달렸다. '자기대상'이 자기에게 적절한 좌절을 수여하여 '자기'를 변형적인 내재화로 이끌 때, 자기의 발달은 응집된 핵자기로 향한다. 반대로 지나친 좌절이나 지나친 만족은 자기를 결함 있는 자기, 파편화된 자기의 구조로 인도한다. 그래서 자기이기도 대상이기도 한 이 '자기대상'은 '자기'에게 대단히 중요하다.

'자기대상'이 스스로 자기애적인 결함을 가질 때, 자기에게 '응집된 자기'를 선사할 수 없다. 이해하기 어렵지만 이것이 왜 그런지 설명해 보

116

겠다. 엄마가 아기를 조율할 때, 아기의 '자기'를 만드는 요인은 엄마 '핵자기'의 여부(與否)이다. 그 엄마의 '핵자기'가 아기 '자기'의 '자기대 상'이 되는 것이다. 엄마의 응집된 '핵자기'가 있을 때, 아기의 '자기'가 응집을 향해 발달할 수 있고, 그렇지 않을 때 결함을 갖게 된다는 것이 다. 이렇듯이 원초적인 구성물의 단계에서의 '자기'와 '자기대상'의 관 계는 꼭 집어서 나눠 설명하기 어려운, 같은 것이기도 다른 것이기도 한 독특한 심리학적 개념이다.

앞서 설명한 자기가 발달을 시작하는 생애 초기부터 5,6세 정도가 되 는 시기까지의 자기대상을 '원초적인 자기대상'이라고 부른다. 그리고 인생의 도상에서 만나는 자기의 모든 발달의 근거가 되는 '성숙한 자기 대상'이 있다. Kohut은 이렇게 '자기대상'을 두 종류 정도로 나눠서 이 해했고, 후학들에게 '자기대상'에 대한 이해를 확장해 나아가기를 기대 했다.[3] Kohut은 자기가 발달의 결함을 안을 시 언제든지 삶에서 만나 는 심리적인 어려움에 '원초적인 자기대상'을 필요로 한다고 보았다. 동 시에 우리 인간 모두에게 일평생 '성숙한 자기대상'이 필요하다고 생각 했다. 이것은 '자기'를 지지해주는 타자에 대한 경험과 관련된 부분이라 고 보면 좋다.

사람은 살다 보면 혼자서는 감당하기 힘든 일들을 만난다. 그러나 혼 자서 고민하고 힘들어하다가 만나게 되는 그 누군가를 통해 혼자 숨죽 여 울던 일을 해결하게 되기도 한다. 그 누군가는 내게 아무런 댓가도 바라지 않고 혼자 고민하는 일들을 같이 아파해 주기도 하며, 같이 해결 점을 찾기도 한다. 이렇듯 '성숙한 자기대상'은 바람이 임의로 불매 어 디서 와서 어디로 가는지 알 수 없는 성령처럼, 인생에서 신비하게 마주 대하는 '인연'이기도 하다. 이처럼 자기대상은 자기에게 그 무엇보다 소중한 산소와 같아서 없으면 숨 쉴 수 없는 호흡이나 마찬가지이다. Ko-hut은 이러한 '성숙한 자기대상'과 원초적인 만족을 추구하는 '원초적인 자기대상'을 혼동하지 않기를 바랐다.[4]

자기애적인 결함으로 공허감을 방어하느라 우울과 불안이라는 증세를 호소하며 고통당하는 이들이 있다. 이들은 응집된 자기를 만들지 못한 이유로, 해체되어 버릴 것 같은 불안을 갖게 된다. 이 사라져 버릴 것 같은 해체 공포는 자기 스스로가 아무것도 경험하지 않으려는 공허를 선택하게 한다. 공허함을 느끼며 살아가는 것이 차라리 자기가 붕괴될 것 같은 불안을 느끼며 사는 것보다 나아 그렇게 선택하는 것으로 보인다. 이들은 공허한 자기를 표현하기를 '망망대해의 돛단배', '허허 벌판의 허수아비', '심지어 아무런 행성조차 있지 않은 블랙홀의 미아', '아무것도 기댈 것이 없는데 심지어는 예측도 안되는 넓은 광장' 등으로 자기 공허의 상태를 표현한다. 모두 응집된 자기를 만들지 못한 자기 발달의 구조적인 결함이요, 곧 자기대상의 실패로 인한 증상이다.

이들은 자기대상이 되어주는 '치료자', '선생님', '사역자', '변형된 부모님'을 통해 다시 고착되어 멈춘 발달을 이어갈 수 있다. 이때 자기대상이 되어주는 상황은 조금 더 전문적인 훈련을 요한다. 자기의 발달이 멈춰 자기애적인 결함으로 인한 정신의 고통은 좀 더 원초적인 자기대상을 요구하기 때문이다. 이 부분은 자기대상 전이 부분에서 조금 더 다루기로 하겠다. 여기서는 자기대상은 원초적인 자기대상과 성숙한 자기대상의 구분을 필요로 한다는 것 정도를 이해하면 좋을 것이다.

Kohut은 그의 마지막 저서에서 '자기대상'에 대해 다시 언급하면서,

인간의 심리적 영역안에서, 의존에서 독립으로의 이행은 불가능하다고 단언했다.[5] 즉 자율성이 불가능하다는 말이라고 재차 말했다. '의존'에서의 '독립'은 Freud가 생각한 정신분석의 목표였고, 그것은 심리적인 발달의 과정이다. 그런데 Kohut은 이 정신분석의 기본적인 주장을 뒤집었다. 그러면서 이렇게 뒤집는 자기 자신의 주장이 Freud를 따르는 사람들의 생각에 '자기애적인 상처'가 될 것이라고 말했다. 학문적인 명성이 위협받는 문제와 관련된 때문일 것이라고 생각한 것이다. 아마도 '자기대상'은 코헛의 위와 같은 생각에서 나온 깊은 인간의 마음에 대한 진실을 탐구한 결과물일 것이다. '자기'가 '자기대상'을 통해 응집을 향해 나아갈 때, '자기대상' 없이는 발달이 불가능하고, 원초적인 자기대상에서 지지적인 성숙한 자기대상의 필요성이라는 변화를 갖게 되지만, 어쨌든 자기대상은 일평생 산소와 같다는 그의 생각은, 심리적인 독립이 불가능하다는 그의 말의 의미일 것이다.

자기의 발달에서 자기에게 필요한 것 중에 주요한 하나는 자기대상이 수여하는 최적의 좌절인데, 이것은 자기대상이 의도해서 일어난다기보다는 대체로 자연스럽게 일어난다. 그것의 내용은 다음과 같다.

최적의 좌절(optimal frustration)

아기가 배가 고프면 본능적으로 울거나 손발을 흔듦으로 배고픔을 호소하기도 할 것이다. 그러면 엄마는 아기에게 젖을 줄 것이고, 그러면 아기는 배고픔을 잊고 만족을 경험할 것이다. 아기가 배가 고파 손발을 흔들거나 울 이때에, 아기는 배고픔을 달래기위한 어떤 환상을 만들게 될 것이다. 아기에게 배고픔에 대한 어떤 심상이 만들어지는 순간이다.

엄마가 아기에게 젖을 주고 나면 아기는 엄마의 수유를 통해 현실적인 만족을 경험하는데, 이때 아기는 배가 고파 칭얼대며 만든 환상에서 얻은 만족과 실제적인 수유를 통해 얻어지는 현실적인 만족의 차이를 배우게 된다. 엄마와 아기의 이러한 수유 과정이 반복, 지속되면서 아기는 젖을 기다리는 동안 환상적인 만족에 대한 심상과 실제 수유로 인한 현실적인 만족의 차이뿐만 아니라 그 과정에서 일어나는 무수한 심상과 현실의 차이들을 알게 된다. 이러한 방식으로 아기는 환상과 현실의 차이를 배우게 되는 것이다. 이와 같은 수유의 과정에서 알 수 있듯이 아기가 반복해서 배가 고픈 좌절을 경험하게 되면 현실과 환상의 차이를 배울 기회를 박탈당한다. 실제 수유로 인한 만족보다 환상을 만들어 배고픈 것을 달랜 만족이 더 클 수 있기 때문이다. 거꾸로 아기가 배고프기도 전에 수유가 지나치게 빠르면 아기의 심상과 엄마의 실제 수유가 하나로 모아지는 경험이 되기 때문에 역시 환상과 현실의 구분을 배우기 어렵다. 이처럼 전(全) 자기 발달의 과정에서 최적의 좌절은 외상이 발생하거나 지나치게 충족되는 것을 막고 환상과 현실 사이를 구별하게 한다.

Kohut은 지나치게 아이의 응석을 다 받아주면 아이에게서 스스로 응집된 자기 구조를 세울 기회를 빼앗는 것이 된다고 말한다. 마찬가지로 심각한 좌절은 외상이라는 결과를 빚는다. 이 역시 좋지 않으나, 응석을 다 받아주는 것이 '자기구조' 세우기에는 더 유해하다고 보았다. 오직 적절한 좌절 경험만이 자기가 전능하다고 여기는 미숙한 유아적 상태의 자기애적 기능을 현실원칙에 입각한 자기 발달의 방향으로 바꿀 수 있다. 적절히 수여되는 좌절은 자기를 응집되게 하는데 결정적인 요소이다. 이것은 불가피하게 일어난다. 엄마가 아기를 조율할 때, 아기의 사인(sign)을 늘 정확히 알아내지는 못하기 때문이고, 이는 아기에게 수여되는 적절한 좌절이 되며, 이 좌절이야말로 '자기'가 응집되어가는 키(key)가 된다.

큰 아이가 배가 고프다고 우는데, 둘째 아이가 갑자기 높은 데서 떨어져 머리에서 피가 났다고 치자. 엄마는 급히 둘째 아이의 응급처치를 하느라 첫째 아이의 배고픔을 알아주지 못했으나 곧 둘째 아이의 응급처치를 끝내고 첫째 아이에게 젖을 주었을 것이다. 이때의 첫째 아이는 심각한 외상이나 지나친 만족보다는 적절한 좌절을 겪었을 가능성이 크다. 이렇듯이 아기와 엄마의 상호작용에서 자기는 모든 삶의 환경의 변수로 인해 적절히 좌절되기도, 외상이 생기기도, 지나치게 응석받이가 되기도 한다. 우리 모두는 그 어디 즈음을 지나왔을 것이고, 적절한 좌절이 지금 각자의 정신을 성숙하게 했을 것이다. 이렇듯이 최적의 좌절로 인해 변형적으로 내재화되는 자기는 응집되는 핵자기의 길에 확고하게 서게 되고, Kohut은 '자기'의 응집을 위한 중요한 과정으로서 최적의 좌절을 반복해서 강조했다.

변형적인 내재화(transmuting internalization)

변형적인 내재화란 아이가 응집된 자기를 만드는 과정에서 최적의 좌절을 통한 결과로써 나타나는 개념이다. 다시 말해서 최적의 좌절의 결과인 자기의 구조가 응집되어가는 과정을 변형적 내재화라고 부르고, 이것은 응집된 자기의 건설과정이 된다. Kohut은 그의 두 번째 저서에서(1977) 변형적 내재화를 두 개의 극을 가진 자기 안에서 발달하는 구조와 기능으로써의 의미로 그 개념을 설명했다. 내재화가 대상의 특성들을 그대로 받아들여 인격의 정체성을 형성하는 과정을 뜻한다면, 변형적인 내재화는 대상과의 관계에 있어서 그 특성들을 긍정적으로 변형시켜서 자기의 응집을 목적으로 받아들인다는 의미로 이해하면 좋을것이다.

존 게도(1980,1984)는 변형적 내재화가, 치료 과정을 뜻한다는 어떠한 증거도 없다는 이유로 이 개념을 비판한다.[6] 반대로 설리반(1980)은 변형적 내재화 과정에 대해, 어려운 개념이라고 하면서도 정신분석의 영역에 위치시킨다.[7] 그러나 이러한 혼란은 자기심리학과 고전적인 정신분석의 지향점이 상당히 다르다는 점을 간과한 데서 기인한다. 변형적 내재화 과정은 두 개의 극을 가진 자기의 응집을 설명하는 개념인데 반해, 함입, 내사, 동일시 등 고전적인 욕동이론을 전제로 한 내재화의 개념들은 자아 및 초자아의 생성과 관련된 개념이다.[8] 상담자가 임상자료를 기꺼이 코헛의 시각에서 바라보면 두 개의 극을 가진 자기의 응집을 설명하는 개념으로 변형적 내재화는 선명히 드러난다.

상담 장면에서 공허를 호소하는 이들의 자기애적 치료에서 변형적인 내재화는 더 잘 이해된다. 자기의 구조를 다시 세우겠다는 내담자들의 욕구들이 있을 때 상담자는 그들의 이야기에 귀를 기울이고 공감하며 조율한다. 내담자의 자기애적인 결함으로 인한 증상들과 얽힌 이야기들에 묻어 있는 주로 부정적인 감정을 들어주면서 충분히 대리적인 성찰과 공감을 다하는 것이다. 그러나 그들의 요구대로 행동하지는 않는다. 다시 말하면 감정은 공감해주되 바라는 그대로 따라주지는 않는다는 것이다. 이것이 내담자에게는 최적의 좌절이 되고, 이 최적의 좌절이 변형적인 내재화로 인도되면서 자기의 구조가 다시 세워지는 것이다. 이렇듯이 어린 시절 엄마가 아이의 자기를 응집되게 하는 과정처럼 최적의 좌절의 결과인 변형적인 내재화를 통해 내담자의 자기는 튼튼해진다.

정신의 질병은 정신의 중심이 공허로 뻥 뚫린 상태라는 Kohut의 말을 증명이라도 하듯이 자기의 결함으로 인해 자기가 파편화 되는 것 같은 고통을 호소하는 내담자들은 자기대상이 되어주는 상담자를 통해 최적의 좌절을 경험하고, 그 결과인 변형적인 내재화라는 발달과정을 치료자와 함께 다시 밟는다.

이제 응집된 자기를 향해 발달하는 과정에서 매우 중요한 또 하나의 핵심적인 개념이라고 할 수 있는 대리적 성찰과 공감에 대해 다뤄보겠다.

공감(empathy)

Kohut은 내담자에게 새로운 심리구조를 발달시키기 위해 가장 필요한 것은 자기대상 경험을 제공하는 것이라고 했다. 그러면서 그는 심리구조를 다시 세우는 매개체는 정신분석에서 말하는 해석이나 통찰이 아니라 관계, 즉 자기가 자기대상에게서 받는 공감의 경험, 보다 구체적으로 자기와 자기대상 사이에 공감적인 조율을 확립하는 그 자체라고 말한다.

Freud의 정신분석은 거칠게 말해서 무의식의 의식화이다. 자아가 의식의 영역으로 무의식의 내용을 끌어들일 수 있는 타이밍에, 치료자가 주는 '해석'의 도움으로 통찰에 이르게 되는 것이다. 그러나 코헛의 치료는 단지 공감어린 자기대상이 되어주는 것이다. 다시 말하지만, 자기와 자기대상 사이의 공감어린 조율을 확립하여 '관계 맺는' 그 자체라는 말이다.

그래서 Kohut은 공감을 정신치료의 핵이라고 말했다. 어쩌면 Kohut은 우리 모두가 갈급하게 바라고 있는지도 모르는 공감에 대해서 그리도 잘 간파했는지 고마운 마음이 든다. 아마도 그것은 당시 고전적인 정신분석으로는 더 이상 우리 정신의 문제를 해결하는 데에는 한계가 있다는 깨달음에 기인했을 것이다. 또한 에디트 슈타인(Edith Stein) 등 철학의 현상학파 내에서도 공감에 대한 연구는 이미 중요한 이슈였다. Kohut을 통해 공감이 철학에서 심리학으로의 이행이 되고, 고전적인 정신분석의 치료의 틀을 깨는 획기적인 도모가 되었을 것이다. 다음은 Kohut이 죽기 사흘 전에 마지막으로 한 강연의 일부이다.[9]

"내가 공감을 ... 책임감 갖고 설명할게...자 들어봐...공감이 사람을 치료한다고 말하며...그냥 공감만 한 채 환자한테 말만 하면 그냥 건강해진다고 믿고 있어. 하지만 그게 아니야...

...

대리적 성찰(vicarious introspection)과 공감(empathy)은 정말 제대로된 행동으로 봐야 한다고 생각해. 쉽게 말하자면, 말을 할 때 그 사람 입장을 고려해서 말을 해야 해. 그 사람의 내적 삶에 있다고 가정하고 생각을 하면 이렇게 하는 당신의 목적에 도움이 될 거야.

...

(대리적성찰과 공감을 통해서 환자의 맘을 정확하게 읽고
도와주고 싶지만)
내가 성인 환자들에게서 본 가장 큰 고통은 아주 미묘하고 드러나 있지 않아서 열어서 알기가 힘들어. 엄마가 없는 것, 엄마가 진짜로 없다는 게 아니라 엄마의 인격이 없는 것(엄마의 공감적인 돌봄이 없는 것), 이 공허함이 환자에게 나중에 가장 큰 최악의 고통으로 이어져(이게 가장 힘들어)...

...

이게 내 마지막 자기심리학 이론이라고 확신합니다".

자기대상이 되어주는 과정에서 우리가 할 수 있는 것은 공감이다. 말은 쉬운데, 이해하기도 쉬운데, 이것을 실천하기는 어렵다. Kohut이 치료의 핵이라고 말하는 공감은 대리적인 성찰(vicarious introspection)과 공감(empathy)이 공존한 반응이다. 다시 말하면, 자기애적인 결함으로 심한 공허감에 시달리는 자기애적인 손상을 입은 이들은 우울과 불안을 호소하는 것으로 타협점을 찾게 된다. 이때 대리적인 성찰이라고 하는 것은, 파편화된 '자기'를 대리적으로 정확하게 이해하는 것을 말한다. 그의 내성(introspection)을 자기대상인, 곧 치료자가 대신해서, 그의 것 그대로, 마치 치료자 자신의 것처럼 파악하는 과정을 말하는 것이다. 또한 파악함과 동시에 그것을 그대로 공감(empathy)하는 것을 말한다. 머리로는 타인의 상황이 내 안으로 그대로 들어오도록 인식하여 받아들이고, 가슴으로는 정서가 말랑말랑한 느낌으로 타인의 상황이 마치 내 상황과 동일하게 느껴지는 상태라고 할 수 있다. 그렇게 공감어린 상황에 머물다가 다시 그 상황에서 빠져나올 수 있는 능력이 있을 때, 대리적인 성찰이요, 공감이지, 동일시를 통해 나와 타자가 구별되지 않는 감정의 융합상태를 말하는 것이 아님을 주의해야 한다. Kohut이 그의 죽기 전 유언 같은, 마지막 연설에서 책임감을 가지고 설명하겠다며, '공감만 하면 다 건강해진다는 뜻이 아니다' 라는 말은 바로 이와 같은 뜻이다. 감정을 공유하고 함께 눈물을 흘리며 동질감을 경험하는 수준의 소통이 아닌 공감은, 자기대상이 되어주는 치료자의 성숙한 자기성찰을 반복해서 필요로 하는 어려운 작업이다.

아우슈비츠 가스실에서 마지막 숨을 거둔 에디튜 슈타인은 그녀의 논문에서[10] 자기가 타인과 또 세계와 연관된 존재로서 살아가기 위해서 공감이 요구되며, 나를 이해하는 타인을 경험하기 전까지는 나 자신이

나 나만의 경험을 그 세계의 부분으로 볼 수 없다고까지 말한다. 이처럼 공감 안에는 놀라운 신비가 담겨 있다. 공감이 있어야 우리가 연결되어 있는 것이며, 공감이 있어야 내 경험도 내가 사는 세계의 일부가 될 수 있다니 말이다. 그녀는 게슈타포에 의해 체포된지 일주일만에 가스실에서 죽는데, 극도로 기진한 상태에 빠진 엄마들을 대신해 아이들을 돌보다가 가스실로 들어간 것으로 전해진다. 비극적인 마음에 공감하는 에디트 슈타인은 지금 세계에 공감을 전해주고 있고, 그녀의 신념처럼 그녀의 경험은 세계의 부분이 되었을 것이다.

이처럼 치료자의 공감을 통해 자기의 구조를 재확립 해야 하는 내담자들은 자기대상의 실패로 인한 자기 발달의 피해자들이다. 앞서 설명했듯이 아이가 최적의 좌절을 경험하고 변형적인 내재화 과정을 통해 응집된 핵자기로 가는 길은 자기대상의 공감어린 조율이 있어야 가능한 일이다. 자기대상인 엄마의 아이를 향한 일관성 있는 공감어린 태도와 엄마의 건강한 인격은 결정적인 자기의 발달의 여부가 된다.

자기대상 환경의 실패로 인해 치료장면에 오게 된 내담자를 만나는 치료자는 자기분석과 자기성찰을 통해 자기애적인 결함을 복구하는 자기대상으로서의 역할이 수행되며 그 자기대상이 되어주는 치료자가 가지고 있어야 할 장비라고 할 수 있는 것이 곧 공감이다. 공감할 때만이 파편된 자기의 구조가 단단하고 영구적인 자기로 응집되어 갈 수 있다. 이 때 비로소 내담자의 창조적이고 개별적인 독특성에 입각한 개인의 자기신화의 프로그램은 출발점에 서게 된다.

파편화되고 붕괴될 것 같이 불안한(disorganization anxiety)자기는 공감어린 치료자의 따뜻한 인격과의 관계에서 전이(transference)가 일어난다.

자기대상 전이(selfobject transference)

어린 시절의 부모와의 관계 안에서 경험한 감정들을 치료장면에서 치료자에게 전치하는 것을 보통 전이라고 말한다. 이런 보통의 전이의 개념을 바탕으로 Kohut은 세 가지의 자기대상 전이를 개념화했고 그에 따른 치료를 설명했다. 그것의 하나는 자기의 한 쪽 극인 과대자기가 활성화되는 거울전이(mirroring transference), 두 번째는 이상화 부모원상이 활성화되는 이상화 전이(idealizing transference), 세 번째는 대체-자아(alter-ego) 전이이다. 쌍둥이 전이라고 하기도 한다.

내담자는 치료장면에서 치료자가 공감어린 자기대상이 되어줄 때, '자기'가 '원초적인 자기대상'을 찾았다고 느끼는 것과 같은 무의식적인 퇴행이 자발적으로 일어난다. 새롭게 만난 자기대상은 어린 시절 자기대상 같은, 완벽한 고향 같아서, 아동기에 엄마에게 원했듯이 '자기'의 전능성과 과대성을 으스대며 뽐내게 되기도, 완벽하게 기댈 사람을 만난 것 같이 융합되고 싶은 의존성이 드러나기도 한다.

원초적인 자기대상의 실패는 발달하는 자기가 응집되지 못한 채 구조적인 결함을 안으면서 고착되어 '자기'는 *대상허기(object hunger)*에 시달린다. 배고픔에 굶주린 사람처럼, 심하면 사람에게 중독된 듯이 그 공허한 자기의 결함을 메어줄 대상을 찾아다니기도 한다는 것이다. 더 나아가 *대상 착취*라는 관계의 패턴을 갖게 되어 대인관계의 문제로 갈등을 겪게 되기도 한다. 이러한 대상에 대한 갈망이 치료자를 만나 자기대상 전이를 형성, 대상에 대한 허기를 채우면서 공감어린 새로운 존재의 발견이라는 안정감으로 인도된다.

치료자는 치료의 장면에서 자발적으로 일어나는 자기대상 전이의 '자기대상'이 되어준다. '자기대상'이라는 개념을 발견한 '자기심리학' 전체를 깊이 이해하는 것만으로도 자기대상 전이를 파악하고 상처입은 그들을 안아줄 수 있다. 물론 대상의 허기를 넘어 자기애적인 대상 착취, 심각한 자기 해체의 불안, 인격의 결함, 성 도착이나 섭식의 장애 문제, 도박이나 중독 등 정도가 심한 경우도 있다. 이러한 경우는 좀 더 전문적인 기술을 요하며 후반에서 다시 다루기로 하겠다.

자기심리학이 말하는 정신건강은 자아의 자율성과 독립성의 증가가 아니라 응집되고 영속적인 자기 구조를 세우는 것이다. 그 목표를 위해 치료장면에서 자기대상이 되어주는 치료자와의 관계를 통해 자기는 발달의 두 번째 기회를 제공받는다. 우리는 누구나 치료자로서 또는 성숙한 자기대상으로서 누군가의 자기를 다시 발달하게 할 수 있는 기회를 얻는다. 공감어린 자기대상의 지속적인 함께함은, 파편화되는 자기가 응집된 자기의 구조로 다시 세워지는 길이 될 수 있기 때문이다. 자기대상 전이를 세분화해서 좀 더 설명하고자 한다.

거울전이(mirroring transference)

거울전이는 원초적인 자기애적 구성물의 과대자기적 측면이 활성화된 것이다. 과대자기의 발달은 아마도 엄마가 반짝거리는 아기의 눈빛을 처음 마주 대하면서 시작될 것이다. 이때 아기는 눈빛을 통해 엄마가 자신의 과대성을 알아주기를 바랄 것이고, 엄마는 사랑스러울 수밖에 없는 아기의 눈빛에 마음껏 반영해 주게 될 것이다. 이러한 서로를 바라보는 무수한 반복은 엄마와 아기의 어떠한 상호적인 관계의 패턴을 만들고, 그것은 아기가 건강한 자존감을 가지게 되는 과정이 된다.

그러나 여기서 만일 엄마가 유아에게 엄마의 몸을 마음껏 사용하지 못하게 하고, 눈 맞춤에만 리비도가 과도하게 집중되면, 유아는 엄마를 보는 것과, 엄마에 의해 보여지는 것을 통해 과시적인 자기애적 만족을 얻으려고 시도하게 된다. 또한 특별히 촉각 등의 신체적 접촉을 통해 친밀감을 회복하려는 원초적인 동기를 갖게 된다.

이러한 경우 거울전이에서의 내담자의 욕구는 주로 눈빛으로 교환되는 시각에 의해 자극되기 쉽다. 유아가 엄마에 의해 보여지는 것을 통해 과시적인 자기애적 만족을 얻으려는 시도가 좌절되면, 엄마에게 보여지고 수용되기를 원하는 유아의 충동이 전이에서는 종종 퇴행적으로 성애화(性愛化)되어 나타나기도 하는 것이다. 이러한 거울전이가 성애화되어 나타나는 측면에서 내담자와 치료자는 당황하기 쉽다. 치료자를 통해 담기고 싶은 성애화된 자기애적 욕구는 내담자 스스로도 매우 당황스럽다. 발달에 실패한 자기애적 구성물이 활성화되어 나타나는 원초적인 자기대상의 출현인 데다가, 그 욕구의 강도가 너무 강렬하여 놀라고 불편하기도 하다. 그래서 임상의 장면에서 도망치기 쉽다. 도망쳐서 원초적 자기대상을 찾아 연애나 결혼을 하기도 하는 등의 행동화(acting out)가 나타나기도 한다. 이때 내담자의 억압된 원초적 자기대상의 소망이 활성화되는 상황과 치료자의 자기애적 구조의 결함이 맞물리게 되면 치료 상황이 매우 어려워지고 치료가 중단되기 쉽다.

또 발달 초기, 자가 성애적인 단계 정도에서의 과대적 자기의 고착은 주로 만성적인 자위행위를 하는 등의 해체될 것 같은 공포를 막는 '자기 확인 행위'가 수시로 나타나는 것을 볼 수 있다. 좀 더 깊은 자기의 결함의 내용을 예상할 수 있는 성 도착과 같은 일탈 행위들 또한 자주 볼 수 있다. 전이에서 이것들은 중단되거나 보류되기도 하는데 이는 거울전이에서 파편화된 자기가 치료자에게 보유됨으로 자기애적으로 성애화된 소망이 일시적으로 보상되고 만족되기 때문이다. 이렇듯이 자기의 발달 단계에서 과대적 측면이 활성화된 거울전이는 주로 원초적인 형태의 자기애적 대상 전이로 나타난다.

또한 엄마의 비공감적인 반응에 대한 어린 시절의 기억은 내담자에게 깊은 외상의 흔적으로 작용해 전이에서 되살아나기도 한다. 언어 이전 단계에서의 엄마의 반영 실패에 따른 외상 기억이 치료자와의 관계로 전치되어 꿈에서 표현되기도 한다. 이러한 내용들을 전이의 상황에서 잘 들여다 보면 거울전이의 양상을 파악할 수 있게 된다. 다음은 외상으로 작용한 경험의 에피소드가 거울전이 안에서 밝혀진 예이다.

아이가 엄마에게 무엇인가에 대해서 자랑을 하고 있는데, 엄마가 느닷없이 말하는 아이를 구박하며 화를 냈다. 아이는 이유도 모른 채 엄마의 자기애적인 격노에 노출된 것이다. 내담자는 그 아동기 경험을 자신의 욕구가 거부되는 것으로 경험했을 뿐만 아니라, 자신의 전체 자기가 엄마로부터 부정되는 경험으로 자리했다는 것을 전이 안에서 깨달았다. 엄마에게 과시적인 자기를 반영 받고 싶은 바로 그 중요한 순간에, 엄마의 거절과 격노가 일어났다는 것이 외상이 생긴 주요 이유이다. 과시적인 자기를 반영 받고 싶은 바로 그 순간에 일어난 좌절이 결정적으로 부정적 영향이 되었던 것이다. 아이는 그 사건을 따로 떼어 이해하기보다는 엄마가 자기를 부정하고 거절했다는 생각으로 엄마 전체를 오해하게된다. 엄마와의 이런 반복적인 상호작용은 아이의 자기 발달에 심각한 결함을 초래한다. 엄마가 일시적으로 아이에게 반영해주는 데에서 오는실패보다는 만성적인 엄마의 자기애적인 결함이 결부될 때 아이 자기의발달에 더 큰 문제를 일으킨다.

치료자가 거울 전이로 인한 불편감과 저항감을 극복하고 공감적이고지지적인 자기대상으로 있어 준다면 거울전이를 통해 언어 시기 이후에부모와 아이 사이의 상호작용의 내용뿐만 아니라 언어 이전의 발달 시기에 일어난 것까지도 알아갈 수 있다.

이상화 전이(idealizing transference)

이상화 전이는 치료장면에서 자기애적인 구성물의 이상화 부모원상의극이 활성화되는 것이다. 전이 안에서 내담자는 치료자의 힘을 나눠 받으며 자기애적인 균형을 찾게 되는데, 그렇기 때문에 내담자는 매우 의존적이고 치료자와의 융합을 바라게 된다. 이상적인 치료자의 힘을 나눠 가지면서 보호와 안정을 얻게 되기 때문이다.

이상화 전이가 나타날 때, 대개 내담자는 아버지를 이상화하지 못한데서 오는 결함들로 추정되는 에피소드와, 만성적으로 보호와 안전감의느낌을 얻기 위해 일평생 이상적인 보호자를 찾았던 이벤트들을 가지고있다. 환상 속에서 보호자가 늘 따라 다닌다고 생각하기도 하고, 마치보호자가 옆에 있는 것처럼 대화하듯이 혼자 독백하기도 하며,[11] 언젠가 나를 알아주고 인정해 줄 전능한 보호자가 나타날 것이라는 백일몽을 가지고 있기도 하다. 주로 이상화된 부모 원상의 고착으로 인한 결함을 메우려는 시도로 이상화 대상을 찾아 일평생 주변을 살피며 살아온 내용들이다.

그렇지만 보다 원초적인 유형의 이상화 전이는 대개 엄마와의 관계와 연결되어 있고, 치료자를 신과 같은 이상적 이미지들과 연결시키는 경우가 많다. 치료자와의 성애적인 융합이나 신비로운 합(合)이 일어날 것을 기대하거나 상상하기도 한다. 치료자를 하나님, 성모마리아, 천사 등 신적이거나 환상적인 존재와 쉽게 동일시 하게 되는데, 이는 이상화 부모원상의 자기애적 결함을 메우려는 절박한 시도이다.

결국 이상화 전이의 치료는 내담자의 이상화 자기대상이 포기되는 것이다. 내담자의 이상화 자기대상이 포기되면서 거기에 투자했던 내담자의 자기애적 에너지는 다른 성격으로 내재화되면서 통합된다. 그 결과로 내담자는 점진적으로 현실을 인내하고 견딜 수 있는 능력이 커지고 자아의 통제하에 자기애적 본능 에너지를 유용하게 사용할 수 있게 된다. 이는 내담자의 이상화된 부모원상에 고착되어 그곳에 사용하던 에너지인 리비도가 내담자 자아의 통제를 받게 된 결과이다. 주로 공허함을 호소하며 여러 가지 중독의 상태에 있던 자기애적 무능이 점진적으로 개선되는 것이 이상화 전이가 해결되어 가는 치료적인 결과들이라고 볼 수 있다.

대체-자아 전이(alter-ego transference)

쌍둥이 전이(twinship transference)라고도 하는 대체-자아(alter-ego)전이는 거울전이에서 다소 덜 원초적으로 활성화된 형태의 전이로서, 재능과 기술을 발현할 잠재력을 가진 영역, 주로 어린 시절 후반의 경험들이 재생된 것이다. 자기애적 인격장애 치료에서 자주 접하게 되는 내담자의 꿈을 보면, 치료자를 대체 자아나 쌍둥이 관계로 출연시키는 것을 볼 수 있다. 꿈에서뿐만 아니라 치료자를 대체-자아로 여기며 안정감을 얻는 모습을 치료장면 안에서도 수시로 보여준다. 대체-자아 전이는 엄마가 요리하는 모습 그대로를 따라 하고, 아버지를 뒤따라 세발 자전거를 타고 가는 아이의 모습처럼 부모의 행위를 그대로 따라 하는 어린 아동의 모습처럼 잔잔하게 나타난다. 이것은 누군가가 내 곁에서 아무런 말 없이 고요히 함께해 줄 때의 편안한 상태를 소망하는 것 같은 모습처럼 보인다. 부모의 행동을 따라하는 아이들의 모습이 느끼게 하는 평온한 모습처럼 대체-자아 전이는 시간과 공간안에 치료자와 함께 존재하는 느낌 자체로 편안해하는 특징이 있다. 이때 내담자는 자기애적인 균형을 갖고 현실의 상황을 견디어 나가는 데에 힘을 얻는다. 우리는 그 누구 하나 홀로 존재할 수 없는 피조물이기 때문인 것 같다. 내가 나를 지키고 독립을 성취하는 목적도 누군가가 나를 대체-자아로 사용할 수 있도록 기꺼이 나를 내어주기 위함일 것이다. Kohut이 말하는 원초적인 자기대상과 성숙한 자기대상의 필요 모두를 위해 우리는 서로에게 대체-자아가 되어주는 것이 필요하다. 그렇게 될 때 각자의 기술과 재능의 잠재력은 태동 되고 꽃피울 수 있을 것이다. 전이에서뿐만 아니라 일상의 모든 영역과 만남에서 우리가 그렇게 할 필요가 있다.

자기애적인(narcissistic) 결함(defect)들로 인한 증상

해체불안(disorganization anxiety)

해체불안은 자기가 원초적인 자기대상이 없을 때, 자기가 찢기는 듯하고, 사라져 버릴 것 만 같은 공포를 수반한 붕괴불안이다. Kohut은 이 해체불안을 인간이 경험하는 불안 중 가장 심층적인 것으로서, 죽음에 대한 공포에 견줄만한 깊은 두려움을 경험하는 불안이라고 말한다. 자기대상 상실이 자기에게는 본질적으로 죽음과 같은 불안을 주는 것이기 때문이다. 인간에게는 증오조차도 삶을 견디는 힘이 될 수 있다. 그러나 관계가 끊어진 자기대상이 없는 고립되고 차가운 무관심의 세계는 존재가 사라지는 느낌이 들며 자기가 해체되듯 공포스러워지는 것이다.

Freud는 자아의 방어를 뚫을 정도로 압도적인 리비도 불안에 대해서 멸절되는 공포라고 언급했다. Anna Freud 역시 '본능 세력에 대한 공포'에 대해서 그녀의 아버지와 같은 의미의 불안에 대해 언급했다. Kohut은 이것들이 고전적 정신분석의 틀 안에서 해체불안을 다루려는 시도들이라고 말한다. 그러나 그는 해체불안은 자기심리학의 틀을 사용하지 않고는 제대로 개념화될 수 없다고 본다.[12] 본능세력으로 인한 멸절되는 공포보다 더 심각한 위협적 불안이라고 생각한 것이다. 그것은 자기 자신의 온전성을 유지하고 싶은 거의 대부분의 개인들에게 있는 자기 보존의 '핵심자기'가 위협받는 불안이기 때문이다.

자기의 구조가 응집되어가는 일은 이렇듯이 너무나도 중요하다. 해체의 불안으로 고통받고, 그 해체불안을 방어하기 위해, 자기의 결함을 메우려는 수 많은 선택들 후에 만나게 되는 공허로, 차라리 텅 비어버리는 정신은, 그 황폐함으로부터의 해방을 필요로 한다. Kohut은 정신분석이 말하는 불안의 차원을 다시 새롭게 한 차원 높여 해체불안을 개념화함으로써 인간의 비극적인 자기결함으로부터의 치유의 길을 모색했다.

자기애성 격노(narcissistic rage)

Freud가 본 인간에게는 타고난 공격 욕동이 있고 이 욕동은 사회화를 통하면서 방어된다. 반면에 Kohut이 생각하는 공격성은 자기애성 격노에서 나왔을 때 가장 위험한 형태를 띠는데, 이는 자기대상에 대한 매우 극심한 실망에서 오는 결과라고 보기 때문이다. 자기애적 취약성을 지닌 사람은 자기애성 상처들이 예상될 때 고립을 자처하거나 급발진하듯이 자기애성 격노를 보인다. 복수심에 불탄 것처럼 자아 기능의 모든 측면이 자기애성 분노로 모아지는 느낌의 대격노이다. 실제로는 자기애성 격노가 자아를 볼모 삼고 있는 상황이라고 할 수 있다. 자기애적인 취약함이 드러날 때 불같이 격노하게 되는 이유는 대게 그 취약함이 드러난 것으로 인한 수치심 때문이다. 수치심의 밑바닥에는 자기애적인 취약함으로 인한 무능이 도사리고 있는데, 이 무능이 들켜지는 것이 매우 두렵기 때문이다. '무능'은 이들에게 '존재' 자체를 위협하는 것으로 여겨지는 것 같다. 그래서 Kohut은 전능함에 취한 과시적이고 웅대한 자기감을 수반한 이들은 늘 이렇듯 자기애적인 결함이 드러나는 상황에서 격노한다고 설명한다. 이들의 마음속 깊은 곳에는 자기대상에 대한 극심한 실망이 있고, 격노는 자기대상 실패에 대한 반응이라고 Kohut은 보았다.

자기애성 격노는 가벼운 짜증에서 발작적인 분노에 이르기까지 매우 다양하며 모두 자기대상에 대한 기대가 무너지면서 나타난다. 굴욕감을 동반하고, 급성으로 나타나기도, 만성적으로 나타날 수도 있다. 자기애적 결함으로 인한 공허감으로 우울해지면 자해나 자살로까지 이어지기도 하는데, 역시 자기대상에 대한 절망에 뒤따르는 것이며, 핵심자기의 중대한 취약성을 보여주는 모습이다. 심한 만성적인 자기애적 격노는 도무지 순화되지 않은 채 한 개인의 평생동안 계속될 수 있으며, 가까운 가족 등의 관계의 어려움으로 이어지고, 스스로 주변인들과의 관계를 떠나 고립을 자처하는 일이 많다.

자기애적 인격장애(narcissistic personality disorder)

이들은 건강염려증, 수치심, 그리고 타인들이 자신을 어떻게 생각하는 가에 몰두하는 자의식, 잦은 격노, 과대적인 자만심 등을 지속적으로 가진 것이 특징이다. 과시적인 욕구가 강해 정신은 그런 욕구로 인한 긴장을 신체적으로 표현하게 되고, 그 결과 건강에 대해 끊임없이 염려하는 증상이 발생한다. 그리고 자존감의 결여로 인해, 수치심을 느끼는 성향을 갖게 되는데, 자신의 무능이 들켜지는 순간에는 그 수치심에 압도되기도 한다. 노출되는 것에 대한 공포는 타인이 자신을 어떻게 생각하는지를 끊임없이 의식하게 만들기도 하는데, 모두 다 자기애적 결함에서 비롯된 자기애적 인격장애의 특징이다.

열거한 증상들이 자기애적 병리의 진단을 보증하는 것은 아니다. 병리의 진단을 위한 결정적인 요소는 증상의 원천인 자기애적인 결함에 있다. 그리고 드러나는 증상들이 자기애적 결함에서 기인한 것인지를 말해 주는 열쇠는 대상관계의 질에 있다. 만약 자신의 목적만을 위해서 타자를 대한다면, 그것은 자기애적 병리라고 결론을 내려도 무방할 것이다. 이럴 경우 당사자의 관점에서 볼 때, 타인들은 어느 수준에서건 자기애적 욕구를 충족시키는 한에서만 존재하지 타자가 분리된 사람으로 인식되지 않는다. 이것이 앞서 설명한 대상 착취다. 대조적으로, 타인들을 그들 자체의 권리를 갖고 있는 온전한 사람으로 대한다면, 그가 드러내는 증상들은 자기애적 인격장애라기보다는 대부분 구조적 신경증에서 기인한 것이라고 말할 수 있다. 그래서 자기애적인 인격장애의 진단은 신중한 검토를 필요로 하며 얼마나 구조적인 신경증의 증상 아래에 위치한 자기의 결함에 의한 자아동조적인 인격 전반의 문제인가를 잘 살펴보아야 한다.[13]

자기애적 행동장애(narcissistic behavior disorder)

자기애적 행동장애는 자기 발달의 실패로 인한 자기애적 결함이 주는 외현적인 증상이다. 자기애적 인격장애에서는 자기의 약함이 건강염려증, 우울증, 그리고 무기력 같은 증상으로 나타나는 반면, 자기애적 행동장애에서는 위험한 몸부림인 성도착증, 또는 각종 중독증 같은 행동으로 나타나는 차이가 있다. 모두 연약하고 응집력이 결여된 자기의 장애들인데 그것이 행동으로 드러나는 것이다.

앞서 밝혔듯이 Kohut은 공격성을 본능의 발산이 아니라 해체의 위협을 받고 있는 자기의 반응이라고 보았다. 그래서 그는 노출증, 관음증, 피학성, 가학성 등과 같이 격노의 요소를 담고 있는 모든 성 도착 증세들을 자기대상의 실패에서 생긴 결과물에 불과하다고 보는 것이다. 그들의 도착 행동들은 자기결함을 방어하고 스스로를 위로하는 수단으로 사용된다고 이해한 것이다. 그래서 그는 이것을 '깊은 내면에 자리하고 있는 어린아이의 절망'이라고 표현했다.[14] 그만큼 자기애적 결함으로 인한 자기의 고통은 매우 크다고 보는 것이다. 구체적으로 그는 이상화부모원상의 극의 결함을 관음증적인 스펙트럼을 갖게 되는 이유로 제시했고, 과대자기의 결함을 노출증의 경향성을 갖게 되는 이유로 제시했다. 임상에서 보여지는 성 도착의 형태들은 Kohut이 치료 장면에서 경험하고 이론화한 내용들의 타당성을 대체적으로 증명한다. 또한 성 도착으로 향하는 이유가 자기애적인 결함을 메우려는 얼마나 절박한 몸부림인지 잘 규명된다. 자기심리학을 받아들이는 치료자들은 욕동에 결부된 공격성의 위험성과 자기애적인 틈새의 봉합이라는 절박한 시도를 잘 분별하여, 위험한 그들을 도와야 할 필요성을 갖는다.

치료와 그 후

Kohut은 그의 내담자인 F양을 분석하면서[15] 자신에게 남아 있는 깊고 오래된 자기애적 고착들을 볼 수 있었다고 고백했다. 그리고 자기 자신 안에 F양의 거울 전이를 받아줄 수 없는 가로막힌 장애물이 있다는 사실을 인정할 수 있었다. 아주 오랫동안 자신안에 있는 내적 망상들이 모두 통제 가능하다고 생각해 왔었지만, 내담자의 자기애적 과대성이 거울 전이의 형태로 활성화되는 과정은 그도 감당하기 어려웠던 것이다. Kohut의 경험이 그의 자기애적인 분투를 끝낼 수 있게 한 것처럼, 치료자는 전이에서 내담자가 융합되어 들어오면 본능적으로 밀어내게 되기 쉽다. 융합되는 것에 대한 자기애적인 두려움을 경험하는 것이기에 그렇다. 이 두려움 때문에 치료자는 순식간에 내담자의 융합 욕구들을 차단하기 쉬운데, 그래서 이 부분에 대한 치료자 자신의 내적 성찰이 중요해진다.

치료자는 자기분석을 통해서 과도한 불안 없이 내담자의 자기애적인 욕구의 활성화를 감당해줌으로써 내담자와 일시적으로 융합될 수 있어야 한다. 그리고 내담자의 자기애적 요구들에 대해 상담자 자신이 절제된 이해와 공감적으로 열린 마음이 있어야 한다. 신경증의 치료에서 탁

월한 공감 능력으로 치료에 임할 수 있었던 치료자도 자기애적 인격장애를 가진 내담자를 만나면 그 자기애적 고착들을 공감해 내는 데에 실패하기 일쑤다. 특별히 엄마와의 관계에서 많은 불안을 경험하며 성장한 치료자는 자기애적인 내담자의 치료장면에서 공감의 어려움을 더 쉽게 경험할 수 있다. 자기애적인 내담자의 융합의 욕구를 스스로 저항할 수 없어서 압도될 수도 있다는 두려움을 가지고 있기 때문이다. 치료자 자신이 침범하는 엄마의 원상을 가지고 있고 그것으로부터 스스로를 방어해야 하는 성격구조가 형성되어 있다면 치료장면 한복판에서 이런 불안이 올라올 수 있는 것이다. 이런 치료자는 자기애적으로 얽혀있는 내담자들과 공감적인 관계 맺기가 어렵기 때문에 내담자의 자기애적인 전이를 이해하지 못하고 방어적으로 철수하기 쉽다. 그래서 거울전이를 받아줄 수 없는, 가로막힌 장애물인 치료자 자신의 자기애에 따른 역전이를, 분석과 성찰의 과정을 통해 극복해야 하는 것이다.

Kohut에 의하면 엄마와 아빠 모두에게서 자기대상 실패를 경험한 경우에 자기는 병리적인 증상을 갖는다. 치료는 이런 내담자의 두 번 실패한 자기를 세울 기회를 한 번 더 제공하게 되는 셈이다.[16] 이 치료의 기회로 내담자는 여러가지 변화를 겪는다. 성도착 행동들이 사회적으로 허용되는 취미활동으로 바뀌어 가고, 끝없이 절망적인 공허를 느끼는 상태로 침대에서 뒹굴다, 일어나 움직이기를 시작하는 것으로 바뀌어 간다. 스스로 자기감이 견고해지는 것 같다는 보고가 가장 많고, 단단해진 자기의 응집성은 실제로 대상 사랑의 능력으로 나타나기도 한다. 대인관계 안에서의 예민성이 줄어들고 고립감에서 해방 된다. 직업적으로 업무를 수행하는 능력이 강화되며, 이전에 자동적으로 나타나던 여러 결함적인 반응들은 자아의 통제를 더 많이 받게 된다. 그리고 자기가 원초적인 자기대상의 상실에도 불구하고 파편화되거나 해체불안으로 반응하지 않게 되는 것은 커다란 치료적 결과라고 볼 수 있다. 재능과 기술들이 나타나면서 포부가 생기고 그에 따른 삶의 목적이 나타나면, 자기애적 결함의 치료는 성공한 것이다. 또한 공감 능력과 창조성이 커지고 유머감각도 발달한다. 이 모두가 자기의 응집성이 건강한 성격에 통합되어 자아가 새로운 능력을 획득했다는 증거다.

마지막으로 Kohut은 자기애성 장애의 성공적인 치료는 한 개인을 지혜를 향해 나아가게 한다고 보았다. 그리고 그는 그것을 '은총'이라고 표현했다. 춥고 얼어붙은 땅속에서도 아스팔트 틈새를 비집고 나와 움트는 한 가닥 새싹의 신비한 생명력처럼 인간에게는 타고난 '잠재력'이 있다. Kohut에게 있어서 이 잠재력이 '자기'이며, 이 자기는 지혜를 향해 나아가는데, 그것은 은총이라고 보는 것이다.

우리는 스스로 다 잘 해낸다고 생각하지만 조금만 돌아보면 혼자 할 수 있는 것은 단 하나도 없다는 것을 발견한다. 그렇게 자기대상들의 지지와 공감 속에서 응집된 자기는, 다시 또 누군가의 건강한 자기대상이 되고, 우리는 그렇게 궁극적이고 영속적인 지혜를 향해 발달한다. 지혜를 향해 나아가는 은혜를 입은 우리 모두는, 어쩌면 자기와 자기대상을 구분할 수 없는 하나일 것이다.[17]

6장 자기심리학과 기독교 영성

이 만 홍

내가 아버지께 구하겠으니 그가 또 다른 보혜사를 너희에게 주사 영원토록 너희와 함께 있게 하리니 그는 진리의 영이라....그는 너희와 함께 거하심이요 또 너희 속에 계시겠음이라. (요 14:16-17)

자기심리학의 중심주제는 공감(empathy), 자기애(narcissism), 자기(self)와 자기대상(selfobject)라고 할 수 있으며, 이 장에서는 이 주제들을 중심으로, 이들과 기독교 영성의 관련성을 독자들과 함께 찾아가 보려고 한다.

Kohut는 기존의 정신내적 갈등설로부터 자기와 자기애의 발달과 변천으로 정신분석의 관심을 돌렸다고 볼 수 있는데, 이는 Kohut가 임상에서 만난 환자들의 성격이 그 시대의 영향을 강하게 받은 환자들이기 때문이다.[1] 즉 Freud의 환자들은 기본적으로 시대적으로 보아서, 문화로부터 크게 영향을 받은 갈등, 즉 내적인 욕동(drive)을 효과적으로 억압하지 못하여 죄책감으로 괴로워 하는 인간(guilty man)인 반면, Kohut의 환자들은 현대의 외로움, 자기중심의 고독으로부터 생기는 좌절, 자기충족의 욕구 및 자기능력과 의미의 실현을 이루지 못한 비극적인 인간(tragic man)들이라고 표현된다. 현대는 자기를 실현하고 능력을 충분히 발휘하는데 여러 제약과 장해로 차 있는 세상이다. 따라서 Freud의 치유와 성숙의 목표는 온갖 내적인 욕망을 잘 컨트롤할 수 있는 자아를 확립하는 것인 반면, Kohut의 비극적 인간은 자기의 충분한

통합경험을 이룸으로써 자기를 실현하는 것으로 볼 수 있다.²⁾

자기애적인 경향이 짙은 현대 환자들을 대상으로 냉철하고 중립적이고 과학적인 자세로 대하는 것이 치료자의 일차적인 기본적 태도라는 고전 정신분석의 주장은 하나의 허구로서 객관적 사실에 집착하는 나머지 생겨난 근대적인 신화에 불과하다는 것이 점점 분명해졌다. 자기심리학은 오히려 치료자로서 환자를 향하여 깊이 있는 공감적 자세로 개입함으로써 환자의 내면의 경험들, 증상들, 전이-역전이 발달의 의미들을 깊이 이해하는 것이 환자를 자기애의 늪에서부터 구해낼 수 있다는 것을 일깨워 주었다. 그렇게 해서 임상에서 공감적 모드의 질문을 사용하는 것은 20세기 중반에 와서야 정신분석의 영역에서 하나의 혁신적인 방법이 되었다.³⁾ 지속적인 공감적 태도에 의한 효과적인 치료결과를 뒷받침하는 중요한 데이터들이 유아연구, 치료효과 데이터, 신경과학, 그리고 점점 더 확장되는 이론적인 발전으로부터 계속해서 얻어지고 있다.

자기(self) 및 자기대상(selfobject)과 기독교 영성

Kohut은 인격의 중심이 자기라는 점을 강조하였는데, 즉 성숙한 사람이란 한 마디로 분열된 자기가 아니라 응집된(cohesive) 자기를 가진 사람이라고 하였다. 이 자기는 우리 인격의 중심을 차지하는 구조로서 태어날 때부터 관계적인 맥락 안에서 나타나고 발달하는 구조이며, 심리적 경험을 구조화하는 기능이 핵심으로서 개인마다 다양한 정도의 안정성과 중요도를 가진다고 하였다. 자기의 목표는 경험을 촉발하고 조직하며 통합하는 것이며, 이를 통하여 자기의 응집력과 지속성의 감각을 확립하고 유지하는 것이다.⁴⁾

Ornstein은[5] 요약하기를, "인간의 기본적인 동기는 응집적 자기의 확립과 유지이다. 일단 응집이 이루어지면, 개인의 야망과 이상을 유지하고 타인과의 연결을 유지하는 것이 평생에 걸쳐서 이루어지게 되어 있다."고 하였다. 바로 이러한 평생에 걸친 수준있는 관계성의 지속이 인간 성숙에 중요하다는 강조는 역시 영적 성숙의 길에서도 유효하며, 이것이 바로 기독교 공동체에서 하나님과, 타인들과 그리고 모든 피조물들과 화목한 관계를 강조하는 기독교 영성의 주장과 궤를 같이 하는 점이다.

자기심리학이나 애착이론 등 관계적인 정신분석의 접근들은 대체로 인간이 태어날 때는 자기라는 구조물에 관하여 애매한 입장을 취한다. 참자기(true self), 핵심자기(core self) 등의 출현은 매우 애매한 상태로 표현되는데, Kohut은[5] '타고난 잠재력'이며, 마치 '가상적'으로 '있다'고 여기는 것이며, 엄마와의 관계 기반(matrix of infant-mother relation) 안에서 경험적으로 만들어지는 것이라고 하였다. 주요 보호자와의 관계 속에서 자기감을 형성하면서, 타인과의 지속된 관계 속에서 점차로 자신의 존재감과 자기라는 구조가 완성되어 간다는 주장이다. 성인의 자기라는 구성물 또한 상호관계 또는 애착관계 가운데서 형성되는 현재까지의 여러 기억, 감정, 표상들, 신체감각과 이미지들과 같은 여러 부분들이 엉성하게 통합되어 있는 일종의 개념일 뿐이지 실재는 아니며, 하나의 의식이며, 단지 관계의 결과물일 뿐, 뇌에 새겨진 기억, 감각, 반응, 내가 느끼는 감각에 대한 나의 (응집된) 의식으로 쉽게 환원될 수 있는 개념일 수 있다.

그러나 이에 비하여 전통적인 기독교의 성찰은 인간은 타고날 때부터 하나님의 영적 피조물로서, 삶의 중간에 주님을 만나는 회심을 통하여 깨어나는 존재이기는 하지만, 이 영은 우리의 자기를 구성하고 있는 부분들의 확실한 중심되는, 영적인 실재를 말한다. 태초에 하나님이 인간을 만드실 때 흙을 빚으시고 거기에 당신의 숨을 불어 넣으셨다고 성경은 말하고 있다.[7] 하나님의 숨은 곧 하나님의 영이므로 곧 하나님의 영이 우리 몸 안으로 들어와 흙과 합하여 자기라는 살아있는 존재를 이루었다고 하는 것이다. 그래서 우리는 흙과 합쳐진 숨, 곧 영적인 인간 존재인 셈이며, 그 영은 삶의 과정 어느 순간에 그리스도로 말미암아 살아나며, 내 안에 계신 성령님과 연합하여 성숙의 과정을 거친다는 것으로 이해된다. 요한복음은 14장에서부터 17장까지에 걸쳐 반복해서 하나님이 어떻게 우리 안에 자기대상으로서, 상호공감적 연결(mutual empathic connection)을 이루면서 존재하시는가가 아주 상세하게 묘사되어 있음을 볼 수 있다.[8] 여기서 저자는 자기, 자기대상 등의 개념은 추상적인 개념도 아니고, 그렇다고 물리적 실재도 아닌, 제3의 실재라고 이해하고자 한다. 즉 하나님의 호흡, 영이라는 초월적 실재와 우리의 현실세계에서 존재하는 흙이라는 물리적 실재가 결합하여, 새로운 형태의 제3의 존재형태를 이루는데, 일종의 일반체계 이론(general systems theory)에서 말하는 'apparent'의 개념과 유사하다고나 할까. 영과 육(흙)은 결합하여, 영혼이라는 제3의 실재가 되며, 이것이 바로 Kohut의 자기, 자기대상의 개념과 유사하지 않을까? 어쨌든 자기대상이라는 개념은 신비로운 실재이며, 성령과 나의 영의 관계에서 생겨나는 구조라고 이해할 수 있지 않을까 추측해 본다. 그러나 자기란 비록 관계에 의하여 출발하여 더 잘 이해되고 성숙되고 완성된다는 개념이긴 하지만, 불변의, 영속적인 어떤 실재, "영", 하나님의 호흡과 흙(비록 현재의 인식으로는 이해하기 어려운 신비?)으로 빚어진 실체로서의 '자기'라는 개념은 Kohut의 가상적 개념인 자기와는 분명한 개념 상의 차이가 있으며, 이러한 시각의 차이는 차후에 정신화와 명상을 중요시하는 현대

146

정신분석적 심리치료의 흐름에서 분명한 입장의 차이를 보이게 되는 근거가 되므로 새겨둘 필요가 있다고 본다.

Kohut의 가장 독특하고도 이해하기 쉽지 않은 개념이 바로 자기대상이란 개념인데, 언어적으로는 자기이면서 동시에 대상인 어떤 관계적 맥락의 구조물 또는 기능으로 이해할 수 있다. 자기라는 심리적 공간 안에 대상(사람)이 있어서, 자기의 통합감과 응집감(sense of integration and cohesion)을 유지하는 것을 도와준다고 할 수 있는데, 쉽게 말하자면 내 안에 남과 같은 존재(대상)가 있어서 나와 관계를 맺으며, 나를 달래주기도 하고 격려하기도 하면서 나를 성장시켜가는 어떤 구조물이 있다는 말이다. 개인의 자기는 이런 자기대상(selfobject) 경험을 나르시시즘적으로 사용하여 자기의 필요(self-needs)를 충족하고 심리적 삶을 유지시킨다. 따라서 자기대상은 대인관계적인 성격이나 외적인 요소로 간주되지 않으며, 하나의 자기경험, 필요한 자기기능을 수행하는 것으로 이해되어진다.[9]

태어나서 아이는 적절히 수용적이고 존중해 주는 부모와의 연결을 통하여 그들의 과대적, 과시성을 경험해 가면서, 느낌들, 지각, 기대, 기억, 기구들을 자체 서술하고 조직화하는 것이 비로소 모습을 보이게 된다. 전 생애를 통하여 관계적인 맥락 안에서 의미와 확신을 갖게 만드는 자기경험의 조직자는 정서이다. 그런데 인간은 어린 아이 시절 뿐만 아니라 평생에 걸쳐 다양한 정서적 느낌들을 분류하고 통합하고 포용하여 자기의 성숙한 응집감(cohesive sense of self)에 이르도록 돕는 자기대상 경험을 제공할 반응적인 타자를 필요로 한다는 것이 Kohut의 중요한 통찰이다.[10]

아기가 태어날 때는 일차적인 나르시시즘 상태, 그러니까 아직 자기라는 구조가 형성이 전혀 안된 리비도 충동의 덩어리이었는데, 점차로 엄마와의 교류를 통하여, 공감과 좌절을 겪으면서, 특히 (멸절)불안으로부터 자신을 유지하기 위하여 아주 원초적이고 과도적인 구성물, 즉 자기대상이라는 구조물을 만들어 낸다. 이 구조물은 자기도, 대상도 아닌 신비롭다고 할 수 밖에 없는 존재인데, 코헛은 이를 원초적 자기애적 구조물(archaic narcissistic structure)이라고도 설명하였으며, 이 자기대상은 엄마와의 관계에서 두 형태로 표현되는데, 첫째는 과대적 자기(grandious self)요, 그 다음은 이상화 부모원상(idealized parent imago)이다. 이 구조물들은 대상(엄마)와의 공감적 관계를 거치면서 결국에는 성숙하게 되면 각각 생의 활력과 삶의 목표로 변화하여 성숙한 자아 속으로 편입된다고 보았다. 그러나 자기대상의 존재와 기능은 아기가 성장하면 없어지는 것이 아니라, 인간은 성숙한 후에도 외부의 실존대상들과의 관계를 통하여 어떤 자기대상들(혹자는 이를 성숙한 자기대상이라고 표현했지만)을 만들고 유지하며, 그 실존 대상들과의 관계 속에서 계속되는 평생의 성숙과정으로 이어지며, 이를 통하여 인격의 성숙이 지속적으로 이루어지는 반면에 성숙한 인격의 현실대상을 만나 공감적인 관계를 맺으면서 이러한 성공적인 변형을 거치지 못할 경우 자기는 불안정하고 트라우마적이거나 모순적인 정서상태 때문에 파편화될 수 있으며, 좌절과 공감 실패를 겪으면서 자기애적 병리현상으로 표출되기도 한다.[11] 따라서 Kohut에 의하면 사람은 평생 자기-자기대상 관계의 지속적인 참여가 자기의 확립과 유지에 중요하다. 최근의 유아연구, 애착이론, 인지신경과학에서의 진전은 이러한 자기응집, 생명력, 성장을 위한 인간의 기본적 동기에는 공감적 조율과 반응성에 잠긴 발달의 틀이 지속적으로 필요하다는 자기심리학의 인식을 확증해준다.[12]

이 개념은 개인의 정신세계 내면 만의 기능이 아니라, 그런 자기대상 경험을 제공할 현실에서의 실제 사람의 존재를 필요로 하므로, 일종의 관계적인 개념이다. 이러한 자기대상 연결(selfobject tie)의 기능은 일생 주기의 모든 단계에서, 특히 정서상태에 대한 조율반응의 필요성을 중심에 가지고 있다고 볼 수 있으며, 이는 당연히 치료적 관계에서도 역시 중요한 개념이 되는데, 치료자 자신은 환자가 자기(self)를 존재하게 하고 유지하는 데에 근본적으로 필요한 반응적 관계환경(responsive relational milieu)이 되고,[13] 환자는 그 안에서 다양한 수준으로 자기를 표현하며, 인정을 받으며, 지지 되어지고 , 충분한 양의 공감적 조율과 함께 확신되어진다.[14]

이상과 같은 자기심리학의 자기 및 자기대상 개념은 기독교 영성의 이해를 돕는 데에서도 중요하다. 자기대상이 자기 안의 한 부분이면서, 자기와의 관계성, 그리고 하나님과의 관계성을 지니고 있다는 것은 곧 우리 안에 내주해 계신 성령의 존재를 연상케 한다. 우리 안에 내주하셔서 우리의 영과 소통하시면서 우리의 영적 성숙을 이끌어 가시는 존재, 내 안에 거주하시지만 내가 아니고, 그렇다고 멀리 계신 초월적 성부 하나님도 아니며, 내 안에서 나의 자기와 영적 연결을 이루어, 나의 자기의 성숙을 지속적으로 도우시는 기능을 하고 계신 신비스러운 존재인 성령이야말로 자기대상의 개념으로 가장 잘 이해할 수 있다는 생각이 든다.

그렇게 자기대상에 대한 개념을 영적인 영역에서 적용해 볼 때 하나님은 인간의 자기대상으로서 인간의 탄생시부터 간여하신다. 그러나 영적 발달이 이루어지는 것은 우리가 회심하여 그리스도의 영을 우리 안에 자기대상(selfobject)으로서 영접한 후, 그 분(의 영)과의 지속적이고도 상호 참여적인 관계를 통하여 비로소 원초적 욕구(archaic needs)가 충족되어, 우리의 자기가 그리스도인으로서의 정체성을 획득하고, 생명력과 응집력을 얻어 가게 된다. 성령은 우리의 영과 끊임없는 교류를 통하여 우리의 영이 안정되게 도와주시며, 점차로 우리의 자라나는 영들은 지체로서 그리스도의 몸을 이루어 간다. 각 영들은 이 세상에서 쉐키나[15]로 존재하며, 이미, 아니 아직, 또는 장차 하나의 성령으로 모여서 공동체를 이루고 종국에는 영광스런 하나님의 나라를 이룬다고 이해할 수 있다.

공감(empathy)에 대한 기독교적 성찰

자기심리학은 과거 정신분석의 어느 유파보다도 공감에 대한 중요성을 두드러지게 강조한다. Freud 시대에는 진리란 중립적이고 객관적인 과학적 경험을 통해서만 얻어진다고 보았다. 이에 비하여 현대에는, 특히 인간에 관한 학문에서는 인간의 내면의 진실은 그런 동떨어지고 객관적인 방법에 의해서보다는 공감이라는 상호밀착적이고 경험적인 접근과 해석방법에 의해서만 인간의 내면에 도달할 수 있다는 것이 강조되었다. 여기서 공감은 주관적인 개인의 내면세계에 대한 진정한 데이터를 얻는 방법이면서, 동시에 인간 간의 벽을 헐고, 서로 이해하고, 함께 성숙해 가는 반응과 치료의 유일한 도구가 된다. 이런 의미에서 자기정신분석은 인도주의적인 색채를 띤다.

Kohut는 공감이란 "인간 간의 다리(a bridge between human beings)"라는 초기의 언급에 더하여, 나중에는 공감을 건강한 자기기능을 형성하고 유지하는데 결정적인 요소라는 성숙한 관점을 제시하였다.[16] 또한 공감은 치료자가 환자의 주관적인 경험을 이해하는 치료적인 도구이기도 하며, 동시에 공감은 해석이라는 치료법과는 별개의 그 자체 만으로도 치료적 효과를 가지는 "이해와 조율의 치료적 반응(a therapeutic response of understanding and attunement"이 된다. 즉 부모와 유아가 상호 조율(attunement)하는 것은 바로 환자-치료자 사이에서 서로 노력하는 것과 같으며, 이것이 상호 공감(mutual empathy)의 암묵적 추구(implicit striving)를 의미한다. 여기서 무엇보다도 중요한 점은 자기심리학에서의 공감의 가장 핵심적인 관점은 지적인 이해가 아닌 **경험된 정서**이며, **상호주관적인** 특성을 가진다는 점이다.[17]

여기서부터 앞으로 보다 상세히 설명하게 되는 상호주관적인 공감의 개념이 발전하게 되는데, Geist는[18] 앞서 설명한 자기대상 결속(selfobject tie), 즉 자기대상의 관계성이 가장 잘 이루어진 형태로 나타나는 것을 연결(connecteness)이라고 명명하였으며, 내가 다른 사람의 주관적인 정서세계 안으로 들어가서 잘 참여하고 나누고 있음과 동시에 다른 사람 또한 나 자신의 주관적인 세계 안으로 들어와 참여하고 있음을 동시에 경험하는 느낌을 갖는 상태를 의미한다고 표현함으로써 공감을 가장 심도있게 설명하였다.[19] 이어서 그는 보다 최근에 공감된 연결(empathied connection)이라는 상호적이며, 양방향적인 자기심리학의 관점을 더욱 발전적으로 설명하기를 "우리가 경험한 것의 이해를 환자에게 전달하는데, 우리 자신의 주관주의의 맥락에서 이해한 우리의 이해를 환자가 수정하고, 명료화하고, 바로잡게끔 환자를 초대하는 식으로 전달한다."고 하였다.[20] 분석가 Aron 역시 "공감, 또는 분석적 사랑은 반드시 상호적으로 주어져야 되며, 상호적으로 받아들여져야 한다고 말하였다.[21]

이상과 같은 공감에 대한 자기심리학적 설명, 특히 공감의 주 영역이

지성이나 논리가 아닌 경험된 정서, 즉 우리의 삶에서의 감정적 느낌을 주고 받는 관계성을 강조하는 점은 영적 지도와 목회의 현장에서도 시사하는 바가 큰데, 즉 서론에서 언급한 바와 같이 20세기 들어 신학의 영역에서도 경험적, 관계적인 신학들, 마틴 부버나 몰트만 등의 신학이 각광을 받게 된 것과 궤를 같이 한다. 그러나 아직도 주류 교계의 실천적인 목회현장에서는 조직신학, 삼위일체 하나님의 특성, 은혜 등에 대한 가르침과 교인들에 대한 일방적인 선포 등 19세기 식의 접근방식이 주를 이루고 있으며, 특히 목회적 돌봄의 현장, 즉 목회상담과 영성지도에서는 아직도 이런 상호주관주의적인 관계중심의 접근이 많이 부족한 편이라고 할 수 있고, 상대방의 종교적 경험, 기도체험에 대한 공감적내지는 상호주관적인 접근이나 이해가 없이 일방적인 설명, 설득, 제시가 주류를 이루고 있는 실정에 우리는 주의를 기울일 필요가 있다.

자기심리학이 Aron의 표현대로 공감을 분석적 사랑(analytic love)라고 부르는 것은 인간 개개인은 서로 단절되어 있는 운명임을 전제로 하며, 공감만이 인간과 인간을 잇는 다리가 된다는 주장을 하고 있는데, 이는 그 단절을 뛰어넘을 수 있는 것은 논리적인 이해나 설득이 아니라 감성적 경험, 또는 경험된 감정을 함께 서로 나누는 것으로 연결된다는 뜻이다. 이 개념은 기독교 영성의 이해에 쉽게 적용될 수 있을 것이다. 영성의 길에서 하나님과의 관계의 성숙이나 보다 깊이 있는 하나님 이해는 논리적인 유추로 되는 것이 아니라, 경험된 감정으로서, 서로 주고 받는 공감적 연결로써 하나님과 함께 서로를 연결하는 것을 의미할 것이다. 그리고 그런 공감을 잇는 다리는 바로 예수 그리스도가 이 땅에 오셨고, 우리의 죄를 짊어지시고 돌아가셨다는 사실과 함께, 그 분이 이 세상에서 어떻게 사람들을 깊이 이해하려고 하셨고, 어떤 사랑으로 인간을 대하셨느냐 하는 정서적 공감의 태도 또한 강조되어야 한다는 주장이 설득력을 얻는다. 하나님 나라는 하나님이 왕으로, 인간이 백성으로 자리매김하는 것을 넘어서 하나님과 인간이 사랑으로 상호 공감하는 관계를 이루는 세계라는 의미로 확대 해석될 수 있음을 설명해 준다. 하나님이 나의 마음을, 내가 하나님의 심정을 서로 공감하고 반응하고 조율하며 관계적으로 연결이 되는 것, 이것이 오늘날의 목회적 돌봄의 현장과 영성지도에서 필요한 개념이며, 자기심리학적인 성찰에서 도움을 받을 수 있는 점일 것이다. 오늘날 목회현장에서 일방적인 말씀의 선포가 공허하게 들리고, 신자들에게서 변화가 일어나지 않으며, 교회가 갈수록 공동화하는 원인이 바로 이런 공감없는 비관계적인 이유 때문이라고 볼 수도 있다. 새로운 시대의 신학은 신과 인간이 일방적이 아닌, 상호 파트너가 됨을 이해하고 경험하며, 천지창조의 주동자와 수혜자가 아닌, 친구로서, 동역자로서 이해가 되며, 하나님이 인간을 만드시고 구원과 성화를 이끄시는 구조와 목적이 지배와 통제에 있지 않고 상호적인 공감과 사랑의 완성에 있음을 보다 강조해야 할 필요가 있다고 본다.

한편 Kohut는 자기발달을 위한 엄마의 거울반응 또는 조율(mirroring or attunement)은 항상 완벽하게 이루어지지는 않는다고 본다. 그 결과 부모와 아이 사이에서 일어나는 불가피한 조율의 실패와 이로 인한 자기대상의 균열을 설명하기 위하여 적절한 좌절(optimal frustration)을 제시했던 것이다.[22] 만약에 자기대상의 균열이 트라우마가 되지 않고 적절한 좌절로 그치게 되면, 이는 공감적 간극을 메우기 위한 적절한 공명과 노력에 의하여 보완되어, 아이는 점차 자기대상 기능의 내재화(internalization)를 통하여 자기감을 확립해 가게 된다. Kohut는 이를 특별한 용어, 즉 변형적 내재화(transmuting internalization)라고 불렀다.[23]

이상의 자기심리학의 핵심적인 개념들은 우리와 하나님과의 관계에서 어떻게 우리의 영이 성숙하게 되는가에 대한 메카니즘을 이해하는데 도움을 준다. 예를 들면 방금 언급한 적절한 좌절의 개념이 시사하는 바는, 결국 사람은 성장하기 위하여는 공감과 공감적 실패 이 둘을 다 필요로 한다는 말이 되며, 말하자면 영적인 성숙을 위하여는, 하나님의 위로하심과 침묵 하심, 모두가 필요하다는 뜻이 되는데, 그 좋은 예가 이냐시오의 분별에서 우리가 겪는 위로(consolation)와 고독(desolation)의 경험은 이 양 자가 모두 균형있게 필요한데, 위로는 하나님 안에서의 자기확신과 자신감을, 즉 믿음을 강화시키고, 고독은 내적 성찰을 통한 자기인식을 증진시킴으로써 회개를 통한 깨달음을 얻게 한다고 말할 수 있다.

특히 이러한 관점은 상호 이해와 나눔를 최우선 바탕으로 하는 영성지도와 목회적 돌봄(목회상담)의 영역에서는 더 더욱 중요하다. 개인의 종교적 신념이나 관점, 영성, 하나님에 대한 이해 등은 개인 심리의 가장 깊은 심층부의 구성으로부터 나오는 것들인 만큼 상대방의 개인적인 경험에 대한 상호주관적인 공감이 없이는 접근할 수가 없으며, 따라서 영적 변형의 증인이 될 수 없을 뿐 아니라, 오히려 내담자(수련자)와 하나님과의 관계에 장애물이 될 수도 있다. 변형적 내재화의 과정은 하나님이 누구냐, 은혜, 구원. 성숙이 무엇이냐를 정의 하고, 상대방에게 소개, 설명, 인식시키는 것만으로는 어려우며, 하나님이 누구인지 아는 것을 넘어서서 영성지도자와 수련자, 그리고 하나님이 심정, 마음, 사랑, 절망, 고통, 슬픔을 함께 상호적으로 느끼고 이해하고 반응을 경험하는 것, 서로 삼자 간의 연결되는 경험이 중요하다는 점을 이해하게 된다. 현대의 영성지도는 이 역할을 담당하고 구현해나가려고 하는 새로운 시점에 있다. 그리고 이러한 상호주의적인 관계의 중심에 있는 행위가 기

도이다. 부르짖는 기도건, 침묵으로 하는 기도건, 기도가 문제가 될 때
는 그 기도가 비공감적인, 비관계적일 때에 문제가 되는 것이지, 형식이
나 방법이 중요한 것은 아닐 수 있다. 기도가 공감적이어야 한다는 것은
정서적이어야 하며, 개인적이고 관계적이어야 하며, 그리고, 상호적이
어야 함이 보다 강조된다. 즉 나의 기도를 들으시고 공감하시는 하나님
을 느끼고 이런 경험을 소중히 여길 뿐 아니라 동시에 하나님의 세상을
향한 사랑을 공감해야 하는 경험이 우리의 영성의 길에 무엇보다 중요
하다는 뜻이며, 따라서 논리나 설득에 앞서 이런 경험들이 기억되고, 표
현되고, 분별되며, 나누어져야 하는 공간으로서의 기도가 바로 영성지
도와 목회적 돌봄의 현장에서 이루어져야 할 것이다.

큐티나 렉시오 디비나를 하는 목적도 더 이상 단지 하나님의 속성을
이해하거나, 경건한 그리스도인의 지혜를 배우는 수준에 머무는 것이
아니라, 하나님을 경험적으로 공감하고 하나님과 상호주관주의적 조율
을 통해 연결이 되는 것을 바라는 것이며, 이것이 바로 고대 수도공동체
에서부터 오랜 기간 주장해온 하나님과의 온전한 연합을 추구하는 관상
적 영성에 대하여 현대심리학의 용어를 빌어 재해석하게 되는 것이다.

자기애적 병리와 치유/성숙의 길

성숙을 향하여 나아가는 자기(self)는 전체성(wholeness)과 완전함
(completion)을 추구한다고 자기심리학은 말한다.[24] 인간은 지속적인
자기대상 경험을 통하여 이를 이루려고 하지만, 때로는 이런 추구는 제
한된 환경과 성숙한 외부 대상의 결핍으로 인해서 실패를 맞보게 되기
도 하며, 이로 인한 실망 때문에 불안에 휩싸이게 될 수도 있다. 이 때문

에 개인은 움추러들고 방어적인 관계반응을 유지하게 되는데, 거듭된 불확실성과 거절을 경험하게 되면 그 방어적 반응은 정신병리적인 현상으로 고착된다. 특히 초기 영아기에 적절한 자기대상의 반응성에 문제가 있으면, 그의 원초적인 자기대상 구조물은 결코 포기함이 없이 지속적으로 인격의 성숙을 방해하기 때문에 이것은 그 후에 전 생애를 거쳐 절망적인 결과를 초래한다.

초기 관계적 연결에서 공감과 돌봄을 이용하여 효과적으로 자기발달과 기능을 이루는데 장애가 생긴 아이는 야망과 이상에 의해 이끌리는 에너지 넘치고 응집적인 자기 대신에 연약하고 결핍된, 그래서 파편화되기 쉬운 자기가 되며, 발달은 정체된다. 그렇게 성장한 사람은 자기를 조정하고 조직화하기 위하여 대안적인 경로를 추구하게 되며, 애착을 유지하려는 경향 때문에 거울반응(mirroring)이나 이상화(idealization), 쌍둥이 자기대상(twinship selfobject)을 충족시켜주는 다른 자기대상 경험으로 대충 때우게 되며, 그렇게 해서, 이는 자기병리(self pathology)로 나타나게 된다. 임상적으로는 자기애성 행동장애(narcissistic behavior disorder)와 중증 자기애성 성격장애(severe narcissistic character or personality disorder)이다. 전자는 중독, 범죄행위, 성적 왜곡행위, 기타 다른 행위장애들을 포함하며, 이들은 일시적 활력을 얻으려거나 텅빈 자기를 채우기 위하여, 또는 붕괴나 파편화의 느낌을 달래기 위하여 나타난다. 더욱이 심각한 후자에서는 전자의 병적 행위들을 포함하여 더욱 심각하게 대인관계의 손상, 정서적 폭풍, 지나친 의존이나 고통을 주는 거절 등의 인격적인 장애로 나타난다. 이런 장애들의 목적은 자기가 파편화되거나 용해되어 버리는 것으로부터 자기를 방어하기 위한 목적이 있다.[25]

이상과 같은 자기심리학의 정신병리에 관한 관점들은 우리의 종교생활 또는 영적 삶에서도 의미하는 바가 크다. 자기가 wholeness와 completion을 추구한다는 관점은 '내가 온전하니 너희도 온전하라'는 하나님의 말씀을 연상케 한다. 본디 하나님의 창조계획은 인간을 온전과 전체성으로 완성시켜 가시는데 있다고 볼 수 있다면, 온전함과 전체성을 추구하는 자기에 관한 자기심리학의 관점들은 그리스도인으로서의 우리의 삶의 모습들을 보다 구체적으로 그려내고 있다고 볼 수 있다. 마찬가지로 구원받은 후에 영적 성숙의 과정에서 여러 가지 병적인 신앙행태가 생기는 것을 우리 주위에서 흔히 볼 수 있는데, 이 또한 자기심리학의 이론으로 보면 하나님과의 공감적 관계형성이나 연결이 안되는 까닭으로 설명할 수 있으며, 이는 현실 종교의 비공감적이고 부적절한 자기대상 욕구경험 환경에서부터 오는 것이라고 자기심리학의 해석을 빌어 설명해 볼 수도 있다. 여러 모양의 종교중독, 이단에의 탐닉과 지나친 권위에의 의존현상들은 바로 결핍상태의 연약한 자기대상을 지지하려는 현상으로 볼 수 있다. 그러나 이들 외형적으로 뚜렷한 정신병리적인 종교행태만이 아니라 오히려 더욱 미묘하고도 습관적이면서도 더욱 광범위하게 우리들의 신앙의 생명력을 매말라가게 하는 경우들이 많은 것을 우리 자신들의 신앙행태에서 발견할 수 있다.[26]

치료와 관련된 자기심리학의 이론으로서, 새롭고 건강한 상호작용 속에서 환자와 치료자가 함께 개입되는 새로운 관계 경험은 환자의 정서적 생활을 안정적으로 회복시켜 준다고 말한다. Kohut는 초기에는 공감 자체가 일차적인 치료적 인자라고 보지는 않았으나 점차로 이런 공감적인 관계 자체도 중요한 치료인자가 됨을 인식하게 되었다. 이처럼 자기심리학에서의 치료는 명백한 또는 함축적인 지지를 통하여 환자들에게 정서조절, 자기확신, 연결성, 포부의 격려, 생의 목표의 현실화 등을 위한 자기증진적인 과정을 가져다 준다.

　특히 이러한 지속적인 **공감적 몰두**는 환자들의 자기욕구(self-needs)를 더 깊게 이해하도록 하며, 환자로 하여금 자기 안에 있는 결핍을 좀 더 안전하게 표현할 수 있도록 돕는다. 환자는 치료자의 공감적 임재를 경험해 가면서, 자신의 스토리를 서서히 풀어내고, 그 안에 있는 결핍과 고통을 수치심, 죄책감, 두려움, 분노와 함께 탐색해 나가며, 최초의 부정적이고 상처받았던 경험과 엮여 있었던 기억과 관계적 기대들은 서서히 탐색되어지며, 깊은 수치심, 분노, 두려움 등이 치료자의 공감적 임재 가운데 경험되어진다. 분석관계 안에서 환자는 세 가지 독특한 자기욕구들을 표출하게 됨에 주목하였는데,27) 이러한 자기욕구들에 대하여 치료자는 이를 좌절시키는 대신 이해와 연민으로 반응하면서, 환자는 그의 왜곡된 지각, 기대, 과정의 기억 등에 대하여 정서적 재조직화와 재배열을 하는 새로운 자기경험을 하게 한다. 치료자의 자기대상 기능은 필연적으로 정신적 공간을 증대시키거나 분화시켜서, 병적인 자기상태에서 오는 과거의 강박적이고 불안하고 문제성 있는 행동들을 바꾸어서, 보다 더 응집적이고 안정적인 자기감 속으로 의식적인 반향과 통합을 하도록 한다는 것이다. 즉 치료자가 이들 환자들에게 보다 허용적이고 공감적 치료환경을 제공하였을 때, 전이관계 속에서 이러한 자기애적 필요가 깊이 활성화되었고, 이것은 필요한 자기대상기능을 제공하는 치료자의 공감적 연결을 허용하게 되었다. 이렇게 해서 환자의 자기감이 효과적으로 수정되며, 자기감을 강화시키고 활력있게 만드는데, Kohut는 이 과정을 "변형적 내재화(trnasmuting internalization)"이라고 불렀다. 여기서 치료자와 환자는 새로운 지각과 의미를 형성하는 데 있어서 상호 협력적 공동참여자가 된다.28)

이상의 변형적 내재화의 매카니즘을 중심으로 한 치료과정은 이해하기 쉽지는 않으나, 분명 우리의 자기와 하나님의 성령이 상호 협력하여 영적인 변형을 이루어가는 과정을 실감있게 설명하는 표현이 될 수 있다.우리는 영적인 회심을 한 후 성령님의 내재하심을 인식하면서 초기 얼마동안은 매우 열정적인 영적 체험을 하게 되는데, 물론 이 때의 자기 대상되시는 성령 하나님의 공감적 연결과 지지는 이 후에 닥칠 고난과 어둔 밤을 견디어내고 영적 성숙의 길을 흔들림 없이 가게 되는 믿음이라는 밑걸음이 되는 것은 틀림없는 사실이다. 이 때 우리가 하나님을 향하여 보이는 반응에는 분명 성숙하지 못한 자기애적 전이현상을 볼 수 있는데, 그것은 거룩한 갈망과 종교적 열정으로 가득 찬 것이긴 하지만, 아직도 나 중심적이며, 어린아이와 같은 욕구들로 이루어져 있으며, 자기애적 기대로 왜곡되어 있다.

특히 자기애적 전이현상 중 중요한 두 가지, 과대자기와 이상화 부모원상은 우리가 영적 생활을 시작한 초기에 기도의 내용 가운데서 구체적으로 나타난다고 할 수 있다. 예를 들면 과대자기에 해당하는 것으로는, 기도의 내용이 자신의 원하는 대로 무엇이든 청원하면 이루어질 것이라는 욕구가 그것이다. 하나님은 자신이 원하는 것은 무엇이든 다 들어주신다는 유아기의 소망, 하나님은 언제나 나를 품어주시고 이끌어주시며 어떤 고난이나 어려움도 피해가게 하신다는 믿음이다. 그렇다. 우리가 영적으로 유아기이었을 때는 하나님은 그렇게 하셨다. 기적과 환상도 많이 보여주시고, 어려움도 놀라운 반전을 통하여 감동으로 바꾸어 주셨다. 그러나 영성의 길로 들어서서 우리가 성장해 가노라면 우리는 분명히 침묵하시는 하나님, 고난 가운데서도 우리를 내동댕이쳐 두시는 듯한 어둔 밤의 상황을 맞닥드리게 된다. 우리는 좌절하고, 원망하며, 발버둥치지만, 어디에도 하나님은 안 계신 듯한 그런 계곡을 통과하면서 우리의 믿음은 비로소 굳어지고, 그리고 이를 통하여 우리의 영은 한 걸음 더 성숙하게 된다. 점점 더 우리는 우리의 기도가 심지어는 우리 삶 자체도 우리 마음대로 이끌고 가는 것이 아니라는 것을 조금씩 배우게 되며, 드디어는 마음을 열고 부어주시는 하나님의 빛을 온 몸으로 받아드리는 것임을 깨닫게 된다.[29]

한편 신앙생활의 초기에 이상화 부모상적인 자기애적 욕구는 교회 공동체 안에서 흔히 발견되는데, 이를테면 지나치게 담임목사를 우상화하여 분수에 넘치는 헌신과 복종을 하지만, 그것은 3-4살 짜리 어린애가 부모에게 바라는 상, 하나님같이 거룩하고 완벽하기를, 자신을 인정해 주기를 바라는 욕구이므로 언젠가는 좌절하고야 말 운명을 지닌 전이적 현상이므로, 그럴 경우 심한 실망과 분노로 인하여, 공동체 안에서 분열과 반목을 일으키고 심지어는 신앙생활 자체를 포기하는 경우도 생긴다. 또는 반대로 절대적인 환상에 사로잡혀 맹목적인 카리스마의 지도자나 사이비 교주를 추종하는 공동체로 빠져 버리는 경우도 생긴다.

그러나 성령은 우리의 속에서 이러한 어린아이와 같은 자기애적 전이현상을 꾸짖지 않으시고, 인내와 위로로 자기대상적 관계를 이루어 가면서 그러한 자기애적 욕구들이 보다 성숙하도록 영적 변형을 이루어 가시는 자기대상적 기능을 도우시게 된다. 그렇게 해서 우리가 우리 안의 자기대상은 서서히 그 왜곡된 전이적 감정과 인식을 걷어내고 진정하게 홀로 대상으로 존재하시는 하나님의 참모습을 바라볼 수 있도록 이끌어 가신다고 할 수 있다.

이렇게 우리는 종종 영적으로 깊은 경험을 하고 이 경험이 전 인격과

160

영성에 걸쳐 근본적인 변화를 가져올 때 이를 영적 변형(spiritual transformation)으로 묘사해 왔으며, 이제 이것은 Kohut의 변형적 내재화의 개념으로 좀 더 깊이 있게, 구체적으로 설명할 수 있게 되었는데, 다시 요약하자면, 영적 변형의 과정이란 우리의 자기대상이 되어주시는 성령님의 내재 속에서 성령님과 우리 자신의 영적인 연결을 이루고, 공감과 지지를 지속적으로 받으면서 영적 자기감을 확립해 가는 과정이라고 정의할 수 있게 되었다.[30]

   그러나 영적 변형의 목표는 하나님과 이웃에 대한 건강하고 성숙한 관계, 곧 사랑의 관계임에는 틀림이 없다. 성령체험은 자기대상과의 경험이며, 파편화되고 연약해진 자기의 기능을 강화시켜주는 경험이 된다. 자기애적인 미숙한 자기의 발달을 증진시키고, 미숙한 자기애를 보다 성숙한 자기 성찰과 초월적인 가치관과 목표로 바꾸어, 하나님과 이웃에 대한 성숙한 관계성, 즉 사랑의 발달로 이끌어 가는 변형적 내재화를 이루는 것은 빨리 되던 늦게 되던 주님의 치료자 되심으로 이루어지는 은혜이다.

   "은혜와 사랑은 초월적인 신과의 깊은 정서적 연결의 가장 강력한 경험의 형태이므로, 우리는 치료적 관계를 이런 은혜와 사랑을 소통하는 능력의 관점에서 평가할 수 있다. 나는 자기심리학적 치료에 존재하는 깊은 공감적 이해야말로 기독교 메시지의 핵심인 사랑의 변형적 힘을 구체화하는 것이라고 믿는다. 신앙공동체나 정신분석적 관계 안에서 일어나는 깊이 있게 연결되는 관계는 Benner가 언급한 대로 심리치료의 육화된 경험을 나타내주고 있다고 본다."[31]

   이러한 '사랑', '정직', '상호성(reciprocity)', '이웃을 자신처럼 사랑하기'등과 같은 기독교적 고상한 가치들은 자기심리학적 심리치료 현장에서 동일하게 나타날 수 있다. 여기서 우리는 Geist(2008)가 말한 자기심리학적 치료에서의 관계의 우월성과 감성적인 친밀함에 대한 다음과 같은 묘사를 다시 한 번 상기할 필요가 있다. "연결됨(connectedness)이란 ...다른 사람의 주관적인 정서 세계에 함께 참여하여 나눔을 가짐과 동시에, 나 자신의 주관적인 세계에 참여하는 타인을 경험한다고 느껴진 감각 (felt sense)이다."32) 이러한 치료적 관계 안에서의 공감적 연결은 하나님의 아가페적인 임재를 반영하며, 우리가 겪는 고통은 변형된다(transmuted). 이 과정은 단순히 자기의 정서적 재조직화를 초래하는 자기대상 경험의 내재화를 의미하는 것을 넘어서, 연결된 치료적 관계에 초월하시고 내재하시는 성령의 적극적 사역을 포함한다. 고통은 더 이상 과장되거나, 달래지지 않으며, 우리는 이를 무시하거나 그 정체를 추구하지도 않는다. 그럼에도 불구하고, 그리스도인의 심리치료 현장에서는 하나님과 그리스도인과의 관계에서처럼 치료자와 환자로서 깊이 연결된 안전감 속에서 상호 공감의 경계를 탐색하며, 고통은 적나라하게 드러난다. 이 순간에 우리는 치료자로서 우리의 고통받는 구세주처럼 되며, 우리의 환자들은 가장 분명하게 성령의 임재를 체험할 수 있다. 그리스도의 임재 바로 그 연장선에서, 기독교 심리치료자들은 그들 자신의 자기(self)를 포기하고 환자의 자기를 꿰뚫는 통찰을 구체화한다. 즉 이러한 공감적 몰두 안에서 인간은 자기 자신에 대한 진실을 발견하는 것이다.

진리-그것이 너를 자유케 하리라, 그러므로, "아들이 너희를 자유롭게 하면 너희가 참으로 자유로우리라."(요8:36)

여기서 인간의 고통, 고난은 제거되는 것이 아니라, 자기대상되신 성

162

령과 나(자기)의 공감적 연결 속에서 새롭게 이해되고, 재해석되고, 수용되어, 결국 자기 안으로 통합되는 것이라 말할 수 있으며, 바로 그것이 치유이자 영적 성숙이라고 할 수 있겠다. 즉 성령의 임재와 연결성, 교통하심, 그 자체가 치유이자 성숙이라고 할 수 있겠다.

이상의 논리들은 영성지도와 목회적 돌봄의 현장에서 지도자-수련자-성령의 연결을 통하여, 진정으로 구체화가 이루어질 수 있다고 볼 때, 영성지도자는 스스로 성령의 임재 즉 내주하심과 성령 안에서의 삶, 성령과의 연합(자기심리학적으로는 연결됨connectedness)을 지속적으로 추구해 나가는 한편 수련자에게 성령의 내주(indwelling), 즉 성령의 자기대상되심, 특히 이상화 부모상과의 연결된 융합(자기심리학적으로는 merger)의 이미지를 제시하는 역할을 한다고 볼 수 있다. 그 순간, 영성지도자는 수련자의 고통의 경험을 공감적 연결을 통하여 자신도 수용하며 상처받는 치료자-주님의 모습이 된다.

결국 이런 이유로 인해 Kohut는 자기심리학을 단순한 심리치료의 기술을 넘어서는 하나의 인본주의(humanism)라고 주장하였으며, 그만큼 자기심리학에서의 치료자는 전통적인 정신분석가와는 달리 훨씬 치료자 자신의 지속적인 자기대상 기능과 자기부정직인 공감능력을 요구한다. 그러나 이것은 매우 이상적이긴 하나, 과학적인 치료의 장을 벗어나 윤리적인 혹은 나아가서 종교적인 치유자의 완성도를 요구하기 때문에 이러한 치료자의 자질이 오늘날 자본주의 사회에서 현실적으로 가능할 것인가 하는 의문을 남긴다. 특히 일반적인 심리치료자들에게서 기독교적인 인격과 영적인 성숙이 없이도 이런 마음가짐과 자세가 가능할 것인가? 그렇다면 기독교 공동체 안에서 훈련받았다고 하여 영성지도나 목회적 돌봄의 장에서는 가능할까?

7장　애착이론 Attachment Theory

유 현 주

　최근 새롭게 주목받고 있는 애착이론은 아동의 초기발달은 물론 성인 관계, 정신적 표상으로 내면세계에 관한 폭 넓은 이해와 정신병리 및 심리치료에 풍부한 시사점을 제공하면서 현대 심리학의 주요한 패러다임을 만들고 있다.[1] 애착이론은 인간 발달의 핵심적인 맥락을 "유아와 엄마의 실제관계"에 두고 있으며 이를 바탕으로 인간이 어떻게 자기를 만들고 발달과 성숙을 이루어 가는지를 이론화하였다. 또한 이러한 애착경험이 전 생애에 걸쳐 대인관계와 적응패턴의 토대가 되는 것을 실증적인 연구를 통해 검증하였다. 더 나아가 애착이론은 성인기와 정신적 표상으로 확장, 연결하여 애착관계가 자신의 경험에 대해 성찰할 수 있는 "정신화" 능력을 발달시키는 주요 맥락이며 "새로운 치료적 애착관계"가 변화로 이끄는 가장 근본적인 요인임을 강조하면서 정신분석은 물론 심리치료 전반에 지대한 공헌을 하고 있다.

　John Bowlby에 의해 시작되어 유아와 양육자의 실제관계를 중심으로 접근하는 애착이론은 욕동 추구를 중심으로 심리내적 요인에만 관심을 기울였던 당시 정신분석과 확연한 차이를 보인다.[2] 이로 인하여 상당한 기간 동안 애착이론은 정신분석학파에서 배척을 받았으며 발달심리학과 임상심리학자들의 체계적인 관찰과 경험적 연구를 통해 발전하였다. 최근 들어 유아연구, 상호주관성 이론, 신경과학의 발전과 연계되면서 애착이론은 과학적 경험주의와 정신분석의 주관적인 통찰을 통합하며 현대정신분석 내에서 심리학과 정신역동이론을 연결해 주고 풍부하게

해 주는 거의 독보적인 이론으로 다시 주목받게 되었다.[3] 이 논고에서
는 먼저 기초가 되는 애착이론의 주요 개념들을 살펴보고 심리치료에
제공하는 시사점들과 상담자의 역할을 살펴보고자 한다.

볼비의 생애와 이론적 배경

애착이론의 아버지로 불리우는 존 볼비(John Bowlby, 1907~1990)는
영국 중상위 계층의 전통을 중시하는 가정에서 태어났다. 아버지는 왕
실의 주치의로서 아들이 의학에 관심을 가지도록 영향을 끼쳤다. 어머
니는 부모의 지나친 관심이 자녀를 망칠수도 있다는 당시 문화적 풍조
를 따라 자녀와 심리적 거리를 두었다. 볼비는 유아 초기 유모와 밀접한
애착관계를 형성하며 자라났으며 네 살 때 유모와의 분리경험이 엄마를
잃는 것과 같은 슬픈 경험을 하였다고 회상하였다. 그는 7살 때 기숙학
교로 보내졌고 8살에 어머니가 사망하였다. 이러한 경험들 때문에 볼비
는 고통을 겪는 아동들에 대해 특별한 관심을 가지게 된 것 같다. 볼비
는 의학과 발달심리학을 공부하면서 특히 소아정신의학자로서 경력을
쌓았다. 그는 정신분석 훈련을 받았는데 그중에서도 개인의 발달에서
초기 대상과의 관계가 절대적이라는 대상관계이론을 수용하였으나 외
부의 실제적 경험이 더 중요한 영향을 끼친다고 생각하였다.

볼비는 적응 문제가 있는 청소년들의 수용소와 아동 지도 치료소에서
일하면서 아동과 양육자 사이의 관계형성에 영향을 미치는 애착, 분리,
상실과 같은 개념을 연구하였다. 이러한 경험을 통해 볼비는 초기 유아
가 양육자와의 관계에 손상이 있을 경우 정신병리의 핵심적 요소가 된
다는 견해를 수립하게 되었다. 그는 동물 행동 연구에 관심을 가지면서

진화론적 맥락에서 인간에게는 자신을 위험으로부터 보호하고 살아남기 위해 양육자에게 애착을 형성하는 생물학적 성향을 가지고 태어난다는 관점을 갖게 되었다. 인간은 생존과 안녕을 위하여 양육자와 가까운 거리를 유지하고 그들의 보호와 관심을 이끌어내는 방향으로 행동하는 경향을 가지고 태어난다는 것이다. 또한 그는 후반 작업에서 인공두뇌적 체계 이론과 신경 및 인지 기능 이론을 연계하면서 애착 시스템이 어떻게 작동되는지를 명확하게 설명하는데 도움을 받게 되었다. 당시 애착이론이 정신분석학계에서 따돌림을 받은 것과는 달리 볼비는 자신을 평생 정신분석가로 여겼으며 자신의 애착이론으로 정신분석을 대체하려고 한 것이 아니라 정신분석을 최신 과학 이론과 연구 결과들에 맞춰 조정하여 새로운 활력을 불어넣고자 하였다.[4] 근래에 애착이론이 정신분석에 미친 긍정적인 영향을 보면 볼비의 이러한 바램이 성취되었다고 볼 수 있겠다.

애착이론의 주요 개념

애착 행동

볼비는 인간이 생존과 안녕을 위하여 양육자에게 애착하는 자율적이고 선천적인 경향을 가지고 있다고 보며 유아의 애착행동을 다음 세가지 유형으로 설명하였다.[5] 첫 번째 애착행동은 유아가 자신을 보호해주는 대상을 찾고 살피며 "애착대상과 가까이 있기"이다. 유아가 애착대상을 찾고, 그에게 기어가는 행위는 양육자와 가까이 있음으로서 안전을 확보하기 위한 것이다. 무력하게 태어난 유아는 먹을 것을 찾고 위험으로부터 살아남기 위해 보호를 받으려면 항상 성인들과 가까이 있어야

했다. 따라서 유아는 양육자로 하여금 가까이 있도록 하는 몸짓과 신호들을 발달시켜 왔음에 틀림없다. 많은 이론이 유아에게 수동적인 역할을 부여한 것과 반대로 애착이론은 유아가 태어나면서부터 적극적으로 몸짓과 표정을 드러내면서 애착을 형성하고 유지하는데 결정적인 역할을 한다고 본다.[6] 예를 들어 어린 아기들의 대표적 애착행동 중 하나는 울음인데, 이는 고통스럽거나 놀랐을 때 아기가 울면 부모는 달려와서 아기를 돌봐주게 된다. 또 다른 대표적 애착행동은 미소인데 유아가 미소 지을 때 부모는 사랑을 느끼며 아기와 가까이 있기를 좋아하게 된다. 이러한 애착행동은 선천적이며 생물학적 본능에 따르는 것이며 유아가 사회적 상호작용에 참여하는 성향을 가지고 태어난다는 것을 의미한다.

애착행동의 목표는 양육자에게 가까이 접근할 수 있느냐보다 양육자의 감정적인 반응을 통해 심리적 안정을 얻는데 있다. 이는 양육자가 현재뿐이 아니라 앞으로의 위협에 대해 유아가 필요로 할 때마다 보호해주고 위안을 줄 것이라는 확신이 있느냐이다. 결과적으로 유아의 양육자에 대한 확신은 '안전한 느낌'으로 연결되며 위험한 자극에 대한 아이의 두려움이나 불안을 줄일 수 있다.[7] 안전한 느낌은 양육자와의 반복되는 상호작용 경험을 통해 얻어진 유아의 평가에 의한 것이다.[8] 이는 주관적인 것으로 양육자의 행동뿐 아니라 유아의 기분과 신체적 상태 및 상상을 포함한 내적 경험에 의해서도 결정된다.

두 번째 애착행동은 낯선 상황과 새로운 경험을 탐색하게 하는 "안전 기지(secure base)로서 애착대상 활용하기"이다. 이는 유아가 탐험을 시작하기 전에 잠깐 동안 엄마에게 되돌아와 재충전하는 행동을 말한다. 한 두 살 된 유아는 집안에서나 놀이터 등에서 엄마와 떨어져서 새로운 것을 탐험하러 나선다. 하지만 수시로 뒤돌아보면서 엄마의 존재를 확인한 후 다시 모험을 하곤 한다. 이 때 엄마가 보호와 지지를 제공하는 안전기지가 되어 준다면, 아이는 보통 자유롭게 탐험하지만 그 반대 일 경우 유아는 즉시 탐색행동을 중단한다. "안전기지가 없을 경우 유아는 끊임없이 양육자를 '모니터링'한다. 마음대로 놀거나 세상을 경험할 수 없다."[9] 즉 유아는 엄마가 가까이서 자신의 필요에 따라 돌봄을 줄 것이라는 신뢰가 있을 경우 용기와 열정을 가지고 외부를 탐색할 수 있지만 이를 의심하는 유아는 엄마와 떨어져서 탐색하는 것을 불안해하며 억제하게 된다. 따라서 애착의 안정성은 한 개인의 인지적, 사회적 역량의 범위를 결정하는 데 중요한 역할을 한다.[10]

　세 번째 애착행동은 위험한 상황과 놀란 순간에 "안전한 피난처(safe heaven)인 애착대상에게 달려가기"이다. 유아는 큰 소리나 낯선 환경, 어두움, 혹은 엄마와 분리가 일어날 것 같은 경우 등 위협을 느껴 두려워지면 즉각 보호와 안전한 피난처 즉 애착대상에게 달려가게 된다. 이는 유아가 양육자에게서 보호받고 안전을 얻기 위한 것이다. 또한 유아는 양육자와 분리될 때 많은 충격을 받게 되는데 보호자의 절대적 도움이 필요한 유아로서는 양육자와 접촉이 끊긴다는 것은 죽음에 가까운 엄청난 위협으로 느꼈을 것이다. 그러므로 애착행동은 평소에도 가동하지만, 특히 위협과 불안정을 경험할 때 급속히 가동한다. 결과적으로 유아가 안전감을 느낄수록 세상을 탐색하는데 관심이 커진다. 그러나 탐색 과정에서 안전감의 위협을 받게 되면 탐색 욕구는 감소되고 애착욕구가 다시 활성화되어 안전한 피난처를 찾게 된다. 즉 안전한 피난처와 안전기지 기능은 동전의 양면이라고 할 수 있다. 애착체계는 두려울 때 위안을 받으며, 탐험할 때 안전하다고 느끼게 해주는 강한 감정적 유대를 제공해주는 역할을 한다.

볼비는 보편적으로 인간의 심리적 발달을 형성하는 것은 분리와 상실의 외상보다 양육자와 유아 사이의 지속적이고 일상적인 상호작용이며, 만성적으로 부적절한 양육이 심리발달에 미치는 부정적인 영향의 위험성을 강조하였다. 또한 다른 사람들과 친밀한 애착을 형성하려는 것은 유아 때 뿐 아니라 청소년기와 성인기를 거쳐 노년에 이르기까지 전 생애에 걸쳐서 지속되는 핵심적인 욕구임을 강조하였다.[11]

애착유형과 부모의 역할

볼비의 공동연구자였던 에인즈워스(Mary Ainsworth, 1913~1999)는 볼비의 애착이론을 견고한 경험적 기반위에 올려놓았다. 선천적이고 생물학적 특성을 가진 애착체계가 실제로 양육자에 의해 어떻게 영향 받을 수 있는지를 실증적으로 연구하여 과학적 근거를 제시한 것이다. 에인즈워스는 우간다와 볼티모어에서 유아와 엄마들을 직접 방문하고 초청하여 집중적으로 관찰하면서 연구를 진행하였다. 그 후 그녀는 이십여 분간 실험실에서 진행할 수 있는 "낯선 상황(strange situation)"연구라는 유명한 표준화된 행동 관찰법을 개발하였다. 이 연구의 목적은 익숙하지 않은 환경에서 유아가 엄마로부터 분리되었을 때 어떤 영향이 있는지를 연구하는데 있었다. 실험실은 놀이방으로 꾸며져 있고 12~18개월의 유아들이 가지고 놀 수 있는 흥미로운 장난감들이 가득 차 있었다. 여기서 유아는 엄마와 함께 있다가 잠시 엄마가 나갔다가 다시 재회하도록 하여 유아가 장난감 등 외부세계를 탐색할 때 어떻게 반응하는지를 탐색하였다. 이를 통하여 유아가 스트레스에 적응하기 위해 어떻게 애착 행동과 탐색을 하는지를 관찰할 수 있는 기회가 되었다. 그 결과 안정애착, 불안정 애착을 형성할 가능성이 높은 부모와 자녀 간 상호작용패턴을 발견하고 애착의 다양한 유형을 확인하였다.[12] 애착 유형별 유아의 특징과 유형에 따른 양육자의 태도를 구체적으로 살펴보도록 하겠다.

안정형 애착

안정형 애착 유형으로 나타난 유아들은 엄마와 함께 놀이방에 들어온 후 곧바로 엄마를 안전기지 삼아 탐색을 시작했다. 그러나 엄마가 방을 떠나 분리되면 심한 고통을 느끼며 울었고 엄마가 다시 돌아오면 즉시 안심하는 애착 패턴을 보였다. 이는 안전할 때는 탐험을 잘 하고, 스트레스를 받을 때 양육자에게 다가가 접촉하고 쉽게 위로를 받고 다시 그들의 탐색과 놀이로 복귀하는 패턴을 보여준다. 안정애착 유형을 가진 아동들은 회복력이 있고 자립적이며 자존감과 긍정적 정서가 높고 사회지향적이며 고통에 공감하고 보다 깊은 관계를 하는 것으로 나타났다.[13] 후에 메인(Mary Main)에 의해 개발된 성인애착면접(AAI)에서 안정애착 유형을 가진 유아가 성장하여 성인이 되었을 때 면접자와 협력할 수 있는 능력, 담화방식이 일관됨을 보였다. 이는 상대의 의도와 상태에 적절한 반응을 할 수 있는 경험에 대한 성찰이 가능함을 의미한다.

안정애착 유형을 보인 유아들의 엄마는 안정, 자율형(secure/autonomous)으로 아기의 울음이나 신호에 민감하고 즉각적으로 반응을 하며 수용하는 것으로 나타났다. 이 엄마들은 아기들이 불안하거나 두려움을 느낄 때 안심시켜주는 정서적 반응을 해주고 유아의 비언어적 표현을 민감하게 파악하여 그에 맞게 반응하는 모습을 보였다. 다시 말해서 안정애착 유형의 유아들은 양육자의 잘 조화된 민감한 상호작용 경험에 바탕을 둔 것을 의미한다.

회피형 애착

회피형 유아의 경우, 엄마가 떠나든 돌아오든 관심이 없고 태연하게 탐험에 몰두하는 모습을 보였다. 이 유형의 유아들은 낯선 상황에서 매우 독립적이고 마치 엄마의 존재를 무시하거나 필요 없는 듯한 태도를 보인다. 그러나 이 유아들의 비 애착 행동은 양육자가 위로와 돌봄을 청하는 그들의 요구에 반응해 주지 않을 것이라는 것을 경험을 통해 알기 때문에 체념한 것으로 볼 수 있다. 겉으로 표현되지 않았을 뿐 코르티졸과 같은 스트레스 호르몬 테스트를 통하여 엄마와의 분리 상황에서 이들 또한 고통스러움을 표현하는 아동들과 유사한 스트레스 반응이 나타났다. 엄마의 지원을 신뢰할 수 없기 때문에 유아들이 감정을 과하게 억제 조절하며 괴로울 것 같은 상황을 회피하는 반응을 보인 것이다. 이들은 성인이 되어 강박, 자기애성, 분열성 관련된 문제가 나타날 확률이 높은 것으로 나타났다.

회피형 애착유형을 가진 유아들의 어머니는 무시형(dismissing)으로 나타났는데 이들은 연결을 원하는 유아의 시도를 적극적으로 거부하고 유아가 정서적으로 힘들어 보일 때 다시 안정시켜 주시 못하고 뒤로 물러나는 태도를 보였다. 감정표현을 억제하고 신체적 접촉 회피하며, 무뚝뚝한 반응을 보였다. 또한 침범적인 양육태도를 통해 강요하고 과도하게 자극을 주고 통제하려 한 것으로 추정된다.

양가형/저항형 애착

양가형/저항형 애착 유형의 유아들은 엄마와 분리 시 고통을 받으며 엄마가 돌아와도 쉽게 달래지지 않거나 안심하지 않는 것으로 보인다. 엄마가 되돌아왔을 때 어떤 경우에는 엄마에게 다가갔으나 또 다른 경우에는 엄마가 안으려고 할 때 밀쳐버리거나 분노를 폭발하는 양가적인 반응을 보였다. 그들의 행동은 엄마와의 재회가 고통을 달래주는데 도움 되지 않을뿐더러 엄마가 곁에 있는데도 마치 엄마가 없는 것처럼 엄마를 찾고 매달리며 불만스러운 모습을 보인다. 이러한 유형의 유아들은 양육자의 반응을 끌어내기 위하여 애착욕구를 과잉으로 증폭시켜 표현하며 정서적 조절이 결여되어 있다. 이들은 낯선 상황에서 자유로운 탐험이 불가하며 엄마에게 집착하고 엄마가 어디 있는지 온통 관심이 집중되어 거의 탐색을 하지 않았다. 이들은 히스테리성, 연극성 장애와 관련이 있다.

이런 유형의 유아들의 엄마는 집착형(preoccupied)으로 일관성이 없이 유아를 대했으며 자신의 기분에 따라 어떨 때는 따뜻하고 반응적이고 다른 때는 이와 반대로 반응함으로 유아가 예측할 수 없는 방식으로 행동하였다. 거부하지는 않지만 회피형 엄마만큼이나 둔감하게 반응하였다. 이러한 일관성이 없는 엄마의 반응은 유아가 엄마를 필요로 할 때 함께 해 줄 것이라는 믿음을 주지 못함으로 유아는 계속 엄마에게 집착하게 되고 자율성이 제한을 받게 된다. 이러한 반응은 양육자의 불안 저변에 깔려있는 유기와 무력감에 대한 두려움에서 기인하는 것으로 보인다.

혼란 애착

혼란 애착 유형은 이해할 수 없고 모순되거나 이상한 반응을 보이는

173

유형으로 낯선상황 연구가 진행된 20여년 후에 메인(Mary Main)에 의해 추가되었다. 메인은 '낯선 상황' 실험에서 전통적인 틀에 맞지 않는 행동을 보이는 유아의 비디오테이프 200개를 재분석하여 추가하였다. 혼란애착 유형의 유아는 엄마와 재회 시에 엄마에게 등을 돌리거나 그 자리에서 얼어붙은 모습을 보였다. 바닥에 맥없이 쓰러지거나 멍한 혼수상태 빠진 것 같은 행동을 보였다. 이는 엄마에 대한 다가갈 수도 없고 회피할 수도 없는 상충되는 충동 사이에서 꼼짝 못해 발생하는 것으로서 엄마의 존재가 안전한 피난처이자 동시에 위험의 근원이 되는 경우였다. 아이가 그 상황에서 위안을 받기위해 양육자에게 다가가는 애착 전략 자체가 아예 붕괴된 상태를 의미한다. 이는 양육자가 유아에게 두려움과 위안 둘 다를 일으키는 원천이 되어 애착 행동 체계의 활성화가 강한 갈등을 유발하기 때문이다.[14)]

혼란애착 유아의 양육자는 미해결된 혹은 혼란된(disorganized) 유형으로서 아이에게 겁을 주거나 학대를 한 경우이다. 또한 양육자 스스로 겁을 먹거나 해리된 상태로 아이와 상호작용을 한 경우에도 나타난다. 이는 양육자가 과거의 정신적 외상과 유사한 장면을 경험하게 되면 갑작스럽게 압도되거나 혼란스러워서 넋이 나간 상태가 되는 등 과거의 외상이나 상실의 미해결 상태로 인해 일어나는 경우이다. 이러한 혼란애착은 아동기와 그 이후의 정신병리 즉 경계성 장애나 정신병 등에 영향을 미치는 중요한 위험요소로 본다.[15)]

애착유형에 관한 포괄적 이해

애착유형의 연구가 보여주는 시사점은 안정 애착을 이루는 가장 중요한 요소는 유아와 양육자 간의 의사소통의 질이다. 즉 양육자의 "민감성" 즉 유아의 비언어적인 표현들을 정확하게 이해하고 그에 맞추어 반응해 주는 "협력적이고 조율된 의사소통"에 애착의 안정성이 달려있다는 것이다.[16] 이는 양육자가 아이가 보내는 신호를 통해 아이가 느끼는 것이 무엇인지 또 아이가 원하는 것이 무엇인지 민감하게 알아차리고 그에 맞게 반응해 줄 뿐 아니라 아이에게도 이러한 양육자의 상태가 전달된 것을 의미한다. 아직 자신의 생각, 감정, 욕구 등을 알아서 표현하는 능력이 없는 유아에게 양육자가 자신의 생각과 감정에 비추어 유아의 상태를 민감하게 조율하여 반응해 주는 것은 양육자에게 유아의 의도가 전달되었다는 것을 의미하며 이는 유아의 안정된 자기감으로 연결된다.

각 애착 유형은 유아가 양육자에게 애착하기 위한 "적응적인 전략"이라고 볼 수 있다.[17] 일차적인 애착전략은 유아의 자율적이고 선천적인 경향을 드러내는 자연스러운 전략이다. 안정된 애착이란 이러한 자연스러운 전략이 수용되어 애착 대상이 유아가 필요할 때마다 반응을 보이고 접근 가능하였음을 의미한다. 안정된 애착관계를 통해 유아는 자기의 느낌을 표현하는 것은 긍정적 결과를 초래 한다는 점을 배우고, 그 결과 자기와 타인에 대해 긍정적인 느낌을 경험한다. 자신이 타인에게 영향을 줄 수 있었기 때문에 주체성이나 자기주도성에 대한 감각 발생한다. 하지만 불안정 애착의 경우 유아의 자연스러운 애착행동에 대한 양육자의 반응이 적절하지 않을 경우, 유아는 불리한 상황에서 최대한 대처하기 위해서 "이차적 애착 전략"이 촉발된다. 일종의 심리적 방어 기제라고 볼 수 있다. 회피형 애착 유아들은 감정적으로 함께 해 주는 반응을 보이지 않고 거부하는 엄마에게 적응하여 거부당하는 것을 피하기 위해 애착욕구를 억제하는 비활성화 전략을 취한 것이다. 양가적인 유아들은 엄마가 아기의 신호에 일관성이 없고 불규칙했기 때문에 애착 욕구를 과잉으로 표현하며 매달리는 방식으로 보살핌을 받고자하는 적응 전략을 보인 것이라 볼 수 있다. 혼란애착의 경우는 애착 대상이 안전한 피난처이자 위험의 근원으로 다가갈 수도 회피할 수도 없이 아무것도 할 수 없는 적응 전략의 붕괴 상태임을 반영한다.

애착패턴을 범주나 유형으로만 생각하는 것은 의미가 적다. 안정형, 회피형 등의 한 가지 용어로 하나의 온전한 존재로서 각 유형이 갖는 복잡성을 제대로 설명할 수 없기 때문이다. 대부분의 사람들이 다중성 혹은 복잡한 마음의 상태를 가지고 있기 때문에 특정한 마음 상태는 특정한 상황에서 드러날 가능성이 높다.[18] 애착유형이 시사점을 제공하긴 하지만, 내담자를 제대로 이해하기 위해서는 내담자의 삶의 내용, 구체적 경험이 중요함을 간과해서는 안 된다.

애착과 정서조율

감정 조절은 인간이 건강한 삶을 살아가는데 매우 중요한 요소이다. 애착이론은 한 개인이 자신의 불편한 정서를 조절하는 방법을 배우는 일차적 맥락을 양육자와 유아의 애착관계라고 본다.[19] 볼비는 생애 초기 몇 년 동안 유아가 가진 유일한 소통수단은 감정이라고 보았다. 따라서 유아가 자신의 감정을 표현할 때 반영해주고 조율해주는 양육자를 통하여 유아는 소통할 수 있게 되고 불편한 감정을 조절하며 심리적 안정감을 갖게 된다. Stern은 양육자가 유아의 욕구에 공감하며, 적절한 대처, 그리고 이해가 담긴 반응으로 아이 스스로 감당 할 수 없는 감정들을 성공적으로 담아내면, 이때 양육자는 상호작용을 통해 아이의 정서를 조절하는 과정에 참여하는 것이라고 말한다.[20] 이러한 경험을 통해 유아는 자신이 느끼는 감정을 표현하는 것이 긍정적이라는 느낌을 갖게 되고 감정을 억누르거나 해리시키지 않게 된다. 유아가 엄마의 상호작용을 통해 자신의 감정을 표현하고, 조율하는 경험은 이 후의 삶에서도 강렬한 감정을 조절하는 능력이 되며, 필요에 따라 중요한 관계를 적절히 활용할 수 있게 되는 등 정서조절의 패턴으로 자리 잡아 개인의 삶에 지속적으로 영향을 끼친다.

감정은 인간이 자신이 놓인 상황이나 환경에 대해 직관적으로 평가를 하고 행동하도록 하는 역할을 한다. 다시 말하면 감정은 평생에 걸쳐 맞닥뜨리는 경험에 의미를 부여하고 이 경험이 생존에 유리한지 아닌지를 즉각적으로 평가하고 어떻게 행동할지를 선택하도록 하는 내적 가치 체계를 제공한다고 볼 수 있다.[21] 감정은 또한 항상 몸과 연결되어 있으며 신체적 감각은 우리의 감정이 갖는 최초의 형태이며 감정은 대개 몸을 통해 표현되기 때문에 몸의 반응을 주시하는 것이 필요하다. 결과적으로 애착 관계를 통한 감정 조절 경험은 이후 경험에 대해 어떻게 해석하고 반응할지를 결정하는데 중요한 요소가 된다.

정신적 표상과 성인 애착

내적작동모델

애착에 대한 지속적이며 경험적인 연구들은 유아기의 애착 패턴이 장기적인 영향을 준다는 것을 보여주었다. 그렇다면 유아기의 애착패턴이 장기적인 영향을 주는 것은 무엇 때문일까에 대한 의문이 생긴다. 이에 대하여 볼비와 그 제자들은 "내적작동모델(internal working model)"

이라는 용어로서 설명하였다. 유아는 발달과정에서 애착 행동이 신체적 접근성에만 의존하기 보다는 점차로 상징적인 방법으로 애착 대상에 대한 심리적인 접근성을 갖게 된다.[22] 유아가 양육자와 반복적인 상호작용으로 이루어진 실제 관계경험이 유아의 내면에 저장되어 대인관계에 대한 지식, 기대가 형성되는 것이다. 볼비는 이를 내적작동모델이라 불렀다.[23]

내적자동모델의 핵심은 누가 자신의 애착 대상인지 어디서 그들을 찾을 수 있는지 그리고 어떻게 반응할지에 대해 각자가 가지고 있는 개념이다.[24] 유아가 양육자를 필요로 할 때 함께 해 줄 것이 아닌지, 자기가 애착대상들에게 어느 정도 수용될 수 있는지에 대하여 예측하게 해 준다. 유아는 그런 예상에 따라 반응하게 된다. 또한 내적 자동 모델 속에 양육자가 거절할 거라고 예상된다면 유아는 자신이 사랑스럽거나 가치 있는 사람이 아니며 결함이 있다는 자기 모델을 발전시키게 된다. 이러한 자신과 타인에 관한 내적작동모델은 마치 정신적 지도와도 같아서 나중 모든 관계들의 원형이 되며 현재뿐 아니라 미래의 관계까지도 지속적으로 방향을 알려준다.

에인즈워스의 제자였던 메리 메인(Mary Main, 1943~현재)은 연구의 초점을 성인기와 정신적 표상으로까지 확장하여 애착이론에 혁신적인 발전을 이루었다. 그녀는 개인의 유아기 애착경험이 아동기와 청소년기 그리고 성인기에 이르기까지 감정, 사고, 행동 등에 미치는 영향을 추적하는 종단 연구를 시행하였다. 내적 작동 모델을 경험적으로 연구한 것이다. 이를 통해 어린 시절에 갖게 된 애착유형이 성인기까지 장기적으로 영향을 미치며 세대 간에 전수가 일어난다는 것을 밝혀내었다.

초기 유아기 때의 상호작용으로 이루어진 개인의 애착 역사는 기억과 감정 및 신념의 복잡한 연결망 속에 정신적 표상과 정보처리 규칙으로 유아에게 저장된다. 이렇게 저장된 내적 작동 모델은 현재와 미래의 애착 행동을 형성한다.

성인애착면접

메인은 양육자가 자신에 관한 이야기를 하는 방식이 유아의 낯선 상황 실험에서의 애착유형을 예측할 수 있게 해 준다는 것을 발견하였다. 그녀는 "성인애착면접"을 고안하여 이러한 개념을 경험적 연구를 통하여 증명하였다.[25] 성인애착 면접은 그들의 부모와의 관계 내력을 상실과 거절 그리고 분리를 포함하여 회상하고 성찰해 볼 것을 요청하는 면접 과정이다. 메인은 이 과정에서 성인들이 그들 자신의 생각을 어떻게 검토하는가에 초점을 맞추었다. 여기서 유념해야 할 것은 애착에 관한 이야기의 내용이 아니라 이야기를 하는 방식이 일관성이 있느냐를 평가하는 것이다. 이는 '무의식을 놀라게 하는' 즉 애착 체계를 자극하도록 하여 몸에 밴 정서적 의사소통 패턴을 측정하는 것이다. 예를 들어 자신의 부모에 대하여 묘사하는 형용사를 몇 개 말하도록 한 후 그에 관한 일화를 이야기 하도록 한다. 그 때 부모에 관한 묘사를 뒷받침할 수 있는 구체적인 일화를 들어 설명할 수 있고 일관성이 있다면 안정애착으로 유형화될 것이다. 그러나 예화가 일관되지 않거나 설명할 수 없는 경우 무시형으로 분류될 수 있고 애착 문제에 여전히 휘말려 있는 이야기는 집착형으로 유형화될 수 있다. 미해결의 경우 상실이나 학대 경험을 이야기 할 때 착각이나 착오를 일으키는 모습이 나타날 수 있다.

결과적으로 애착의 내적 작동 모델은 행동에서 뿐 아니라 자신의 이야기를 하는 방식에서 특징적 패턴으로 드러남이 실험적으로 증명되었다. 애착과 관련하여 성인의 마음 상태를 평가하게 된 것이다. 부모의 성인 애착면접의 유형이 대체로 유아의 낯선 상황 유형을 예측할 뿐 아니라 3세대에 걸쳐 동일한 애착패턴을 가지고 있는 것으로 드러났다. 안정 애착유형의 유아들은 자라서 안정된 성인이 되었고, 이들은 자신의 자녀들을 안정형으로 키우는 것으로 나타났다. 유아기 애착 패턴은 몸에 밴 정서적 의사소통 패턴으로 장기적인 영향을 미치게 되며 세대 간에도 전이가 일어나는 것을 밝혀낸 것이다. 결과적으로 메인과 그의 동료들의 연구는 내적작용모델을 대인간 상호작용이라는 외적 세계에서 정신적 표상이라는 내적 세계로 옮기도록 재 개념화 하게 되었다.

정신화

메인은 애착연구에 "메타인지(meta cognition)"개념을 도입하였는데 메타인지는 생각의 변화와 다양성을 인지하는 것을 의미한다. 메타인지 능력이 있는 경우의 사람들은 자신이 지금 어떤 특정한 마음 상태에 있음을 알아차릴 수 있다. 그러나 메타인지 능력이 없을 경우에는 감정 상태와 자신을 동일시해서 반사적으로 반응하게 된다.[26] 예를 들어 어떤 사람의 행동을 보고 자신이 무시당했다는 느낌이 들었을 때 즉시 그 경험을 재고 없이 궁극적인 사실로 받아들이고 반사적으로 화를 낸다던지 좌절감에 빠지든지 반응하게 된다. 반대로 메타인지 능력이 있을 경우 경험에서 한 발 물러서서 그 순간에 자신이 무시당했다고 생각한 것에 모순이 없는지를 살피며 다양한 경우를 생각해 볼 수 있게 된다. 무시당했다는 느낌과 관련된 과거의 자신의 경험과 의미를 고려할 수 있는 것이다. 그러므로 메타인지 능력이 클 경우 외상을 포함한 부정적인 경험의 파괴적인 영향을 감소시킬 수 있는 잠재력을 가질 수 있다.

피터 포나기(Peter Fonagy, 1952~현재)는 메인의 메타인지에 근거한 "정신화(Mentalization)" 개념을 소개하면서 애착이론을 임상적으로 매우 중요한 의미를 갖도록 이끌었다.[27] 정신화란 자신과 타인의 마음을 이해하고 해석하는 것이다. 정신화는 사람의 행동으로 나타난 모습만이 아니라 행동 저변의 소망이나 느낌, 신념이나 동기 같은 마음의 상태를 알아보는 성찰적 기능을 포함한다. 이는 어떤 상황에서 관찰되는 것들을 단순히 액면 그대로 받아들이기보다 그 사람의 마음과 다르게 표현될 수도 있음을 이해하면서 여러 가지 가능한 상황을 생각해보고 반응하도록 해 준다. 이는 공감하고 통찰할 수 있는 능력과 밀접하게 관련되어 있다. 자신과 타인의 정신 상태에 대해 잘 성찰하는 능력을 갖춘 사람들 즉 '정신화'를 잘 하는 사람들은 유아가 안전 애착을 맺을 수 있도록 해 주고 유아의 자기 발달을 촉진한다. 이러한 정신화 능력은 양육자가 민감하게 유아의 마음에 공감하고 조율하면서 반응하여 안정 애착을 얻은 개인들이 자연스럽게 갖게 된 것이다. 또한 정신화 능력은 고통스러웠던 어린 시절을 경험한 사람들이 과거의 부정적인 영향을 완화하며 자녀들에게 전수되지 않도록 개선해 줄 수 있는 해독제이기도 하다. 범죄와 관련된 경우, 한 부모 가정, 실업, 과밀 거주, 질병과 같은 비교적 스트레스가 심한 집단의 어머니들도 그들의 정신화 능력이 높을 경우에는 유아와 안정애착을 맺을 확률이 높음을 발견하였다. 정신화에 관해서는 후반부에 상세하게 다루게 될 것이다.

애착이론과 성인관계

애착이론은 성인의 관계에도 중요한 관점을 제공하면서 "커플관계"를 이해하고 향상시키는데 많은 공헌을 하고 있다. 애착행동은 애착관계에서 더욱 활성화된다. 남녀관계가 일종의 애착관계이고 따라서 일반적으

로 유아들과 성인들과 동일한 기본적 애착의 내적 작동 모델을 나타낸
다.[28] 연구자들에 의해 유아의 낯선 상황 분류에 기초해서 성인 애착 유
형을 네가지 범주 모델 즉 안정형, 불안형, 회피형과 두려워하는 애착으
로 "자기보고 척도"가 개발되었다. 또한 애착과 관련된 회피와 불안에
관한 2가지 차원으로 해석하여 설명하였다. 안정형 애착은 낮은 불안과
낮은 회피, 불안 집착형 애착은 높은 불안과 낮은 회피, 회피형 애착은
낮은 불안과 높은 회피 두려워하는 애착은 높은 불안과 높은 회피의 특
징을 나타낼 수 있다고 보고되었다.[29] 이러한 연구들은 남녀관계 영역
에서의 성인 애착에 대한 이해를 현저하게 진전시켰다.

최근 애착이론을 부부상담에 적용하여 "부부치료" 모델의 변화를 주
도하고 있는 정서중심부부치료는 부부관계의 불화와 회복에 이르는 과
정을 이론화하고 치료의 효과성을 입증하면서 패러다임의 전환을 불러
왔다.[30] 낭만적인 애착, 배우자에 대한 접근, 반응, 정서적 교감이 없을
때 인간은 상실감과 위협감을 느끼며, 소중한 사람에게 친밀감을 가지
려는 애착행동체계가 활성화된다. 이 때 단절된 순간이 회복되고 다시
연결되면 관계는 회복되고 성장할 수 있다. 반대로 연결을 하려는 배우
자의 시도가 무시되거나 거절되면 분리와 상실의 스트레스의 예측 가능
한 역동이 일어난다. 즉 어린시절 애착의 비슷한 역동이 낭만적인 관계
에서도 일어난다는 것이다. 따라서 정서중심부부치료에서는 전통적으
로 부부치료의 목적을 부부의 의사소통이나 갈등해결에 두고 방법을 가
르치는 것에 이의를 제기하고 부부의 애착결합을 악화시키는 상호작용
패턴을 발견하여 애착대상과의 정서적 유대감을 강화하는데 그 목적을
두고 있다.

Daniel Hughes는 애착이론과 상호주관성을 "가족치료"에 적용하여

가족의 문제를 인식하고 모든 가족 구성원이 참여하는 포괄적이고 효과적인 가족치료 모델을 제시하였다.[31] 그는 가족구성원 간의 공감, 장난스러움, 수용과 호기심과 같은 치료적 태도 안에서의 상호주관적 감정소통을 통해 가족 사이의 불화를 회복하고 부모와 자녀 사이의 외상을 회복해 가는 여정을 보여준다. 상담자가 먼저 성찰적 의사소통을 통해서 가족 구성원들 사이에서 안정애착 패턴과 행동을 촉진시킨다. 그 결과로 상담자가 가족 구성원과 관계를 맺는 방식으로 가족 구성원도 서로 정서적/반영적 대화를 통해 정서를 공동으로 조절하고 안정된 애착관계로 나아가도록 돕는다.

애착이론의 시사점

지난 십여 년 동안 애착분야만큼 열매를 많이 맺은 이론과 연구 분야는 없었으며 심리과학의 가장 중요한 성과를 보이고 있다.[32] 살펴본 바와 같이 애착이론은 아동의 초기발달은 물론 성인관계로 확대되어 개인심리치료는 물론 부부가족치료의 실제적 바탕이 되는 이론을 제공하고 있다. 애착이론이 심리치료에 주는 주요한 시사점을 살펴보면 다음과 같다.

"양육자와 유아의 애착관계"가 인간 발달의 핵심적 맥락이다. 양육자가 유아의 욕구에 공감하며 적절히 반응하여 애착관계의 상호작용이 안정적일 경우 발달은 촉진되며 그 반대의 경우 병리를 초래할 수 있는 위험인자를 가지게 된다. 유아가 양육자와의 애착관계를 통하여 생존하며 안정을 유지하기 위한 애착행동으로는 애착인물과 근접성 유지, 애착인물을 안전기지와 안전한 피난처로 삼기이다. 애착인물과 가까이 있으면서 안전기지 삼아 안전하다고 느낄 때 탐색하고, 위험하다고 느낄 때 즉각적으로 애착인물에게 달려가서 안전한 피난처로 위로와 보호를 받는다. 여기서 중요한 것은 정서적 가용성이며 이는 유아의 상호작용 경험을 통하여 자신의 애착인물에 대한 평가에서 오는 것으로 안전감을 느끼는 것이 그 목표이다.

생의 초기 유아기의 경험 즉 "언어 습득 이전 단계의 애착경험"이 인간 발달의 핵심을 구성한다. 즉 애착에 대한 인간의 태도는 인간이 경험하는 최초 애착 관계 즉 생의 초기 경험에 의해 가장 크게 영향 받고 형성된다는 것이다. 인간의 최초 경험은 몸으로 경험되고 몸에 남겨진다. 볼비는 애착이론의 토대를 진화론적 생물학에서 찾았으며 애착욕구의 뿌리를 신체를 보호하려는 욕구에 두었다. 애착관계의 질은 신체가 경험에 반응하는 방식에 영향을 준다고 주장하였다. 따라서 자기에 대한 최초 감각의 근원은 주로 초기 애착 관계의 질에 따라 그 성격이 다른 신체적 경험에 있다. 신체적 경험은 평생 몸에 기반을 두게 하고 자기에게 필요한 정보를 제공하며 자기를 풍성하게 할 수 있는 잠재성을 가진다.

의사소통과 정서 조절 능력의 차이는 "양육자와 유아간의 상호작용의 질"에 의하여 결정된다. 유아의 생리적 상태와 표현에 맞추어 양육자가 유아와 상호 조율함으로써 안전감과 유대감을 만들어내게 된다. 유아는 불편한 상태와 감정을 스스로 자신을 달랠 수 없기 때문에 민감하게 살피고 반응하여 아이를 진정시키는 침착한 부모로 인해 달래지는 것이다. 이러한 양육자와의 반복적인 상호작용을 통해 유아는 자신의 표현이 양육자에게 영향을 주고 있다는 것을 학습하게 된다. 부모가 아이의 내적 정서 상태에 대해 소통하는 것에 반응하고 있다는 것을 보여 줌으로써 자녀가 실제로 내적 감정 상태를 가지고 있다는 사실을 알도록 돕는다. 결과적으로 유아는 자신이 타인에게 영향을 줄 수 있음으로 주체성이 생기고 주도적으로 자기 삶을 이끌어 갈 수 있는 감각이 발생한다.

애착관계는 유아가 "감정조절"을 배우는 일차적 맥락이다. 양육자가 유아의 욕구에 공감하며, 적절한 대처, 그리고 이해가 담긴 반응으로 아이 스스로 감당 할 수 없는 감정들을 성공적으로 담아내면, 이때 부모는 상호작용을 통해 아이의 정서를 조절하는 과정에 참여하는 것이다. 감정에 접근하고 그것을 조정하고 활용하는 방법은 유아와 엄마의 상호작용을 통해 습득하게 되고 이는 곧 정서조절 패턴이 된다. 이를 통해 아동은 부정적인 감정을 포함한 어떠한 강력한 감정들을 경험해도 안전하며 자신들의 감정에 압도되지 않을 것이라는 것을 배우게 된다. 반대로 양육자와의 관계에서 정서조절을 경험하지 못한 불안정 애착유형의 유아들은 강력한 감정을 조절하기 위해 애착관계를 활용하지 못하고 감정이나 경험을 부정하거나 해리시킴으로써 병리로 발전하게 된다.

애착관계는 정보처리 과정을 통해 "내적 작동 모델"로 자리 잡아 유아기 뿐 아니라 성인기에 이르기까지 장기적으로 영향을 미치며 "세대 간 전수"가 일어난다. 유아의 양육자와의 초기 경험이 내적작동모델을 통해 기대 혹은 예측을 하도록 저장되어 평생에 걸쳐 대인관계나 적응 패턴에 영향을 미치고 대를 이어 전수된다. 그러나 애착의 내적 작동 모델은 어렵지만 변화할 수 있다는 잠재적 특성이 있다. 이는 "획득된 안정성(earned secure)"[33] 으로 불리우는 것으로서 초기 관계에 문제가 있었다면, 두 번째 기회를 통해 새로운 가능성을 열 수 있다는 것을 의미한다.

마지막으로 개인이 경험한 과거 사실 그 자체보다 자신의 "경험에 갖는 성찰적 태도"가 애착의 안정성을 더 잘 예측한다. 성찰적 태도 즉 정신화 여부가 관건이라는 것이다. 자신과 타인의 정신 상태에 대해 잘 성찰하는 능력을 갖춘 사람들은 아동이 안정 애착을 맺을 수 있도록 해 주고 아동의 자기 발달을 촉진한다. 이러한 능력은 양육자가 민감하게 유아의 마음에 공감하고 조율하면서 반응하여 안정 애착을 얻은 개인들이 자연스럽게 갖게 된 것이다. 정신화 능력은 또한 과거 고통스러운 경험을 새로운 관점으로 재구성하여 안정감에 이르는 변화를 촉진하며 자녀들에게 전수하지 않도록 개선해 준다.

애착과 변화

애착에 관한 장기적 연구는 안정 애착을 경험했던 아동들이 보다 회복력이 있고 자립적이고 사회지향적이며 고통에 공감하고 보다 깊은 자부심을 지닌 것으로 나타났다. 또한 안정애착은 성인의 정신 병리를 예방하는 요소로서 자아탄력성이 높으며 불안과 적대감은 상대적으로 낮고 대인관계에서 감정조절 능력이 있는 등 보다 건강한 성격적 특성과 관련되어 있음으로 드러났다. 반대로 불안정 애착은 정신 병리의 위험 요인들로 보이며 보다 심한 우울, 불안, 적대감과 정신 신체적 질병 그리고 자아탄력성의 부족과 같은 특성들과 연관이 있는 것으로 보고되고 있으며[34] 특히 정서 조절의 결핍을 핵심으로 하는 일련의 부적응이 정신병리로 이어지는 것으로 나타났다. 정신병리는 불안정애착과 연관되어 있으며 이러한 요인은 불가피하게 특정 정신 병리로 이어지는 것이라기보다 유전적 소인, 관계적 환경 등과 같은 다른 요인들에 개인들의 취약성을 증가시켜서 어떤 장애가 생겨나도록 하는 역할을 한다.

애착 연구들은 유아기의 애착패턴이 대체로 일관성을 보이며 고정적임을 보여주고 있지만 변화가 가능함을 시사하고 있다. 볼비는 애착 체계가 변화 가능하다는 것을 강조하기 위해 애착의 "내적 작동 모델"이라는 용어를 만들었다. 작동하는(working) 모델이라는 것은 쉽게 변화하기는 어렵지만 개선될 수 있는 잠재적 가능성이 있기 때문이다. 생애 초기에 형성된 패턴들은 아동의 내적 기능에 가장 중요한 영향을 미치지만 전 생애에 걸쳐 발달이 진행되는 동안 환경이 변화하면 아동, 청소년, 성인기의 경험은 계속해서 애착의 내적 모델에 영향을 미칠 수 있다는 것이다. 이것은 새로운 관계 경험으로 인하여 가능하며 이는 애착과 관련하여 개인을 더 안정적인 마음의 상태로 변화시킬 수 있는 잠재력이 있음을 암시한다.[35] 변화가 어려운 이유는 습관으로 형성되면서 익숙해져서 의식 밖에서 작동하기 때문이며 왜곡되고 부정적인 영향이 있을 때에도 부분적으로 자기 보호적인 방어적 측면이 있기 때문이다.

근래의 메인의 뒤를 이은 반복적인 연구들은 성인애착면접에서 고통스러운 과거사를 지녔음에도 불구하고 '획득한 안정"이라 불리는 사람들의 집단을 확인하였다.[36] 이러한 성인들은 흔히 가까운 친구나 연인 혹은 동시에 심리치료사들과 감정적으로 중요한 관계를 맺고 있었다. 또한 결혼이 성인의 불안정 애착을 안정 애착으로 변화시킬 수 있음을 보여주는 연구 결과들도 있다.[37] 이러한 연구결과들은 내적작동모델이 변화할 수 있다는 볼비의 주장을 확증할 뿐 아니라 심리치료의 관점에서 볼 때 매우 고무적이라 할 수 있다.

최근 뇌 과학의 폭발적인 발전으로 기능적 자기공명영상(fMRI)과 같은 새로운 뇌 영상 기법들은 인간이 사랑할 때, 두려움을 느낄 때, 동정심을 가질 때 뇌가 어떻게 활성화 되는지 보여준다. 이러한 신경생물학의 통찰은 인간의 경험과 감정에 대한 우리의 이해를 심화시킨다. 무엇보다도 주목할 점은 "신경계의 가소성(neural plasiticity)"[38] 이라는 것으로서 새로운 경험이 뇌의 구조를 변화시켜서 재형성될 수 있다는 것이다. 대인관계를 뇌 과학적 관점에서 연구했던 Siegel은 "관계 경험"들이 어떻게 신경세포들의 연결하여 인간의 마음을 형성하는지 또한 어떻게 신경세포들의 연결을 바꾸어 일생 동안 뇌를 변화시켜 가는지를 밝혀내었다.[39] 유아와 부모의 애착 경험은 유아의 뇌가 잘 발달하도록 하는데 유아에게 사회적 관계를 잘 해나갈 수 있는 신경인지가 충분히 발달할 기회를 제공한다. 더 나아가 뇌의 가소성 덕분에 인간은 평생 동안 새로운 관계 경험을 통해 뇌를 바꾸고 정서 지능 기술을 배워갈 수 있다는 것을 시사해 주고 있다.[40] 대인간 신경생리학 연구자들은 의미 있는 관계 즉 우정이나 결혼, 심리치료 등이 실제로 뇌의 구조를 수정한다고 확신한다.[41]

상담자의 역할

그렇다면 애착이론에서 변화를 가능하게 하는 상담자의 역할은 무엇일까? 간단히 말하면 "새로운 실제 애착관계"를 내담자에게 제공하는 것이다. 이는 초기 양육자가 제공하지 못하여 발달과정에서 생긴 내담자의 병리나 취약성을 이해하고 안정애착을 형성하도록 돕는 "양육자가 제공하는 것과 유사한 애착관계"를 내담자에게 제공하는 것을 의미한다. 이러한 새로운 치료적 애착관계는 내담자로 하여금 과거의 애착 패턴을 해체할 뿐 아니라 현재 새로운 애착 패턴을 구성하여 발달을 촉진하도록 돕는다. 이는 자기 자신과 애착 대상에 대한 표상적인 모델 즉 내적작동 모델을 치료적인 관계에서 새로운 이해와 새로운 경험들에 비추어 재평가하고 재구성하도록 돕는 것이다.[42] 그리하여 안정된 애착에서 비롯되는 마음의 자유를 누리며 사랑하고 느끼고 성찰할 수 있는 두 번째 기회를 제공하는 것이다. 구체적으로 살펴보면 다음과 같다.

상담자는 먼저 내담자에게 "안전기지"를 제공해야 한다. 상담자가 내담자의 상호작용 속에서 내담자에 맞게 민감하게 조율하면서 내담자의 힘든 감정이 표현될 수 있도록 안전한 관계를 조성하는 것이다. 상담자는 내담자에게 안식처를 제공하며 변화시키려 하지 않고 지속적으로 조율하며 있는 그대로의 그들과 만난다. 상담자와 내담자 사이의 안전감이 생겨나면, 이 안에서 내담자는 자신의 경험을 자유롭게 탐색할 수 있게 된다. 과거에는 말로 표현하지 않았던 혹은 표현할 수 없었던 경험에 다가갈 수 있는 안전한 공간을 제공하는 것이다. 결과적으로 이러한 안전한 관계는 내담자가 자신의 과거 경험에 매몰되거나 회피하지 않고 자신의 경험을 바라볼 수 있는 여지를 만들어 줌으로써 함께 그 경험을 탐색하고, 표현하며, 견딜 수 있게 도와준다.

상담자의 역할은 "비언어적인 의사소통"을 포착하여 조율하는 것이다. 애착에 대한 인간의 태도는 인간이 경험하는 최초 애착 관계 즉 생의 초기 경험에 의해 가장 크게 영향 받고 형성된다. 이 시기의 유아의 경험은 언어를 배우기 이전 단계의 경험이기 때문에 치료과정에서도 언어적 의사소통 뿐 아니라 신체적, 감정적으로 표현되는 비언어적 차원이 중요하다. 신체에 대한 내담자의 경험은 관계 맥락 안에서 발생 한다. 따라서 치료의 초점은 상담자와 내담자의 관계 안에서 신체적 자기를 포함한 비언어적인 경험의 역할을 강조해야 한다. 몸으로 혹은 감정적으로 느끼거나 알고는 있지만 생각해 보거나 언어화 해 본 적이 없는 혹은 방어적 이유로 배제되어 온 무의식적 경험들의 의미를 포착하려면 상담자의 세심한 능력이 요구된다. 상담자는 내담자의 격리된 경험과 접촉할 수 있는 능력뿐 아니라 정확하게 공감할 수 있으며 있는 그대로의 경험에 열려있는 태도로 수용하며 함께 하는 것이 필요하다. 내담자가 신체 내면에 머무르고 신체를 자각하는 경험을 촉진한다. 이러한 경험은 내담자의 격리된 경험과 접촉할 수 있게 하며 비언어적으로 표현되는 것을 민감하게 감지하여 말로 표현할 수 있도록 해 주는 역할을 한다.

치료적 "애착관계 안에서 감정조절 과정"이 상담의 핵심이다. 감정 조절에서 필수적인 것은 자신의 감정에 휘둘리지 않으면서 그 감정을 느끼고 확인하는 능력이라 할 수 있다. 따라서 내담자가 치료적 관계 안에서 그동안 피하거나 억눌러 왔던 강한 감정을 온전히 느끼고 소통하며 이해할 수 있도록 도와야 한다. 그러려면 상담자는 내담자가 표현하는 감정은 물론 상담자 자신의 주관적 경험, 내담자와 상담자가 함께 만들어 내는 관계 안에서 일어나는 느낌에 각별히 관심을 기울여야 한다. 상담자는 양육자가 수용하지 않음으로 내담자가 말로 표현할 수 없는 혹은 표현하지 않으려는 분열되거나 부정된 내담자의 경험을 이해하고 조율하며, 공감을 표현하여 전달하여야 한다. 이를 통해 내담자는 이해받았다고 느끼며 상담자의 말 속에 반영된 자기의 모습을 볼 수 있게 된다. 이 모든 것은 내담자가 자신의 감정을 조절하고 분열된 경험을 통합하도록 돕는다.[43] 결과적으로 내담자의 몸과 마음, 그리고 감정과 생각을 연결하여 경험 전체를 통합하고 확장해 나가도록 돕는 것은 내담자로 하여금 응집된 자기로 나아가도록 한다.

치료에서 우선시되는 초점은 사건 그 자체가 아니라 오히려 "사건에 대한 내담자의 경험"임을 강조하는 것이 중요하다. 내담자들은 과거의 사건으로 인해 자리 잡은 표상을 바탕으로 현재 주관적인 느낌을 단순히 현실인양 받아들이고 매몰되거나 회피하면서 과거의 포로로 남게 된다. 이때 상담관계 안에서 내담자로 하여금 사건에 대한 경험을 성찰하여 폭 넓은 조망을 할 수 있도록 도움을 준다. 이 때 내담자들의 경험은 재 조직화되고, 그 경험이 갖는 의미에 대해 성찰하면서 새로운 의미를 갖는 자신의 삶의 이야기로 통합된다. 이러한 상담경험으로 내담자는 더 이상 과거 사건의 무기력한 희생자가 아니라 주관적 경험의 의미를 이해하려고 의도적으로 노력할 수 있는 "정신적인 주체적 행위자(mental agents)"가 된다.[44]

마지막으로 상담자는 내담자에게 "정신화" 능력을 기르도록 도움을 주어야 한다. 이를 위해 먼저 상담자 자신이 스스로 깊이 있게 성찰할 수 있는 능력 즉 정신화 능력을 개발해야 한다. 앞에서 살펴본 바와 같이 정신화 능력은 과거 어린시절의 고통스러운 경험을 해체하고 재구성하는 해독제가 된다. 감정을 느끼면서 그 경험을 엄밀하게 탐구하여 그 의미를 생각할 수 있도록 하는 것이 필요하며 "정신화를 거친 정서성(mentalized affectivity)"이라고 표현하였다.[45] 이러한 정신화 능력은 전염성이 있다. 상담자가 먼저 성찰적 태도를 보여주고 치료의 장에서 공간을 만들어 내담자 스스로 성찰할 수 있는 자리를 마련해 주는 것이다. 이는 내담자의 정신화 능력을 촉발하는데 도움을 주게 되고 내담자의 고통스러운 과거 경험이 새롭게 재 조직화되고, 삶에 새로운 의미를 부여하며 받아들여지게 된다. 결과적으로 이러한 애착관계를 통한 변화는 내담자에게 보다 일관되고 안정된 자기감을 형성하도록 돕는다.

마치는 글

애착이론은 인간은 태어나면서부터 애착관계를 통하여 생존하고 자기를 만들며 성장할 뿐 아니라 평생을 친밀한 애착을 중심으로 움직이는 "관계적 존재"임을 실제적으로 보여준다. 이러한 관계는 일방적인 관심이나 보살핌이 아니라 양육자가 민감하게 유아와 상호 조율하며 반응하는 "사랑의 관계"임을 보여주고 있다. 관계의 단절 혹은 지속적인 거절과 비 일관적 부정적 태도와 같은 관계의 훼손은 인간의 몸과 정서 그리고 적응 방식이나 대인관계 등 모든 것에 지속적으로 부정적 영향을 끼친다. 이는 또한 인간이 인간다울 수 있는 성찰적 태도 즉 정신화를 훼손하게 된다. 정신화는 자기와 타인의 마음을 이해하고 해석하는 과정이며 이를 통해 다른 사람들을 공감하며 연결될 수 있다. 이러한 정신화 능력의 결여는 한 개인의 전 생애에 걸쳐 관계의 왜곡과 단절을 가져올 뿐 아니라 대를 이어 이 고통을 전승하는 결과로 이어짐을 보여준다.

그러나 "새로운 사랑의 관계"를 통해 변화될 수 있다는 사실은 우리에게 큰 소망을 가져다준다. 이렇게 볼 때 내담자가 고통스러운 과거 경험을 해체하고 새로운 정체성으로 나아가는 그 자리에 새로운 애착관계를 제공하는 상담자의 역할은 숭고하기까지 한 것이다. Forsha는 사랑해주고 아껴주며 조율해주는 침착한 누군가로부터 이해 받고, 그 사람의 마음속에 존재한다는 느낌의 경험은 "자신이 누군가에게 객체라기보다 고유한 한 사람"이 될 수 있는 기회를 제공할 수 있다고 말한다.[46] 여기서 무엇보다 중요한 것은 내담자를 대할 때 나와 동일하게 고통을 겪고 있는 인간 동료로서 있는 그대로 받아들이고 존중하는 것이며 이론이나 기술을 넘어 상담자의 존재를 내어놓는 사랑의 관계 안으로 들어가는

192

것이다. 이를 통해서 상담자는 내담자가 새롭게 얻은 안정된 애착 안에서 마음의 자유를 누리며 사랑하고 느끼고 성찰할 수 있는 기회를 열어줄 수 있다. 이는 또한 상담자 뿐 아니라 부부와 가족관계 안에서 그리고 목회의 현장에서 또 이웃과의 관계 속에서 가능한 치유의 핵심이기도 할 것이다. 이러한 자리에 가기 위해 우리는 먼저 하나님과의 친밀한 애착 관계 안에서 깊이 기도하며 성찰하여 마음의 자유를 누리고 다른 사람을 환대하여 사랑의 관계로 나아갈 수 있는 마음의 공간을 만들어야 할 것이다.

8장   애착이론과 기독교 영성

이 만 홍

*나는 선한 목자라 나는 내 양을 알고 양도 나를 아는 것이 아버지께서
나를 아시고 내가 아버지를 아는 것 같으니 나는 양을 위하여 목숨을 버
리노라(요 10:14-15)*

Bowlby와 그 제자들이 주장한 애착이론[1]의 기본 개념은, 개인의 평생
에 걸친 대인관계의 패턴은 초기 어린시절 정서적으로 중요한 보호자
대상과 경험하는 실제 관계 양상에 따라 일정한 애착 패턴을 형성하는
것에 기초하며, 이렇게 일단 형성된 애착 패턴은 일생을 통하여 비교적
일정하게 바뀌지 않고 특정한 대인관계 양상으로 지속되면서 자기감을
비롯한 성격형성과 스트레스와 정서조절에 중요한 역할을 한다는 것이
다.[2]

이러한 볼비의 애착이론은 다른 정신분석의 학파들과는 독자적으로
그의 동료이자 제자 인 Ainsworth나 Mary Main과 같은 매우 탁월한
연구자들에 의하여, 실제 아동과 엄마를 대상으로 한 실험(일종의 모성
박탈에 대한 아동의 반응에 대한 관찰)을 통하여 얻은 객관적인 데이터
에 기초하므로 훨씬 강력한 설득력을 가지고 인간의 치유와 성숙에 대
한 이해를 제시하고 있다.[3] 애착이론이 제시하는 이러한 관점들은 치유
와 성숙의 문제에 있어서 기독교적 가치관과 성찰을 더욱 잘 설명할 수
있는 면도 있으나, 이와는 배치되어 보이는 관점도 있어 이에 대한 구체
적인 논의를 필요로 한다.

진화론이냐 창조론이냐

애착이론의 핵심주장은[4] 첫째, 인간은 누구나 본능적으로 애착대상을 추구하는 애착본능을 타고난다는 설로서, 이것이 인간 간의 관계를 맺고 관계 안에서 살아감을 유지하는 동기가 된다는 것이다. 둘째 이 선천적인 애착행동은 우리의 상식을 초월하는 매우 적극적인 관계형성의 행동이라는 것이다. 최근의 유아의 관찰연구는 유아가 단순히 엄마의 사랑을 일방적으로 받기만하는 수동적 수혜자라는 선입견을 넘어서 태어나서부터(또는 엄마의 자궁 속에서부터) 훨씬 적극적으로 엄마와의 관계형성을 위하여 능동적으로 표현을 하고 행동을 보임으로써 엄마의 관심과 사랑을 촉발시키고 유지하는 등, 엄마와 관계를 맺는데 있어서 적극적인 파트너임을 보여준다는 것이다.[5] 셋째, 이 애착시스템은 타고나는 동기화 시스템인데, 즉 애착인물과의 관계를 통하여, 성숙의 동기화, 정서조절, 기억과정에 영향을 미치고 결국 인격형성을 조직화하는 기본 동기가 되는 행동이라는 것인데, 결국 인간은 관계 안에서 타인의 존재를 근거로 자기가 형성된다는 것이다.[6] 넷째, 이 애착행동은 성장하면서 중요한 보호자와의 관계패턴에 따라 다양한 모습을 띠긴 하지만, 어떤 형태로든 평생에 걸쳐 지속되는 하나의 성격패턴으로 유지된다는 것이다.

이렇게 모든 인간이 애착행동이라는 관계성을 가지고 태어난다는 개념은 하나님의 형상대로 지음을 받았다는 기독교의 명제를 상기하게 된다. 현대 조직신학에서 더욱 강조하듯이, 하나님의 형상에 관한 성찰 중 특히 강조되고 있는 점은 하나님 자신의 관계성이며, 이것은 기독교 신학의 중심 주제인 삼위일체 하나님을 설명하는 것인데, 하나님은 영원

196

하신 삼위일체의 관계 가운데 존재하시며, 인간을 그와 같은 당신의 형상을 따라 관계 가운데서 창조하심으로서 그 관계성을 피조세상에 피뜨리시고, 드디어는 사랑으로 연합함으로써 새로운 창조세계를 완성하시려고 인간을 당신의 형상대로 창조하셨다는 기독교적 성찰과 맥을 같이 한다. 하나님의 이미지, 그 속성에는 타자와의 관계성에 대한 중요성이 강조되며, 이는 그의 이미지대로 지음받은 인간은 일차적으로 하나님과의 관계, 타인과의 관계 그리고, 이 지구상의 모든 피조물들과의 건강한 관계를 전제로 창조된 것이므로 애착이론들이 말하는 관계성의 특성들은 우리의 아이덴티티, 자기의 감각, 발달과 웰빙, 및 치유와 영적 성숙을 이해하는데 중요한 성찰을 제공한다. 온전한 인간이 된다는 것은 관계 속에서의 존재로서 구현되는 것이며, 관계성은 모든 존재들의 원초적인 존재방식임을 뜻한다. 바로 이 점에서 애착이론의 구체적인 성찰들은 기독교 심리치료 및 영성지도, 목회적 돌봄의 현장에서 적지 않은 도움을 줄 수 있다는 기대를 갖게 한다.

그러나 애착이론에 관한 핵심 개념들 중 우선 먼저 논의의 대상이 되는 것은 바로 애착행동을 진화론의 산물로 보는 그들의 관점이다. 애착이론의 창시자 Bowlby를 비롯한 학자들은 이 애착행동이란 보호자나 강자에게 밀착하여 불안과 위협으로부터 개체나 종족이 스스로를 보호하려는 안전을 위한 본능적, 방어적 행위라고 보며, 종족의 생존을 위한 진화의 결과라고 보았다. 이와 같은 진화론적인 관점은 과학적 논리의 세계에서는 널리 받아들여지는 주장일 수 밖에 없어 보이는데, 이는 각 종에 따라 다소의 차이가 있기는 하지만, 비단 인간에서 뿐만 아니라 모든 종류의 동물들의 생태계에서도 쉽게 관찰될 수 있는 행동이며,[7] 인간의 애착행동을 관찰하는 과정에서도 이것이 객관적으로 관찰되는 행동이다. 이에 관한 대표적인 연구로서는 유명한 Ainsworth 등의[8] 실험을 들 수 있는데, 유아와 엄마를 일정 시간 떨어뜨려 놓았다가 다시 만나게 했을 때 다양한 애착행동을 보이는 유아들을 관찰하면서, 이 역시 안전한 대상과의 애착을 통하여 자신의 정서적 위험을 조절하고 안전을 확보하려는 보호행동임을 분명히 알 수 있다. 그러나 애착행동은 아무런 방어없이 태어난 갓난 아이가 생존을 위하여 안전한 대상에 붙어서 자기보존과 정서적 혼란을 극복하려는 행동으로 출발하지만, 이에서 그치지 않고 점점 성인이 되어가면서 인간의 보다 높은 가치들, 즉 상호 이해, 공감, 신뢰, 공동체 구축과 헌신, 우정과 자기구현 등 미래적 가치들로 성숙하여 마침내는 관계 속에서 사랑의 완성을 향하여 나아가는 모습으로 바뀐다을 놓쳐서는 안될 것이다. 애착이론가들은 이런 고상한 행동들도 결국은 알고 보면 살아남기 위한 생존본능, 자기보호본능이 종의 진화에 따라 좀 더 정교하게 뇌에 새겨져 내려 온다는 해석을 달고 있긴 하지만,[9] 그러나 이러한 동일한 현상에 대하여 기독교적인 성찰은 정반대의 이해를 제시하고 있다. 기독교 영성의 입장에서 보면 삼위일체 하나님의 형상으로 지음 받았었던 인류가 타락으로 인하여 하나님으로부터 분리된 상태가 되었고, 하나님과의 단절은 온전한 인간성의 상실을 초래하였다고 보며, 따라서 이를 현존 인류의 영적 특성이라고 말 할 수 있다면, 애착행동의 궁극적인 목적은 분리와 단절되었던 하나님과의 온전한 관계를 다시 재형성하려는 행동, 즉 상실했던 사랑의 완성, 그리고 이상적인 공동체회(하나님 나라)의 건설과 새 세계의 재창조라고 말할 수 있다. 하나님은 인간이 당신의 이미지를 상실한 것을 궁휼히 여긴 나머지, 육신의 부모와의 애착관계를 통하여, 인간성의 깊은 내면에 본능적으로 잃어버린 하나님의 이미지를 회복할 수 있는 일종의 지도를 만들어 놓음으로써 은총을 베푸셨다는 이해가 가능하다. 그리고 Kohut이 분석적 사랑이라고 부른 공감적 연결, 애착은 본능적인 행동에서 출발하지만, 부모가 되어서 점차로 보다 높은 차원으로의 완성적인, 성숙을 향한 의지적인 행위. 나를 나누어주고, 나를 포기하는 행위. 타인을 위한 희생의 행위로 회귀하는 그리스도적 사랑으로 확장된다는 것으로 해석될 수 있다.[10] 그렇게 이해될 때, 애착행동은 하나님의 이미지를 추구하는 동기화로서, 관계성은 하나님의 선물로서 이해가 가능하다. 즉 하나님은 인간과 관계를 맺고, 그 사랑을 완성하기 위한 프로그램을 만드시고 인간의 출생부터 심어놓으신 씨앗, 원래는 영원한 존재로 창조하셨지만, 잠시 유한한 육화된 존재로서 당장의 생존을 위한 목적과, 그리고 결국의 궁극적인 사랑의 목적을 위하여 베푸신 선물로 이해될 수 있다. 말하자면 Augustine의 고백처럼[11] 애착행동은 하나님으로부터 분리된 인간의 재애착 시도이며, 새로운 세계의 구성원으로서 참여하려는 재창조의 행위로 이해될 수도 있는 것이다.

여기서 만약 이런 기독교적 성찰을 그대로 받아들인다면, 애착이론을 기반으로 하는 심리치료는 그 근거에 상당한 변환을 가져오게 된다. 즉 어린 시절 잘못된, 불안정한 애착관계를 통하여 병적으로 성장한 성인이 새로운 애착관계, 심리치료자나 돌봄의 주체자와의 관계를 통하여 이를 치료하거나 성숙을 꾀할 수 있다는 것이 이 심리치료의 이론적 근거인 셈인데, 위와 간은 기독교적 성찰을 수용한다면 당연히 애착의 궁극적인 대상은 초월자이자 내재하시는 성령 하나님이 되어야 하며, 하나님과의 연합의 관계를 통해서만이 온전한 성숙이 가능하기 때문에, 애착이론에만 의지하는 심리치료 그 자체의 치유효과에는 한계가 있을 수 밖에 없다고 보며, 결국 치료자 또는 목회적 돌봄의 주체자는 그 자신이 관계의 대상이라기 보다는 치유를 온전하게 하기 위한 은혜의 통로로서의 역할임을 확인할 필요가 있게 되며, 여기서 심리치료와 영적 치유(지도)가 통합적으로 사용되어져야 한다는 가정을 지지해 주게 된다.

기독교인의 성인애착과 하나님애착

　이상의 근본적인 차이점에 대한 성찰에도 불구하고, 유아와 엄마 사이의 관계의 패턴에 대한 애착이론의 구체적인 실험 결과들은 우리의 인간관계에서의 성장에 대한 매우 유익한 정보를 제공할 뿐만 아니라, 우리가 회심하고 나서 내주하시는 성령님과의 교제를 통하여 어떻게 영적으로 성숙되어 가는 지에 대한 보다 구체적인 이해에 도움을 준다.

　Ainsworth는 1953년 연구에서 어린이가 엄마와 분리되었다가 재결합하는 과정에서의 행동을 관찰하고, 이를 3가지로 분류하였다.[12] 엄마와 안전하게 애착상태에 있었던 유아는 엄마의 복귀 후에도 적극적으로 놀이와 탐색을 계속 하고, 짧은 분리 후의 고통 상황에서는 바로 엄마와의 접촉을 시도하였고 엄마에 의하여 쉽게 편안해져서 빠르게 다시 그들의 놀이로 돌아갔다. 반면, 불안하게 애착되었던 상태의 회피성 유아(anxious-avoidant)는 엄마가 떠났을 때 흥미 소실을 보이고, 돌아온 엄마를 피하였던 반면, 고통을 피하려고 적극적인 활동으로 바꾸었다. 마지막으로, 불안하게 애착되어 있으면서 저항적인(anxious-resistant, or anxious-ambivalent) 유아는 엄마와 접촉하려는 시도와 엄마와의 접촉을 거부하는 사이에서 왔다갔다 하였다. 나중에 와해된 애착(disorganized attachment)이 4번째 유형으로 추가되었는데, 유아는 기괴한 해리 타입의 행동을 보였고, 이는 그들이 엄마에게 가까이 가기 위한 어떤 조직화된 전략도 가지고 있지 못함을 반영하였다.[13]

　또한 볼비와 그 제자들이 연구한 애착행동의 3대 특성을 요약하면 다음과 같다. 첫째, 어린이들은 애착인물에게 접근성을 추구하는데, 즉 울음, 따르고 매달리고 하는 행동 등을 통하여 애착인물에게 신체적, 정신적으로 접근하려는 목적 행동을 보이며, 그 이면에는 애착인물로부터 분리되는 것에 대한 저항과, 분리되었을 때 좌절하는 특성이 있다. 두번째 어린이들은 애착행동을 통하여 안전한 피란처, 즉 안전한 천국을 추구하며, 이와 관련되는 일련의 애착행동은 어린이 스스로를 해로부터 보호하려는 목적이 있으며, 따라서 애착시스템은 위험에 대하여 고도로 예민하게 반응한다. 세 번째, 이 안전한 터전은 이를 안전기지로 삼아 어린이로 하여금 주위 환경을 탐색하게 만들며, 고통에 직면했을 때 양육자를 찾도록 만든다.[14] 이런 점들은 애착관계의 발달과 심리치료에서 매우 중요하게 고려해야 할 부분들일 뿐만 아니라, 어찌보면 아주 당연시됨으로써 특별한 주목을 받지 못할 수도 있는 특성들이지만, 곰곰이 생각해 보면 이들 행동들의 하나 하나가 의미하는 바는 우리가 하나님과의 관계에서 표출되는 영적 행동들이나 반응들을 아주 잘 묘사해주는 점이 있어 인간이 종교생활을 시작하고나서 보이는 영적 생활의 측면을 잘 이해하고 문제를 해결하는데 도움을 주는 면도 있어 많은 성찰의 여지는 주고 있다.

이를 바탕으로 그의 제자 Mary Main과 그 동료들은 성인의 애착분류 특성을 이해하는데 발전을 이루었는데, 성인에 있어서도 애착행동을 분류할 수 있다고 보아 이를 4가지 타입으로 분류하였으며, 이러한 애착유형, 즉 정서소통의 타고난 패턴인 내적 작동모델(Internal Working Model; IWM)[15]은 세대 간을 넘어 전달된다는 것을 발견하였다. 이러한 성인의 애착 유형은 평생, 그리고 대를 이어가면서 고착이 된 상태로 표출된다고 보았는데, 여기서 매우 흥미를 끄는 의문은 대인관계에서 보이는 성인의 애착유형은 신앙인의 경우 그대로 하나님을 향한 관계에서의 애착유형으로 성인의 신앙행태에도 그대로 적용될 수 있을까 하는 점이다. 그런데 이제까지 여러 차례 언급한 바와 같이 돌봄을 받는 자와 돌보는 자(어린이와 엄마, 환자와 치료자, 그리스도인과 하나님) 간의 관계는 상호 유비성이 있다고 보기 때문에, 이러한 성인 애착 유형은 하나님과 그리스도인 과의 사이에서도 충분히 적용해 볼 수 있는 여지를 보인다고 할 수 있는데, 애착행동 그 자체의 존재는 무엇보다도 그리스도인들에게는 하나님에 대한 애착과 부모애착의 공통점에 대한 확실한 증거로서 하나님을 향해 '아버지'라고 부를 수 있도록 허락 받았다는 말씀들을[16] 필두로, 성경은 곳곳에서 인간과 하나님과의 관계를 육신의 부모와 자녀 간의 관계로 잘 설명하고 있다.[17] 아울러 그것이 가능하다면 목회적 돌봄의 장이나 영성지도에서도 신자들이나 수련자들을 보다 잘 이해하고 도울 수 있는 방법이 되므로, 이 분야의 연구자들에게는 매우 흥미로운 주제로서 많은 연구자들의 관찰과 설문조사를 통하여 연구가 이루어지고 있는데, 그 중에서도 특별히 Kirkpatrick의 연구 결과가 매우 풍부하면서도 주목할 만 하다. 그러므로 애착이론들에서 언급하는 애착행동의 형태 및 애착 관계에서 보여지는 여러 다양한 현상들이 기독교인들의 영적 생활의 구체적인 양상과 어떻게 직접적인 관련을 가지고 있느냐에 대하여 상호 비교하는 것이 이 글의 논의의 초점이 될 것으로 보인다.

Kirkpatrick은 기독교인들의 종교행동, 특히 하나님과 정서적으로 관계를 맺을 때 나타나는 특성들이 유아들의 애착 특성과 유사하며, 하나님도 이의 연장인 성인애착의 대상이 되는 것으로 보아 이러한 기독교인들의 성인애착의 특성을 '하나님 애착(attachment to God)'으로 정의하였는데,[18] 그 특성을 다음과 같이 요약하였다. 첫째, 기독교인들의 종교활동은 하나님에 대한 근접성을 추구하는 애착행동이라는 것이다. 애착 초기의 영아는 애착대상과의 접촉을 위해 울거나 팔을 들어 올리는 등의 행동을 한다. 하나님을 향한 그리스도인들의 행동들, 즉 기도 가운데서 무릎을 꿇고, 고개를 숙이거나 하늘을 향해 들손을 들고 눈을 감거나 두 손을 맞잡는 등과 같은 행동들은 모두 애착대상으로서의 하나님을 향한 근접추구 행동이 된다고 본다. 특별히 Kirkpatrick은 방언(glossolalia)이 영아의 옹알이나 유아적인 언어의 형태에 비교될 만한 애착챙동이라고 보았다. 나아가서 기독교인들이 교회를 찾고 예배와 기도를 하는 행위는 포괄적인 의미에서 근접추구 행동으로 볼 수 있으며,[19] 따라서 삶의 위기나 문제에 직면하면 일상시 보다 더 열심히 교회를 찾고 예배와 기도를 통해 하나님의 임재를 경험하려고 한다.

둘째는 안전기지로서 하나님에 대한 인식이다. 일찍이 Bowlby와 Ainsworth는 간다(Ganda)부족 유아들의 탐색행동에서 발견한 안전기지 개념을 바탕으로 애착대상이 안전한 천국(safe haven)으로서 기능을 한다고 말한 바 있었는데,[20] 애착대상인 어머니는 유아가 스트레스나 위협을 느낄 때 보호를 받을 수 있고 돌아갈 수 있는 안식처가 되고, 위험이 없다고 느끼면 환경을 탐색하는 활동을 할 수 있도록 만들어 주는 안전기지가 된다. 따라서 유아는 애착대상과의 분리에 저항하게 되는데, 애착인물의 상실이나 장애물의 간섭으로 근접성을 유지할 수 없게 되면 분리의 위협에 대한 강한 감정을 느낀다.[21] Bowlby는 일정기간이 지나도록 엄마를 만나지 못한 유아에게tj 특수한 정서적 반응이 유발된다는 점도 관찰하였다. 이러한 정서반응은 바로 애착행동을 분류하는 특성이 되며, 이는 어린이가 성인이 되어서도 내적 작동모델(internal working model)로서 계속 개인의 대인관계 행동패턴에서 유지가 되고, 삶에서 겪게 되는 여러 가지 고난과 위기의 시기와 개인의 건강에 문제가 생겼을 때, 그리고 애착대상을 상실하였을 때 더욱 뚜렷이 나타나게 되는데,[22] 이렇게 애착대상의 상실이 애착행동을 일으키는 것은 애착체계의 활성화를 유도하는 사건 중 하나이기 때문으로 본다. 이와 같은 이유로 사람이 고난과 위기의 시기에 종교로 전향한다는 것이 설명될 수 있는데, 이를 지지해주는 증거들은 아주 오래전부터 많이 이어왔으며, 결국 고난과 위기의 시기에 애착대상의 상실을 경험한 사람들은 대체 애착대상으로 하나님을 찾는다고 본다. 이렇게 하나님을 안전한 안식처, 애착이론에서 말하는 안전기지로 이해한다는 개념은 성경, 특히 시편에서 잘 볼 수 있는데, 예를 들면 시편 18편에서 저자는 하나님을 반석, 요새, 구원자, 피할 바위, 방패, 구원의 뿔, 산성으로 표현하는 것이 그것이며,[23] 시편 23편은 이러한 애착 정서를 가장 잘 표현하고 있다.

이렇게 하나님을 안전기지로 믿는 이유 때문에 그 반대로, 하나님과의 분리와 상실에 대한 저항의 모습들 역시 애착행동으로 설명될 수 있을 터인데, 예를 들면 기독교인은 때때로 하나님은 자신과 함께하지 않으며 멀리 계시고 자신의 고통에 무관심하다고 생각하면서, 강한 정서반응을 보인다.

이 밖에도 Kirkpatrick은 그의 여러 연구들을 통하여 기독교인들의 종교활동과 애착유형과의 다양한 관계에 대한 사실들을 밝혔는데,[24] 즉 안정애착을 형성한 사람들은 하나님을 볼 때 자신의 인간관계 대상처럼 함께 해 주고 반응해 주고 사랑해 주며 돌보아 주는 애착인물로 기대한다. 반면에 회피형의 사람들은 하나님을 멀리계시고 접근 불가능한, 또는 차갑고 거부하는, 아니면 단순히 존재하지 않는 분으로 지각한다. 안정적 어머니 애착을 가진 응답자들은 인격적인 존재로서의 하나님 개념을 가지고 있으며, 현재도 하나님과 관계를 맺고 있다고 느끼는 경향이 더 많았다.

한편 안정적인 아동기 부모 애착은 사회화 기반 종교성과 관련이 있는 반면, 불안정 애착은 감정 기반 종교성과 관련이 있다는 연구결과도 관심을 끄는 대목이다. 즉 아동기 안정적 애착을 가진 성인의 종교성은 갑자기 일어난 것이 아니라 생애 일찍부터 시작되고 점차적으로 진행되었으며, 부모의 믿음을 채택하는 일치가설을 지지한 반면, 반대로 불안정한 아동기 애착을 가진 사람의 종교성의 변화는 초기에 시작되기 보다는 생애 후기에, 점차적이기보다는 갑자기 변화하였는데 이것은 보상가설을 지지하는 결과였다. 여기서 Kirkpatrick은 불안정 애착경험을 가진 사람이 어떻게 갑작스럽게 사랑하시는 하나님을 경험하게 되는지를 애착이론을 근거로 설명하였는데,[25] 즉 그들이 심한 스트레스를 받거나 병들고 지쳐 있을 때, 또는 주된 애착인물에게서 분리나 상실을 경험할 때는 애착체계가 새로운 애착대상을 찾고 그 대상에 대한 근접을 추구하는 욕구가 높아지는 때이며, 그때 그들에게 하나님은 무조건적인 사랑을 주는 애착대상으로 발견된다고 설명하였다.

결국 하나님에 대해서도 인간 애착대상과 마찬가지로 안정된 애착을 한 성인은 종교적 신앙에서도 점차적인 종교적 변화와 수용을 보여 주며 더 안정된 사회화와 영성적 특징을 갖는 반면에, 회피적 또는 불안정 애착을 한 성인들은 때로 불안정한 성인관계를 종교생활로 보상하는 경우도 있고 더 감정적인 종교적 행동을 보이거나 갑작스런 개종을 하기도 하였다.[26]

이상과 같이 하나님에 대한 애착행동 연구는 그리스도인들의 종교성과 영적 상태를 이해하는 자료를 제공하고 이를 목회적 돌봄과 영성지도의 현장에서 적용할 수 있다고 보지만, 그러나 여기서 몇 가지 비판적인 시각을 가질 필요가 있는 논의점들이 있다. 예를 들자면, 일부 연구자들의 결과는[27] 불안정 애착유형에 있어서 삶의 어려움을 겪는 고비에서 하나님을 갈망하고 이에 따라 안정애착 유형에 비하여 보다 극적인 회심을 통하여 하나님을 찾아가면서 신비체험과 영적 깊이를 더하는 측면이 있는 반면, 후에 하나님으로 인하여 애착추구에 대한 충족에 일시적인 결핍이 생길 경우, 즉 다른 고비에서 침묵하시는 하나님을 만나는 경우 안정애착 유형에 비하여 보다 쉽게 신앙의 길을 포기하거나 좌절에 빠져 다른 곳에서 충족을 추구하게 되는 경향이 많다는 보고가 있다. 이를 토대로 일부 연구자들은[28] 영적 생활에서도 마치 안정적 애착형태가 불안정 애착형태보다 더 바람직한 형태라고 평가하는 경향이 있으며, 나아가 안정적 하나님애착이란 하나님을 절대적 의존대상으로 여기고 하나님의 은혜를 사모하며 하나님의 명령하심에 순종하는 관계로 보고 이를 치유와 성숙에 적용하려는 제안마저 있다. 그러나 이는 보다 다양하고 복잡한 영적인 차원의 고려가 필요하다고 보는데, 오히려 이상적인 애착이 최종적으로 안정애착이라고 볼 수는 없을지도 모른다. 즉 안정애착은 단지 출발점일 수 있으며, 이를 바탕으로 한 영성 여정의 끝은 신비에 속한다. 크리스천에게는 안정애착이란 하나의 과정일 뿐, 어둔 밤에서 보는 것처럼 안정애착이 도전받는 과정도 있으며, 그 끝은 애착이라는 용어가 합당하지 않은 곳일지도 모른다. 더더구나 하나님 이외의 세상의 그 어떤 대상, 돈, 명예, 타인 등에의 안정애착은 결코 전통적인 기독교적 개념에서는 영적으로 건강한 것이라고 할 수 없으며, 오히려 중독이라는 용어가 타당할 수도 있다. 전통적인 개념에서는 심리적으로 안정애착 상태에 있어서 하나님을 찾을 필요가 없다는 것은 영적으로 건강하다고 말할 수 없으며, 그런 의미로 좀 더 미묘하게는 영성과 종교성은 다른 개념일 수 있다. "좁은 문으로 들어가라"라는 말씀을 따르자면, 현실에서의 안정애착은 어려울 수도 있다. 따라서 일반 사회에서 치유를 언급할 때는 치료자와 내담자의 안정애착을 바람직한 관

206

계로 보지만, 이러한 인간관계에서의 안정애착은 하나님을 향하는 갈망을 무산시키거나 회피하려는 단계에 머물게 하는 위험도 있을 수 있으며, 인간의 본질적인 절망과 삶의 궁극적인 실패(죽음)로 인하여 인간의 안정애착이란 궁극적으로는 가능하지 않다는 사실을 외면하는 핑계로 사용될 가능성, 그리고 하나님과의 안정애착을 끊임없이 공격하는 우주적인 악의 실존세력의 존재를 부정하려는 논리로 사용될 수도 있다는 점을 인지할 필요가 있다.

  연구자들의 하나님 애착에 대한 심리학적 접근은 기독교인의 지각된 하나님과의 관계를 이해하는데 중요한 틀을 제공하고, 신앙과 종교행동으로 나타나는 하나님과의 관계는 성인애착 경험과 관련된 심리적 애착과정을 반영하는 측면이 있기는 하나, 신앙과 종교에 대한 심리학적 환원주의의 한계를 띠게 되는 위험이 있을 수 있는데, 즉 기독교 신앙행동에 내재된 애착행동이 하나님 창조의 섭리로서 가지는 영성적 가치, 즉 사랑의 완성이라는 궁극의 가치를 설명해 주지는 못 하고 있으며, 이로부터 유래되는 고상한 가치들, 즉 단순한 개인의 애착행동을 넘어서서 공동체적인 협력과 양보, 용서와 자비, 헌신과 인내 등 영적인 성숙의 발현을 설명하지 못한다는 점을 유의해야 할 것이다.

  아울러 하나님 애착을 심리학적으로 설명하는 것은 하나님 실존에 대한 애착이라기 보다는 인간이 마음 속에 지니고 있는 하나님 표상— 일정 부분 왜곡되어 있기 마련인—에 대한 애착이므로, 하나님과 인간의 관계에 대한 부분적인 해석에 불과하며, 내재하시는 성령 하나님의 능동적인 관여와 이끄심에 대한 이해는 아직도 신비에 싸여 있어서, 그에 대한 우리의 예측이나 논리를 뛰어넘는다는 여백을 고려하지 못함을 이해해야 한다.

물론 애착이론은 Rizzuto의 하나님 이미지나 표상이론[29] 보다는 하나님과 우리 인간과의 관계를 훨씬 역동적으로 관계적인 차원으로 이해할 수 있음을 시사한다는 점에서는 보다 진일보한 이론이기는 하다. 즉 Rissuto의 이론은 단순한 우리의 심리 내적인 이미지를 다루는 고정적인 차원에 불과하지만, 하나님을 향한 애착행동에 대한 이론은 인간의 총체적인 자기와 실재 하나님과의 관계를 반영하는, 관계하는 실제 상황에 대한 성찰이다. 하나님 표상을 인간 내면의 심리적 표상이라고 한다면, 애착이론은 구체적으로 어린 시절의 애착대상과의 상호교류의 다양한 경험을 거치면서 내재된 내적인 작업모델과 더불어 실재 살아계신 하나님의 역사하심, 그 분의 행동과 인간의 반응 상호 간의 실재 관계에 대한 성찰을 줄 수 있으며, 그 밖에도 우리가 아직 파악하지 못하는 신비 차원, 즉 성령 하나님과의 함축적인(imlicit) 관계경험을 통하여 지속적으로 역동적 변화를 거치는 과정에 대한 것이다. 특히 우리가 회심의 과정을 거쳐 하나님 성령과 어떻게 지속적인 상호작용과 공감적 관계성을 통하여 영적으로 성숙해 나가야 할 것인지에 대한 보다 구체적인 그림을 그려준다. 아울러 이에 관하여 목회적 돌봄이나 영성지도 현장에서 지도자가 어떻게 도움을 줄지, 지도자가 어떤 역할을 해야 할 지에 대하여 많은 숙제를 던져 준다. 예를 들면 과거에는 지도자가 수련자나 내담자의 왜곡된 하나님 이미지, 정체된, 고정된 개념으로서의 하나님 이미지를 인식하고 해석을 통하여 수정하도록 개입하는 것에서부터, 고정된 하나님의 이미지가 아닌 개인의 내부에서 계속적으로 변화하는 관계 속에서의 하나님의 현존과의 관계에 대한 성찰로, 훨씬 복잡하고 다양한 요인들을 고려할 수 밖에 없게 된다.[30]

목회적 돌봄 및 영성지도 현장에서의 애착이론

애착이론은 어린이가 그 주요 애착 대상과의 관계 상황이 불안전하다고 느낄 때, 그 애착의 끈을 유지하기 위하여 위협이 되는 정서경험을 회피하거나 의식으로부터 제거하고 비정상적인 내적 작동 모델(internal working model)을 사용한다고 본다. 그러므로, 심리적인 건강함이란 자신의 정서적 경험, 특히 위협이 되는 부분까지도 온전히 느낌으로서 적절한 자기감과 적응기능을 극대화한다는 것이며, 그렇기 위하여 그는 그의 강렬한 정서를 조절하는 것을 돕도록 주요 애착대상과의 관계성을 이용하도록 하는 것이다. 반면에 정신병리란 외상적 정서에 압도되거나, 억압함으로 온전히 경험하지 못하는 것, 그리고 이 정서적 경험을 조절 가능할 수 있도록 주요 애착관계를 사용하지 못하는 것이라고 정의할 수 있다. 따라서 치료의 목표란, 치료적 관계를 이용하여 외상적 정서에 압도되거나 회피하지 않고 이를 조절할 수 있도록 치료관계를 사용할 수 있게 하는 것이다. 치료자와의 관계에서 오는 느껴진 안전감에 의하여, 환자 내면의 부정적이고 분리된 정서경험에 도달할 수 있게 되어, 정서적/관계적/반향적 과정에 의하여 파기된 경험의 통합이 촉진되며, 환자는 좀 더 응집적이고 안전한 자기감을 얻게 된다. 안전한 애착관계 안에서 내면의 외상적 정서를 탐구, 성찰할 수 있게 하는 것이 목표인 셈이다. 여기서 애착-기반 정신분석은 환자의 분석가에 대한 애착이 변화과정의 기본이 된다고 믿기 때문에 정통 정신분석과의 차이점은 치료자와의 실제 관계, 즉 분석과정에서 일어나는 환상적, 가상적 관계가 아닌 실제 관계가 변화를 일으킨다고 믿는다.

이와 마찬가지의 개념은 영성지도에서도 적용 가능할 것이다. 따라서 하나님에 대한 수련자의 애착관계는 영적 성숙의 변화과정에서 일차적으로 중요하다. 따라서 지도자에 의하여 행해지는 일반적인 개입은 수련자-하나님의 관계성에 초점을 두게 된다. 영성지도에서도 논의가 하나님과의 관계 경험, 그리고 이것이 이루어지는 장인 기도경험에 집중하는 이유가 바로 이 때문이며, 그리고 이를 충분히 표현하도록 격려하고, 표현된 그 관계적 정서를 충분히 이해함을 통하여 분별을 할 뿐 아니라 하나님과의 안전한 관계 가운데서 믿음을 발전시키려고 하는 의도는 애착이론에서의 성숙의 매카니즘으로 잘 설명이 된다.

　말하자면 지도자와 수련자 사이의 현실적인 수정적 정서경험을 통하여 안전한 애착관계를 형성하도록 돕고, 이를 토대로 형성된 지도자와의 관계에서 안전함을 확보한 수련자는 기도 가운데서 하나님에 대한 그의 모든 정서경험을 느낄만한 공간이 생기고, 이는 그가 회피했던 감정을 조절할 수 있는 능력이 생기는 것을 촉진하게 된다. 하나님에 대한 왜곡된 이미지와 감정, 및 이를 분리, 억압시키고, 그 대신 병적이고 피상적으로 관계를 유지하고자 하는 종교행태들은 기도 가운데서 성찰로 재조명된다. 예를 들어 고난 가운데 하나님으로부터 버려진 느낌을 가졌던 수련자는 지도자와 함께 하는 기도공간에서 안전하게 감정을 표현하고 조율하고 있다는 느낌을 내재화하게 되며, 결국 지도자와의 육체적 임재로부터 성령 하나님의 임재에 대한 느껴진 감각에 도달할 수 있게 도움을 받을 수 있다. 여기서 지도자(심리치료에서는 심리치료자)는 함께 하시는 성령 하나님의 교통하시는 통로로서 그의 몸과 마음을 도구로 사용한다고 할 수 있다.

　Wallin은[31] 그의 책 "애착과 심리치료(Attachment in Psychotherapy)"에서 애착기반 심리치료에 적용되는 개입의 성격을 언급하였는데,

즉 조율/공감적, 관계적 성찰적 해석(attunement/empathic, relational, reflective interpretation)과 , 정서적 자기개방(and affective self-disclosure)을 들었으며, 이런 개념들 또한 영성지도에서도 적절히 응용되어질수 있다고 볼 수 있다. 특히 영성지도에서 지도자가 수련자의 표현된 정서를 모두 인내할 수 있다는 확신을 줄 때 수련자의 확신은 그를 관계의 상실로 이르지 않도록 하는데, 이를 포샤(2000)는 '긍정적 관계 정서(positive relational affect)'라고 불렀고, 이 긍적적 감정은 영성지도에서도 역시 매우 중요한 요소이며, 심지어는 수련자가 가장 고통스러운 정서를 경험하는 하는 가운데서도 하나님에 대한 부정적인 이미지를 이겨내고 하나님과의 관계에 집중할 수 있도록 도와준다. 이러한 과정에서 지도자는 수련자의 반응을 해석하는데 매우 조심해야 하는데, 즉 조율/공감적, 그리고 관계적이고 성찰적으로 해야 하며, 이 또한 하나님과의 관계에서의 걸림돌을 제거하고 친밀하게 하는데 도움이 되는 경우에만 국한한다.[32]

아울러 치료에서 정서적 자기개방(self-disclosure)의 사용은 애착기반 정신분석의 주요 특징이 되는데,[33] 이 자기개방의 사용은 치료자 자신의 정서적 경험의 분명하고도 적절한 표현을 포함한다. 이런 종류의 개입은 영성지도에서도 도움이 되는데, 특히 수련자의 하나님 경험을 조율하는데 있어서 긍정적이다. 흔히 주위에서 우리는 하나님 앞에서는 내면의 원망이나 본노를 표현하는 것은 옳지 않다는 교육된 신념(educated belief)을 발견한다.[34] 따라서 이런 생각들은 억압되거나 표현하기를 꺼리게 되는데, 이 때 치유자나 영성지도자의 정서적 자기개방은 수련자나 내담자에게 상호 신뢰 안에서 자신의 내면을 조명하고 성찰할 수 있는 용기를 준다. 지도자가 수련자의 기도경험이나 하나님 경험에 효과적으로 동조하는 이러한 자기개방은, 지도자가 그의 고통의 깊이를 진정으로 이해하고 경험한다는 의미를 전달해 주며, 수련자의 내적인 반응과 자신감의 증가를 더욱 깨닫게 해 준다. 흔히 지도자의 자기개방은 수련자의 질문으로부터 촉발되는 경우가 많은데, 이 경우 지도자는 그의 함축적인 의문을 명확하게 확인한 다음, 그 질문의 의미가 수련자에게 어떤 의미를 갖는지를 탐색한 후, 그 대답에 정확하게 자기개방을 한다. 그러나 여기서 주의할 점은 때로는 지도자의 역전이, 즉 자신의 마음 속에 구원자 또는 이상화되는 욕망이 있음을 알고 있어야 하며, 이 때문에 지도자의 자기개방이 때로는 오히려 수련자가 표현하고 성찰할 수 있는 공간을 없애고, 앞서 나가서 일방적인 지시나 주장이 되어서는 안된다는 것이다.

반복해서 강조하는 점이지만, 영성지도가 애착기반 정신분석에서 도움을 받을 수 있는 자세는 지도자가 수련자의 정서에 매 순간순간 조율하고, 긍정적인 관계정서를 유지하도록 열려 있어야 하며, 하나님과 수련자 사이의 관계성이 잘 표현되도록 촉진하며, 수련자가 그의 하나님 경험과 기도 경험에 대하여 "느껴진 감각"을 알도록 공감적 해석을 제공하며, 정서적인 자기개방을 사용하는 것이다. 이 모든 것은 수련자가 지도자를, 그리고 이어서 궁극적으로는 하나님을 양육자로서 그에게 애착되어 있는 존재로서 느끼는 것을 알도록 돕는 것이다.

이러한 성찰의 과정을 Mary Main은 메타인지(metacognition)이라는 말로 개념화했는데,[35] 즉 메타인지란 엄마가 아이로 하여금 트라우마 경험에 빠져 혼란을 겪거나, 이를 분리해서 회피하지 않고 그러한 현실을 잘 이해하고 수용하게 하려는, 엄마 자신의 성찰에 대한 나눔을 의미한다고 볼 수 있다. 이 개념을 영성지도와 목회적 돌봄의 상황에서 적용하자면, 훌륭한 영적 지도자란 스스로 영적인 체험이나 반대의 고난에 대하여 메타인지를 잘 하면서, 그러나 이를 성도들에게 가르치거나, 코치하거나, 충고하거나, 제시하지 않고, 성도들이 스스로 성찰할 수 있는 공간을 마련해 주는 사람일 것이다.[36)]

Peter Fonagy와 그의 동료들은 Mary Main의 메타인지(metacognition)에 대한 연구를 확장시켜서, 정신화(mentalization)란 성찰적 기능(reflective function)의 연관 개념을 개발하였는데,[37)] 이 정신화 개념은 애착이론의 기본틀을 실천적으로 풍부하게 확장하였고, 애착이론이 임상적으로 접근하는데 중요한 혁신을 가져 왔다. 정신화의 과정은 개인이 타인과의 관계에서 심리적 자기를 발달시키는 과정과 안전한 애착을 만들어 내고, 상호주관적인 관계를 이루는 데에 중요한 역할을 하며, Fonagy와 동료들은 정신화를 인간의 발달과 심리치료에 아주 기본적인 과정이라고 주장하였다.[38)]

일부 연구자들은 하나님과의 고정적인 애착스타일에 더 관심을 갖고 있는 듯 보이는데 비하여, 오히려 현재적이고 역동적인 자기-하나님 관계의 변화과정 자체를 성찰적으로 보는 능력과 태도가 훨씬 더 중요한데,[37)] 이것이 바로 애착이론에서 발전한 정신화(mentalization)라고 할 수 있다. 이는 영성지도 현장에서도 실제로 응용될 수 있는데, 즉 하나님 경험을 수련자가 충분히 느낄 수 있도록 지도자와의 관계(성령과의 삼각관계) 속에서 관계적 여백을 제공하는 것이 지도자의 역할이 될 것이며, 그 안에서 자신의 하나님 경험이 이해 되어지고 정신화되어질 수 있도록 긍정적인 체험의 기억과 정서를 활성화 시키는 것이다. 이는 이냐시오 전통의 영성지도에서도 수련자가 데솔의 상태에 있을 때, 과거

콘솔의 경험을 상기시키는 질문을 던지고 그 전후 맥락을 성찰하도록 초청하는 데에서 볼 수 있듯이,[39] 과거 기독교 전통의 영적 수련의 장에서도 이미 사용되어져 온 개념이라고 할 수 있다. 단 여기서 애착이론이 말하는 정신화에 대비하여, 그리스도인들의 정신화는 하나님 안에서, 그 분과 함께, 그 분의 눈과 마음으로 현실 상황을 이해하려는 시도임으로, 그 과정은 동일하나, 그 내용과 해석, 도달하고자 하는 목표와 정체성에 있어서는 전혀 차원이 다르므로, 그리스도인들이 하는 정신화는 이를 별도로 구분하여 영적 정신화(spiritual mentalization) 또는 영혼화(soulization)이라고 부르는 것이 더 적절할 것 같다.

마지막 의문

성화(sanctification)란 하나님의 형상, Imago Dei를 회복하는 행위, 타락으로 인해 철저히 손상당한 하나님의 이미지를 회복하는 것이라는 기존의 신학적 정의를 애착이론에서의 관계 개념과 대비하여 생각해 보자면, 애착이론에서처럼 심리치료를 통하여 타인 존재와의 관계를 온전히 회복한다는 주장은 필라기우스적이라는 비판을 받을 수도 있다. 기독교 영성에서는 오직 성령과의 관계를 통해서만, 즉 성령의 도우심을 통하여 하나님과의 관계를 온전히 회복 수 있다는 것이며, 그리고 동시에 성령의 도우심은 비로소 인간과 인간 관계로 온전히 확장된다고 말할 수 있다. 여기서 애착이론은 이 과정을 좀 더 구체적으로 실감있게 설명하는데 도움을 줄 수 있으며, 위의 관계회복을 촉진하도록 하나님이 주신 지혜로서 이해되어 질 수 있으며, 하나님과의 관계를 가로막고 있던 장애물을 인간 간의 관계(애착, 신뢰관계)를 통로로 하여 회복이 시작된다고 말할 수도 있다. 그러나 애착이론은 다음과 같은 현실적인 심각한 의문에 부딪게 만들기도 한다. 즉 우리가 자기심리학에 대한 성찰에서도 제기했던 것처럼, 애착이론 또한 치료자가 더 안정적이고 초윤리적인 인내와 인격을 갖추어야 함을 요구하는데, 이것이 영적 훈련없이 가능할 것인가? 과연 누가 심하게 손상된 환자를 위하여 이렇게 오랜 기간 자신을 양육자로 내어줄 수 있을 것인가? 더구나 환자의 심각하고도 강렬한 왜곡된 정서상태를 이해하고 수용하려면 쉽지 않은 자기희생이 따르는 것을 고려할 때 이것은 과학적 이상론이 아닐까 하는 의문이 들 수도 있다. 치료자는 자신의 도덕적 한계를 넘어서서 영적인 차원의 준비가 되어있어야 하지 않을까? 직업적 윤리 이상의 소명을 가져야 가능하지 않을까? 설령 치료자가 건강하고 안전한 애착대상으로서 관계를 제공한다고 하더라도 이것으로 타인을 사랑하고 자기희생적인 애착이 이루어질 수 있을까? 그런 애착대상(안전기지)을 제공하기도 쉽지는 않겠지만, 단지 그것으로 치유가 이루어질까? 설령 어느 정도 효과적인 애착대상으로서 자신을 제공하고, 이를 통하여 내담자가 다소 인격의 성숙에 진전을 보인다고 하여도, 하나님과의 관계회복을, 즉 구원을 이루는 것은 전혀 다른 차원의 문제, 우리 인간이 할 수 없는 절대자의 결정이 아닐까? 설령 하나님과의 관계가 시작된다고 하더라도 우리의 일생동안 그 관계가 온전히 이루어질 수 있을까? 그렇다고 제시할 만한 실제 예가 있는 것인가? 이 세상에 만연해 있는 구조적인 악, 사회적 악, 관계 속에서의 악, 영적인 악의 존재를 너무 쉽게 간과하는 것은 아닐까? 이런 의문점 때문에 오늘날 수많은 서구의 심리치료자들이 (동양종교적인 또는 탈종교적인) 명상에 관심을 가지게 되는 것이 아닐까? 바로 여기에 기독교 영성이 심각한 관심을 갖지 않을 수 없게 된다.

9장 상호주관주의 Intersubjectivity

김 미 희

우리가 흔히 말하는 '관계 안에서 만난다'는 것은 무엇을 의미하는 것일까? 어떻게 하는 것이 관계 안에서 함께 한다는 것일까? 나와 서로 다른 타자들이 물리적, 심리적 영역에서 독립적으로 존재하면서도 함께 한다는 것은 그럴 듯해 보이지만, 실제적인 삶에서 과연 어떤 모습으로 펼쳐지는 모습이 진정한 만남인지에 대해서는 의문이 들 수 있다.

우리 자신의 존재와 가장 가까운 관계에 있는 가족 안에서의 관계를 바라본다면 그 안에서 물음에 대한 답을 찾아볼 수 있지 않을까. 실제로 집이라는 혹은 가족이라는 심리적, 물리적 관계 안에서 어떠한 일들이 일어나고 있는 것일까. 우리는 가족 안에서 성장하게 되면서, 자신과 밀접하게 연결되어 있지만 다른 한편으로는 나와 다른 타자일 수 있는 부모 또는 형제와 함께 많은 시간들을 보내게 된다. 그 안에서 우리는 가족들과 좋든 나쁘든 어떤 방향으로든지 관계를 형성하게 된다. 가족 안에서 자기로 존재하는 '자율성'과 함께 존재하는 '친밀감'이 함께 조화롭게 이루어지면 좋겠지만, 가족 역시 서로 다른 타자들이기에 그렇지 못한 상황도 발생한다.

만일 가족 안에서 각 자가 독특한 자신만의 세계를 가진 존재들로서 서로에게 존중되지 못한다면, 이러한 상황들은 암묵적인 문제로 남아있으면서 관계에서 긴장과 갈등을 만들어낸다. 이와 같은 긴장과 갈등들이 관계 안에서 조율되거나 해결되지 못한 경우 다양한 문제 상황들이

217

발생하게 될 수 있다; 때로는 가족 안에서 커다란 하나의 목소리가 다양한 다른 목소리들을 잠재우곤 한다. 즉, 한 사람이 자신의 원함과 욕구를 소리치면서 나머지 구성원들을 자신이 원하는 대로 변화시키려는 폭력을 가하기도 한다. 다른 한편으로 우리는 가족들과 함께 있는 게 세상 불편한 일로 느껴져, 자신의 방문을 닫고 폐쇄된 자기만의 세상 안에서 꼼짝 않고 있는 게 더 좋다고 느껴질 때도 있다. 또한 가족 안에서 불편한 갈등을 만들지 않기 위해, 가슴속 깊이 담겨져 있는 이야기를 나누지 않고 웃는 얼굴과 가벼운 말들로 암묵적인 불편함을 억압한 채 아무 문제없는 관계를 형성하기도 한다. 때로는 우리들은 친밀한 가족이라고 공모하면서, 가족 구성원 중 누구라도 자율적으로 움직일 경우 비난으로 죄책감을 불러일으키는 등으로 암묵적인 위협을 가하는 경우도 있을 수 있다.

이처럼 관계 안에서 '자율성'과 '친밀감'은, 무엇인가 하나를 주장하기 위해서는 다른 하나는 잠시 외면하거나 묻어두어야만 하는 양립할 수 없는 것으로 인식되곤 한다. 그러나 '홀로 그리고 함께' 하는 상황이 양립될 수 없는 곳에서 진정한 만남은 이루어지기 어렵다.

Hughes는 서로 분리되어 닿을 수 없는 다른 두 타자들이 어떻게 관계 안에서 자신을 잃지 않으면서도 서로 함께 할 수 있는 지를 다음과 같이 아름답게 묘사하고 있다.

"건강한 가족 안에서 아기는 숨쉬고, 먹고, 웃고, 우는 것만큼
자연스럽게 부모와 안정적 애착을 이룬다.
이는 아기와 부모의 조화로운 상호작용 덕분에 수월하게 일어난다.

부모는 아기의 생리, 정서 상태를 인지하고
아기에게 민감하게 그리고 가능한 충분하게 반응한다.
단순히 특정 욕구에 반응하는 것을 넘어서,

부모는 아기와 함께 '춤을 춘다.'
날마다 수백 번씩 부모는 아기와 함께 춤을 춘다.

아기가 춤을 추지 못하고 심지어 어떤 음악도 듣지 못하는 가족도 있다.
이때 아기는 안정 애착을 형성하지 못한다.
오히려 아기의 과제-아기의 지속적인 시련-는
낯선 사람이나 다름없는 부모와 같이 사는 법을 배우는 것이 된다.
낯선 사람과 사는 아기는 잘 살지도, 잘 자라지도 못한다."[1]

Hughes는 두 사람이 건강하게 함께 하는 방식을 '날마다 수백 번씩 춤을 추는' 과정으로 묘사하고 있다. Hughes가 말하고 있는 춤은, **서로 다른 삶의 역사를 가진 채 분리되어 닿을 수 없는 타자들이 함께 공유하는 수많은 접촉점을 표현하고 있다.** 하루에도 셀 수도 없이 매순간 이루어지는 수많은 접촉점들은 함께 모여 아름다운 선과 공간의 흐름으로 표현된다.

두 사람이 함께 하는 춤, 이러한 춤과 같은 두 사람의 관계방식을 실제화해서 설명할 수 있는 이론이 바로 "상호주관주의"라고 할 수 있다.

상호주관주의는 '사랑을 하기위해서 서로 다른 주관성을 가진 존재들이 어떻게 함께 존재해야 되는지'에 대한 전제들을 이야기하고 있다. 다시 말하면 **상호주관주의는 '서로 다른 주관성을 가진 채 분리되어 닿을 수 없는 타자들이 어떻게 관계 안에서 자율성과 친밀감을 함께 누리면서 사랑하는 관계를 만들어갈 수 있는 지'를 설명하는 정신분석 이론**이라고 할 수 있다.[2]

상호주관주의란 어떤 이론인가

1980년대에 들어서 정신분석에 있어서 '양자 체계 dyadic systems view'로 인해 패러다임의 전환이 일어났는데, 그 중심에는 "관계"가 있다. 이러한 관계 중심적 정신분석의 중요한 메타포는, 우리의 심리적 현상이 관계적 맥락 안에서 이루어지는 지속적인 상호작용으로 인해 만들어진다는 점이다.

이러한 관계 중심의 정신분석은, 인간의 정신내적인 현상은 한 사람의 내면 안에서 고립되어 독립적으로 발현되는 것이라고 주장했던 Freud의 이론에 대해 반론을 제시한다. 그리고 오히려 정신내적인 현상들은 그것들이 경험되어지고 있는 더 큰 상호작용적 체계의 맥락 안에서 이해되어야 한다고 말한다. 이러한 패러다임의 전환으로 인해 정신분석은 '한 사람 심리학 one-person psychology'으로부터 관계적이고 상호주관적인 '두 사람 심리학 two-person psychology'으로 전환되어 왔다.[3][4]

관계 중심의 정신분석의 흐름 안에서 상호주관적 정신분석학자로 지칭되는 Stolorow와 Atwood, Orange, Bacal은, 현상학에서의 상호주관성 intersubjectivity이란 개념을 처음으로 정신분석에 도입했다.[5] 이들은 상호주관주의를 Kohut의 자기심리학의 흐름으로부터 나타난 새로운 패러다임으로 바라보고 있다. Stolorow는 정신분석 안에서 내담자의 전이감정과 치료자의 역전이 감정사이의 연결을 서로 다르게 형성된 내담자와 치료자의 두 주관성이 서로 상호작용하는 것으로 설명하면서 상호주관주의를 발전시켰다. Stolorow외 분석학자들은 상호주관주의를 다음과 같이 정의하고 있다.

"상호주관주의란 분석적 맥락에서 두 개의 주관성, 즉 환자의 주관성과 분석가의 주관성간의 교차로 이루어지는 특정한 심리영역이다."[6]

Stolorow외 분석학자들은 앞 서 언급한 바와 같이 마음의 구조가 Freud가 제시했던 '한 사람 공식화' 중심으로 전제되는 것을 비판하면서, '데카르트적인 고립된 마음이라는 신화'의 문제성을 제시했다. 즉 '개인을 그 자신의 관계적 맥락으로부터 단절시키는 것'의 문제를 제시하고, 한 사람의 주관적인 경험은 그 사람이 자신을 발견하는 관계적 맥락에 영향을 주기도 하고 동시적으로 받기도 한다는 점을 강조한다.[7] Stern 역시 Kohut이 공감을 산소에 비유하듯 상호주관성 체계 역시 산소와 같다고 설명하면서,[8] 상호주관성은 관계에서 부수적인 것으로 여겨질 수 없는 본질적인 것이라고 언급하고 있다. 그는 더 나아가 상호주관성은 두 사람 중에 어떤 한 사람의 편에서만 일어날 수 없으며 지속적으로 두 사람 간의 관계에서 발생하는 것이라고 하면서, 두 주관성의 마음과 상호주관성 간의 관계를 다음과 같이 말하고 있다.

"두 마음은 상호주관성을 만들어낸다. 하지만 동일하게 상호주관성도 두 마음을 형성한다."[9]

상호주관적 관계의 근원이라고 할 수 있는 아기와 엄마간의 관계를 생각해볼 때, 둘 중에 엄마의 영향력이 더 크다고 하더라도 상호주관성을 형성하는 데 있어서 아기와 엄마는 각각의 주관성을 가진 존재로 참여하게 된다. 그리고 둘은 함께 그들만이 창조해낼 수 있는 독특한 상호주관적 영역을 구성한다. 같은 맥락으로 상호주관주의에서는 정신분석의 장에 있는 치료자와 내담자의 관계를 아기와 엄마간의 관계처럼 바라본다. 즉, 치료자와 내담자는 각각 독특한 삶의 역사를 구성하는 중요한 경험들로부터 만들어진 주관적 세계를 갖고 있는 주체들로 인식된다. 상호주관주의자들은 기존 정통 정신분석 안에서 전제되어왔던 명제인 '치료자에 의해 관찰된 절대적 객관'이라는 것은 신화적인 것으로 주장하면서, '내담자에 대한 치료자의 인식은 치료자의 주관에 의해서 불가피하게 영향을 받는다'는 점을 강조한다. 그리고 치유는 치료자와 내담자의 두 개의 주관성이 만들어내는 상호작용적 맥락, 즉 내담자의 전이와 분석가의 역전이 사이에서의 상호작용에 의해 만들어지는 상호주관적 영역 안에서 일어난다는 것을 강조한다. 이와 같이 상호주관주의는 치료의 장안에서 두 주관성 사이에서 매 순간 이루어지는 접촉점을 둘러싼 관계적인 맥락과 과정에 초점을 둔다. 이 안에서 지속적으로 이루어지는 치료자의 공감적-성찰적 탐색 empathic-introspective inquiry을 통해 탐색되는 것은, 내담자의 경험을 구성하고 있는 원칙들과 치료자 자신의 경험을 구성하고 있는 원칙들이며 그리고 그 두 사람 사이에서의 상호작용에 의해 형성되는 상호주관적 영역이라고 할 수 있다.

상기한 바와 같이 두 주관을 가진 사람들의 마음이 공유되기 위해서는 우선 마음이 형성되어 있어야한다. 상호주관주의에서는 어떻게 마음이 만들어진다고 보고 있을까.

어떻게 마음(주관성)이 형성되는 것일까

마음의 구조가 형성되는 것에 대한 상호주관적 관점은 Freudian들과는 다르다. 상호주관주의에서는 Freud가 말한 무의식적 개념을 데카르트적 세계관에 따른 산물로 주장한다. Stolorow는 '나는 생각한다. 고로 나는 존재한다'라는 데카르트의 자기 인식적 코기토 cogito에 의문을 던지면서, "모든 경험을 만들어내는 관계성의 구성적인 역할"을 무시한 채[10] 관계적 맥락과 무관하게 고립되어 형성되는 마음은 존재할 수 없다고 비판하고 있다.

Stolorow외 분석학자들은 Freud가 설명하는 무의식과는 다른 무의식에 대한 상호주관적 기원에 대해 제시한다. 상호주관적 학자들은 '전 성찰적 무의식 prereflective unconsciousness'이라는 개념을 제시하면서, 무의식이 억압되는 과정은 반드시 그러한 욕구들이 억압될 수밖에 없는 '상황적 맥락'안에서 형성된다고 제시한다.[11] 유아들은 자신에게 중요한 타자, 주로 엄마와의 관계 안에서 '엄마의 승인'에 따라 자신들이 정서적으로 체험하는 경험들을 자신의 주관성안으로 넣을지 또는 배제할 지를 선택하고 제한하는 원칙들을 만들게 된다. 이처럼 마음을 구성하는 원칙organizing principle들은 유아의 마음을 구성하는데 결정적인 역할을 하게 된다. 이렇게 암묵적으로 이루어지는 원칙들로 인해 '유아의 경험적 세계의 지평 world horizon'[12]이 결정되는데, 이러한 세계의 지평은 유아의 주관성의 응집성과 유연성, 복합성, 확장의 정도를 형성하는데 커다란 영향을 미친다.[13]

상호주관주의에서 말하는 마음의 형성과정을 좀 더 쉽게 풀이하면 다음과 같다. 유아들은 엄마와의 안정된 애착관계 안에서 이루어지는 정서조율로 인해, 과도하게 각성되지도 않고 너무 우울하지도 않은 정서적, 신체적 범주에서의 안정감과 안전함을 느끼게 된다. 이와 같이 엄마라는 안전 기지를 토대로 안정되어있는 유아는, 세상으로 나가 자기를 구성할 다양한 경험들을 시도, 탐색하면서 자기self를 형성할 다양한 정서적 경험들을 모으게 된다. 이 과정에서 유아는 자신이 표현하는 것에 수반되어 매 순간마다 즉각적이고도 동시적으로, 그리고 교차적으로 표현되는 엄마의 어조와 눈빛, 표정 등의 암묵적인 반응들을 토대로 자신의 주관성을 형성해나간다. 이러한 과정에서 유아에게는 엄마와 공유되고 승인되는 매순간의 경험들에 대해서만 의미를 갖게 되며, 이와 같이 엄마와 상호 교차적으로 공유되고 승인된 정서적 체험들만이 이후 유아의 자기감으로 응집되게 된다.

그러나 다른 한편으로, 유아는 자신이 경험하는 정서적인 체험들이 엄마와의 관계에서 지속적으로 공유되지 않는 경험도 할 수 있다. 즉 유아는 엄마로부터 반응되어지지 않거나 부정적인 반영을 받는 과정을 겪을 수 있으며, 또는 어떠한 경험들을 유아가 보지 않거나 알지 못했으면 하고 엄마가 바라는 듯한 경험들을 암묵적으로 명시적으로 느낄 수 있다. 이때 유아들은 자신들의 내적상태가 엄마와 공유가 될 수 없다고 느낄 수 있고, 만일 공유되어진다 해도 자신의 내적상태가 엄마와의 관계에 위협적이라고 인식할 경우 자신이 체험하는 정서적 경험들을 자기감에서 가차 없이 배제해버린다. 예를 들어, 엄마가 유아를 학대하거나 방임할 때 유아는 엄마에게 대해 화가 나는 마음을 느낄 수 있다, 이때 유아는 어떤 이유에서든 화가 난 자신의 내적상태가 엄마와 공유될 수 없다고 느낄 수 있다. 그럴 경우 유아는 엄마에게 표현하기보다는 자신의 내적 경험을 억압하게 됨으로써 엄마와의 관계를 안전하게 만들 수 있다. 유아에게 있어 엄마와 갈등을 일으켜 거절당하거나 내쳐지는 듯한 느낌을 가지게 되는 상황은, 전쟁터에서 고아가 되어 혼자 살아내야 할 것과 같은 생존과 관련된 공포를 일으키기에 차라리 자신의 분노를 희생시키는 게 더 안전하다고 느끼게 될 것이다. 이러한 과정 안에서 유아들은 자신들의 욕구들과 경험들이 부모에게 수용될 수 없다고 느끼기 때문에 이러한 마음들이 명시적으로 표현되지 못한 채 무의식 안으로 억압되게 된다. 유아는 이렇게 양육자와의 '상호교차적인 관계' 안에서 이루어지는 상황적 맥락에 기초하여, 자신의 세계관의 지평을 만드는 내면적인 원칙을 만들게 된다. 그리고 이 마음을 구성하는 원칙들에 의해서 경험을 취사선택하면서 자기를 만들어나가게 된다.

마음과 마음의 공유를 위해 뇌에 장착되어 있는 것

Stern은 그동안 정신분석에서 언급해왔던 것처럼, 영아는 태어난 이후에 자폐적 자기몰입의 상태로 들어가지 않는다고 주장한다. 그에 의하면, **영아는 태어난 그 날부터 엄마를 알아보며 엄마와 상호교차적인 관계를 형성한다.** 이러한 관계 안에서 영아는 엄마로부터 보살핌만을 받는 대상이 아니라 **주관성을 가진 존재로서 엄마와 상호주관적 영역을 만든다.** 더 나아가서 Stern은 영아의 초기 발달은 공생으로부터 자율로 가는 것이 아니라, 상호주관적 모체matrix안에서 인간 상호작용의 형태를 획득하는 것이라고 제시한다.[14] 이와 같이 영아가 태어나면서부터 엄마와 상호주관성을 창조해낼 수 있는 이유는, 이미 영아는 태어나면서부터 상호주관적으로 마음을 공유할 수 있는 장치들을 갖고 있기 때문이다. 신경과학적으로 두 주관성간의 관계를 연구해 온 연구자들은, 태어나면서부터 우리의 뇌에 이미 친밀함, 주의와 의도, 그리고 감정의 공유를 가능하게 함으로써 다른 사람들과 관계를 형성, 유지할 수 있는 시스템이 내장되어 있다고 설명한다.[15]

신경학적으로 일차적 상호주관성primary subjectivity이 내재되어있다.

1970년대부터 이루어지고 있는 유아와 관련된 연구에 의하면, 영아는 신경학적으로 초보적인 형태의 상호주관성, 즉 **일차적 상호주관성primary subjectivity** 을 갖고 태어난다. Trevarthen는 발달심리학과 뇌과학 관련 실험결과들을 통해 이미 영아의 뇌에는 상호주관적 기능이 갖추어져 있음을 주장하였다. 그에 의하면, 영아는 이러한 일차적 상호주관성으로 인해 엄마와의 상호작용 안에서 자기가 아닌 타자의 움직임에 담겨져 있는 의도와 감정, 의미들을 이해함으로써 상호주관적으로 내적인 마음 상태를 연결할 수 있다.[16] 1970년대 당시 Stern, Tronick, Bateson, Brezelton 등에 의해 이루어진 많은 연구결과들은 Trevarthen의 일차적 상호주관성이론을 입증해준다고 할 수 있다. 그 당시 이루어졌던 많은 연구들은, 영아와 엄마간의 관계에서 매 순간 이루어지는 단순하면서도 비형식적인 대화들을 비디오로 녹화하여 둘 간의 상호작용의 타이밍과 다양한 표현들을 분석해내는 작업들이었고 그에 따라 상호주관적 관계와 관련된 연구결과들이 도출되었다.[17] 이러한 연구들은 공통적으로 영아가 엄마와의 관계 안에서 원형적(원시적) 대화 protoconversation를 통해 자신들의 관심과 목적, 바라는 것, 다양한 감정 등을 나누는 등의 상호작용을 할 수 있다는 것을 입증해주었다. 즉, 영아는 태어나면서부터 '일차적 상호주관성primary intersubjectivity'을 가진 주체적 존재로서 적극적으로 엄마와 함께 상호주관적 영역 안에서 마음을 공유해나간다.[18]

보는 것만으로도 뉴런은 반응한다: "거울뉴런 mirror neuron"

1996년 파르마대학의 Rizzolatti는 마카크 원숭이 실험을 통해 인해 '거울뉴런mirror neuron'을 발견했다. Rizzolatti와 연구팀들은 마카크 원숭이들을 대상으로 원숭이의 동작에 따라 뇌의 뉴런이 어떻게 반응하는가에 대한 연구를 진행하고 있었다. 그러던 중, 한 원숭이가 연구원이나 다른 원숭이의 행동을 보기만 하고 있었는데도 마치 연구대상 원숭이가 같은 행동을 하는 것처럼 원숭이 뇌에서 반응하는 뉴런들이 있다는 것을 발견하게 되었다. 이 과정을 통해 Rizzolatti는 '거울뉴런'을 발견했다.[19]

거울뉴런은 타인의 행동을 관찰함으로써 타인이 그 행동을 하는 마음의 의도를 파악할 수 있도록 하는 신경세포로 알려져 있는데, 이러한 거울뉴런으로 인해 우리는 타자의 행동이나 그 행동을 하는 의도를 이해하거나 모방을 할 수 있으며, 더 나아가서는 공감을 느낄 수 있다.[20] Rizzolatti는 더 나아가서 원숭이의 경우와 인간의 경우 거울뉴런의 활성화 정도가 차이가 있음을 밝히고 있다; 원숭이의 경우에는 행동의 의도가 정확할 때 거울뉴런이 활성화되지만, 인간의 경우에는 목적과 의미없는 행동에 의해서도 거울뉴런의 반응이 일어날 수 있다고 설명한다.[21] 즉, 우리가 다른 사람의 행동을 보기만 해도, 거울뉴런으로 인해 그 사람이 하는 행동이 무엇이며 왜 그 행동을 하는지를 이해하게 된다는 것이다. 예를 들어 어떤 사람이 사과를 잡을 경우, 무슨 의도로 -사과를 먹을 것인지 아니면 다른 사람에게 주는지 등- 사과를 잡는 행동을 하게 되는지를 이해하게 된다는 것이다. 또한 Wicker나 Carr는, 거울뉴런으로 인해 우리는 역한 냄새가 나는 상황에 있는 타자들의 얼굴 표정을 보기만 해도 그 표정에 담긴 감정들을 읽어낼 수 있으며 타자들에게 공감할 수 있다는 것을 제시하고 있다. 특히 '거울뉴런과 자폐아의 상관관계'를 연구한 Dinstein외 연구자들은, 전 운동피질 premotor cortex을 비롯한 거울뉴런 체계의 반응이 저하되어있는 자폐아인 경우,

다른 사람의 행동 등을 보더라도 그 행동에 담겨진 의도를 파악하지 못하거나 공감할 수 있는 능력이 부족하게 되어 관계로부터 고립될 수밖에 없다는 것을 설명하고 있다.[22]

이와 같이 우리는 태어나면서부터 뇌에 장착되어있는 거울뉴런으로 인해, 다른 사람이 하는 행동들을 모방할 수 있으며 그 행동에 담겨진 타인의 의도를 읽어내고 공감할 수 있다. 이런 장치가 뇌에 내재되어 있다는 사실은, 우리가 서로 피부를 경계로 하는 분리된 타자들이라 할지라도 서로를 이해하고 공감하면서 많은 접촉점들을 형성해나갈 수 있음을 시사하고 있다.

타자를 공감하면서도 분리된 자기를 느낄 수 있다: "공유회로 shared circuitry"

인간의 뇌는 다른 사람의 경험을 이해할 수 있도록 연결되어 있다. 특히 "공유회로 shared circuitry"로 인해 우리는 타인과 동일한 뇌 회로를 재 활성화함으로써 다른 사람이 경험하고 있는 것을 자기 안에서 동일한 경험으로 느끼게 될 수 있다.[23]

Pally는 "공유회로"란 자기 자신과 다른 사람간의 밀접한 연결을 가능하게 하는 신경메커니즘이라고 설명한다. Pally는 Rizzolatti의 거울뉴런에 대한 연구를 확장시킴으로써 공유회로를 발견했는데, 그는 공유회로를 인간의 모든 수준에서 서로를 이해하게 하기위해 만들어진 뇌의 장치로 설명하고 있다. 이러한 공유회로를 통해 사람들은 정서, 행동, 의도, 공감 더 나아가서는 마음까지 공유할 수 있다. 그러면서도 공유회로는 '남과 분리된 자기'를 느끼게 하는 과정을 가능하게 함으로써 타인의 감정에 매몰되지 않도록 해준다.[24)]

공유회로가 우리에게 내재되어 있다는 사실의 중요한 시사점은 다음과 같다; 첫째, 상호적인 관계 안에서 자동적이고 전 성찰적인 의식들 즉, 의식적인 자각 밖에서 이루어지는 무의식적인 부분들에 대해서 이해할 수 있도록 한다. 둘째, 공유회로로 인해 상호적 관계에서 말을 하지 않고도 서로를 이해하는 게 가능하다. 셋째, 공유회로는 타인을 자기처럼 이해하는 것과 타인을 자기와는 다른 존재로 이해하는 것 사이에서 균형을 맞춰준다.[25) 26)]

자신과 대상간의 관계성을 촉진시킨다 : "모방 imitation"

모방은 자신과 타자간의 본질적인 연결성과 관계성을 느끼게 해준다. Melzoff는 어떻게 아기가 자기감을 발달시키게 되는지에 대한 연구를 통해, 아기들은 타인들 간의 관계성에 대해 생물학적으로 준비되어져 있다고 주장했다. 그에 의하면, 아기는 자신의 행동과 모델이 되는 타인의 행동들 사이의 동시성을 인식하고 상호적이고도 교차적으로 자신의 모드를 매칭시키는 cross modal matching능력을 가지고 있다. Melzoff와 Moore가 태어난 지 42분 된 신생아를 대상으로 연구한 '모방에 대한 실험'이 있다. 태어난 지 42분된 신생아 앞에서 실험자가 입을 벌리거나 혀를 내미는 얼굴표정을 나타냈을 때, 2시간 30분 후에 신생아는 대상이 보였던 입을 벌리거나 혀를 내미는 등의 비슷한 모습을 보여주었다. 신생아가 혀를 내미는 모습을 보여주기까지의 2시간 30분이라는 시간은 타인의 자극에 대해서 매칭하여 반응하는데 걸리는 시간이라고 할 수 있다. Melzoff와 Moore는 신생아가 엄마나 대상들의 얼굴에서 본 표정이나 행동을 따라 상호 교차적으로 그 모습을 모방하여 반응함으로써, 대상들의 표정이나 행동이 자신들의 표정이나 행동과 일치한다는 것을 느끼게 되며 자기와 타자간의 본질적인 연결성, 관계성, 유사성을 인식하게 된다고 제시했다 이러한 연구결과는 사회적인 인지발달과 상호적 공유영역 구성에 있어 선천적으로 내재되어 있는 인간의 능력을 나타낸 것이라고 할 수 있다.[26]

어떻게 한 사람의 마음이 다른 사람의 마음과 공유되는가

이 질문은 많은 상호주관적 분석학자들의 질문이자 Stern의 질문이기도 하다. 마음이 구성되는 과정에 대해 Stern은 유아가 자기를 형성하는 데 있어 "타인과 공유할 수 없는 것들은 내가 아닌"것으로 정의한다고 언급한다.[28] 그럼 관계 안에서 어떻게 유아의 주관에서 느끼는 내적 상태들이 타자(엄마)의 주관성 안에서 공유되어지는 것일까.

Hughes가 앞서 이야기한 것처럼 가족 안에서 매 순간 이루어지는 춤처럼 두 주관성 간의 관계에서 이루어지는 수많은 접촉점들이 상호주관성을 이루게 될 것이라는 것들은 추측해볼 수 있다. 그럼 두 주관성 안에서 이 접촉점들은 어떻게 만들어지는 것일까.

상호주관적 분석학자들은 이러한 접촉점들을 다음과 같은 과정으로 이야기를 하고 있다; 우리는 '**공동 주의** joint attention', '**상호의도성** joint intention', '**정서 공유**joint affect'를 통해 서로의 마음을 공유한다. 그리고 이러한 것들은 **서로에게 수반된** contingency **상호동시성 in** -

tersynchronicity과 **협업된**mutual coordinated **타이밍**으로 이루어져야
한다.[29]

공동 주의 joint attention

  우리는 '공유된 주의 joint attention'를 통해 서로의 마음을 공유할 수
있다.[30] '공유된 주의'는 유아가 '엄마, 여기 좀 봐봐'라고 손가락으로 어딘
가를 가리켰을 때 '동시적으로'synchronizing 엄마가 정확히 유아가 손가락
을 가리키는 곳을 바라볼 수 있는 접촉점을 말한다. 역으로 엄마가 원하
는 그곳을 유아가 함께 바라볼 수 있는 접촉점을 말하기도 한다. 보통
자폐 증상이 있거나 발달장애를 가진 유아들을 보면 공유된 주의의 중
요성을 알 수 있는데, 이러한 특성을 보이는 유아들은 주관성의 세계가
폐쇄적이거나 제한되어 타자들과 주의를 공유하는 과정이 어렵기 때문
에 타자들과 상호주관적인 영역을 창조해내는 데 어려움이 있다.[31]

  Stern은 Emde와 Sorce가 12개월이 된 아기들을 대상으로 실시한 '사회적
참조 social referencing'연구들을 통해 공동주의를 설명하고 있다.[32]
Emde와 Sorce는 아기들이 다리 건너편 장난감을 갖기 위해서는 위험해
보이는 절벽을 가로지르는 유리로 된 다리를 건너가야 하는 연구를 했
다. 실제로 유아가 절벽처럼 보이는 곳으로 떨어지는 건 아니었지만 유
리로 되어있는 다리를 건너가기에는 떨어질 것만 같은 위협을 느낄 수
있는 장치였다. 당연히 아기들은 무서움을 느끼면서 주저하는 모습을
보였다. 이 과정에서 위험에 상황에 처한 아기들 모두는 자신들이 어떻
게 해야 할 지를 결정하기 위해 모두 엄마의 얼굴을 쳐다보았다. 그리고
아기는 엄마가 건너도 안전하다는 얼굴 표정을 보였을 때만 그 유리로

된 다리를 건너가는 모습을 보였다. Stern은 이 연구결과를 통해 아기들은 자신들의 주의가 엄마와 공유되었다는 확신이 들 때 엄마의 주의와 평가를 주의 깊게 바라보면서 그에 따라 행동을 시도하게 된다는 것을 밝혀냈다.

주의가 공유되는 것과 관련된 Coliis와 Schaffer의 실험도 있다.[33] Coliis와 Schaffer는 영아들이 좋아할만한 크고 밝은 색의 장난감이 쌓여있는 공간에서 엄마와 아기들의 행동을 관찰하는 실험을 하였다. 이들이 엄마와 아기들의 행동을 추적하면서 분석한 결과를 보면, 어머니와 아기는 동시에 거의 같은 장난감을 쳐다보는 경우가 많았다. 이후 아기가 먼저 주도적으로 장난감을 선택해서 놀이를 하면 그 과정동안 엄마는 아기의 행동을 민감하게 살펴보는 모습을 나타내었다. 그리고 엄마는 아기가 선택한 장난감을 동시적으로 바라보면서 아기의 행동에 함께 조율해서 놀아주었다. 아기와 엄마는 장난감의 이름을 말하거나 함께 놀면서 아기의 관심 영역을 상호 공유하는 모습을 보여주었다.

아이가 자신이 흥미롭게 여기는 것을 함께 나누는 기쁨을 느끼기 위해 손가락으로 어떤 것을 가리킬 때, 엄마 역시 아이가 손가락으로 가리키고 있는 곳을 쳐다봐야한다. 그러나 아이가 어떤 곳을 가리킬 때 어떤 이유에서든 그곳을 바라보지 못하는 엄마들이 있다. 엄마가 우울증 등과 같은 정서적으로 힘든 상황에 있든지. 부부관계가 힘들어 매몰되어 있든지, 아이 마음보다는 엄마 자신의 마음에 더 집중되어있든지 하는 등으로 아이가 가리키는 것에 정확히 주의를 기울이지 못하고 다른 곳으로 시선과 마음을 향하는 경우가 있을 수 있다. 그럴 경우, 아이는 엄마와 함께 춤을 추지 못하고 홀로 춤을 추다가 멈추고 만다. 결국 두 주관성간의 접촉점은 이루어지지 않는다.

상호 의도성 joint intention

Meltzoff와 Moore가 '상호 의도성 joint intention'과 관련된 연구결과를 발표했다. 그들은 아직 말을 못하는 아기를 대상으로 다음과 같은 연구를 실행하였다. 연구자는 아기 앞에서 어떤 물건을 집어서 박스에 넣으려고 "노력"하는 모습을 보여주었다. 그리고나서 연구자는 그 물건을 박스에 넣지 못하고 물건을 떨어뜨리는 모습을 보여주었다. 우선 이러한 연구 상황을 끝내고나서, 이후에 다시 아기를 실험실에 오도록 했다. 그 실험실에는 이전에 연구자가 박스에 넣지 못했던 그 물건이 있었다. 그러자 아기는 그 물건을 집어서 곧바로 박스 안으로 집어넣었다. 즉 아기는 박스 안에 물건을 집어넣지 못한 연구자의 행동을 똑같이 따라하는 식으로 행동하기 보다는, 연구자의 행동을 보고 그 행동에 담겨져 있는 마음의 의도를 읽고 행동하는 모습을 나타냈다.[34] 이러한 연구 결과는 말을 못하는 아기에게도 마음의 의도를 읽을 수 있는 능력이 선천적으로 내재되어 있으며, 그로 인해 타자와 마음을 공유할 수 있다는 것을 시사하고 있다.

'상호 의도성'과 관련되어 Bates는 유아가 쿠키를 먹고 싶다고 찡얼거릴 때, 아기의 찡얼거리는 어조에서의 리드믹한 운율과 얼굴 표정 등에서 아기의 의도를 알아차릴 수 있는 엄마의 능력이 상호의도성을 만들어 낼 수 있다고 제시한다. 같은 맥락으로 의도성이 공유되는 것의 중요성과 관련된 이야기가 있다; 아이가 친구와 싸우다가 친구를 때리는 과정을 목격하게 되었을 때, 어떤 부모는 아이에게 왜 싸우게 되었는지를

233

물으면서 싸움에 이르게 되기까지의 아이의 마음과 행동의 의도를 묻고 경청하곤 한다. 그러나 또 다른 부모는 다짜고짜 싸우고 있는 아이를 떼어놓고 아이의 마음의 의도와 상관없이 버럭 소리를 지르면서 혼을 내곤 한다. 그럴 경우, 아이는 자신의 부모가 자신의 마음과 행동에 담겨 있는 의도에 관심이 없으며 이야기를 해도 그 의도가 공유될 수 없다는 것을 경험하게 될 것이다. 이런 과정이 삶에서 셀 수도 없이 반복된다면 아이는 당연히 부모로부터 철회해 자신의 세계의 문을 닫게 될 것이다.

앞서 주의의 공유에서 언급했듯이, 아이가 자신이 흥미롭게 여기는 것을 함께 나누는 기쁨과 마음의 슬픔을 공유하기 위해 손가락으로 어떤 것을 가리킬 때, 엄마 역시 아이가 손가락으로 가리키고 있는 곳을 바라봐야 한다. 그리고 더 나아가서 엄마는 아이가 '왜 손가락으로 그곳을 가리키는지 행동과 표정, 존재에 담겨져 있는 아이의 마음의 의도'를 읽어내야 한다. 의도를 읽어내지 못한다면 아이가 왜 그랬는지 마음을 이해하기 위해서라도 호기심을 가지고 물어야한다. 그러나 실제의 삶에서는 아이가 어떤 말이나 행동을 할 때, 엄마가 아이의 말을 전혀 들을 마음이 없거나 듣더라도 아이의 행동과 말에 담겨져 있는 마음의 의도를 읽어내지 못하는 경우들이 비일비재하다. 어떤 상황에서는 아이와 엄마 사이의 대화에서 둘이 같은 단어를 이야기하고 있더라도, 엄마와 아이의 대화가 오묘하게 핀트가 맞지 않은 채 끝나버리는 경우도 있다. 결국 그 말을 했던 아이의 의도는 엄마의 마음에 가 닿지 못하고 흩뿌려진다. 비극적이게도 삶에서 이러한 과정이 반복되는 경우, 아이들은 자신의 의도를 공유하지 못하는 엄마에게 좌절과 화 등의 부정적인 감정을 느끼게 되면서 더 이상 자신의 깊은 마음을 나누지 않게 된다. 결과적으로 아이의 주관성의 지평선은 폐쇄적이고 협소하게 만들어질 것이며, 아이와 엄마의 상호주관적 영역은 만들어지지 않은 채 각자 분리되어 닿을 수 없게 된다.

정서 공유 joint affect

애착이론에서 중요한 개념일 수 있는 '정서조율'은, 아기의 주관적인 내면의 정서를 엄마와 함께 공유할 수 있는데 가장 중요하다고 할 수 있으며 상호주관성의 가장 본질적인 요소라고 할 수 있다.

상호주관적 분석학자들은 '정서의 공유'와 관련해서 '아기가 자신의 마음에서 이루어지고 있는 감정 상태를 어떻게 엄마에게 알리고 공유하는가'와 '그렇게 아기가 자신의 마음을 알릴 때 엄마는 아기의 마음에 담겨져 있는 감정을 알아차렸다는 것을 어떻게 아기에게 전달할 것인가'에 대해 의문을 가졌다. 사실 두 번째 물음인 엄마의 정서조율에 대해서는 이미 애착이론에서 다룬 과정이기에 상호주관주의 영역에서는 첫 번째 질문에 초점을 두어 설명하고자 한다.

MacKain외 동료들은 9개월 된 아기들을 대상으로 어떻게 아기가 자신의 내적 감정상태를 엄마에게 표현하고 공유하는 지를 연구하였다. 연구자들은 아기들을 잠시 엄마와 분리시켰다가 다시 만나게 하는 실험을 했다. 아기들은 엄마와 분리되었을 때 혼란스러워했지만, 다시 엄마를 만났을 때는 혼란스러운 모습을 나타내지는 않았다. 그러나 인상적인 것은 아기들이 더 이상 혼란스러운 모습을 보이지는 않았지만, 엄마를 만나고 나서도 계속 어두운 표정을 짓고 있었는데 그것은 마치 그 순간 엄마를 만난 것에 대해 행복한 표정보다는 슬픈 표정으로 엄마를 바라보는 것을 더 선호하는 모습을 보였다는 점이다. 즉, 아기들은 분리되었을 때 슬펐던 자신의 내적인 정서 상태에 더 적합한 얼굴표정을 나타내고 있는 것처럼 인식되었다는 것이다. 이와 같은 결과를 통해 연구자들이 내린 결론은, '아기는 내면에서 느껴지는 경험을 밖으로 표현할 때 내적 상태를 전달할 수 있도록 외부의 상태를 매칭시켜 정서적으로 표현한다는 사실이었다.[35]

Trevarthen는 아기가 9개월이 되면 자신이 마음을 '가지고 있다'는 것과 다른 사람들 역시 '자신과는 분리된 마음을 가지고 있다'는 것을 인식하게 된다고 설명한다.[36] 이때부터 아기는 자신이 '정신상태 mental state'를 가지고 있는 존재라는 것을 인식해나간다. 더 나아가 아기는 자신과 다른 사람들의 정신 상태가 연결될 수 있음을 자각하고 타자들과 연결되는 것에 대한 기대를 품게 된다. 아기는 정신상태에서 느끼는 모든 것들이 타인들과 교차되어 타인들의 마음에 가 닿을 수 있음을 인식하게 된다.[37]

Stern은 이와 같은 아기와 엄마간의 정서표현과 공유과정을 '상호정서성'interaffectivity으로 설명하면서, **정서조율에 두 가지 의미, 즉 '의사소통 communication'과 '함께 함 communion'의 의미가 내포되어 있음을 언급하고 있다.** 그리고 이 중에서 '함께 함'은 의사소통과는 다른 특성이 있음을 강조하고 있다; **'함께 함'은 참여하는 것이고 변함없이 공유하고 나누고, 연결감을 유지하는 것이다.** 즉, 정서조율은 애착이론에서 강조했던 의미 이외에 '참여의 형태'로 의미를 갖는데, 유아와 엄마는 정서를 공유함으로써 함께 연결되며 상호주관적으로 참여한다.

서로에게 수반된 contingency 상호동시성 intersynchronicity, 협업된 mutual coordinated 타이밍

두 명 이상의 싱크로나이즈드 수영선수들이 자유롭게 그리고 함께 춤의 선형을 그리듯 수영을 하는 모습을 생각해보면, '서로에게 수반된 상호동시성과 협업된 타이밍'이란 설명이 낯설지는 않을 것이다. 상대방과 함께 이루어지는 이 상호동시성과 협업된 타이밍일이야말로 어떻게 보면 서문에서 Huges가 표현한 춤추는 순간마다 요구되어지는 특성이라고 할 수 있다.

상호주관주의에서도 싱크로나이즈드 수영선수들이나 왈츠를 추는 댄서들처럼 서로의 대상들의 움직임에 수반된 상호동시성과 협업된 타이밍이 중요하다. 즉, **아기와 엄마가 주의와 의도, 그리고 정서를 공유한다 하더라도, 그것이 상호적으로 연결되지 않고 각자의 타이밍으로 개별적으로 다르게 이루어져서는 공동의 상호주관적 영역은 형성되지 않는다.** 아기와 엄마가 서로 만나기 위해서는, 아기와 엄마는 관계 안에서 서로의 얼굴의 표정이나 몸짓, 어조, 말의 운율, 속도, 리듬에 맞추어 끊임없이 서로에게 동시적으로 협업하는 조율과정이 반드시 자연스럽게 이루어져야 한다.

상기한 바와 같은 '서로에게 수반되어 나타나는 상호동시성과 협업된 타이밍의 중요성'에 관한 Murray와 Trevarthen의 실험이 있다. 그들은 8주된 아기와 엄마를 각각의 방에 홀로 두었다. 아기와 엄마는 분리되어 있지만, 각각의 방에서 서로의 모습을 모니터링하는 텔레비전을 통해 서로의 모습을 볼 수 있었다. 아기는 엄마가 말하고 있을 때는 말하고 있는 엄마를 집중해서 보다가, 엄마가 말을 멈추었을 때 웃는 소리를 내거나 반가운 표정으로 반응했다. 엄마 역시 아기의 반응에 맞추어 자연스럽게 타이밍으로 조화를 이루는 반응을 나타냈다. 이와 같은 실험이 끝나고 나서, 연구자는 다른 세팅으로 실험을 계속 이어갔다. 다른 세팅에서 연구자는 엄마를 참여시키지 않고 방금 전 실험과정에서 엄마를 녹화한 영상을 아기에게 다시 틀어주었다. 아기는 자신의 움직임에 수반된 타이밍으로 상호적으로 조율되지 않은 녹화된 엄마의 표정과 몸짓을 보면서 놀라거나 철회하는 모습, 슬픔의 표정 등을 보였고 표정이 점점 어두워지는 모습을 나타내었다. 결국 아기는 혼란스러움으로 위축되거나 짜증을 내거나 우는 모습을 나타내었다.[38] Gergely와 Watson는 우리는 태어나면서부터 뇌에 다른 사람의 움직임을 감지하고 그 움직임에 수반되어 조율 할 수 있는 장치 the contingency detection module 가 내재되어 있으며, 그것은 정확히 다른 사람과 관계할 때 작동된다고 말한다.[39] 상호주관성을 위해 이렇게 우리에게 내재되어있는 생리학적 장치로 인해, 우리는 언어화 이전에 서로의 소리와 몸짓에 수반하여 같은 타이밍에 동시적으로 협응함으로써 서로와 함께 할 수 있다.

유아와 엄마의 두 주관성이 어떻게 상호주관적 영역을 만들어내는 지를 총체적으로 보여주는 Trevarthen의 실험이 있다.[40] 1977년 Trevarthen는 5명의 아기들을 대상으로 생후 첫 6개월 동안, 작은 장난감이 아기들 앞에서 흔들릴 때와 아기들의 엄마가 단순히 말을 걸 때 아기들의 반응에 어떤 차이가 있는 지를 비교해보았다. 생후 2개월이 되었을 때 아기는 엄마와 장난감에 대한 반응에서 뚜렷한 차이를 보이기 시작하였다. 아기는 장난감에 대해 호기심을 가지고 반응을 보였지만, 당연히 장난감은 아기의 행동에 수반한 반응을 되돌려주지 않고 아기 혼자만 반응하는 존재로 있었다. 그러나 엄마와의 관계에서 아기는 미소를 짓거나 옹알이를 하거나 다양한 손동작과 얼굴표정 그리고 신체 반응을 나타내면서 상호작용을 하였다. 그리고 아기가 엄마를 향해 이렇게 행동했을 때 엄마는 이러한 아기의 반응에 수반되어 아기의 움직임에 상응하는 엄마만의 표정, 손짓, 미소, 소리 등으로 반응을 했고, 아이는 그런 엄마의 몸짓에 대해 또 다시 다양한 반응을 보였다.

앞서 제시한 바와 같이 아기의 행동은 장난감과 엄마를 대상으로 했을 때 각각의 관계에서 차이를 보였을 뿐만 아니라, 더 나아가 각각의 엄마와의 관계에서 독특한 행동 양상을 보였다. 즉, 각각의 아기와 엄마는 함께 춤을 추는 것같이 리드믹한 운율과 박자에 맞춘 어조와 얼굴의 표정 등으로 동시적으로 반응하면서, 함께 즐거움과 기쁨을 느끼는 강도에서 최고조에 이르는 그들만의 독특한 반응들을 만들어 냈다. 실험에 참가한 다섯 쌍 중에 같은 반응을 나타내는 경우는 없었고 각각의 쌍들이 특별한 반응을 나타냈다.

이와 같은 Trevarthen의 연구는 Benjamin이 언급하는 자기-'자기와 같은 주관subject'으로서 아기와 엄마가 함께 상호주관성을 만들어내는 과정을 실질적으로 보여준 연구라고 할 수 있다. Trevarthen은 연구과정을 통해, 자기-대상관계와 주체(주관성)-주체(주관성) 관계는 다르다는 것과 두 주관성은 함께 새로운 반응을 만들어낸다는 것을 제시하였다. 그리고 이러한 새로운 반응은 이전에 설명한 주의의 공유, 의도의 공유, 감정의 공유가 즉각적이고 동시적으로 그리고 상호 협응적으로 상호간에 접촉점을 만들어내고 있음을 나타내고 있다.

상호주관주의에서는 정신병리를 어떤 관점으로 바라보는가

Stolorow와 Atwood는 "경험의 조직화를 유지하고자 하는 것은 인간의 행동의 중심적인 동기가 된다."[41]고 언급하면서, 경험의 조직화에 중심을 둔 발달과정을 고려해 볼 때 '심리적 건강이란 최적의 조직화'라고 주장한다. 그들이 바라보는 **건강한 심리구조는, '주관적 세계의 안정성과 견고함을 유지하면서도 동시에 타인간의 관계에서의 경험에 대한 개방성, 유연성, 수용성을 통해 새로운 경험을 건강하게 조직화할 수 있으며, 조절할 수 있는 최적의 균형 상태'**라고 할 수 있다.

상호주관주의에서는 모든 정신병리에서 상호주관적 맥락이 결정적인 역할을 할 것이라는 것을 전제한다. Stolorow는 정서조율에서의 혼란은 있을 수 있지만, 아기의 정서 상태가 지속적으로 일관되게 조율되지 못할 때는 결과적으로 심리적 갈등으로 발현될 수 있다고 설명하고 있다. Stolorow는 아기의 주관성으로 통합되지 못한 정서 상태들은 성장하면서 마음의 형성과 아기에게 필수적으로 필요한 관계들에 대한 위협으로 경험되기 때문에, 일생동안 지속되는 감정적인 갈등을 겪게 되며 상처에 대해 취약해지는 원인이 된다고 설명한다. 발달과정에서의 외상에는 엄마로부터 공유되지 못하고 승인되지 못해서 그냥 견뎌내거나, 표현되거나 통합될 수 없는, 감당할 수 없는 정서의 경험이 포함되는데, 이런 상태들은 결과적으로 정서와 인지의 단절, 혼란스러운 상태, 병리적 순응의 발달을 가져온다. 이러한 수용할 수 없는 느낌들과 갈망들이 부정되거나 포기되어질 때 '방어적인 자기-이상'이 형성되며, 수용할 수 없는 불쾌한 정서 상태가 생겨나는 경우 그것은 자기 이상에 대한 침해로 경험되고 흔히 방어되어야만 하는 수치심과 고립감을 수반한다.

Stolorow와 Atwood는 상호주관주의에서 바라보는 정신병리의 두 가지 범주에 대해 다음과 같이 설명하고 있다 ; **첫째, 정서적인 갈등이나 주관적으로 위협을 느낄 때 자신들의 경험을 조직하는 원칙들을 경직되게 고수하는 병리적 조직화로 인한 심리적 장애가 있으며, 둘째, 발달적**

240

결여로 인해 주관적 세계의 형성과 응집도가 불안정하거나 주관적 세계 형성에 있어 잘못된 구조화로 인한 심리적 병리가 있다.[42]

치료자는 어떻게 내담자와 만나고 사랑할 것인가

"분석은.... 반드시 Freud에 대한 연구로부터 인간에 대한 연구로 전환되어야 한다." (Kohut)

상기한 바와 같이 유아와 엄마의 두 주관성은, 서로 수많은 접촉점인 상호주관적 영역을 함께 만들어가면서 사랑하는 관계를 형성해간다. 유아와 엄마간의 사랑을 보면서 우리에게는 질문이 떠오를 수 있다.

"그럼 심리치료의 장안에서 치료자는 어떻게 내담자를 만나고 사랑할 것인가"

치료자와 내담자가 공동으로 창조해내는
"상호주관적 3자 intersubjective thirdness"[43]에서는 무슨 일이 일어나는가

Stolorow외 동료들은 '정신분석은 두 주관성간의 교차지점에 의해 만들어지는 특별한 심리학적 필드 안에서 일어나는 현상'이라고 말하고 있다.[44] 상호주관주의자들은 심리치료의 회기에서 두 주관성들이 공동 창조하는 치료적 교차영역인 "상호주관적 3자 intersubjective thirdness"가 형성된다고 설명한다. 이러한 현상은 Aron의 '정신분석적 대상 psychoanalytic object', Ogden의 '정신분석적 제3자 the analytic third', 보스턴 변화과정연구

회의 '창발성 emergent properties'의 개념과 유사하다.[45]

이와 같은 "상호주관적 3자"에서는 어떤 과정이 일어나며 치료과정에 어떤 영향을 주는 것일까.

그동안 정통적 정신분석에서는 무의식을 의식화시키는 해석과 통찰이 치료적 변화에서 핵심적인 부분으로 인식되어져왔다. 그러나 Stern외 동료들은 성공적인 치료과정을 경험했던 내담자들에 대한 연구에서 두 가지의 치료적 요소가 있음을 밝혔다; 첫째는 내면의 과정을 다시 재조정해주는 '해석'과, 둘째는 분석가와의 관계 안에서 진정한 인간 대 인간으로서 연결을 느끼게 하는 **'특별한 순간의 만남'**으로 인해 자기감이 변화되는 과정이 있다. 동시에 연구자들은 성공적인 치료적 요소이외에 치료의 실패의 요소에 대해서도 연구한 결과를 발표했다. 그들에 의하면 치료의 실패는 잘못되거나 받아들일 수 없는 해석 때문에 발생하기 보다는, 분석을 받는 내담자들이 분석가와 치료의 장에서 의미있는 연결감을 느끼지 못한 부분이 치료의 실패에 결정적인 영향을 미친다는 것이다. 이러한 연구결과는 **치료에서 변화를 가져오려면 '관계 안에서 순간적인 만남moment −갑작스럽지만 질적인 변화−가 중요하다는 것**을 시사하고 있다.[46]

상호주관적 영역에서는 **두 주관성들이 만들어내는 '창발성 emergent properties'이 일어난다.** 보스턴 변화과정 연구회에서는 아기와 엄마사이에 창발성이 나타난다고 설명한다. 즉, 아기가 엄마와 상호작용하는 동안 둘이 사전에 계획하고 논의하지는 않았지만, 각자의 정서 상태가 선의 흐름이나 리듬의 운율처럼 나타나고 사라지고 점점 더 강해지다가 다시 사라지는 등 순서를 따라 표현되는 것처럼 관계의 특성이 나타난 다는 것이다. 이런 상호작용의 즉흥성은 비선형적이며non-linear 갑작 스럽고 역동적인 특성 emergent properties을 나타낸다.[47) 이러한 창발 성의 개념이 의미하는 바는, 앞서 서술한 것처럼 상호주관성 안에서 아기와 엄마가 상호적으로 표출하는 변화들은 예측이 불가능하다는 사실이다.

보스턴 변화과정 연구회에서는 아기와 엄마사이에 나타나는 창발성이 치료과정에서도 일어난다는 것을 강조한다. 즉, 치료자가 내담자와 함께 할 때 이러한 상호주관적 상태에 따른 창발성으로 인해 심지어 치료자 자신도 다음에 무슨 말을 하게 될지 모르며, 더 나아가서는 치료자 자신과 내담자가 공동으로 창조해내는 치료 회기의 전체의 흐름을 예측할 수가 없다는 것이다. 그러나 치료 회기가 끝난 후 치료자가 지난 회기를 성찰하는 시간을 갖는다면, 내담자와의 관계에서 그런 흐름이 일어날 수밖에 없었고 그 흐름은 전체 회기 안에서 일관적이고 불가피했다는 것을 알게 된다. 그러나 회기가 진행되는 과정에서는 순간순간 교차되어 만들어내는 순간적인 흐름은 예측할 수가 없다.[48)

그리고 치료 과정에서는 **치료자와 내담자의 주관에 체득되어있는 암묵적인 관계지식들이 발현된다.** 이러한 암묵적인 관계지식은 '어떻게 다른 사람들과 함께 존재해 나가는가'와 관련된 절차 지식 procedural know-ledge으로 아기와 엄마가 대화를 하듯, 자전거를 탈 때 몸으로 익히게 되듯 상호작용적이고 상호주관적 관계 안에서 체득되어진 지식이라고 할 수 있다. 이러한 암묵적인 관계지식은 의식 밖에 남아 왜곡된 채 정서적으로, 인지적으로 그리고 행동적으로 영향을 미친다. Bollas는 이러한 관계 지식을 '알고는 있지만 생각해보지 않았던 unthought known' 지식이라고 언급했으며, Sandler와 Fonagy는 '과거의 무의식the past uncon- scious', Trevarthen은 '관계적 스크립트 relational scripts'이라고 설명하고 있 다.

이와 같은 암묵적 영역과 관련해서, Brown은 치료적 상황에서 치료자 와 내담자간에 각자의 의식과 전의식, 무의식 체계 사이에서 지속적으 로 의사소통의 흐름이 발생한다고 설명한다.[49] 이후에 정신화 mentali- zation를 주장했던 Fonagy 또한 신경발달에 관한 연구를 통해 정신적 외상경험이 언어로 부호화할 신경학적인 장치를 갖기 이전에 발생했거 나, 압도될 정도의 강렬했던 고통스러운 감정으로 인해 언어화되지 못 한 정서들은, 우리의 의식의 범위 밖에서 일어나 비언어적이거나 무의 식적으로 의사소통될 수 있음을 말하고 있다. Wallin도 상호주관적 관 점에서 치료자와 내담자간에 이루어지는 대화들은 그 순간 치료자와 내 담자의 두 주관성간에 상호적으로 이루어지고 있는 비언어적인 의사소 통의 흐름 위에서 이루어진다고 말한다. 그리고 언어화된 대화의 배경 이 되는 비언어적 의사소통의 질이 현재 그 순간 치료자와 내담자의 경 험을 형성하기 때문에, 치료자는 내담자의 언어 속에 있는 정서와 의도 에 조율하면서 관계를 해나가야 함을 강조하고 있다.

'성찰'하는 치료자로서 내담자와 함께 사랑을 이루어간다

상호주관주의에서 치료자가 어떻게 현존해야하는 지를 묻는다면, 단연코 '성찰하는 치료자'라고 할 수 있다.[50]

상호주관주의는 치료의 장에서 치료자와 내담자의 마음이 어떻게 서로 상호작용하고 서로 영향을 미치는지를 다룬다. 이렇게 상호주관적 과정을 다룬다고 말하는 것은 쉽지만, 실제 치료 과정 안에서 치료자는 많은 어려움을 경험할 가능성이 크다. 왜냐하면 상호주관주의에서 치료자는 Freud가 제시하고 있는 객관성과 중립성을 가지고 내담자와 상관없이 존재하는 치료자가 아니라, 자신만의 주관성을 가진 역사적 존재로 타자인 내담자와 함께 만남 안에서 의도하든 의도치 않던 영향을 주고받는 존재로 있게 되기 때문이다. 또한, 앞서 설명한 바와 같이 치료자와 내담자가 함께 만나는 상호주관적 영역에서 일어나는 과정들은 사전에 계획되지도 논의되지도 예측되지도 못한 채 창발적으로 일어날 수 있다. 더군다나 치료 과정 안에서 의식적, 전의식적, 무의식적 다방면으로 암묵적인 관계성들이 발현됨으로써 알게 모르게 서로가 서로에게 영향을 줄 수밖에 없다. 이와 같이 많은 상황들이 발현될 수 있는 치료의 장의 특성을 인식한 상호주관주의자들은 다음과 같이 치료의 장을 표현하고 있다; '전이-역전이가 상충하는 막다른 골목 impasse, stalemates이 발현하는 장'(Aron), 또는 '재연 enactment'(Jacob)[51] 이 실현되는 장, '상호주관성을 위해서 관계가 붕괴되고 실패하는 순간을 인식, 인정해야 하는 과정이 필요한 영역'(Benjamin).

때로 치료자의 정서적인 평형상태가 치료하는 과정에서 요구되는 상황의 영향으로 심각할 정도로 깨어지기 쉽다는 사실은 정신분석의 초기 때부터 잘 알려진 사실이다. Benjamin은 치료자가 내담자와의 관계에서 상호주관적 관계를 담아내고 촉진시키기 위해서는, 반드시 치료자가 치료과정에서 관계가 붕괴되거나 실패하는 지점을 인식, 성찰해내고 인정함으로써 상호주관적 공간을 만들어내야 함을 강조하고 있다.[52] 그녀는 더 나아가 치료자는 다른 사람들을 인식하는데 있어서 "surrender"[53]

의 태도로 존재해야 함을 언급한다. 그녀가 말하는 치료자의 surrender 의 개념은, 이론에 대한 집착에서 자유로워지는 것이며 치료자 자신과 내담자에 대해 알고 있는 것을 초월하여 둘 간의 관계에서 상호주관성 이 맘껏 표출되도록 담아주고 촉진시켜주는 태도라고 할 수 있다.[54] 즉, 상호주관적 영역 안에서 잠재적으로 부정되어있던 내담자의 자유, 즉 자기와 타인에 대해 배제되어있었던 것들에 대해 자유롭게 표현할 수 있도록 하는 것이 치유에 중요함을 설명한다.

앞서 언급했던 창발성과 관련되어, Stern은 창발성이 일어나고 있는 치료 회기의 흐름을 예측할 수가 없지만, 회기가 끝난 후 분석가가 성찰 해보면 그런 흐름이 일어날 수밖에 없었고 그 흐름은 전체 회기 안에서 일관성을 가지고 있다는 것을 알게 된다고 설명하고 있다. 그러나 치료 가 진행 중에는 내담자와 함께 순간적으로 만들어지는 즉각성으로 인해 예측할 수 없다는 것을 강조하고 있다. 이러한 Stern의 언급은 치료자가 매 치료 회기의 과정을 성찰해내야만이 내담자와 함께 상호주관적 영역 을 만들어갈 수 있음을 시사한다.

Ogden은 "분석적 3자 the Analytic third"의 개념을 제시함으로써, 치유의 중심에 주관성과 상호주관성의 변증법적 상호관계가 있음을 설명하고 있다. 그는 치료의 장에서 '치료자 관계와 상관없는 내담자'나 '내담자 관계와 상관없는 치료자'는 없다고 언급하면서, 매 순간 성찰과 탐색의 대상이 되는 것은 치료자, 내담자 그리고 치료자-내담자간의 관계라고 설명한다. 그리고 Ogden은 치료자-내담자의 주관성이 투사적 동일시를 통해 상호주관의 영역을 만들며, 이러한 상호주관의 영역은 다시 변증법적으로 각각의 주관성에 영향을 미친다고 제시하면서 이 과정이 치유의 과정이라고 언급한다.[55]

Stolorow와 동료들은 정신분석의 근본적인 목적을, 환자의 주관적 세계를 드러내고, 조명하고, 변화시키는 것으로 정의했다. 즉, 상호주관주의에서의 치료과정은 치료자와의 결속을 방해하는 환자의 독특한 무의식적인 구조화 원칙들에 대한 이해를 전제로, 치료자와의 연결을 좌절시키게 만드는 원칙들을 이해하는 것이 가장 중요하다고 할 수 있다. 이 과정에서 치료자는 "지속적인 공감적-성찰적 탐색 sustained empathic-introspective inquiry"의 태도와 "내담자에 대한 적절한 조율과 반응성"을 토대로, 환자의 주관적 경험세계를 알아가게 된다.[56] 상호주관적 과정에서 치료자는 내담자만의 특정한 조직화 원칙들을 밝혀내고 그 기원들을 파악함으로써, 결과적으로는 내담자의 경험적 지평선을 확장시키게 해주고, 더 풍성하고 유연성 있는 삶을 살아갈 수 있도록 한다.

상호주관주의에서는 익명성과 중립성을 강조하는 이상적인 치료자 상을 거부한다. 그 대신에 치료자는 주관성을 가진 존재로 치료의 장에서 내담자와 함께 사랑의 관계를 만들어나가는 존재로 설명된다. 상호주관적 공간에서 치료자는 지속적으로 공감하고 성찰하는 태도로 내담자와 존재해야 한다. 그래서 치료자의 주관적 세계가 내담자의 주관적 세계에 가닿을 수 있어야 하며, 내담자가 치료자에게 자신이 느껴졌다는 것을 확인할 수 있어야 한다. 그리고 치료자는 치료 과정에서 이루어지고 있는 내담자의 주관성과 자신의 주관성 그리고 두 주관성이 만들어내는 공동영역을 끊임없이 성찰하면서 내담자와 조율해나가야 한다. Aron은 이 과정을 위해 치료자가 가져야 할 태도로 '자기 성찰 self-reflection'과 '정신화mentalization'를 제시하면서, 이와 같은 치료자의 성찰적 태도가 결국에는 내담자의 주관적 경험의 세계를 변화시킬 것이라고 언급한다.[57] Wallin 역시 치료자가 '정신화'와 '마음챙김mindfulness'의 태도로 내담자와 함께 존재해야 함을 언급하고 있다.[58] 이들이 결론짓고 있는 치료자의 역량은 결국 치료자의 존재 그 자체- 인격의 성숙과 통합정도-로 나타날 것이며, 결국 치료자 자신의 삶 속에서 형성된 주관성 그 자체가 치유의 도구가 될 것이다, 그리고 이러한 인격의 성숙과 통합은 단기간에 기술적으로 형성되거나 가장할 수 있는 것이 아니라, 매일의 삶에서 영성에 기초하여 자신을 성찰하는 과정들을 통해 삶을 따라 서서히 이루어지리라 인식된다.

10장 상호주관주의와 기독교 영성

이 만 홍

예수께서 그들에게 말씀하셨다. "너희의 율법에, '내가 너희를 신들이라고 하였다.'하는 말이 기록되어 있지 않느냐? 하나님의 말씀을 받은 사람들을 하나님께서 신이라고 하셨다……너희는, 아버지께서 내 안에 계시고 또 내가 아버지 안에 있다는 것을, 깨달아 알게 될 것이다.(요 10:34-35a, 38b)

　상호주관주의 정신분석학자들의 주장을 간단히 다음 세 가지로 요약할 수 있을 것이다.[1]

　첫째, 관계란 "우리 인간의 일차적 상황이다. 즉 우리는 관계성 속으로 태어났고, 우리의 적응능력과 삶은 관계적으로 발달, 유지, 그리고 변형된다." 개인의 주관성은 '상호주관적' 맥락에서만 나타나고 변형되며, 이런 접근은 환원될 수 없게 관계적이다. 여기서 '상호주관적'이란, 인간이 태어나서 처음 유아의 심리적 현상이 만들어져서 성숙하게 되거나, 치료자와 내담자 사이에서 치유가 일어나는 것은 두 개의 마음 사이에서 형성되는 심리적 영역에서 이루어지는 상호적인 교류에 의해서 이루어진다는 뜻인데, 이 때 인격의 발달이나 치유를 촉진하거나 방해하는 특징은 서로가 타인의 주관적 경험을 바꾸려고 하지 않으면서도 그것에 함께 동참하면서 공감하게 될 때라고 상호주관주의 분석가들은 주장한다.[2] 이 경우 설령 두 주체, 즉 유아와 엄마, 그리고 치료자와 내담자에서 처럼 두 인격 사이에 힘, 능력, 경험 등에서 비록 심각한 불균형이 있는 경우라 할지라도, 두 주체는 기본적으로 독립적인 인격체이며, 일방적이 아닌 상호적인 깊은 공감적 이해를 통하지 않고서는 서로 만나지지도 않고 만날 수도 없는 분리의 세계이므로, 거기에는 온전한 치유와 성숙은 없다는 주장인 것이다.

둘째, 상호주관적 관계에서 중심이 되는 것은 인지적인 측면이 아니라 경험된 정서의 공유이며, 상호주관적 관계란 상호 정서작용을 의미하며, 정서야말로 유아가 자신의 경험을 조직함으로써 인격이 발달하게 되는 동기이며, 정신분석에서 치유가 일어나는 동기이기도 하다는 것이다.[3] 따라서 치유를 위하여는 환자들의 생생한 정서적 경험과 고통을 이해하는 데 초점을 둔다.

셋째, 이런 접근은 심리치료자에게 무거운 불균형의 윤리적 규범을 요구한다. 즉 "정신분석적 현상학자들은 적절한 보상을 기대하지 않으면서, 마치 충분히 좋은 부모(good enough parents)가 수 년간 그렇게 하듯이, 공감적으로 손을 내밀고, 접촉에 이르고, 이해하는 책임감을 강조한다."

이상과 같은 상호주관주의에서 얻어진 통찰을 우리의 영적 성숙이나 하나님과의 관계 안에서의 영적인 삶에 적용할 수 있을 것인가가 이 장에서의 논의의 주제이다.

상호주관적 공간에서의 인격적 만남

우선 인간의 성장과 성숙, 병리와 치유의 문제들을 논할 때는 성숙과 치유가 일어나기 위하여는 그 관계는 상호주관적인 것이어야 한다는 주장이다. 상호주관적이란 뜻은 살아서 역동적으로 반응하는 두 존재 사이의 관계를 의미하는데, 즉 관계를 맺는 두 존재는 각각 독립적인 주관의 세계가 있어서 이를 상호 존중하고 그 영역을 침습하거나 강제로 변화를 주려고 하지 않으면서, 그런 독립된 관계 안에서 자율성과 친밀함을 함께 누리는 관계라는 뜻으로, 그런 관계라야 성숙과 치유가 일어날 수 있는 진정한 공감적 연결과 나아가서는 사랑이 가능하다는 의미이다. 그런데 그렇게 되기 위하여는 무엇보다 먼저 두 존재는 절대적으로 인격체임을 전제로 해야 하며, 비인격체나 사물을 의미하지 않는다.[4] 왜냐하면 비인격체가 사랑을 할 수는 없기 때문이며, 분명한 주관성을 가진 인격체만이 온전한 사랑을 할 수 있기 때문이다. 따라서 하나님은 사랑이시라고 표현할 때 역시 하나님은 분명히 인격적이시라는 것을 전제로 한다. 어찌 보면 기독교 전통에서는 지극히 상식적인, 혹은 근본적인 개념을 새삼 강조해야 하는 이유는 오늘날 일부 진보적인 신학을 주장하는 사람들 가운데서는 이 사실이 부정되고 있기 때문이다.[5]

하나님은 분명 하나의 인격체적 존재이며, 우리를 인격체로 부르신다. 하나님에게 어떤 이름이나 형상을 붙여 우상을 만들지 말라는 제2계명 또한 이러한 속성을 잘 보여준다. 즉 하나님에게 어떤 구체적인 이름이나 형상을 붙여 우리의 이성이 이해하는 세계로 가두어 버려서는 안된다는 말씀이기도 하지만, 동시에 이 계명은 우상을 만들어 하나님을 객체화함으로써 하나님이 고정적인 사물, 비인격적 존재가 되는 것은 인격체 간의 상호주관적인 관계의 속성을 벗어나는 존재로 만들기 때문이다.[6] 하나님은 역동적이며 상호주관적인 세계 속에서 영원히, 그러나 변화하는(인간 심리 내부에서의 표상으로서) 인격체적인 존재인 것이다.그리고 두 인격체 간의 관계를 맺는 방식은 어떤 고정된 규칙이나 논리에 따라서 기계적인 반응을 보이는 것이 아니라, 매 순간 순간 변화와 선택이 있는, 자유롭게 서로 영향을 주고 받는 상호주관적이란 뜻이다. 어느 한 쪽이 다른 한 쪽에 흡수되거나 동질화되지 않고 함께 성숙되거나 치유된다는 의미이기도 하다. 예수님이 우리에게 바리새파나 세례요한파들처럼 형식적이고 고정된 기도문을 그렇게 많이 가르쳐 주시지 않은 이유이기도 하다.[7]

하나님은 처음부터 독립된 인격체로 존재하시는 분이시며,[8] 그러나 동시에 관계 속에서의 하나님이시기도 하며,[9] 우리를 인격체로 창조하시고, 부르신다는 사실을 주목할 필요가 있다. 왜냐하면, 우리를 당신의 형상대로 지으셨으며,[10] 우리를 신들이라고 부르셨으며,[11] 하나님은 자신을 아브라함과 이삭과 야곱의 하나님인 것처럼, 우리들의 아버지로서 우리를 자녀 삼아 주시고 우리의 성장과 치유를 바라시는 분이라고 성경은 말하고 있기 때문이다.[12] 다음은 신학자 에밀 브루너의 글의 일부이다.[13]

성서의 계시가 보여주는 하나님은 어떤 분입니까? 성서의 하나님은 일치를 원하는 분이 아닙니다. 오히려 사귐을 원하는 분입니다. 그러나 신화나 철학적 사변의 신은 사귐을 원하지 않습니다. 오히려 일치를 원합니다. 일치는 비인격적이지만, 사귐은 인격적입니다. 우리의 하나님은 사귐을 원하십니다. 이것이 바로 하나님의 의지입니다. 그리고 이런 의지를 통해서 바로 하나님의 가장 심오한 존재, 즉 삼위일체성이 표현되는 것이지요. 그렇기에 성서의 핵심 단어가 사랑임은 전혀 놀라운 일이 아닙니다. 하나님은 사랑이십니다. ...그리고 하나님의 본질은 그 자체가 사귐인 것입니다. 이것이 삼위일체의 하나님이 간직한, 그러나 우리가 결코 이해할 수 없었던 신비였습니다. 또한 하나님은 당신 스스로 안에

서 사랑하는 자인 동시에 또한 사랑받는 자이십니다. 그렇기에 하나님이 우리에게 주시는 최종적인 말씀이 바로 사랑인 것입니다. 사랑이라는 뜻에 참다운 의미로서의 인격성이 존재합니다... 이와는 전혀 다른 방식으로 생각해 봅시다. 죄란 무엇입니까? 죄는 단순히 하나님의 율법을 위반하는 것만이 아닙니다. 또한 단지 하나님이 지정하시고 원하신 질서를 파괴하는 것만을 의미하지도 않습니다. 물론 이 모든 것이 죄가 분명합니다. 그러나 이것은 죄의 핵심은 아닌 것이지요. 핵심은 무엇입니까? 오히려 하나님과의 사귐을 파괴하는 것이라는 사실입니다. 하나님과의 약속을 깨뜨리는 것이 바로 죄입니다. 약속을 깨뜨리는 것이 어떤 의미입니까? 그것은 하나님과 인간 사이의 연결을 끊는 것이라 할 수 있습니다. 이런 사실 때문에, 죄는 단순한 도덕의 영역에 머물지 않습니다. 오히려 도덕의 영역을 넘어서는 것이 죄입니다.

이 사실은 우리와 하나님과의 관계가 단지 죄인된 우리들을 구원해 주신 존재로서의 하나님과의 일방적인 관계를 훨씬 뛰어넘는 의미를 포함하는 관계임을 암시한다고 할 수 있다. 이와 같이 만약에 하나님이 독립된 인격체이시고, 우리도 그렇게 창조하셨고, 우리를 성장하는 자녀로 관계하신다면 하나님과 우리의 관계도 상호주관적이라고 할 수 있지 않을까? 그렇다면 구체적으로 상호주관적인 관계란 어떤 특성을 지닌 관계를 말하는가?

하나님의 상호주관적 사랑

상호주관주의의 개념을 좀 더 현실적으로 가장 잘 이해할 수 있는 현장은 아기와 돌보는 엄마를 관찰하는 현장일 것이다. 이와 같은 이유에서 우리는 먼저 상호주관성의 개념을 잘 보여주는 애착이론의 발달사적적인 연구 중 가장 흥미있는 연구 하나를 살펴보려고 한다.[14]

1977년 trevarthen이 발표한 논문은 5명의 신생아가 생후 첫 6개월 동안, 모빌 장난감이 그들 앞에서 흔들릴 때와 그들의 엄마가 말을 걸 때. 아기들의 반응에 어떤 차이가 있는지를 비교 검토하였다. 신생아는 생후 2달이 되면서 엄마와 모빌 장난감에 대한 반응에서 뚜렷한 차이를 보이기 시작하였다. 엄마에게 아기는 미소와 옹알이를 할 뿐만 아니라 다양한 손짓과 얼굴 그리고 신체 반응을 보였다. 그리고 아기의 행동에 대해 되돌려 주는 엄마의 반응에 대해 아기는 또 다시 다양한 반응을 보였다. 그러나 장난감에 대해선 그렇지 않았다. 아기가 장난감에 대해 일방적으로 반응을 보일 뿐, 장난감은 아무런 되돌림 반응이 없었다. 아이-장난감 관계와 아기-엄마 관계에서 아기 행동이 대단한 차이를 보였을 뿐 아니라, 5명의 아기는 각각 자신의 엄마 관계에서 독특한 행동 양상을 보였다. 즉, 각 아기-엄마 쌍은 서로 다른 상호 행동 양상을 나타냈었다. 아기는 엄마의 행동을 수동적으로 모방하는 것이 아니라. 엄마의 리듬감 있는 행동에 동시성을 가지고 반응하며(synchronize) 최고조의 반응을 '함께' 만들어 냈다. 그리고 그러한 반응은 각 신생아-엄마 쌍마다 독특하였다. 이러한 아기-엄마 사이의 행동에 대해 trevarthen은 상호 의도성(mutual intentionality) 혹은 서로의 마음 상태를 공유하는 것(sharing of mental states)이라고 말하였다. 그리고 신생아와 엄마 사이의 소통(비언어적 소통)중에 상호적이지 않은 내용은 거의 없어 보인다고 하였다.

여기서 보여지는 것처럼 상호주관성의 특징은 건강한 엄마-유아관계는 철저히 상호적이라는 것이다. 즉 이들의 관계는 그 힘과 능력, 지혜의 관점에 있어서 비교할 수 없을 정도로 차이가 있지만, 정서적인 면, 쉽게 말하자면 사랑의 관점에서는 어느 한 쪽만의 적극적인 유도에 의존하는 것이 아니라, 철저히 함께 만들어 가는 파트너십이라는 것이다. 아니 오히려 아기의 적극적인 참여와 조율이 더 능동적임을 강조하는 듯 보인다. 이들의 일치는 사랑의 관점에서는 온전하다. 이것이 상호주관적 관계인 것이다.

학자들에 의하면 상호주관성은 타고난다. 이를 일차 상호주관성(primary intersubjectivity)이라고 하는데, 즉 아기는 태어날 때부터 상호조율을 통하여 친밀한 관계를 맺고자 하는 본능을 타고나며, 그것은 예를 들면 신생아들은 태어나자마자 즉각적으로 배내웃음이라고 하는 미소를 통하여 엄마와의 공감 접촉을 시도하며 원형적인 대화를 하는 것으로 이해된다. 이러한 표현은 엄마의 마음 속에 사랑의 감정을 강하게 자극하며, 반응을 유도하여 상호성을 이끌어 간다. 어찌 보면 아기와 엄마 사이의 사랑의 관계를 이끌어가는 것은 아기가 더욱 주도적이라고 할 수도 있다.[15]

인간이 상호주관성을 타고 난다는 말은, 그것을 생후에 새롭게 만들어 간다기보다, 인간의 DNA에 본래부터 내재하는 속성이었지만 잊어왔던 것을, 즉 잃었던 성격의 것을 찾아간다는 신학적 성찰을 가능하게 한다. 즉 하나님이 우리 인생의 삶의 모습 가운데 비밀스럽게 제시하고 계시는 창조 섭리의 한 측면이라고 볼 수 있다. 기독교 영성의 시각에서 볼 때 신생아 때부터 타자를 향하여 공감 접촉을 추구하고 원형적인 대화를 시도한다는 것은 인간이 그 본성 속에서 창조주 하나님을 찾아나서게끔 프로그램되어 있음을 뜻한다고 볼 수 있다. 그렇게 본다면 영성이란 신자가 된 후로 일방적으로 가르치고, 훈육하고, 코칭하거나 고치는 과정으로 새롭게 만들어지거나 자라가는 것이 아니라, 하나님과 인격적으로 안전하고 친밀하게 공감적 관계를 맺고 내재하는 성령님과 함께 존재하고, 우리의 연약함을 드러나고 이를 수용하고 이해하고 조율하는 상호주관적 관계를 통하여 이미 인간의 내면 깊숙이 존재하고 있던 영혼이 비로소 깨어나 점차로 그 빛을 드러내게 된다는 것을 의미한다고 본다.

상호주관주의 이론은 아기가 성장해 가는 기간 동안 엄마는 처음부터 아기에게 완벽하게 반응하는 것이 아니라, 그 과정에서 수없이 많은 필연적인 공감 실패가 있기 마련이다. 그러나 엄마가 이를 반복해서 이해하고 수용하고 성찰하며, 아이의 유치한 주관적 세계를 끝까지 존중함으로써 성숙한 태도를 허물고 유치한 아기의 수준으로 내려가서 아기와 소통하는 것을 우리는 사랑, 그것도 흠잡을 데 없는 사랑이라고 여기며, 이러한 엄마의 자기포기를 통하여 아기가 성숙하게 됨을 우리는 관찰할 수 있다. 관계의 상호주관성이란, 이렇게 엄마와 유아의 관계에서 가장 잘 관찰되는 바와 같이, 이들의 관계가 표면적으로는 성숙한 엄마가 전혀 의존적인 유아에게 일방적으로 베푸는 공감과 조율의 과정처럼 보이지만, 이는 이들 관계를 힘의 논리나 효율성의 관점에서 볼 때 그런 것이며, 사랑의 유아가 상대방과의 관계성과 자신의 주관 세계 양자를 모두 포기하지 않고도 점차로 자기의 주관성을 확립하고 상대방을 수용, 이해함으로서 성숙한 인격이 될 수 있다는 주장을 담고 있다. 엄마가 아기를 다룰 때 자신의 현실적인 차원에서 이해할 때는 전혀 다름을 알 수 있는데, 사실은 그 관계가 일방적이 아니라 주고 받는 상호적인 과정이며, 양 자가 가지고 있는 각각의 주관성을 침해하거나 손상시키지 않으면서 조화롭게 상호작용을 하는 가운데, 아기는 사랑스런 아기가 되며,

엄마도 사랑을 완성하는 엄마가 되어서 쌍방 모두에게 성숙과 치유가 이루어진다는 주장이다. 바로 이 점이 상호주관적 관계성의 핵심 특성으로서, 어떤 면에서는 그 동안 주목받지 못했던 바, 약한 자, 유아의 역할이 더 적극적이며, 자기주도적, 주관적 세계가 있다는 점을 강조하고 있다. 이러한 상호주관성은 치유의 현장에서도 분석가의 그것에 결코 못지 않는 환자의 주관적인 세계와 주도성이 동등하게 존재하며, 똑같이 중요하다는 것을 강조하고 있으며, 이것이 환자 만이 아니라 분석가의 인격을 포함하여 서로를 성숙시키는 면이 있다는 것이다. 그렇다면, 하나님이 우리를 자녀로 부르시고, 우리의 성장과 치유를 이끌어 가시는 아빠 아버지라고 성경은 말하고 있는데, 이상과 같은 상호주관주의 정신분석에서의 관찰을 우리의 영적 성숙, 즉 하나님과의 관계 안에서의 영적인 삶의 성숙에 적용할 수 있을까? 이러한 질문은 곧 바로 우리에게 다음과 같은 성구를 떠올린다.

사람이 무엇이기에 주께서 그를 생각하시며 인자가 무엇이기에 그를 돌보시나이까 그를 하나님보다 조금 못하게 하시고 영화와 존귀로 관을 씌우셨나이다 주의 손으로 만드신 것을 다스리게 하시고 만물을 그의 발 아래 두셨으니 (시 8:4-6)

상호주관주의적인 개념은 영적인 성숙의 차원에서도 대단한 성찰을 불러일으킬 수 있다. 위에서 관찰한 바와 같이 엄마는 아기에 비하여 그 능력에 있어서 비교할 수 없이 차이가 있지만, 자신을 한없이 낮추어 아기의 수준에 맞추는 한편 아기를 순수한 사랑의 대상으로 존중해 주는 태도를 갖는다. 진정한 사랑이란 상대방을 하나의 독립적인 존재로, 그 주관의 세계가 독립적으로 있음을 인정하고, 상호적 교류를 이루는 상태를 의미하며, 그렇게 되기 위하여서는 또한 상대방의 자유를 전제한다. 그런 의미에서 '하나님은 사랑이시다(요일 4:8)'라는 말씀을 그대로 상호주관적인 선언으로 이해할 수 있는데, 왜냐하면 하나님의 사랑은 결코 일방적이지 않으며, 강요하지 않으며, 희생과 인내를 요구하며(고전 13:4-7), 따라서 상호주관적이기 때문이다.

우리의 영적 성찰은 여기서 한 걸음 더 나아간다. 왜 그리스도가 육신을 입고 이 세상에 오셔서 우리와 같이 되시고 우리의 고통과 질고를 공감적으로 감당하셨는지를 엄마와 아기의 관계에서 보다 깊이 있게 이해할 수 있게 되는데, 그것은 우리를 죄에서 구원하신다는 율법적이고 윤리적인 차원을 넘어서 사랑을 완성하기 위하여는 엄마가 아기와의 공감적인 접촉점을 찾고 함께 연결되기 위하여서는 피할 수 없는 것임을 잘 이해할 수 있게 보여준다. 그렇게 볼 때 예수 그리스도의 성육신은 그 자체가 상호주관적인 사건임을 보다 잘 이해할 수 있게 된다.

너희 안에 이 마음을 품으라 곧 그리스도 예수의 마음이니 그는 근본 하나님의 본체시나 하나님과 동등됨을 취할 것으로 여기지 아니하시고 오히려 자기를 비워 종의 형체를 가지사 사람들과 같이 되셨고 사람의 모양으로 나타나사 자기를 낮추시고 죽기까지 복종하셨으니 곧 십자가에 죽으심이라(빌 2:5-8)

그것은 우리를 종이 아닌 하나님의 성숙한 친구, 사랑의 파트너쉽으로 부르시고 새로운 세상에서 온전한 사랑의 파트너로 삼으신다는 복음의 관계성을 보다 감격적으로 설명할 수 있게 된다. 따라서 엄마와 아기가 보이는 공감된 연결(empathized connection) 상태는 인간 누구나 태어날 때 몸으로 겪고 나타내는 그대로 하나의 움직일 수 없는 하나님의 사랑의 계시적 현상이 아닐 수 없다.

그러나 우리는 어려서부터 너무나 오랫동안 인간은 형편없이 부패한 존재로서 스스로는 아무 것도 할 수 없는 전적인 타락의 존재라는 전통적인 교회의 가르침에 너무 한쪽으로만 편중되어 온 것 같다. 하나님은 완전하신 창조주이자 은총을 일방적으로 베푸시는 절대자이고, 세상을 이끌어 가시는 주권자이시며, 인간은 은총의 일방적인 수혜자, 상대적으로 비교조차 안 되는 피조물, 죄인, 회개하고 돌아온 탕자라는 고전적인 개념에 지나치게 머물러 있었던 것으로 보인다. 물론 이것은 변치 않는 진리이며, 영성의 길에서 수시로 되새겨야 하는 명제이기는 하지만, 그러나 하나님의 헤아릴 수 없는 사랑의 완성이라는 모략의 관점에서는 또 다른 측면의 강조가 필요한 것으로 보인다. 구약시대에 하나님과 우리와의 관계를 가장 잘 표현하는 용어는 주로 전능자와 피조물, 임금과 신하 또는 백성, 주인과 일꾼 또는 노예의 관계였다면(물론 예외적인 표현도 있다.), 신약시대에 하나님이 우리를 부르시고 싶어하는 관계의 용어는 분명히 친구이자 신부, 서로 떨레야 뗄 수 없으며, 서로 없어서는 안되는 신체의 한 부분 등으로 표현되는 것이다. 주님은 우리를 온전한 사랑의 파트너로, 연합의 관계로 부르시고 함께 잔치를 베푸시고 싶어하신다. 그리고 그렇게 되기 위하여 우리가 걸어야 하는 영성의 길은 먼저 의존과 힘의 불균형에서 오는 유아기적인 기대를 덜어내는 과정, 즉 정화이며, 우리를 홀로 서게 만들기 위하여 침묵하시는 주님을 현실로 받아들여야 하는 어둔 밤의 길인 것이다. 그렇게 해서 새로운 약속의 말씀들은 하나님 자신이 바라시는 바 사랑의 완성은 죄사함의 복음을 훨씬 넘어서는 상호주관적인 사랑의 완성에 있음을 알리는 것 같다. 나는 너희를 노예로 부른 것이 아니라 친구요(요 15:13-15), 신부로 부른다는 (계 21:2, 9) 목소리는 분명 성숙해서 함께 사랑을 완성하자는, 아기를 보는 엄마의 목소리인 것이다.

이렇게 상호주관주의적 성찰은 복음이란 회개하고 구원받는 데 그치는 것이 아니라. 그리스도인으로서 그 이상의 존재가 되는 것을 알려주는 듯 하다. 왜 하나님은 인간을 이렇게 찌질하게 만드시고 타락하게 내버려 두셨다가 다시 구원하시겠다고 이 세상으로 들어오셔서 모진 고통과 죽음을 불사하신 것일까 하는 주일학교 시절부터의 질문에 대한 답이기도 하다. 하나님은 완전하시다. 그 분의 삼위일체 간의 사랑은 차고 넘쳐서 이 세상을 만드시고 그 중심에 인간을 만드셔서 타락과 구원을 거치게끔 지지고 볶는 과정을 겪게 하시는 것은 당신의 흘러넘치는 사랑을 최종적으로 완성하시고, 우리 인간을 그 사랑의 완성에 파트너로 삼으시려고 하셨기 때문이라는 성찰이 가능하다. 따라서 그 분의 사랑은 인간이 찌질할 수록, 병들고 약한 존재일수록, 어린 아이와 같이 작은 존재, 사랑받지 못하는 존재일수록 더욱 빛나고 돋보이는 이유이기도 하다. 가난한 자, 고통받는 자, 병든 자, 죄 많은 자가 그 분의 사랑을 촉발하는 이유이기도 하다. 마찬가지로 상호주관주의 이론은 인간과 인간 사이에서도 사랑의 완성을 위하여는 주변에서 사랑받지 못하는 자, 못난 자, 고통받는 자들에게 더욱 공감할수록 그 사랑의 완성도는 높아질 수 밖에 없다는 가르침을 주고 있다. 이것이 바로 상호주관주의가 말하는 관계적 영성인 것이다.

하나님은 인간을 창조하실 때 이미 인간인 우리를 -천사도 아니고 그 어떤 존재도 아닌 우리를- 당신의 사랑을 완성할 파트너로 삼으셨다는 사실은 우리를 반복해서 감동시킨다.(시편 8:4-6) 그런 시각에서 본다면 인간 타락의 역사는 우리에게 자유를 주기 위한 당신의 모략이며, 우리를 노예가 아닌 친구, 성숙한 자녀, 연인, 신부로 부르시기 위하여 절대 필수인 자유를 주시기 위한 것으로 이해할 수도 있으며, 복음서의 돌아온 탕자의 비유를 그렇게 이해하는 주석가들도 있다.(눅 15:11-32) 여기서도 아버지의 관심은 돌아온 탕자의 회개를 확실히 하는 것에 있다기 보다는, 되찾은 아들을 통해 사랑을 완성한다는 기쁨에 잔치를 베푸는 것에 있다고 볼 수 있다. 이 경우 우리가 영적으로 성숙한다는 것은 내가 하나님 안에 녹아 없어지는 것이 아니라 더욱 아름답고 당당한 당신의 사랑의 파트너로서 하나님과 함께 그 크신 사랑을 완성하고 새로운 세상(천국)을 상호주관적으로 함께 만들어 가게 되는 복을 받는 것이라고 고백할 수 있다.

이렇게 해서 절대자 하나님이 먼저 선험적으로 존재하시고, 말씀이 정해진 계획에 의하여 세상을 창조하시고 예정대로 인간을 창조하신 것이라는 토마스 아퀴나스식의 전통적 개념은 현대에 와서 뒤로 물러나고, 사랑이라는 상호주관적 영역이 먼저 존재하고 그 영역을 통하여 나와 하나님이 '창조되고', 상호주관적인 세계가 완성되어간다는 이해가 더욱 관심을 받게 된다. 여기서 하나님이 '창조된다는' 것은, 객관적인 실체로서의 하나님이 아닌, 하나님의 표상이 인간 마음속에서 '창조된다' 혹은 '복원된다'고 이해할 수 있게 된다. 하나님은 창조주이자 은총을 일방적으로 베푸시는 절대자이고, 인간은 은총의 일방적인 수혜자라는 불균형의 이론은 주목받지 못하는 반면, 사랑 가운데서 하나님은 인간으로 인하여 더욱 '하나님답게 되시고', 인간은 하나님으로 인하여 더욱 인간답게 된다고 이해할 수 있는데, 여기서도 하나님은 객관적인 실체로서의 하나님이라기보다 인간의 마음속에서 형성되고 성숙되어 가는 하나님 표상을 의미한다고 보면 좋겠다. 그렇게 해서 새로운 세계, 즉 천국은 상호주관주의적 개념으로 완성된다는 이해도 가능하다. 인간은 스스로 일방적인 은총의 수혜자로 전락했었지만, 하나님은 인간을 종의 위치에서 높여 당당한 친구, 애인, 신부라는 파트너로 부르시고, 새 하늘과 새 땅의 창조에 함께 상호주관적으로 참여하라고 초대하신다. 그렇게 해서 우리는 새로운 피조물로서, 하나님과 화목하게 되었고,[16] 동시에 세상과 화목하게 하는 역할을 주셨다고 이해할 수 있게 된다. 결국 엄마-아기 관계의 상호주관주의 성찰은 우리 삶의 정체성과 의미와 목표에 대한 영적 성찰로 이어지게 된다.

그런즉 누구든지 그리스도 안에 있으면 새로운 피조물이라 이전 것은 지나갔으니 보라 새 것이 되었도다 모든 것이 하나님께로서 났으며 그가 그리스도로 말미암아 우리를 자기와 화목하게 하시고 또 우리에게 화목하게 하는 직분을 주셨으니...(롬 5:17-18)

　하나님과 우리의 영적 관계를 그렇게 볼 때, 주님은 우리를 결코 조련사가 자신의 의도에 맞추어 일방적으로 동물을 조련하듯 우리를 성숙시키지는 않을 것이란 점은 자명해 진다. 주님이 바라시는 것은 사랑의 완성이며, 사랑이란, 상대방의 인격이 없어지는 것을 추구하는 것이 아니므로. 즉 사랑은 상호주관적이기 때문에, 우리는 주님의 귀한 사랑의 파트너로 초대되는 것인 만큼, 즉 주님과 내가, 나의 영과 성령이 서로의 주관성을 손상하지 않으면서도 (물론 주님의 인도하심 가운데서, 마치 유아와 엄마의 관계에서처럼) 서로 연합(이 연합이란 단어는 상호주관주의적으로는 조율attunement에 해당되지 않을까?) 되어 가는 상태를 의미하지 않을까? 여기서 우리는 기도에 대한 보다 깊은 성찰로 인도된다. 기도란 앞서 말한 대로 하나님과 우리가 만나는 상호주관적 영역이다. 우리는 기도 가운데서 우리의 구하는 바를 일방적으로 부르짖기도 하고, 반대로 하나님의 계시를 받는 시간으로 묘사하기도 하지만, 그런 표현들은 단지 만남의 부분적인 설명에 그치지 않는다는 느낌을 주며, 그보다는 우리는 기도 안에서 하나님과 만나고, 함께 서로를 바라보고 누리고, 함께 마음을 공유한다고 표현하는 것이 보다 온전하게 보인다. 이런 표현은 현대 영성가들이 말하는 관상기도(contemplative prayer) 의 의미에 훨씬 가까워진다. 상호주관주의 분석가 Hughes는[17] 건강한 가족 안에서 부모는 아기와 함께 매일 수 백번 씩 '춤을 춘다'라고 표현 했는데, 아기와 부모가 삶 가운데서 서로 즉각적으로 공유하는 영역을 만들며, 그 안에서 자율성과 친밀함을 함께 누리는 사랑의 관계를 만들 어 가는 것은 바로 그대로 우리가 기도 가운데서 하나님과 만들어가는 친밀감과 사랑의 관계를 묘사하고 있는 것 같기도 하다. 이 점은 사실 옛 영성가들이 하나님과 동행하는 삶을 "성령님과 함께 춤을 춘다"는 이 미지로 잘 표현해 온 것에서도 잘 드러난다. 시편은 다윗도 다음과 같이 그렇게 기도 가운데서 하나님과 춤을 추고 있는 그림을 보여주는 것 같 기도 하다.

주님, 나에게 단 하나의 소원이 있습니다. 나는 오직 그 하나만 구하겠 습니다. 그것은 한 평생 주님의 집에 살면서 주님의 자비로운 모습을 보 는 것과, 성전에서 주님과 의논하면서 살아가는 것입니다. 재난의 날이 오면, 주님의 초막 속에 나를 숨겨 주시고, 주님의 장막 은밀한 곳에 나 를 감추시며, 반석 위에 나를 올려서 높여 주실 것이니...(시 27:4-5, 새 번역)

  이상의 관점은 하나님과 인간의 관계를 다소 일방적으로 그려왔던 전 통적인 신학과 비교할 때 하나님과의 관계에서 인간의 위치에 대해 보

265

다 진지하게 주목해서 보는 현대신학자들[18][19] 의 견해에서도 나타난다. 예를 들어 신학자 폴 틸리히는 비록 본질적으로는 하느님이 결코 인간에게 의존하고 있지 않다고 할지라도, 인간에 대한 계시 속에 계신 하느님은 인간이 그 계시를 받아들이는 방식에 의존하고 있으며, 즉 우리를 향한 하나님(God for us)과 하나님을 향한 우리(we for God)는 상호의존성이 있다고 말한 바 있는데, 이는 "신 그 자체로는 결코 어떤 방식으로도 인간에게 의존적이지 않지만 그 자신의 창조행위 안에서 인간에 대해 자신을 의존적이 되도록 드러낸다고 이해된다."[20][21]

상호주관주의적 공간과 치유, 그리고 경험된 정서

상호주관주의 이론의 핵심적인 용어에 상호주관적 영역(inter-subjective field), 또는 상호주관적 공간(intersubjective space)라는 것이 있는데, 즉 두 인격체가 만나서 상호주관적으로 상호작용을 하는 두 마음의 공유영역을 의미한다.[22] 과거 전통적 정신분석에서는 피분석자가 자신의 무의식 세계를 펼쳐 보이고, 치료자가 이것을 일방적으로 분석해 주는 관계로 보았는데,[23] 이러한 고전적인 관계 개념으로는 치료에 심각한 제한이 있음이 밝혀지고 있다. 이에 비하여 상호주관주의 심리치료에서는 보다 효과적인 치유효과를 설명하기 위하여 상호주관적 공간이라는 개념을 제안하였는데, 즉 치료자와 환자의 두 주관이 만나서 서로 공감하고 조율하는 공통의 새로운 공간이 창조되는데, 이 공간이 바로 치유를 일으키는 공간이 된다는 것이다.[24] 그리고 이러한 공간에서 엄마의 아기 정서에 대한 반응성, 및 적절한 자기대상 기능을 제공하는 양육자의 능력은 아동이 건강한 심리적 발달을 하는 데 열쇠가 된다.

이 공간이라는 개념은 영적 차원에서 기도를 하는 우리의 의식을 잘 설명해 줄 수 있다. 하나님은 우리 안에 의식이라는 공간을 주셨고, 그 공간을 통하여 인격체인 영혼이 인격체인 하나님을 찾도록 계획을 만들어 놓으셨으며, 우리의 의식을 하나님께 돌리는 행위, 즉 기도를 통하여 우리의 의식 안에서 우리의 영과 하나님의 영, 성령은 공감적인 만남을 이루어 간다고 할 수 있다. 이렇게 상호주관적 공간은 바로 영성지도에서 기도 가운데서 만들어지는 분별을 위한 기도충만한 공간을 잘 설명하고 있지 않은가?[25] 그리고 개인과 하나님이 만나는 의식의 공간들은 모여서 공동체인 교회로 확장이 되며, 종말에는 천국으로 구성이 된다고도 할 수 있다. 그렇게 볼 때 교회공동체나 천국, 현재 그리고 장차 이루어 가게 되는 새 하늘과 새 땅은 지리적, 물리적 특성의 개념이라기보다는(혹은 이에 더하여) 상호주관적이라는 인격적인 교류의 공간으로서 심리적, 영적 특성을 지니게 된다.

이러한 상호주관주의적 공간에서 가장 중요시하는 것은 인지나 개념, 논리가 아니라 정서이다. 성숙과 치유가 일어나는 현장에서 가장 주목받아야 할 것이 경험된 정서, 또는 정서적 경험이라는 것은 이 장의 서두에서 언급한 상호주관주의의 두 번째 강조점이기도 하다. 현대 정신분석은 우리의 경험을 조직화하는 것은 감정이라고 주장한다. 감정은 우리의 기억, 지적 활동, 의지적 선택과 결단 등을 이끌어가고 취사 선택하는 중심에 있다.[26] 이는 우리가 나의 기분을 표현할 때 사용하는 단순한 의미의 느낌(feeling)이라는 개념과는 좀 차원이 다른 의미인데, 상호주관주의에서 강조하는 감정은 단순한 느낌을 의미하는 것이 아니라, 그 느낌이 우리의 정신세계에서 이와 관련된 과거의 사건과 대상, 관계들을 기억하고, 현재의 상황과 대상, 관계와 과거의 그것들을 통합하여 경험하는 것이다.[27] 그래서 이것을 경험된 정서(experienced affect), 또는 정서적 경험(affective experience)라고 말한다. 말하자면 논리나 설득, 그리고 우리가 흔히 알고 있고 믿고 있듯이 말씀의 선포가 성숙과 치유를 가져오지 않고, 인격체 간의 주고받는 정서, 즉 공감이 주 역할을 한다는 주장이다. 엄마의 돌봄을 통하여 아기가 성숙하는 것도, 심리치료에서 치료자와 내담자가 함께 성장하게 되는 것도, 모두 그 중심에는 이들 양 자 간의 상호주관적인 정서의 교류와 조율이 있음으로 가능하며, 아기와 내담자의 성숙과 치유의 한 복판에는 정서의 공유와 통합이 있다는 뜻이다.[28] 마찬가지로 치유란 치료자와 내담자가 치유 공간 안에서 두 주관성이 만나는 상호작용의 맥락 안에서 치유가 일어난다. 따라서 치유를 단순한 치유자의 능력이나, 기적이나, 예정된 어떤 목표를 달성하기 위한 효과적인 징표 등의 행위로 표현하는 것은 상당히 피상적인 이해로 보인다.

인간이 하나님을 지향하는 것, 인간이 서로 깊은 연결을 갖고자 하는 갈망, 이 모두를 하나님이 인간을 창조하실 때 부여한 하나님의 이미지(Imago Dei) 속에 있는 속성이라고 한다면, 그 속성의 중심은 어떤 논리나 지켜야 할 규범이 아니라 그 보다는 정서적(즉 사랑의) 관계성이라는 것으로 이해된다. 성경에는 수많은(어떤 연구자는 신약성경의 1/3이) 치유의 기적들이 서술되어 있으며, 하나님은 여호와 라파라 불릴 정도로 치유하시는 하나님임을 강조하고 있다. 그러나 우리는 이제까지 치유의 현상을 단지 하나님의 전능하심, 치유의 능력이 많으심, 인간이 불쌍해서 주시는 일방적인 은혜의 베푸심으로 이해해 왔다. 그것은 사실이긴 하지만, 상호주관주의의 주장, 정서의 중요성을 고려한다면 이또한 더욱 깊은 성찰로 인도되는 느낌을 받게 된다. 신학자들의 지적인 해석에 치우쳐 간과했을 뿐이지 사실은 성경에도 경험된 정서의 중요성에 대한 표현이 많으며, 타인의 고통에 반응하지 않는 것, 아무런 반향이 없는 것은 신에 대한 모독이라고까지 누군가가 말한 적이 있다. 성경에는 분명히 타인의 고통을 위로하라는 하나님의 부르심이 분명히 기록되어 있다. 하나님은 누구보다도 인간의 고통과 기쁨, 좌절과 슬픔, 모든 감정에 함께 울고, 웃고, 귀를 기울이시고, 안타까와 하신다.

너희의 하나님이 이르시되 너희는 위로하라 내 백성을 위로하라 너희는 예루살렘의 마음에 닿도록 말하라 그것에게 외치라 그 노역의 때가 지났고 그 죄악이 사함을 받았느니라 그의 모든 죄로 말미암아 여호와의 손에서 벌을 배나 받았느니라 할지니라 하시니라 (사40:1-2)

이사야는 하나님의 구원과 승리의 희망을 외친다. 그러나 또 거기에는 위로하라는 중심주제가 있는데, 히브리어의 위로 '*nacham(comfort)*'이라는 단어는 고통스러운 슬픔에 대한 동정(compassion), 즉 '공유된 공감'이 있다. 사실은 성경 곳곳에, 아니 모든 곳, 특히 이사야, 예레미야, 호세아, 시편, 아가서, 그리고 복음서 곳곳에, 공유된 하나님과 인간의 경험된 정서가 중심에 있음을 알 수 있다. 아울러 이런 경험된 정서를 애써 외면하거나, 논리와 규칙으로 덧칠하거나, 종교행위로 왜곡하는 인간의 모습을 곳곳에서 아주 흔히 볼 수 있기도 하다. 따라서 우리는 영적 치유와 성숙을 위하여는 서기관들, 바리새인들처럼 논리, 전통, 규범을 따지기보다는 하나님의 심정을 깊이 이해하고 공감하려는 노력이 필요하다. 치유와 성숙의 장에서는 신학적 논리는 배후로 물러서야 하며, 지나치게 전례나 교리에 집착하는 것은 하나님의 심정을 이해하는데 도움이 되기보다는 경우에 따라서는 방해가 될 수도 있다. 우리는 하나님의 심정에 대하여 너무나 무지하며 알려고도 하지 않는다.

하나님의 주관 내지는 정서란 무엇을 의미하는가? 이것이 신학적으로 어려운 질문인가? 아닐 것이다. "하나님은 사랑이시다"라는 선언은 무학의 어린이도 알아들을 만한 아주 간단명료한 선언이다. 이것을 어려운 교리와 전례로 대체시키고 알아들을 수 없는 복잡한 논리로 초점을 흐린 것은 바리새인과 율법학자일 것이다. 그래서 호세아는 이렇게 외치고 있다.

너희는 가서 내가 긍휼을 원하고 제사를 원하지 아니하노라 하신 뜻이 무엇인지 배우라(미9:13a)

그러므로 우리가 여호와를 알자... 나는 인애를 원하고 제사를 원하지 아니하며, 번제보다 하나님을 아는 것을 원하노라.(호 6:1-6)

내가 무엇을 가지고 여호와 앞에 나아가며 높으신 하나님께 경배할까? 내가 번제물로 일 년된 송아지를 가지고 그 앞에 나아갈까? 여호와께서 천천의 숫양이나 만만의 강물같은 기름을 기뻐하실까? 내 허물을 위하여 내 맏아들을, 내 영혼의 죄로 말미암아 내 몸의 열매를 드릴까? 사람아! 주께서 선한 것이 무엇임을 네게 보이셨나니 여호와께서 네게 구하시는 것은 오직 선의를 행하며 인자를 사랑하며 겸손하게 네 하나님과 함께 행하는 것이 아니냐? (미 6:6-8)

'우리가 여호와를 알자'에서 하나님을 안다는 것이 도대체 무엇을 의미하는 것일까? 그것은 논리나 규율, 절차 같은 것은 아닐 것이며, '하나님의 심정', 하나님의 정서를 말하는 것일 것이다. 하나님의 사랑, 안타까움, 절실함, 슬퍼하심, 기뻐하심, 등등의 정서를 말하는 것이며, 영적치유와 성숙의 출발은 결국 하나님의 심정을 아는 것으로부터 출발한다는 뜻일 것이다.

　신약에서 예수님이 병자를 치유하는 것을 우리는 그 분의 섭리나 강력한 능력에 의한 기적같은 현상으로만 이해한다면 이는 피상적이 이해일 뿐이다. 하나님의 심정, 즉 병자의 아픔과 절망을 이해하며 낮게 해주고 싶으신 그 분의 사랑하시는 심정, 죄인을 죄의 속박에서부터 해방시키고 싶으신 하나님의 자비로운 사랑과, 고통과 속박 그리고 절망으로부터의 해방을 원하는 인간의 사랑을 갈구하는 심정이 서로 만나는 곳-즉 상호주관적 만남의 장, 그곳에 예수 그리스도의 임재와 기적이 일어난다고 할 수 있다. 그렇게 볼 때 예수 그리스도가 이 땅에 오심은 상호주관적으로 더 깊이 이해가 가능하며, 심지어 예수님 자신이 상호주관적 몸(intersubjective body)이라고 할 수 있다. 복음서에서 예수님이 병자들을 치유하는 현장은 이렇게 하나님의 심정과 인간의 심정이 상호주관적으로 만나는 곳, 즉 상호주관적 공간임을 이해할 수 있다. 예를 들면 마태복음 9장의 중풍병자를 치유하는 장면이 바로 이를 말해주고 있다. 예수님의 긍휼히 여기시는 심정과 병자의 친구들의 간곡한 심정이 만나는 곳에서 치유의 기적은 일어난다고 말할 수 있다. 나사로가 죽음에서 일어나는 것은 예수님의 인류를 향한 깊은 사랑과 자매들의 애절한 소원이 만나는 장에서 일어나는 상호주관적인 기적이라고 할 수 있다. 그렇게 해서 복음서의 기적과 치유는 상호주관적인 설명을 통하여 더 깊은 이해를 제공 받을 수 있다. 마태복음 12장에서 귀신들린 아이를 치유하시는 장면은 그 반대의 예를 볼 수 있다. 예수님은 이에 앞서 그런 기적을 일으키지 못 하는 제자들의 의문에 기도 밖에는 이런 일이 일어날 수 없음을 분명히 말씀하신다. 여기서 기도란 무엇인가? 기도란 바로 상호주관적 만남의 장이라고 말할 수 있다면, 제자들이 치유의 기적을 일으키지 못 한 것은 그들의 기도가 상호주관적이지 못하고 단지 힘의

271

기술로서 이해한 제자들에게 그 까닭이 있음을 주님이 지적하신 것이 아닐까? 우리는 나의 심정을 하나님께 고하고 동시에 하나님의 심정을 보다 깊이 이해하기 위하여 기도한다. 우리를 부르시고 이해받기를 간절히 원하시는 하나님을 기도 가운데서 만나야 한다. 심각한 사회적 오해를 마다하지 않으시면서 마태를 부르시고 죄인과 함께 잡수시는 예수(마9:9-13)의 심정을 기도 가운데서 만날 수 있다. 오래 전부터 구약의 선지자들은 다른 무엇보다 하나님의 심정을 이해하는 것이 절실히 요구됨을 누누이 부르짖어 왔음을 상기할 필요가 있다. 이제 이렇게 상호주관주의에서의 공유된 공감을 이해하면서 성경을 읽어가다 보면 새로운 영적인 세계가 펼쳐짐을 느낄 수 있다. 그런데 사실은 이런 식의 성경읽기는 이미 오래 전부터 기독교 전통 속에서 존재하여 왔다. 바로 렉시오 디비나라고 하는 거룩한 독서의 방법인 것이다.

렉시오 디비나[29]와 상호주관주의

반복해서 말했다시피 상호주관주의의 성찰이 우리들의 영성생활을 더 깊이 있게 이해할 수 있게 돕는 영역이 바로 기도라고 할 수 있다. 기도란 하나님과 인간의 상호주관적인 만남의 장이 되어서 치유와 기적이 일어나고 성숙이 일어나는 장이 됨을 알 수 있다. 따라서 영성지도란 이러한 기도가 충만하게 이루어지도록 촉진하는 상호주관적인 장(intersubjective field)이 될 수 있다. 영성지도란 기도충만한(prayerful) 가운데서 하나님의 뜻, 나아가서는 하나님의 심정을 분별하는 곳이며, 따라서 영성지도자는 이러한 상호주관적 관계를 촉진하는 역할을 하는 존재라고 할 수 있다. 치유의 현장에서 치유자와 환자가 서로의 연약함과 고통을 나누어 지고 함께 가듯, 영성지도자와 수련자는 서로의 인간됨의 나약함과 죄 가운데서 은혜를 바라보며, 영적 성숙을 이루어 간다.

여기서 성령은 안전한 자기대상적 역할을 모두에게 베푸시며 치유와 성숙을 이끄신다. 영성지도 안에서 예수님의 십자가의 죽으심과 부활하심의 상호주관적 의미는 더욱 심리학적 해석을 가능하게 하며, 상처받는 치유자로서 십자가 상에서 피를 흘리시는 하나님의 심정은 상호주관적으로 이해가 깊어질 수 있다. 이러한 성찰로 이끌어 가는 영성지도자는 그 스스로 자신의 나약함과 겸손함을 깊이 인식하면서 성찰 가운데서 수련자와 상호주관적 만남을 이루어 가게 된다.

Karl Barth는 계시란 예수님이라는 인격체를 만나는 것이며, 우리가 성경 66권을 대할 때 그것은 하나의 말씀인 예수를 만나는 것이라고 그의 성경관을 표현한 바 있다.[30] 이런 표현은 렉시오 디비나가 다른 무엇보다도 성경을 통하여 하나님을 만나는 것, 하나님의 지혜나 은혜의 결과를 바라는 것이라기보다는 하나님 자신과 만나는 것이라는 렉시오 디비나에 관한 전통적인 정의에도 부합되는 것인데, 여기서 우리는 상호주관주의 관점을 이해한다면 하나님을 만난다는 경험이 어떤 것인지 더욱 깊이있게 이해하게 된다.

성경을 통하여 나와 하나님이 만나는 것은 상호주관주의적으로 말하면, 하나님과 내가 연결되는 것이다. 좀 더 정확히 말하자면, 나의 삶에 대한 경험된 정서와 하나님의 정서가 서로 이해되고, 공감되고, 깊이 있게 연결되는 것이다. 반복해서 강조하지만, 렉시오 디비나에서 우리에게 중요시되는 것은 바로 이 정서적 경험이며, 요즈음의 큐티같은 성경묵상처럼 성경에서 지혜를 찾거나 사역을 위한 당위성 등을 찾거나 그것을 표현하려는 것이 아니라, 한 마디로 말하자면 하나님과 인격적인 관계적 맥락을 추구하는 것이다. 그러나 같은 맥락에서 렉시오 디비나를 할 때 단순한 감상주의와 경험된 정서를 다루는 것은 구분되어야 한다. 예컨대 복음관상을 하면서 자신의 주관적인 내면의 느낌만을 중시하고 이를 감각적으로 추구하면 그것은 잘못된 것인 반면, 상호주관적인 관점에서의 경험된 정서를 이해하려고 하는 자세가 중요한 것이 된다.

렉시오 디비나에서 우리는 성경을 통하여 우리의 주관적 세계는 하나님의 주관적 세계를 만나게 되는데, 우리의 미숙하고 병적으로 왜곡된 정서적 경험은 하나님에 의하여 공감되고, 이해되고, 수용되는 새로운 경험을 하게 되며, 그렇게 하시는 하나님의 정서를 우리가 보다 깊이 있게 비로소 이해하게 된다. 이것이 가능하게 되는 것은 우리 속에서 말할 수 없는 탄식으로 우리가 미숙한 병적인 방어와 배신을 버리고 성숙과 온전함을 위하여 우리를 만나기를 간절히 바라시는 성령님의 공감하시는 자기대상 기능으로 설명할 수 있다.

심리학의 최상진, 신학의 박종천, 목회상담학의 김기철 등 연구자들은 [31] 한국인의 심리적 특성의 하나로서 心情이라는 용어를 제시하였는데, 이것이 바로 상호주관적 관점에서의 경험된 정서를 표현하는 적절한 한국식 용어가 아닐까 생각한다. 바꾸어 표현하면, 우리는 렉시오 디비나를 할 때 성경을 읽으면서, 우리의 삶의 심정을 표현하고, 이를 공감하시고 수용하시고, 우리를 만나기를 간절히 바라시는 하나님의 심정을 만나고 이해함으로써, 우리는 하나님과 만나게 된다고 말할 수 있다. 전통적으로 렉시오 디비나를 처음 시작할 때, 많은 영성가들은 요한복음과 시편부터 먼저 공부할 것을 권하는 경우가 많은데, 왜냐하면 특히 이들 성경에서 경험된 정서의 중요성이 더욱 쉽게 잘 이해되기 때문인 것으로 보인다. 그 밖에도 우리는 욥기, 호세아, 요나서 등에서 우리 인간을 만나시고, 구원하여 주시고, 사랑하시는, 그리고 그 사랑을 우리가 알기를 간절히 원하시는 하나님의 심정을 아주 쉽고도 가시적으로 볼 수가 있다. 이렇게 우리는 성경 속에서 우리의 치유받고자 하는 심정과 치유해 주시고 완성시켜 주시고자 하시는 하나님의 심정이 만나고 연결되어야 그곳에 비로소 치유와 기적이 일어나게 되는 것을 볼 수 있다. 앞서 언급했듯이 복음서에서 중풍병자를 둘러메고 예수님께 나아오는 친구들의 간절한 심정과 사랑하시는 예수님의 간절한 심정이 만나는 그곳에서 기적이 일어나고 치유 일어나는 것을 복음서는 보여주고 있는 것이다.

상호주관주의, 목회적 돌봄, 영성지도

상호주관주의적 입장은 현대 심리치료에서의 개념과 실제에 상당한 변화를 일으키고 있다. 치료자와 내담자는 더 이상 건강한 사람이 병든 사람에게 일방적으로 주는 수혜적 관계라는 고정된 시각에 갇히지 않고 진정하게 동등한 차원에서 서로 연결된 상태로 깊은 공감을 주고 받음으로써 서로의 인간적 취약함과 고통, 연약함을 나누어 지면서 치유와 성숙을 향해 함께 나아가게 된다는 것이다. 더 이상 과거 고전적인 일방적인 전이나 저항의 개념은 적용하기 어렵게 되었으며, 일방적인 해석과 통찰보다는 서로 간의 이해와 통찰을 주고 받으면서, 내담자와 상담자 모두 어느 정도의 삶과 의식의 공유(공개)를 통하여 성찰을 증진시켜 나가는 것에 중점을 두게 된다.

이러한 관계성은 삼라치료의 현장에서 치료자와 치료를 받는 자 사이에서 잘 적용되는 것이지만, 영적 성숙을 위하여 일하는 목회적 돌봄의 장에서와, 현대 영성지도의 현장에서도 유사하게 적용될 수 있다고 말할 수 있으며, 결국 이러한 관계성은 모든 인간과 인간 사이의 관계에서 상호 성숙과 치유를 위하여 항상 기억해야 할 관계성이기도 하다.

상호주관적인 맥락들이 아동의 발달심리적 시기에 성숙의 움직임을 어떻게 촉진시키는가 혹은 방해를 하는가를 고려할 때 가장 중요한 핵심 주제로 떠 오르는 것 또한 그들의 관계에서의 정서(affectivity)라는 것이다. 간단히 말하자면 출생 이후 개인의 발달과 성숙은 아동과 양육자가 정서(affectivity)의 상호 나눔(mutual sharing)을 어떻게 상호주관적으로 잘 하느냐에 따라 달라진다는 것이다.

Stolorow는 정서를 "어떤 상황 속에서 개인이 느낀 감각(a felt sense of oneself in a situation)"이라고 말하였는데, 그가 정서란 개인이 자신의 경험을 조직화하는 근본적인 방법이라고 주장한 것은 주목할 만하다. 그는 Kohut의 자기대상 기능의 개념을 확장하여 정서통합의 과정을 포함시켰는데, 관계적 맥락 안에서의 정서경험의 조절 또는 잘못된 조절은 심리적 발달과 이후의 자기경험의 조직화에 있어서 매우 중요한 의미를 갖는다는 뜻이다. 즉 아동의 정서 상태에 실제적이고도 심각하게 조율실패(misattunement)가 일어날 때 심리적인 갈등이 발생하며, 그 결과 통합되지 않은 정서 상태는 평생에 걸친 정서적 갈등과 트라우마에 대한 취약성의 원인이 되는데, 왜냐하면 이는 심리적 구조의 유지에 절대적으로 필요한 연결에 심각한 위협으로 경험되기 때문이다. Branchaft는[33] 지속적인 공감실패의 결과에 대하여, 아동은 필요한 대상결속(object ties)을 유지하기 위하여 자기의 일부를 분리하도록 강요받은 결과 병적인 순응이 일어난다고 하였다. 전 범위의 정서, 흥미, 필요를 경험하는 것이 허락되지 못하고 그 대신 양육자의 필요에 순응하기 위하여 어린이는 자신의 자기경험을 억누르게 된다. 이렇게 지나치게 양육자의 필요에 조율함으로써 어린이는 양육자 안에서의 지속적인 외상적 실패를 피하기 위하여 실행리스트 또는 "해야할(should)"리스트를 내재화한다. 이러한 실행리스트는 성장한 후에도 관계의 유지를 위하여 병적으로 실행되는 원형이 된다.

이러한 병적인 적응 논리를 아주 뚜렷이 볼 수 있는 삶의 영역이 바로 신앙생활의 영역이다. 사람들은 자신의 건강하지 못한 하나님 표상이나 공동체, 또는 공동체의 지도자와의 대상결속(object tie)를 유지하기 위하여 자기의 일 부분, 특히 불안이나 분노와 같은 감정의 부분을 분리(해리)시키게 되는데, 그 분리된 감정을 방어하기 위한 결과가 위선이 된다고 볼 수 있다. 적지 않은 수의 그리스도인들은 고통스러운 고난이나 고통의 정서적 경험을 충분히 경험하는 것을 억압하는 수단으로서 종교적인 언어나 행동기준을 사용하여 병적으로 순응함으로써 하나님에 대한 사랑과 그를 따르는 것을 피상적으로만 유지하고 있음을 볼 수 있다. 이런 사람들은 자신의 의지로 기꺼이 순종하도록 격려되지 못하고 그 대신 맹종으로 내몰리는 특성이 있으며, 그 결과 외적인 경건함의 모습에도 불구하고 공허하고 생명력이 없는 내면을 유지하게 된다. Benner[34] 역시 공허하고 방어적인 종교성이 생명을 주시며 진실하신 하나님에로의 연결을 방해하고 있다고 지적한 바 있다. 호세아는 이러한 종교인들에 대하여 매우 심각하게 비판하고 있음을 우리는 볼 수 있다. '그러므로 내가 선지자들로 그들을 치고 내 입의 말로 그들을 죽였노니 내 심판은 빛처럼 나오느니라 나는 인애를 원하고 제사를 원하지 아니하며 번제보다 하나님을 아는 것을 원하노라 (호 6:5-6)' 예수님 또한 서기관들과 바리새인들의 제사행위가 하나님과의 만남을 어떻게 방해하는 병적인 행동인지를 정확히 지적하셨다.[35]

너희는 가서 내가 긍휼을 원하고 제사를 원하지 아니하노라 하신 뜻이
무엇인지 배우라(마9: 13a)

여기서 정신분석적인 성찰이 이들을 자유롭게 할 수 있게 돕는 또 다른 하나의 이해가 될 가능성이 있다. 상호주관주의는 치료자와 환자, 상담자와 내담자, 목회적 돌보는 자와 돌봄을 받는 자는 서로 각기 다른 주관적인 세계가 있음을 인정하는 것으로부터 출발해야 함을 강조한다. 이 두 주관적 세계들은 깊은 공감의 상호적인 이해를 통하지 않고는 서로 만나지지 않는 분리의 세계이다. 환자(내담자, 돌봄을 받는 자)가 느끼는 경험적인 정서를 치료자(상담자, 목회적 돌보는 자)가 깊은 공감을 통하여 이해하고, 이 이해가 촉진적 공감(evocative emathy)를 통하여 내담자에게 전달되며, 그것을 내담자가 느끼고, 자신이 지지를 받고 다시 수용하여 더 깊이, 보다 충분히 경험된 정서를 관계 속에서 표현해 낼 때, 내담자와 상담자의 두 주관적인 세계는 비로소 서로 만나지고, 연결된다(connected). 이렇게 두 주관적 세계가 연결되기 위하여는 돌봄을 받는 자의 병적이고, 때로는 심각하게 미숙한 표현이나 정서일지라도 이를 돌보는 자가 자신의 주관적인 판단을 내려놓고 열린 마음으로 깊이 공감하고 수용하는 역할을 할 때, 돌봄을 받는 자는 그것이 비록 미숙하고 병적인 것이라도 자유롭게 표현해도 안전하며, 수용받고 이해받을 것이라는 확신을 얻게 된다. 간단히 말하자면 치료자는 표현과 공감의 안전기지가 되는 것이며, 자기심리학 식으로 말하면 치료자는 내담자의 '자기대상(self-object)'이 되는 것이고, 위니캇 식으로 말하자면 '괜찮은 엄마(good-enough mother)'가 되는 것이다. 치료자와 내담자가 만나는 곳, 그곳에서 비로소 치유와 성숙이 있다는 것이다. 그리고 치료자는 궁극적인 치료자이신 성령 하나님을 때로는 대신해서, 때로는 성령 하나님에로의 연결의 통로로서, 때로는 성령 하나님 앞에

278

서 함께 존재하는 자가 된다.

성경의 저자들은 하나님과 우리와의 관계에서의 그 공간을 그 시대 사람들의 이해에 맞게 여러 구조적인 모습으로 묘사하여 왔다. 때로는 창조주와 피조물, 죄인과 구세주, 왕과 신하, 주인과 품꾼(또는 일꾼, 종)이 만나는 공간으로 이해하여 왔다. 그러나 그 구조적인 공간은 점차로 사랑으로 채워지는, 그래서 충성이나, 감사나, 은혜나, 나눔이나, 믿음이나, 소망이나 그런 덕목들보다는 점점 더 사랑이 중심으로 드러나는 공간이 되어 간다. 아버지와 아들, 친구 간의 우정을 거쳐 드디어는 사랑하는 연인 사이와 신랑과 신부 사이의 공간으로 만개된다. 결국 하나님이 가장 자신을 드러내고 싶어하시는 모습은 상호주관적으로 우리와 사랑하는 관계를 맺으시는 것이라고 볼 수 있다. 이 점은 우리가 다 아는 이야기이면서도 평상시에는 대체로 잘 잊어버리는 내용이기도 하다.

치유에서의 실제 기법으로서 상호주관주의가 제시하는 방법론은 그 개념에 비하여 비교적 불분명하게 보이지만, 매우 중요하게 이해되어야 하는 것들이 있는데, 그들은 상호주관적 관점에서 임상을 한다는 것은 어떤 민감성(sensibility)를 가정한다는 것 이상의 기술적인 제안을 빌려오는 것은 아니라고 주장한다. 그것은 관찰자와 피관찰자의 피할 수 없는 상호작용에 대하여 지속적인 예민성(sensitivity)를 갖는 태도를 의미하는데, 즉 다른 사람의 경험 속으로 들어가서 그곳에 잠기는 것이 아니라, 상호주관적 공간(intersubjective space)에서 타인에 참여하는 것이라고 한다. 중립적 자세나 치료적 절제를 교조적으로 처방하는 대신에, 어떤 주어진 순간에 개입을 할 것인가 안 할 것인가의 결정은 개개 환자들의 주관적 경험을 명료화하고 연결하고 변형시키는데 도움을 주는 방

향으로 인도되어져야 한다는 것이다.[36]

  그렇기 위하여 치유를 인도하는 사람들의 역할이란, '과학적 사실'이
나 '문화적 렌즈' 등을 덜 중요한 것으로 보는 반면, 개개인 환자들의 생
생한 경험과 고통을 이해하는데 초점을 두는 것인데(Orange, 2009)[37],
왜냐하면 이론이나 다른 근거로부터 미리 예견되는 관점들은 개인에 대
한 심리치료자의 깊은 공감과 이해를 제한시키며, 이제까지의 해리된
정서적 경험들의 표현에 공간을 제공하지 않는 해로운 영향을 주기 때
문이라는 것이다. 마찬가지로 분석의 장에서도 분석가는 내담자의 보편
적인 내용의 확인보다는 정서적인 면에서 주관적인, 상호주관적인 과정
에 초점을 둔다. 즉 환자의 주관적 세계를 "탐색하고(unfolding), 조명
하고(illumination) 변형하는(transformation)" 것이 우선적이다.[38] 따
라서 "최소한도의 이론적인 정신분석, 경험에 밀착한 개념들, 그리고 판
단이나 진단적 충동을 가능한 한 가볍게 가지는 것을"[39] 추구하며, 나
아가서 모든 심리치료는 환자의 정서, 특히 고통에 대한 "상호창조적 이
해(cocreating understanding)로 구성되며, ...어느 한 학파에 충성하기
를 강요하지 않는다"고까지 주장한다. Stolorow는[40] 분석적인 담화가
테크닉에 초점을 둘 것이 아니라 임상 실제에 초점을 두어야 한다고 하
면서, "테크닉과는 달리, 임상 실제는 항상 독특한 것에 관심을 두며, ...
의문을 던지고, 검토하고, 발견하는 태도를 구체화하며,... 규칙을 피하
고, 질문을 사랑하는 것이다."라는 말로 표현하였다.[41]

  이렇게 함으로써 환자의 주관적 경험 속으로 지속적인 공감적 탐색을
통하여, 심리치료자는 환자와 함께 협동적 작업을 통하여 치료적 공간
을 공동 창조해 나간다. 그 공간에서 주관성의 문제가 되는 무의식적인
"영역"을 함께 탐색해 나간다. 치료자와 환자의 공동 참여자는 분석노

력에 함께 참여함으로써 지속적인 상호 영향과 각자의 조직화 활동을 통하여 이러한 치료적 공간의 위험성에 관계적인 안전성을 제공한다. 이는 해석과 자기개방 그리고 해석의 선택을 위한 함의를 가진다.

이상의 상호주관적 관계 이론에서의 지혜가 목회적 돌봄의 장과 현대의 영성지도의 현장에서 목회자나 영성지도자의 자세가 어떠해야 하는가에 대한 매우 중요한 성찰을 제시해주고 있다. 과거의 목회자가 강단에서 권위있게 일방적으로 말씀을 선포하는 것에 그 역할의 초점이 주어졌다면, 그러한 특성이 왜 그렇게도 현대인들의 영적 변화를 이끌어내지 못 하였는가에 대한 힌트를 주고 있기도 하며, 현대의 새로운 목회자는 그러한 일방적인 권위의 선포보다는 신도들과의 상호주관적인 교제의 관계를 더욱 중요시해야 한다는 새로운 목회자상을 제시할 수도 있다. 사실 이 점은 새로운 것이라기 보다는 초대교회의 코이노니아의 핵심이며, 루터의 만인제사장의 개념의 흐름을 실천하는 것이라고 볼 수 있다.

마찬가지로 상호주관적 접근의 자세는 정말로 기독교 영성지도에서도 역시 얼마나 필요한 자세인가가 비로소 깊이 있게 다가올 수 있을 것이다. 옛날부터 기독교 전통적인 영성지도의 장에서는 영성지도자는 수련자의 감정의 흐름에 대한 예민성(sensitivity)에 더하여 성령님의 움직임에 대한 예민성을 가지는 것 외에는 그 어떤 선입견이나 분별에 관한 이론적 규칙이나 전통에 얽매여서는 안된다는 것을 강조해 왔기 때문에 이 두 접근은 잘 조화를 이룬다. 영성지도야말로 그 어떤 짜여진 수순이나 기술에 얽매이지 않고 자유롭게 움직이시는 성령님과 수련자가 만나는 장에서 이 양자의 움직임, 경험을 끊임없이 지속적인 탐구를 해나가는 장이라는 것은 옛날이나 지금이나 변함없이 추구해 왔던 점이다.

따라서 상호주관적인 접근은 현대사회에서 영성지도자가 가장 중요시해야 하는 점을 제시하고 있기도 하다. 즉 영성지도자는 과거처럼 하나님을 대신하여 수련자에게 어떤 지혜나 분별을 제시하고 고치고 죄를 고백받으며 사함을 선포하는데 머물지 않고, 전능하신 성령님의 임재와 능력이 나타나길 단지 수동적으로 기다리는 입장을 뛰어넘어, 상호주관적 관계 속에서, 즉 성령님의 임재라는 안전기지 가운데서 지도자, 수련자 그리고 성령님 삼자가 서로 자유롭게 만나서 관계를 맺고, 교류하고 공감을 주고받고, 질문과 항의와 이해와 용서하심을 나누면서 새로운 변화를 이끌어가는 보다 적극적인 역할을 수행하는 자세가 필요하다고 보겠다.[42] 치유자는 내 안에서 일어나는 성령님의 활동에 늘 예민한 의식을 기울이며, 항상 질문하고 성찰하며, 다른 한 편으로는 내담자 또는 영적 수련자의 주관성, 특히 비언어적인 정서세계를 있는 그대로의 모습으로 바라보며, 내담자의 영혼과 함께 성령님과 만나는 장 안에 머물러 있어야 한다는 것이다. 거기에는 짜여진 순서나 규칙이나 고정된 방법이 있는 것이 아니라, 바람이 임의로 불 듯 자유로우신 성령 하나님과, 상한 심령을 그대로 드러내고 부딪히고 갈망하며 인간의 역동적이고 상호주관적인 만남이 있을 뿐이다.

요약

요약하자면, 상호주관주의는 상호관계를 중시한다는 점이다. 이에 더하여, 상호주관주의는 상호 평등적인 생각을 중시한다. 물론 여기에는 돌봄을 받는 자와 돌봄을 주는 자 사이의 관계에 일정한 불균형이 있긴 하지만, 사랑의 관점에서 평등을 향하여 나아간다는 점이다. 이 점에 관하여는 신학적인 논란이 있을 수 있다. 특히 개혁신학은 전적으로 타락하고 부패한 인간과 창조자이자 초월자이신 전능의 하나님을 극명히 대비하는 데서 더더욱 성숙의 장에서는 인간의 역할에 관하여 최대한 말을 아껴온 면이 있기는 하다. 물론 거기에는 창조주와 피조물 간의 완전한 불균형이 있지만, 그러나 동시에 상호주관적 관점에서는 인간은 구원, 성숙, 창조완성의 파트너로 부르심을 입은 입장으로 볼 수도 있다. 하나님은 치유와 성숙의 문제에 있어서 우리를 친구로 부르셨고, 하나님 자신이 온전하신 것처럼 우리도 온전하라는 초대를 받은 입장이기도 하다.

11장 정신화 Mentalization

김 미 희

왜 현대정신분석의 흐름의 마지막 부분에서 '정신화Mentalization'가 언급되고 있는 것일까. 지난 10여년을 성찰해보면 다양한 영역에서 정신화에 대한 연구가 갑작스럽게 증가하고 있음을 인식할 수 있다. 처음 정신화가 대두되었던 1990년대에는 정신화란 개념자체가 생소하게 느껴질 정도였지만, 현재는 정신화와 관련된 수많은 연구들이 다양한 영역에서 제시될 정도로 정신화는 치유영역에서 많은 영향을 미치고 있다.[1]

그렇다면 현대정신분석에서는 왜 정신화에 주목하는 것일까.

정신화는 애착이론가 Main이 제시한 '메타인지 meta-cognition'[2]의 개념과 매우 밀접한 관련성을 가지고 있다. 어떤 면에서 정신화는 메타인지의 개념과 연관되어 있을까.

앞서 애착이론에서 언급되었듯이 메타인지란 '생각하고 느끼고 있는 자신을 성찰하는 것'으로, 객관적으로 자신을 바라보는 의식이라고 할 수 있다. Main은 성인애착 면접도구를 토대로 애착유형의 세대 간 전이를 연구하면서, '애착유형이 내적 표상체계로 세대 간 전수가 된다'는 것을 밝혀냈다; 즉 안정 애착유형은 안정형으로 불안정 애착유형은 불안정형으로 세대 간 전수된다는 것이다. 그러나 Main은 실험 가운데 어린 시절 불안정 애착 경험을 가진 성인들이라 하더라도, 안정애착 유형처럼 마음상태가 안정되어 정서적으로 조절이 되어있는 유형이 있음을 발견하게 되었다. 즉 Main은 이런 유형의 성인들의 애착유형을 "획득성 안정형"이라고 지칭했는데,[3] 이들은 어린 시절 엄마와의 애착관계에서 학대나 유기 등 신체적, 심리적으로 상처를 입었음에도 불구하고, 애착과 관련된 면접상황에서 감정에 압도당하거나 휘둘리지 않고 자신들의 경험을 통합적이고도 일관되게 이야기를 하는 모습을 보였다. 이 과정을 통해 Main은 경험에 대한 메타인지적 태도가 안정형 애착과 관련되어 있다는 것을 인식하게 되었다.

이와 같은 메타인지의 개념을 마음 이론으로 확장시켜나간 Fonagy와 Steele부부는 자신들의 연구[4]를 통해, 혼란형 등의 불안정 애착유형으로 아이가 엄마로부터 학대, 방임을 당했을지라도 그 아이가 '자기 경험에 대해서 갖는 태도 즉, 자신의 경험에 대해 어떤 해석을 하고 의미를 갖게 되는가'를 성찰하는 과정이 개인이 경험한 삶 그 자체보다 애착의 안정성에 더 영향을 미친다는 것을 밝혀냈다.[5] 예를 들어, 엄마로부터 학대나 방임을 당한 아이가 내가 못된 아이라서 엄마가 나를 때린다고 해석을 하면서 엄마와의 관계를 바라본다면 아이는 나쁜 아이가 되지만, 만약 성찰 후에 이 상황이 내 문제라기보다는 엄마가 어떤 문제를 가지고 있다고 해석하는 것은 나쁜 자기감으로 자신을 바라보는 것과는 다른 영향을 미친다는 것이다. 또한, 아이가 자신이 그런 엄마를 만났지만 내 인생이 여기서 망쳐진 것은 아니라고 생각하는 것과 내 인생은 볼 것도 없이 망쳐졌다고 해석을 내리는 건 이후의 삶에 다른 영향을 준다. 메타인지를 통해 우리가 주목해야 할 부분은, 객관적으로 불행한 경험을 했다 하더라도 그 경험에 대해 우리가 어떤 해석을 하고 의미를 붙이느냐, 그리고 자신의 경험에 대해서 매몰되거나 회피하지 않고 객관적으로 성찰하는 과정이 결국은 안정애착에 영향을 미친다는 사실이다.

'정신화'는 메타인지의 개념에서 확장된 개념이라고 할 수 있는데, 메타인지가 한 개인의 마음상태에서 일어나는 것을 중심으로 성찰하는 능력이라면, 정신화는 자신뿐만 아니라 둘이나 셋 이상의 다른 사람의 마음상태에 대해서 성찰해낼 수 있는 능력이라고 할 수 있다. 나의 마음상태 (감정, 욕구, 목표, 이유 등)에 주의attention를 둘 뿐만 아니라 다른 사람의 마음상태에까지 주의를 확장해서 성찰하는 과정이 정신화라고 할 수 있다.

메타인지의 개념을 타인의 마음에까지 주의를 확장시킨 사람은 바로 현대 애착이론가이자 동시에 정신분석학자인 Fonagy라고 할 수 있다. Fonagy는 정신화가 '마음에 관한 새로운 이론'으로서 '우리의 행동이 마음 상태에 의해 영향을 받는다'는 것을 전제한다. 즉 나의 내적상태에 따라서 나의 행동과 말이 달라진다는 것이다.

이와 같이 Fonagy가 정신화를 바라보게 된 중심에는 '경계성 성격장애'들이 있다. 정통정신분석에서 언급하듯이 경계성 성격장애들은 Freud적 정신분석의 대상으로 어려움을 가지고 있다. 정통정신분석에서는 해석과 통찰이 가져오는 무의식의 의식화를 통해 치유가 이루어지는데, 이러한 분석이 가능하기 위해서 전제되어야 할 것은 내담자의 자아의 강도라고 할 수 있다. 자아 강도를 중심으로 경계성 성격장애들을 보았을 때, 이들은 자아의 강도 문제를 넘어서서 자기self의 구조에 문제가 있기 때문에 이와 같은 정통적인 분석기법만으로 치유를 바라보기에는 어려움이 있다.

Fonagy는 기존의 정신분석의 과정으로는 치유의 한계가 있는 경계성 성격장애들을 대상으로 많은 연구를 하게 되면서, 이들이 어떤 모양이든 지속적으로 대인관계에서 문제를 일으키고 있다는 사실에 주목하기 시작했다. 그리고 Fonagy는 경계성 성격장애들이 끊임없이 관계에서 문제를 일으킬 수밖에 없는 핵심적인 문제가, '분노조절 등 충동성 조절의 어려움과 감정조절의 문제, 자신과 타인을 분리하고 구별하는 것으로부터 오는 어려움, 정체성의 결여 등'이며, 더 나아가서는 결정적으로 "자신과 타인의 마음상태를 정확하게 지각하는 능력이 심각하게 제한되어 있다"[6]는 것을 발견하게 되었다.

이 부분에서 '왜 경계성 성격장애들은 자신과 타인의 마음 상태를 읽어낼 수 없을까'에 대한 의문이 자연스럽게 들 수 있다. 우리와 같은 의문을 품었던 Fonagy는 많은 연구들을 통해, 경계성 성격장애들이 그들의 마음 안에 있는 왜곡된 내적 표상으로 인해 자신과 타인의 마음상태가 어떤지를 성찰할 수 있는 능력이 굉장히 부족하며, 이렇게 성찰할 수 있는 능력이 부족한 것은 어린 시절 엄마와의 애착관계에 기인하고 있다는 것을 발견해냈다.

경계성 성격장애들의 애착유형은 집착형과 혼란형이 혼재되어 있는 것으로 나타난다.[7] 즉 이들은 엄마에게 상처를 받으면서도 동시에 엄마에게 심하게 몰입되어 있는 애착유형을 나타낸다. 경계성 성격장애의 애착유형이 이렇게 혼재되어 나타나는 데는 이유가 있다. 아이가 엄마로부터 공격을 받을 때 아이에게 있어서 엄마는 보호자에서 공격자로 변하게 된다. 이때 아이는 공격을 받으면서 무서워지고 두려워져 누군가가 이 고통을 공감해주고 위로해주기를 처절하게 바라게 된다. 이 과정에서 아이의 마음에서 일어나는 불안과 무서움이 아이의 애착시스템을 활성화시키게 된다. 애착시스템이 건드려지면서 아이는 누군가로부터 고통에 대한 공감과 적절한 반영을 받고 싶어 하지만, 현실적으로 공격자인 엄마이외는 아무도 없기에 정신내적으로 엄마로부터 도망가야 할지 엄마에게 안겨야할 지와 관련된 딜레마에 갇히게 된다. 이렇게 아이가 엄마에게 공격을 받아 고통이 가득할 때는 아이가 정신을 차리고 객관적으로 자신과 엄마의 마음을 볼 수가 없다.

이와 같은 상황에서 아이는 감정에 압도당한 채 매몰된다. 이렇게 매몰된 심리상태에서 아이는 지금 벌어지는 현실이 어떠한 상황인지를 바라볼 수 없다. 우리는 감정에 매몰되어진 채 내면의 공간을 만들어낼 수 없다. 엄마가 언제 어떻게 때리고 발로 차고 혁대로 때리고 칼을 들고 달려들지 모르는 상황에서, 자신과 엄마의 마음속에서 무슨 일이 일어나고 있는 지를 성찰하기란 아이에게 잔인할 정도로 어렵다. 이와 같이 마음에서 공간을 만들어내기도 어렵지만, 정신화에서 말하는 것처럼 아이가 엄마의 마음에 대해 호기심과 관심을 두고 바라보는 자체가 아이에게는 지옥과 같은 일이 될 수 있다. 어쩌면 아이에게는 이 상황에 대해 눈을 감는 일이 더 나을 수 있다. 왜냐하면 아이에게는 엄마의 마음을 읽는 과정이 더 공포스러울 수 있기 때문이다. 만일 엄마가 자신을 미워해서 죽이려고 달려들 수 있다는 엄마 마음의 의도를 읽어버리면 아이는 이후의 삶을 살아낼 수가 없다. 당연히 아이는 매몰되거가 아무 일도 아닌 듯이 회피하는 방식으로 자신의 생존과 관련된 상황을 보호할 수밖에 없다. 이렇게 아이는 자신을 보호하기 위해 자신과 다른 사람의 마음 상태를 성찰할 수가 없으며, 당연히 죽을 것 같은 무서움에 내 마음이 어떤지도 모르는 게 당연한 일이 된다.

또 다른 한편으로 경계성 성격장애자들은 '자기와 대상과의 분리가 어려우며 정체성의 혼란'과 관련된 핵심적인 이슈가 있기에 대상에게 몰입되어 집착할 수밖에 없는 내적인 어려움을 경험하게 된다. 상기한 바와 같은 위험한 상황에서 아이가 위로를 받고 싶을 때 아이는 엄마에게 달려가서 매달리고 싶은 과각성의 상태가 된다. 이와 같이 빨리 엄마에게 위로를 받고 싶은 과각성이 일어나게 되면, 아이가 스스로 정서를 조절해서 정신을 차리는 것은 어려운 일이 된다. 누군가에게 몰입되어 애착을 느끼면서 대상에게 집착해있을 때 우리는 대부분 자기가self가 흔들리는 경험을 하지 않는가. 누군가를 사랑하게 될 때를 되짚어보면, 강렬한 사랑의 감정으로 인해 세상이 온통 그 사람이 되었던 기억이 있을 것이다. 애착대상이 하는 의미 없는 한마디와 하나의 행동에도 자기가 좌지우지되고 어떻게 해야 할지 모르는 상태가 되지 않는가. 앞서 언급한 것처럼 경계성 성격장애자들은 두려움으로 인해서 엄마의 마음을 읽어낼 수 없는 과정에 처함에 동시에, 몸에 체득되어있는 애착시스템이 활성화되면서 각성되기 때문에 자신의 마음을 천천히 보거나 엄마 마음을 읽을 수가 없다. 이러한 과정이 바로 경계성 환자들이 갖는 마음이다. 이렇게 성장하게 되면, 결과적으로 아이는 내 마음도 모르고 상대방 마음도 모르기 때문에, 관계 안에서 매몰되거나 회피하는 방식으로 존재하게 되며 반복적인 관계의 문제 안에 놓이게 된다.

Fonagy는 이러한 경계성 성격장애들이 나타내는 관계성 문제의 치유책을 애착이론에서 찾았으나 애착이론에서의 한계를 느끼면서 정신화를 바라보게 되었다. Fonagy는 '애착이론'은 아이가 자신을 이해하고 세상 안에서 다른 사람들을 이해할 수 있도록 하는 '안전기지'를 제공한다고 설명한다. 즉, 아이가 엄마의 무릎을 안전기지로 하여 세상에 대해 탐색할 수 있도록 기반이 되는 내면적인 안정감을 준다. 그러나 Fonagy

는 애착이론은 아이에게 '어떻게 사회적으로 관계할 수 있는 지'를 가르쳐주지는 않는다고 언급한다. 즉, 애착이론은 어떻게 관계에서 의사소통을 함으로써 상호적으로 친밀감과 안전감을 유지할 수 있는지를 설명해주지 못한다고 하면서, 이를 가능하게 하는 중심에는 '정신화mentali-zation'가 있다고 주장한다.[8]

정신화는 어떤 이론인가

서론에서 언급한 바와 같이 현대정신분석 안에서 주목하는 치유의 메커니즘은, 개인의 심층심리의 역동보다는 인간과 인간간의 관계적 맥락이라고 할 수 있다. 이러한 흐름의 전환 속에서 그동안 정신분석에서 소외되어왔던 애착이론이 재조명되기 시작했고, 그에 따라 정신분석 안에서 애착이론과의 연계 연구들이 다양하게 이루어져 왔다.

사실 60여 년 전 Bowlby가 애착이론을 발표했을 당시 애착이론은 Anna Freud와 Klein학파 분석학자들로부터 끊임없이 배척당해왔다. 이와 같이 애착이론이 정신분석 계에서 배척되어온 결정적 이유는, 정신분석은 '정신 내적 세계'와 '표상으로서의 엄마'를 다루었지만 애착이론은 '외부 현실 세계'와 '실제 엄마'를 중심으로 연구를 진행해왔기 때문이었다.[9]

그러나 1990년대에 들어서면서 현대의 애착이론 학자이면서 정신분석가인 Peter Fonagy는 상충되어 있었던 두 분야에서 가교역할을 하면서 통합적인 시각을 제시했다. 그는 애착연구의 결과를 정신분석학적으로 재해석하면서, 현대의 애착연구들이 '정신적 표상체계'로 주의가 전환되고 있음을 경험적으로 입증해내고 있다. 이러한 흐름 속에서 Fonagy는 '정신적 표상체계의 특성'과 '자신 및 다른 사람들의 마음 상태에 대한 주의attention'에 주목함으로써 '정신화mentalization'을 주창했다.

Fonagy는 'Thinking about thinking'이라는 제목의 저작을 통해 정신화의 개념을 다음과 같이 정의하였다.

"정신화는 의도적인 마음의 상태(필요, 욕구, 감정, 신념, 목적 등)에 비추어 자신과 타인의 행동과 경험을 읽거나 해석하는 능력이다."[10]

정신화는, 다른 사람의 행동과 경험을 볼 때 곧이곧대로 인지하는 대신 그 행동과 경험에 담겨진 그 사람의 의도적인 마음 상태, '그 사람의 마음에 담겨진 감정, 욕구, 목적, 신념이 어떻구나'를 성찰하고 읽어낼 수 있는 능력이라고 할 수 있다. 예를 들어 어려서 말을 못하는 아이가 안타까운 표정과 호소하는 표정으로 냉장고 위를 바라보면서 발을 동동 구르고 있을 때, 엄마는 발을 동동 구르는 아이의 행동과 표정을 보면서 아이가 엄마를 향해 짜증을 내고 화를 내는 것으로 읽는 대신에, 냉장고 위에 있는 쿠키를 먹고 싶어하는 아이의 마음의 의도를 읽어낼 수 있는데, 이러한 능력을 바로 정신화라고 할 수 있다.

"정신화는 의도적인 마음상태들과 연결하여 행동을 인식하고 해석하는 것"[11]으로써, 나와 다른 사람간의 관계적인 맥락 안에서, '나를 성찰'하고 '다른 사람을 성찰'하며 '둘 간의 관계를 성찰'하는 것이라고 할 수 있다[12];

첫째, 나의 마음과 관련되서는 '이 상황에서 내가 무슨 감정을 느끼는가' '내가 무슨 생각을 하고 있는가' '이러한 생각과 감정은 나의 어떤 경험적 맥락 안에서 시작된 걸까' 등을 성찰하는 것이다. 예를 들면, 어릴 때부터 엄마로부터 비난을 받아 온 사람의 경우 권위적인 여성과의 관계에서 그 여성이 자신을 비난한다고 생각하면서, 대화할 때 틱틱거리거나 대상을 피하고 싶어하는 등의 부정적 반응을 보이면서 문제를 일으키는 경우가 있을 수 있다. 그러나 만약 권위적 여성과의 관계에서 자신이 무슨 생각과 감정을 느끼는지를 곰곰이 성찰하면서, '이 사람이 자신을 부정적으로 보고 있다는 마음이 드는 것은 어릴 적 엄마의 영향으로 인한 것이며, 현재 내 앞에 존재하는 대상은 자신의 엄마가 아니라는 것'을 깨닫는다면 다른 관계성을 형성할 수 있을 것이다. 이와 같이 우리는 누군가와 함께 있을 때 내 마음이 어떤가를 성찰해내야 한다.

둘째, 다른 사람의 마음과 관련해서는, 다른 사람이 어떤 질문을 하거나 행동을 할 때 '왜 이 사람은 지금 이런 질문을 하는 걸까?' '왜 이 사람은 이런 행동을 하는 것일까?'를 성찰하는 것이다. 이런 과정을 통해 특정한 질문이나 행동에 담겨진 다른 사람의 마음 상태를 추측하거나 그 사람의 마음 안에서 무슨 일이 벌어지고 있는지를 성찰하는 것이다. 상기한 바와 같은 예시에서, 권위적인 여성이 자신에게 뭔가를 이야기할 때 유난히 말투가 딱딱하고 날카롭게 느껴질 때, 이러한 여성의 모습에 대해서 '자신을 못마땅하게 생각해서 저런 말투로 공격하는구나'라고 생각하는 사람과 '차갑게 들리기는 하지만 이 사람 말투가 원래 이렇구나'라고 성찰하는 사람은 반응에서 다를 수 있다. 이와 같이 우리는 다른 사람의 행동이나 생각을 보면서 그 사람의 마음의 의도가 무엇인지를 성찰해 낼 필요성이 있다.

셋째, 이를 토대로 지금 나와 다른 사람간의 관계 안에서 무슨 일이 벌어지고 있는지를 성찰하는 것이다. 사람들과의 만남에서 어떤 사람이 말한 내용 때문에 기분이 나쁠 때, 즉각적으로 '저 사람이 나를 공격했다고 생각하는 것'과 '내가 왜 이런 생각을 하지?'라고 생각하면서 첫 번째 나를 성찰하고, 이 대상이 정말 나를 비위를 상하게 하려고 의도한 이야기인가를 생각하면서 상대방의 마음의 의도를 성찰하고, 궁극적으로 이 생각으로 인해 대상과의 관계가 어색한가, 어떠한가를 성찰하는 것'은 관계가 흘러가는 과정에서 많은 차이를 나타낼 수 있다.

Fonagy외 동료들은 정신화 능력은 인간에게서만 볼 수 있는데, 다른 종과는 다르게 만들어진 뇌의 구조와 기능[13]으로 인해 우리는 다른 사람들이 생각하고 느끼는 것을 판단할 수 있다고 설명한다.[14] 즉 우리는 신경생물학적인 장치로 인해 다른 사람이 우연히 또는 고의적으로 어떤 행동을 했을 때 즉각적으로 그 행동을 그 사람의 마음의 상태와 연결하여 인식하게 된다. 정신화는 잠재된 능력이 우리의 뇌에 내재되어있긴 하지만 애착대상과의 반영 안에서 발달되어야만 하는 능력으로써, 한 개인이 사회적 공간 안에서 수많은 다른 사람들과 살아가는데 함께 할 수 있도록 해주는 인간의 진화론적 속성이라고 할 수 있다.[15]

정신화는 1990년대 초기에는 주로 경계성 성격장애들을 이해하는데 제한되어 왔으나, 현재는 부모교육, 가족치료, 품행장애, 반사회적 성격장애, 회피성 성격장애, 자기애성 성격장애, 섭식장애, 우울증, 정신증 등 다양한 영역에서 개인치료와 그룹치료의 형태로 문제를 해결할 수 있는 효과적인 치료적 요인으로 확장되고 있다.[16]

정신화와 마음의 표상체계

정신화는 마음의 표상체계와 관련이 깊다.

최근에 우리나라에서 상영되었던 조커라는 영화가 있다. 조커가 어색하거나 난처하거나 분노를 느끼는 등의 감정을 느낄 때 조커는 의식적으로 통제할 수 없는 상태에서 사람들을 향해 큰 소리로 웃는다. 이렇게 조커가 웃을 때 웃는 조커에 대한 사람들의 반응은 각각 달랐다. 이와 같이 누군가 알지 못하는 사람이 지나가면서 자신을 바라보고 웃는 것을 볼 때 사람들의 반응은 다를 수 있다. 예를 들어 안정적 애착을 가진 사람들은 그 웃음을 공격적으로 받아들이지 않고 서로에게 인사를 나누는 정도로 받아들이면서 대상에게 웃음으로 반응할 수 있다. 그러나 수치심이 많거나 편집증처럼 사람들에게 공격당할 것 같은 느낌이 많은 사람들은 '뭐야, 나를 보고 비웃는거야'라고 생각하면서 웃음에 대해 공격적으로 반응할 수도 있다.

외부의 자극에 대해서 우리는 다양하게 반응할 수 있다. Stern은 이런 반응이 0.3초~1초내에 일어난다고 이야기한다.[17] 이와 같이 눈 깜짝할 사이에 반응이 일어난다는 사실은, 우리의 반응이 의식의 통제를 벗어나서 자동화되어 나온다는 것을 의미하고 있다. 외부의 자극에 대해 이러한 자동적인 반응이 이루어지는 과정에 대해 Fonagy는 우리 안에 마음을 해석하는 표상적 프레임이 있다고 설명하고 있다. 즉 우리에게는 **신경생리학적으로 관계를 해석할 수 있는 '대인관계 해석 메커니즘 Interpersonal Interpretive Mechanism: IIM'이 뇌에 내재되어있다**고 언급한다; Fonagy는 IIM은 사회적 정보에 대한 처리 과정 체계로서 반영기능 또는 정신화의 기반이 되는 가설적 신경구조라고 설명하고 있다.[18] 즉, 우리는 IIM을 토대로 애착 관계 경험에서 익힌 경험을 통해 대인관계를 해석 한다; 어떤 사람이 어떤 행동과 표정, 말을 하게 될 경우 그 안에는 이러한 메시지가 담겨있을 것이라고 자동적으로 해석을 함으로써 그에 따라 반응을 하게 된다는 것이다. 우리는 IIM을 기반으로 나를 해석하고 상대를 해석하고 세계를 해석한다. 우리는 이런 표상체계가 우리 안에 있으면서 많은 영향을 미치고 있다는 것을 잘 인식하지 못하고 살아간다. 그렇게 살아가다가 어떤 자극이 쑥 들어오면, 공간을 두고 성찰하면서 반응을 선택하기보다는 그것이 좋은 영향을 미치든 나쁜 영향을 미치든 상관없이 자동화되어 반응하면서 살아간다. 이러한 내적 표상의 프레임으로 인해 우리는 자신의 마음과 다른 사람의 마음을 잘못 해석함으로써 관계에서 문제를 일으킬 수 있다. 예를 들어 아빠와의 관계에서 자신이 아빠의 기준에 못 미치는 존재라고 자신을 생각하는 경우, 아빠가 퇴근해서 우울한 얼굴로 들어와서 자신을 바라보았을 때 아빠의 우울한 표정을 자신을 못마땅해 하는 표정으로 해석하게 되는 경우에는 화가 나서 방문을 닫고 들어가거나 짜증을 내는 등의 모습을 보일 수 있다. 그러나 아빠와 안정된 애착관계 안에 있는 사람의 경우라면, 아빠의 우울한 표정을 자신을 싫어하는 아빠의 표정으로 해석하기보다는 다양한 관점을 가지고 아빠에게 왜 그러는지를 물을 수 있다. 자신의 존재나 대상 그리고 대상과의 관계에 대한 내적 표상으로 인해, 아빠의 우울한 모습으로 상징되는 자극이 나를 건드리면 자동적으로 방문을 닫고 들어가게 하거나 또는 아빠와 같이 대화하면서 아빠를 위로하는 행동을 하게 되는 반응을 도출시킨다는 것이다.

정신화는 이러한 자동화된 반응을 끊을 수 있는 공간을 만들어, 정신없이 일어나는 경험에 끌려 다니기보다는 우리가 경험과 행동의 주체로서

반응을 선택하게 해주는 과정이라고 할 수 있다;

첫째, 정신화는 우리의 마음 안에 내적 표상의 프레임이 있다는 것을 자각하게 하며 그것이 작동되는 것을 관찰하고 알아차리게 한다.

둘째, 정신화는 내적 표상의 프레임으로 인해 자신과 다른 사람의 마음을 잘 못 이해하여 행동할 수 있다는 것을 인식하게 한다; 정신화는 자신이 해석하는 게 틀릴 수도 있다는 것을 인식하게 한다. 아무리 직관이 뛰어나다 하더라도 다른 대상의 행동에 담겨진 마음에 대한 해석이 맞을 수도 있고 틀릴 수도 있다는 것을 깨닫게 한다. 앞 선 예처럼 아빠의 우울한 얼굴에 대해 정신화가 된다면, 아빠가 자신을 못마땅하게 생각해서 저럴 것이라는 자동화된 해석을 멈추고, 자신과 타인과 관계를 성찰함으로써 방문을 닫는 대신 아빠에게 왜 우울한 표정인지를 물을 수도 있다.

셋째, 정신화는 관계에서 왜곡된 부분을 변화시킬 수 있도록 한다; 아빠가 우울할 때 문을 닫고 들어가는 것이 아니라 아이는 자신이 뭔가 잘못 생각하고 있는 게 아닐까 하고 성찰하게 된다면, 아빠의 우울한 표정에 대해 물을 수도 있다. 만일 아빠가 회사에서 일이 있었다고 이야기할 때 아이는 자신 때문에 그런 게 아니라는 상황을 듣고 안심을 하게 된다. 이러한 과정으로 인해 아이는 아빠에 대한 오해를 풀고 마음이 편해질 수 있으며, 아빠와의 관계에서 왜곡된 부분을 바라볼 수 있게 된다. 관계에서 뭔가 잘못되었다는 생각이 들 때, 무엇이 잘 못되었는지는 멈추고 머물러서 바라볼 수 있어야만 자각할 수 있다. 그리고 결과적으로 잘못된 부분을 조율할 수 있게 되는데 그 과정에 정신화가 있다.

넷째, 정신화는 특정 경험에 대한 다중적인 관점을 갖도록 함으로써, 자동적인 습관화된 양식에서 벗어날 수 있는 가능성을 높여준다; 자동화된 반응이 있다는 것은 자극에 대해서 한 가지 해석밖에 없다는 것을 의미한다. 그러나 정신화는 아빠가 우울한 것은 자신 때문일 수도 있지만 그 외에 다른 다양한 이유가 있을 수 있다는, 다중적이고도 대안적인 관점을 가지게 하기 때문에 자동화된 습관을 벗어날 수 있게 한다.[19]

다섯째, 정신화는 자기인식 self-awareness을 증진시킴으로써 의사소통에 도움이 된다. 다른 사람들과 의사소통하기 위해서는 우리는 자신이 어떤 욕구와 감정, 생각들을 가지고 있는 지를 성찰해야한다. 정신화는 관계 안에서 자신의 마음상태를 성찰하게 하며, 더 나아가서는 다른 사람들과 함께 있을 때 반응하게 되는 자신의 행동을 성찰하게 한다.[20]

여섯째, 정신화는 불안하고 불편한 정서를 조절해준다; 다른 사람과 편안하게 존재하기 위해서는 내 마음의 상태가 고요하거나 편안해야한다. Gross는 정서조절을 "개인이 어떤 정서들을 가지고 있고, 언제 그 정서들을 경험하고 어떻게 표현하는 지에 대해 영향을 주는 과정"[21]이라고 설명한다. 경계성 성격장애들의 경우, 이들은 정서적 불편감이 일어나는 상황에서 부정적인 감정들을 조절할 수 있는 능력이 부족하기 때문에 정서적으로 압도되는 경우가 많다. 그럴 수밖에 없는 이유는 이들의 마음 안에는 이름이 붙여지지 않은 여러 가지 감정들이 혼재되어 있기에, 그 감정이 뭔지도 모르는 채 뒤범벅이 되어 혼란함을 경험할 수 있다. 이와 같이 혼재되어 있는 정서들은 Jurist가 언급한대로 **정신화된 정서성 mentalized affectivity**[22]로 인식되어야만 조절이 가능해진다. 각각의 정서가 무엇인지 바라보고 명명하며 객관화되어야만 조절할 수 있다는 것이다. 이와 같이 정신화는 자기조절과 상호조절을 가능하게 함으로써, 관계 안에서 자신과 다른 사람이 편안함과 안전함을 느낄 수 있도록 한다. 이러한 과정은 결과적으로 상호간의 이해와 정서적 친밀감을 증진시킨다.

정신화는 어떻게 발달하는가

정신화가 발달하는 과정에서 중요한 개념은, **'주관적 경험의 양식'**과 **'Stern의 정서조율, Bion의 정상적 투사적 동일시와 담아내기'** 개념이라고 할 수 있다.

주관적 경험의 양식

현실에 대한 주관적 경험은 모두 다르다. Fonagy는 우리가 내적 세계와 외부 현실간의 관계를 어떻게 경험하게 되는지를 세 가지 주관적 경험의 양식 -정신적 동등모드 psychic equivalence mode, 가장모드pretend mode, 그리고 정신화-들을 중심으로 설명하고 있다. 정신화가 발달할 수 있는 소인은 선천적으로 내재되어 있지만, 안정되고 반영적인 사회적 맥락이 전제되어야 정신화가 발달할 수 있다.[23] 이와 같은 주관적 경험의 양식들은 발달과정에서 순차적으로 나타나며 4세쯤부터 정신적 동등모드와 가장모드의 통합이 일어남으로써 정신화로 전환되어간다.[24] 반면 불안정 애착에서 엄마의 조율과 반영이 제공되지 않는 경우에는 이전 양상이 다시 발현될 수 있다.[25]

정신적 동등 모드 psychic equivalence

정신적 동등 모드는 2,3세 아이들에게 흔한 경험 양식으로, 자신이 느끼는 마음상태와 외부의 현실이 똑같다고 느끼는 것이다. 정신화가 가장 근본적으로 실패한 경험 양식이다. 자신의 마음이 우울해서 잿빛으로 느껴질 경우, 현실의 세상도 다 우울하고 잿빛으로 느끼는 상태를 말한다. 이 모드에서는 신념과 사실을 구별하지 않는다. 마음상태에 대한 이해에 있어서 융통성이 없기 때문에 언제든지 현실이 마음과 다를 수 있다는 것을 구별하지 못하며, 자신이 가진 답이 정답이라고 생각한다. 주체적인 나는 없고 경험하는 자기만 있다. 만일 자신이 나쁜 대우를 받는다면 자신은 나쁜 사람이 되는 것이다. 이 시기의 아이들은 부정적인 감정을 스스로 조절할 수 없기에 자신이 불안하고 힘들면 세상이 다 불안하고 힘들어지는 내적 세계에서 살게 된다. 성인들도 이런 주관적 경험 양식을 가질 수 있는데, 이 상태가 바로 감정에 압도당해서 '매몰 embeddedness'되는 상태라고 할 수 있다.

가장 모드 pretend mode

위와 같은 정신적 동등 모드에서는 아이가 무서운 마음이 들면 그대로 마음이 현실로 번져, 세상이 불안함으로 가득찬 세상으로 느껴지기 때문에 살아내기가 어렵다. 그래서 아이들은 내적인 마음상태가 현실과 분리되는 가장모드 pretend mode를 통해 일종의 자유를 얻는다. 아이들이 소꿉놀이하거나 놀이를 할 때 종이박스를 밀면서 이게 자동차라고 이야기하는 것이 바로 가장모드라고 할 수 있다. 가장모드에서는 내적 세계와 외부 현실이 분리되어있다. 가장 모드는 애착 외상으로 인해 해리된 상태detached states의 경험적 양식이라고 할 수 있다. 성인 애착 면접 시 회피적인 유아의 부모가 보이는 반응처럼, 자신이 부모와 행복하게 지냈다고 이야기하지만 사고의 내용과 감정이 너무 분리되어 있거나 일치하지 않으며 애착과 관련된 경험을 떠올릴 수 없는 경우가 많다. 이러한 외상의 결과로서 가장모드의 사람들은 공허감, 무의미감, 해리를 많이 느낀다. 이와 같이 감당할 수 없는 현실에 대해 바라보고 경험을 해석해낼 수 없기에 주체적인 '나'는 없다. 자기 보호 방식으로 살아내기 위해서는 자신의 내면세계는 암흑으로 채워져 있을지라도, 그것을 바라보고 수용하기 어렵기 때문에 바깥 현실을 햇빛으로 채우는 것이다. 실제 현실과 감정을 직면하는 것을 '회피 dismissing'하게 될 때 이러한 주관적 경험양식을 가지게 된다.

정신화 mentalization

4세 이후부터 정신적 동등모드와 가장모드의 통합이 일어나기 시작한다. 정신상태는 표상체계로 경험될 수 있으며, 내적 세계와 외부 현실이 연관되어 있기도 하고 분리되어 있기도 하다는 것을 인식할 수 있다. 성찰하는 양식이 출현하면서 내적 현실과 외부 현실간의 관계를 암묵적, 명시적으로 바라보는 능력이 커진다.[26] 정신화 양식을 가진 개인은 자신의 생각, 느낌, 환상이 현실에 영향을 끼치고 이러한 현실은 다시 나의 생각, 느낌, 환상에 영향을 미칠 수 있다는 것을 인식하고 있다.

Stern의 '정서조율', Bion의 '정상적 투사적 동일시'와 '담아내기'

'정신화를 하는 엄마는 아이의 정신화를 촉진시킨다.'

그렇다면 엄마의 정신화는 어떻게 아이의 정신화에 영향을 주는 것일까. Fonagy는 Stern의 '정서조율affect attunement'과 Bion의 '정상적 투사적 동일시projective identification'와 '담아내기containment'를 토대로, 아이에게 어떻게 정신화가 형성되는지를 설명하고 있다.[27]

아기는 배고프거나 축축한 기저귀 등으로 인해 불편한 감정을 느끼게 될 때, 스스로 감당하지 못하는 심리적 상태를 '정상적 투사적 동일시'로 엄마에게 알리게 된다; 아기는 부정적인 감정들을 다루어낼 수 없기 때문에 울고 짜증을 냄으로써 자신의 힘든 마음을 엄마에게 전한다. 이와 같이 자신의 불편한 감정을 엄마에게 알려 엄마가 아기의 불편한 마음을 동일하게 느낄 수 있게 한다. 이때 부정적인 감정을 견디지 못하는 엄마들은 아기의 우는 행동을 보고 꼴보기 싫다고 짜증내거나 화를 내는 등 부정적으로 반응한다. 부정적인 감정을 견디지 못하는 엄마들은 그냥 자동화되어 부정적으로 반응한다. 그러나 정신화를 하는 엄마는 우선 아이의 고통의 원인과 감정적인 충격을 이해하고 공감함으로써, 아기의 마음이 불편함을 '담아준다'. 그리고 '얘가 왜 울지' 하고 '우는 행동을 보고 생각을 한다'; 기저귀가 이상한가, 배고픈가, 아픈가. 여러 가지들을 생각한다. 그리고 아기의 우는 행동에 담겨있는 아이의 의도적 마음 - 기저귀를 갈아주세요 또는 배가 고파요-을 읽는다. 즉 아기의 행동과 반응 이면에 있는 의도적 마음에 대해 성찰을 한다. 그 후 엄마는 아기가 견딜 수 없었던 마음의 상태에 담겨있는 '정서에 조율'하면서 아기가 견딜 수 있는 형태로 반응해준다. 이때 엄마는 아이가 던진 불편한 감정을 완화시켜주면서 엄마 마음에서 긍정적인 감정으로 전환해서 투사적 동일시로 아이가 느끼게 해준다.

이와 같이 정신화를 하는 엄마는 아기의 정서를 조절하는 과정에서 아기가 정신화를 할 수 있는 능력의 토대가 되어준다. 즉, 아기는 엄마와 반복적으로 이루어지는 상호작용을 통해 자신에게 반응하는 엄마의 행동을 경험하게 된다. 아기가 정서적으로 자신의 마음을 전했을 때, 의도에 반응하는 엄마의 모습을 보고 '내 마음이 엄마 마음에 닿았다'고 깨닫는다. 엄마를 보면서 아기는 자신의 마음을 이해하고 정신화했던 엄마처럼, 자신에게 반응하는 엄마의 행동에 담긴 의도를 역으로 추론해 나가게 된다. 예를 들어, 엄마가 기저귀를 갈아줄게 라고 말하면서 다리를 번쩍 들 때, 말을 알아듣지 못하는 아기는 엄마의 행동에 깜짝 놀랄 수는 있지만 엄마가 기저귀가 갈아주는 과정을 통해 안정된 정서를 갖게 된다. 셀 수도 없는 상호작용으로 인해 엄마가 아기의 다리를 들 때 자신을 때리려고 하는 게 아니라 기저귀를 갈아주려고 하는 엄마의 의도를 아기가 읽을 수 있게 된다. 안정애착에서 이루어진다면 엄마와의 많은 상호작용을 통해 아기는 엄마의 행동에 담겨진 마음 상태를 읽을 수 있게 되며, 또한 엄마에게 반응하는 자신의 마음에 대해 성찰할 수 있는 정신화 능력을 갖게 된다.

정신화하는 엄마를 통해서 아기의 정신화도 발달한다. 당연히 정신화하는 아이들은 다른 대상과 관계할 때 공격적이거나 부정적으로 행동하기보다는, 다른 사람의 행동과 말에 담겨진 생각들을 성찰하게 될 것이다.

정신화와 정서조절

정서조절은 정신화와 굉장히 밀접한 개념이다.[28] 평안하고 고요해야만 성찰이 가능해지고, 성찰할수록 정서는 평안하고 고요해진다. 또한 정서가 조절되면 자기감도 응집되고 주체적으로 경험을 바라볼 수 있는 힘이 생긴다. Allen은 정신화를 하지 않을 경우 우리는 감정에 쉽게 매몰될 수 있음을 언급하면서, 다른 사람과 관계할 때 자신 안에서 일어나는 감정을 느낌과 동시에 그 감정에 대해 생각하고 명시화하는 것이 중요함을 강조하고 있다.[29] 이와 같이 정신화는 불안정한 정서 상태들을 조절해줄 뿐만 아니라 보다 근본적으로는 자기를 조절하는데 사용된다; **정신화는 '정서조절'과 '행위주체로서의 자기감을 강화'하는 역할을 한다.**[30]

자기감 sense of self 과 행위주체감 sense of agency

정신화는 '자기감'sense of self, I-ness과 '행위주체감'sense of agency에 있어서 핵심적인 역할을 함으로써, 우리가 경험에 의해 끌려 다니지 않고 경험에 대해 주체가 되어 우리의 이해에 따라 경험을 선택하고 만들어나갈 수 있도록 한다.[31] Fonagy는 성격장애들의 경우 주체로서의 자기로서 정신화를 할 수 없기 때문에, 충동성이나 감정조절 장애, 원시적 방어 등의 문제들을 나타낼 수밖에 없다고 말한다.[32]

정신화에서 전제되어야 할 부분은 '주체로서의 자기감'이다. 아이는 엄마와의 애착관계에서 이루어지는 정신화로 인해, 주체적으로 자신의 경험과 행동을 바라보고 성찰할 수 있는 '행위주체감'을 형성한다. 엄마가 혁대로 아이를 때릴 때 아이는 두려움으로 매몰된다. 공포로 매몰된 아이는 자신을 보호해 줄 누군가에게 달려가서 안기고 싶은 욕구를 느끼게 될 것이다. 이 과정에서 아이의 애착시스템이 활성화되면서 아이는 과잉적으로 각성된 상태가 된다. 이런 상태에서는 당연히 정신화가 이루어질 수 없다. 누군가가 자신을 죽이려고 하는데 정신화가 되겠는가. 정신화가 이루어질 수 없을 때의 문제는, 자신의 내적현실과 외부현실에 대한 주관적 경험 양식이 정신화 이전의 모드, 즉 정신적 동등 모드와 가장모드로 전환된다는 것이다. 당연히 아이는 매몰되거나 회피한다. 매몰되거나 회피해서는 문제 상황을 바라보고 해결할 수 가 없다. 이 과정에서 필요한 것은 자신의 감정을 객관적으로 바라볼 수 있는 성찰능력이라고 할 수 있는데, 경험에 의해 매몰당하거나 경험을 회피하게 되는 상황에서는 주체적으로 바라볼 수 있는 자기감을 획득할 수가 없다. 정신화는 경험을 바라보고 선택할 수 있는 자기감과 행위주체감을 형성하며 주체로서의 자기감은 정신화를 강화한다. 정신화로 인한 자기감과 행위주체감은 자동화되어 반응하는 과정에서 멈추는 버튼을 누를 수 있는 마음의 공간을 만들어 다른 방식으로 반응을 할 수 있게 만든다. 이러한 경험에 대한 주체적인 과정으로 자동화된 부정적인 관계역동을 끊고 건강한 관계를 형성해 나갈 수 있다.

정신화된 정서 mentalized affectivity

'정신화된 정서mentalized affectivity'[33)]는 정신분석의 핵심이다. **정신화된 정서란, 성숙한 정서 조절 능력을 의미하며, 정서를 경험하면서 동시에 그 정서에 대해 인식하며 자신의 정서의 주관적 의미들을 발견하는 능력**이라고 할 수 있다.

Fonagy와 동료들은 '정신화된 정서'에 대해 정서에 담긴 의미들을 발견해내는 것이며, 정서조절과 밀접하게 관련되어 있음을 언급하고 있다. 즉 정신화된 정서란, 우리가 어떤 상태에 있을 때 자신이 어떤 감정인지를 우리 자신이 느낄 수 있으며 그 감정에 대해 생각한다는 것을 의미한다. Fonagy와 동료들은 **정서를 정신화하는 단계를 세 가지로 설명한다; '정서를 확인하는 것'identify, '정서를 조절하는 것'modulate, '정서를 표현하는 것' express our emotions.'** Fonagy와 동료들은 '정서를 확인'하는 것은 마음 속 느낌에 이름을 붙이는 과정으로, '정서를 조절'하는 것은 정서의 강도나 지속시간을 변화시키는 것으로 설명하면서, '정서를 표현'하는 과정과 관련되서는 만일 다른 사람에게 자신의 정서를 표현하는 것이 부담스러운 경우에는 자신의 마음속에서 혼자 표현하는 것이 중요함을 말하고 있다.[34]

정서에 매몰되거나 회피하는 방식으로 자신의 마음 안에서 일어난 정서들을 바라보지 않으면, 마음상태는 혼란스럽고 안개가 끼어있는 것처럼 답답하게 느껴질 수 있다. 자신 안에서 일어나는 감정을 모르는 채 그 감정을 조절한다는 것은 가능하지 않으며, 더 나아가 관계 안에서 상대방의 감정을 느끼고 상호적으로 조절하는 것도 불가능하다. 강박성 성격장애와 같이 감정을 억압하는 경우, 자신들의 감정이 억압되어 있는 상황에서 다른 사람의 감정을 느껴보라고 했을 때 이것이 가능하지 않다는 것이다.

정신화된 정서라는 것은 내 안에 무슨 감정이 있는지를 바라본다는 것이다. 감정을 바라볼 수 있다는 것은 이미 감정에 의해 매몰되거나 감정을 회피하지 않은 채 내면의 고요한 공간에 서있다는 것을 의미한다. 그리고 감정을 바라볼 뿐만 아니라 그 감정이 무엇인지를 느끼면서 명명하고 이것이 적절한 건지, 이 감정이 과거 어디서 유래된 것인지, 어떤 의미를 담고 있는지 명시화해야 한다. 암묵적인 것들을 느끼면서 명시

306

화했을 때 비로소 감정조절이 가능해진다. 정서가 정신화될수록 마음의 고요와 평정이 이루어지고 그 위에서 상호의사소통이 되고 관계가 유지될 수 있다.

정신화와 치료자

정신화가 치료자와 관련해서 이야기 하고 있는 바는 명확하다. 엄마의 정신화가 아이의 정신화를 촉진시키듯,

"치료자의 정신화는 내담자의 정신화를 발달시킨다."[35]

Fonagy는 **정신화에서의 정신병리는 '애착대상에 대한 신뢰의 상실로부터 오는 의사소통의 장애'**라고 설명한다.[36] 정신화가 안정애착을 기반으로 형성, 발달되는 것을 전제로 할 때 애착대상에 대한 신뢰의 상실은, 아이에게 의사소통을 해오는 사람을 상실한다는 의미를 가진다. 앞서 제시한 바와 같이 경계성 성격장애들은 엄마가 유일한 보호자이면서 동시에 공격자가 되는 구조의 애착관계를 형성하게 된다. 아이가 불안을 느끼고 무서울 때 당연히 엄마에게 안기고 싶지만 엄마가 공격자이기도 하기 때문에 아이는 딜레마에 빠져 이러지도 저러지도 못하는 경험을 하게 된다. 이와 같은 과정으로 아이는 견디기 어려운 정서 상태를 반영, 조절해줄 수 없는 대상의 부재로 인해 트라우마를 경험하게 된다. 이렇게 엄마가 반영을 해주는 과정이 왜곡되거나 부재할 경우, 아이의 마음 안에서 정서를 경험할 수 있는 기회들이 적거나 없을 것이며 그로 인해 경험에 대한 표상들이 부족하게 된다. 그럴 때 아이들은 자신의 마음의 상태를 바라보면서 이해하기보다는 자해나 자살, 아니면 타인에

대해 공격적인 형태로 나타내게 된다.

Fonagy외 동료들은, '왜 아이가 겪는 트라우마적 경험은 이후의 아이의 존재와 관계에 파괴적으로 영향을 미치게 되며 치유되기가 어려운 것인가'에 대해 의문을 던졌다. 그리고 이러한 의문에 대한 연구를 통해 다음과 같은 결론을 도출시켰다; 트라우마적 경험은 고통을 조절해내는 생물 행동 체계로서의 애착체계에 영향을 미치게 되며, 이러한 애착체계에서의 결함은 정신화를 하는데 있어서 이후 문제를 일으킨다. 그리고 이러한 트라우마로 인해 아이는 자신에게 근접해있는 사람의 마음에 접근하는 것을 위험하다고 생각하게 되면서, 자신의 세계를 닫아버린다. 결과적으로 아이는 사회적 환경을 탐색할 수 있는 기회를 상실하게 되며, 자신의 마음 및 타인의 마음에 접근해서 그 마음에서 서로를 발견하는 정신화가 발달하지 못한다.[37)]

이와 같이 **정신화에서 바라보는 대부분의 정신병리는 '정신화를 억제하거나 또는 초기 관계에서 정신화를 발달시키지 못한 상태의 결과'**로 전제한다.

Allen과 Fonagy, Bateman은 "정신화는 심리치료에 있어서 가장 근본적인 공통요인"[38)]이라고 언급하면서, 생각과 감정, 느낌 등과 같은 마음 상태에 주의를 기울이지 않는 심리치료는 없으며 심리치료란 정신화를 중심으로 다른 심리치료 기법이 활용되는 것이라고 설명하고 있다.

현재 정신화에 기반을 두고 임상적으로 적용되고 있는 치료적 모델은, Fonagy외 동료들이 경계성 성격장애를 대상으로 만든 **"정신화 기반 치료**

MBT: Mentalization Based Therapy"[40]와 Allen이 제시하고 있는 **"공통 요인 상담 Plain Old Therapy"**[41]이 있다. 이러한 두 가지 치료적 모델들의 공통적인 목표는, **'치료자와 내담자 관계에서 내담자의 정신화 역량을 회복하는 것'**이다; 즉, 내담자가 치료자와의 애착관계를 기반으로 자신과 타인의 마음 상태와 관련되어 성찰할 수 있도록 하는 것이다. 관계 안에서 내담자가 자기 자신에 대해 어떻게 생각하고 어떻게 느끼는가를 성찰하며, 또 그것으로 인해 자신이 다른 사람에게 어떻게 행동하는 지를 성찰하게 한다. 더 나아가서는 내담자가 자기 자신이나 타인에 대해 가지고 있는 왜곡된 이해로 인해 발생하게 되는 부정적 상황에서 자신을 보호하기 위해 타인에게 어떻게 잘 못 행동하게 되는지, 그래서 관계가 어떻게 되는 지를 성찰하게 한다.[42]

정신화에 기반을 둔 치료에서 중심적인 것은 기존 정신분석에서처럼 무의식적인 의미를 해석하는 것이 아니다. 정신화에서는 기존의 정신분석에서 핵심적인 전이발생의 근원에 대한 해석보다는 지금 재연된 치료자와 내담자의 관계에 대한 해석을 중심으로 한다. 내담자가 마주한 상황에 대해 정신화를 하지 못했을 때, 그 순간에 머물러 그때 그 순간 자신이 어떻게 느끼는지, 생각하는 게 무엇인지, 어떻게 행동하는 지, 그 이유가 무엇인지를 의식적, 무의식적으로 내담자가 깨달을 수 있도록 하는 과정이 핵심적이라고 할 수 있다.

내담자가 정신화를 할 수 있도록 하려면 치료자 자신이 정신화를 해야 한다. Fonagy와 Bateman는 치료자는 내담자와 함께 하면서 정신화의 견지를 유지해야 한다고 강조한다. 이들이 제시하는 정신화하는 치료자의 태도로는, 내담자의 마음에 주의를 두고 집중하는 것, 내담자의 마음에 관심을 두고 질문을 하는 태도, 정신화하는 자세 또는 뭐든지 다 알고 있다고 생각하기 보다는 잘 모른다고 생각하는 열린 마음, 내담자가 대안적인 관점을 생각하게 만드는 것, 내담자의 성찰을 불러오는 질문을 하는 것, 정서에 초점을 두면서 치료자와 내담자간의 관계 안에서 이루어지는 마음의 표상을 바라보고 암묵적인 것들을 명시화하는 자세, 무의식의 의식화보다는 치료의 과정에 초점을 두는 태도들이 있다.[43] Fonagy와 Bateman는 이와 같은 치료자의 정신화 중에서도, 특히 치료자-내담자 간의 관계에서 치료동맹의 균열이 일어났을 경우 '내담자의 부정적인 치료반응과 치료동맹의 붕괴 순간을 정신화하고 다시 회복시키는 것'이 가장 중요하다는 것을 강조하고 있다.[44] 전이적 관점에서 볼 때, 치료자-내담자 관계는 내담자가 애착대상들과의 관계를 반복적으로 재연하고 있는 지점이라고 할 수 있는데, 이러한 애착시스템이 활성화될 수 있는 관계에서 내담자가 정신화할 수 있는 능력을 발달시키는 것은 치유과정의 핵심이라고 할 수 있다.

이와 같이 정신화의 치료적 목표가 내담자의 정신화 역량을 회복하는 것에 있다면, 그리고 지금 재연된 치료자와 내담자 간의 관계에서 정신화가 결정적인 치유적 요소라고 한다면, 어떤 이론이나 기법보다도 **"치료자의 정신화"**여부가 치료에서 가장 결정적인 영향을 미치게 될 것이라는 것은 의문의 여지가 없다. 엄마의 정신화가 아이의 정신화를 발달시키듯 정신화에서의 치유의 핵심은 정신화를 하는 치료자가 내담자의 정신화를 돕는다는 것이다.

그러나 이 점에 대해서 Allen은 "상담이 정신화에 기초하고 있다고 주장한다고 해서 모든 치료자들이 일관성 있고 능수능란하게 정신화를 사용하고 있는 것은 아니다"라고 지적하고 있다.[45] Allen은 내담자는 치료자에게서 정신화에 대한 도움을 받기도 하지만 치료자의 정신화를 돕는다고 이야기한다. 그러면서도 Allen은 치료자와 내담자의 역할에는 차이가 있다는 것을 강조한다. 그는 가장 특별한 차이로 치료자와 내담자 간에 형성된 관계는 치료자의 전문성에 의해 맺어지고 유지되는 것이며, 치료자는 이러한 본질에 대해 궁극적인 책임을 져야 한다는 것을 제시하고 있다. 그리고 치료자는 어떤 상담기법으로 훈련을 받았다 하더라도 "반드시 정신화를 해야 하며, 정신화를 하는 것이 치료자의 책무"라고 언급한다.[46]

Allen의 말처럼 치료자는 반드시 정신화를 해야 한다.

앞서 제시한 바와 같이 현대정신분석의 흐름 안에서의 치유과정은 교차적, 즉각적, 동시적으로 이루어지는 치료자와 내담자간의 관계 안에서 이루어진다. 간단히 말한다면 삶에서 이루어지는 관계의 특징처럼 지지고 볶는 관계 안에서 치유가 일어날 수 있다는 것이다. 어떻게 보면 너무 위험한 과정처럼 느껴질 수도 있다. 왜냐하면 관계라는 것은 정신을 차리고 성찰하지 않으면 자신이 의도치 않더라도 긍정적이든 부정적이든 어떤 방향으로 심화될 것이기 때문이다. 치유과정도 마찬가지다. 만일 치료자가 내담자와 매 순간 이루어지는 암묵적, 명시적 관계 안에서 자신의 마음과 내담자의 마음, 그리고 둘 간의 마음상태에서 이루어지는 관계를 정신화하지 않는다면, 둘 간의 관계는 안전하게 유지될 수 없으며 치유는 일어나지 않는다; 엄마가 정신화를 하지 않으면 아이 역시 정신화 능력을 발달시키지 못하는 것처럼, 치료자가 정신화를 할 수 없다면 내담자의 정신화를 발달시킬 수 없다.

현대정신분석에서는 정신화를 통해 치유의 장에서 치료자가 어떻게 존재해야 할 것인지에 대한 질문을 던지고 있다. 정신화는 상기한 바와 같이 설명되어 있는 이론적인 프레임을 지적으로 숙지했다 하더라도, 존재로 체득해내지 않으면 지적인 유희로만 남을 수 있는 이론이라고 할 수 있다. 다시 말하면 **정신화는 존재와 삶으로 살아내지 않으면 체득될 수 없는 어떤 것**이라고 할 수 있다. 이러한 사실들을 전제해 볼 때 **정신화는 존재의 차원으로서의 치유자에 대한 고민을 담고 있다.**[47] 인간의 성숙을 바라보면서 누군가와 함께 걸어가야 하는 치료자는 치유의 중심에 정신화가 있으며, 정신화가 치료자로부터 시작되어야 한다는 사실을 반드시 마음에 두고 걸어가야 할 것이다.

.

12장 정신화와 기독교 영성

이 만 홍

*나의 반석이시오 나의 구속자이신 여호와여 내 입의 말과 마음의 묵상
이 주의 앞에 열납되기를 원하나이다(시 19:14)*

영적 체험과 정신화

아기의 성장에 어떤 엄마(부모)가 가장 바람직한 엄마인가? 라고 누군
가 질문을 한다면, 그 답은 물론 애를 잘 키우는 엄마(부모)가 될 것이
다. 그렇다면, 어떤 엄마(부모)가 애를 잘 키우는 엄마일까? 라는 질문
에는 각자가 각기 다른 답을 내 놓을지 모른다. 이 질문은 우리 모두가
자라면서 스스로 경험하였고, 많은 사람들이 부모가 되어 자녀를 양육
을 하면서 겪었을 경험이지만, 대체로 의식화하지 못 했던 경험에 대한
것이다. 만약 누군가 정신분석가 들에게 동일한 질문을 한다면 어떤 답
을 얻을 수 있을까? 아마도 Freud에게서는 신통한 답이 없을 것이지만,
대상관계나 자기심리학자에게 물어 본다면 당연히 수용적이고, 공감적
인 엄마라는 답이 돌아올 것이다. 그러나 최근에 애착이론을 공부한 정
신분석가에서는 정신화를 잘 하는 엄마라는 다소 생소한 답이 돌아 올
것 같다.

마찬가지로 어떤 상담자가 가장 좋은 상담자인가? 라는 질문에는 당
연히 내담자를 잘 치료하는 사람이라는 답일 터이고, 역시 정신화를 잘
하는 상담자가 될 것이다. 자기도 정신화를 잘하면서 동시에 내담자도

315

정신화를 잘 하게 만드는 사람을 의미하며, 상호주관적으로 성찰과 마음챙김을 잘 하는 사람이 좋은 치료자이자 상담자라는 답을 들을 수 있을 것이다. 이런 문답은 목회적 돌봄의 현장에서나 영성지도의 현장에서도 역시 동일하게 오고 갈 것이다. 그렇다면 정신화가 어떻게 영적인 성숙과 치유에서 중요한 역할을 할 수 있는 것일까 하는 것이 이 장에서의 논의 주제이다.

최근 들어 정신분석이 새로운 방향을 잡고 나아가는 모습을 보이며 이를 현대 정신분석이라는 개념으로 기존의 고전 정신분석과 차별화하는데는 두 가지 중요한 흐름이 포함되어 있기 때문인데, 그 하나가 앞의 두 장에서 설명한 상호주관주의이며, 다른 하나는 Peter Fonagy 등의 애착이론가들의 주장인 "정신화"(mentalization)이다. 이 두 개념 모두 고전 정신분석이 유일한 치료인자로 거론하는 통찰만으로는 치유가 일어나지 않는다는 한계를 극복하려는 시도이면서, 통찰이나 훈습의 개념 너머에 관계성 장애, 특히 언어 이전의 관계성 장애를 정서경험적이고 관계적인 시각에서 풀어나가려는 것이다. 정신화는 애착의 이론 중 메타인지, 즉 자녀를 건강하게 성숙시키는 훌륭한 엄마란 자신의 정서경험을 반복하여 성찰함으로써 자기감과 세계에 대한 일관성있으며 안정감있는 개념을 형성해갈 수 있는 엄마로서, 애기가 엄마를 안정적인 발판으로 하여 자신의 경험에 매몰되지 않고 이를 객관화하여 반복 성찰함으로써 자기감을 확립하도록 도울 수 있는 능력을 말한다.[1] 정신화의 개념은 상호주관주의와 서로 씨줄과 날줄처럼 맞물려 이루어지는데, 즉 아이의 정신, 정서상태를 잘 파악하고 이에 대한 이해를 상호주관적으로 아이에게 되돌려주는 엄마는 아이 뿐만 아니라 엄마 자신 속에서 움직이는 정서상태를 잘 파악하고 이해하는 성찰 능력, 마음을 해석하는 능력, 즉 정신화를 잘 하는 엄마이며, 그런 엄마의 성찰이야말로 그 자체가 성숙을 이룰 수 있는 치유인자라는 주장이다. 여기서 정신화는 성찰의 확장된 개념이라고도 볼 수 있는데, 특히 언어 이전의 정서경험 및 신체경험 등 생의 초기경험을 중요시하며, 비언어적인 관계를 통하여 교류되는 것을 중요시 한다.

　정신화란 두 인격체가 상호교류를 할 때 친밀감과 안전감을 유지하면서 관계를 맺기 위해서는 자신의 의도, 감정, 마음 상태를 이해해야 할 뿐만 아니라, 상대방의 마음, 즉 상대방이 어떤 의도와 감정을 가지고 어떻게 그것을 표현하는지, 어떻게 행동하는지에 대하여 깊이 이해하고 성찰하는 능력을 필요로 하며, 나아가서 이를 토대로 두 인격체 간에, 즉 지금 나와 상대방 간의 관계에서 어떤 교류가 일어나고 있는가를 파악하고 성찰하여, 개선해 나가는 능력을 정신화라고 할 수 있다.[2] 이렇게 정신화가 두 인격체 간에, 즉 엄마와 아기, 상담자와 내담자 간의 성숙과 치유가 이루어지는 현장에서 가장 필요한 것이라면, 이는 바로 영적 관계, 즉 우리와 하나님과의 관계, 그리고 이를 관찰하고 촉진하는 현장인 영적 지도의 현장과 목회적 돌봄의 현장에서도 동일하게 필요하다고 말할 수 있으며, 나아가서는 우리 안에서 임재하시면서 성숙과 치유를 직접 이끄시는 성령님의 목적이 바로 우리의 정신화를 더욱 풍요롭게 하고자 하시는 것이라고 말 할 수 있다. 우리가 신앙생활에서 흔히 겪는 종교체험으로서의 고난의 의미나, 그럴 때 하나님이 침묵하시는 의미를 정신화의 개념으로 잘 설명할 수 있으며, 그 대표적인 예로써 욥기를 그렇게 이해할 수도 있다.

　우리는 어떤 관계에서든 자신의 마음의 움직임과 아울러 다른 사람의 마음 속을 읽는 작업, 상대방이 어떤 마음 속의 내적 작동모델, 마음 속의 프레임을 가지고 습관적으로 대인관계를 어떻게 하는지에 대한 이해를 충분히 해야 그 사람과 더욱 친밀해 질 수 있고, 더욱 성숙한 관계로 발전할 수 있다. 그렇다면, 우리와 하나님과의 관계에서도 우리는 하나님이 가지고 계신 의도, 섭리라고 하는, 심정을 잘 이해하도록 노력해야 하며, 우리가 가지고 있는 아직도 미성숙한 우리 자신의 마음 속의 프레임과 어떻게 부딪치고, 어떻게 조화를 이루어가야 하는지에 대한 깊은 성찰을 필요로 하는데, 이것이 바로 영적 생활에서의 정신화, 하나님의 마음과 나의 마음을 함께 성찰하고, 이를 토대로 하나님의 눈으로 조화된 마음으로 세상과 동료 인간들과 관계해 나가도록 하는 것이 필요한데, 필자는 이를 특별히 정신화보다 더욱 확장된, 영적인 체험과 초월적 존재에 대한 체험과 이해를 포함한다는 뜻에서 '영성화(soulization)'라고 표현하고 싶다. 정신화는 우리가 이 세상을 사는 동안, 자신의 마음이나 상대방의 마음을 잘못 이해하거나 왜곡함으로써 일어나는 갈등을 변화시켜 주고, 자아가 과거로부터의 왜곡되어 자동적으로 습관화된 양상에서 벗어나도록 특별한 경험들에 대하여 유연성을 가지고 바라볼 수 있게 하며, 주위 인물들에게 상처를 주거나 반대로 소외되지 않고 삶을 즐길 수 있게 해 주며, 타인의 관점을 열린 마음으로 수용하며, 자기가 주체자로서 자기확신을 갖도록 이끌어 간다고 할 수 있는데, 그리스도인들은 이러한 현실 경험에 대한 정신화에 더하여, 현실경험과 환경을 왜곡하거나 갈등을 유발하지 않고, 오히려 조화롭게 수용하면서, 그보다 훨씬 깊고 넓은 종교체험들, 초월자에 대한 인식, 죽음 이후의 삶과 천국이라는 공동체적인 삶의 영역으로 그 성찰을 넓힐 필요가 있게 되며, 여기에는 우리 마음 안에 내주하시는 하나님의 이끄심, 상호주관적인 관계하심으로 인한 영성화(soulization)를 중요하게 생각해야 할 것이다. 그런 시각에서 본다면 지난 세기 후반 현대 영성가들이 기독교 고전적 전통에서부터 이끌어 낸 묵상적 영성(관상적 영성 contemplative spirituality)³⁾ 이 바로 이 영성화라고 할 수 있으며, 그 대표적인 수련방

법으로서 거룩한 독서(렉시오 디비나)와 의식성찰을 들 수 있다.[4]

여기서 상호주관주의와 정신화는 묵상적 영성과 그 개념적 특성들에 있어서 서로 근접하게 된다. 묵상적 영성은 사물을 하나님의 눈으로, 하나님과 함께, 하나님의 마음으로 성찰하며, 성령님과 상호주관적으로 본다. 영성지도에서 함께 침묵하고, 서로를, 서로의 하나님 경험을, 서로의 삶을 나누는 것이 바로 그렇다. 그래서 묵상적 영성은 상호주관적이다. 따라서 현대 정신분석은 현대적 영성지도의 치유와 성숙의 실천을 논리로 뒷받침해주며, 영성지도는 정신분석의 치유적 활로를 넓혀주며, 서로를 풍요롭게 연결한다.

또한 묵상적 영성은 경험정서적이기도 하며, 이는 앞 장에서 설명된 바와 같이 정신화의 중심에는 정서조절의 문제가 놓여 있다는 사실과 연결된다. 즉 우리가 성숙이나 치유를 촉진하거나 반대로 왜곡하거나 방해를 하게 되느냐 하는 문제는 어린 시절 감당할 수 없는 정서를 어떻게 엄마와의 관계 가운데서 안전하게 다룰 수 있느냐에서 보는 바와 같이 정서 경험의 조절여부가 그 중심에 놓여 있다. 즉 아이의 정신화가 촉진되고 인격이 성숙되는 것은 엄마가 셀 수 없이 수 많은 관계의 순간들 가운데서 반복적으로 아기의 정서를 함께 조율하고 반응하는 것을 통해서 아기가 엄마와 자신의 마음을 이해하는 경험을 하게 되는 정신화를 통해서다.[5] 마찬가지로 사실은 그리스도인들은 이미 오래 전부터 우리는 매일의 예배와 말씀, 특히 기도의 순간들 가운데서 자신을 돌아보고, 하나님의 이끄심을 분별하는 것에 대하여 깊이 있게 성찰하는 것을 영성수련의 핵심으로 이해하여 왔다는 것은, 아기의 정신화를 돕는 엄마처럼 우리 속에 임재하시는 예수의 영이 우리의 영혼화, 즉 영적 성숙을 돕는 것을 경험해 왔다고 말할 수 있다. 여기서 필수적인 것은 어린이가 성장에 필요한 시도와 탐색 행동을 할 때 엄마와의 안전애착 상태에서 엄마가 안전기지가 되어주는 것과 마찬가지로 신앙적인 성숙과 성찰을 하기 위하여는 하나님과 우리 사이의 믿음이 필수적이다.[6] 즉 Fonagy가 말한 대로 정신병리란 애착대상에 대한 신뢰의 상실로부터 오는 의사소통의 장애라고 하였다시피,[7] 우리가 하나님에 대한 믿음을 상실한다면 우리는 삶에서 오는 어려움들로 인한 두려움, 분노, 수치심, 우울감 등의 강렬한 감정들 속에 매몰되어 서로 상처를 주는 행동으로 옮기거나, 우리가 겪는 여러 가지 종교체험들을 심리적 등가성이나 가상모드로 이해하여 왜곡하게 될 수도 있다.

거룩한 독서와 의식성찰에서의 정신화

　Fonagy가 설명한 대로[8] 성찰이 자기 내면의 마음과 경험을 이해하는 일인 심리학적인 것이라면, 정신화는 나만이 아니라 상대의 내면까지 성찰하는 이인 심리학적인 개념이며, 즉 의도적인 마음상태(필요, 욕구, 감정, 신념, 목적 등)에 비추어 자신과 타인의 행동과 경험을 읽거나 해석하는 능력을 말한다. 즉 나와 다른 사람 간의 관계적 맥락 안에서 나를 성찰하고, 다른 사람을 성찰하고, 둘 간의 관계를 성찰하는 것이다. 바로 이 점이 거룩한 독서와 의식성찰에서 그리스도인들이 가져야 하는 수련 자세에도 정신화가 필요한 이유인 것이다. 기독교인들이 성경을 읽고 말씀을 묵상하고 적용하는 자세는 불교 등 동양종교적인 명상과 전혀 다른 차원을 가지는 것은 바로 이 정신화의 개념으로 잘 설명될 수 있는데, 즉 명상이 자기 내면 속에서 홀로 성찰을 이루어 가는 것인 데 반하여, 그리스도인들의 거룩한 독서(물론 요즘의 Q.T.도 마찬가지이지만)를 포함한 말씀묵상과 의식성찰은 자신의 내면을 성찰하고 마음을 청결하게 하는 것과 동시에 관계적으로 상대방, 즉 하나님의 심정을 성찰하고 나와 하나님과의 관계에서 어떤 일들이 일어나고 있는가에 대한 분별에 집중하는 것이 바람직하다. 그런 의미에서 우리는 요나서를 읽을 때 바로 이 점을 충분히 이해하게 되며, 깊은 감동과 깨달음을 느끼게 된다. 성숙하지 못한 요나의 심정과 안타까와 하시는 하나님의 심정이 어떻게 부딪치며 어떻게 관계를 통하여 깨달아 가는지, 아름답게 묘사된 장면들을 보면서 읽는 이들 또한 하나님과 자신의 마음을 거룩한 독서를 통하여 깊이 있게 깨달아 가게 된다.

이 점은 역시 의식성찰에서도 마찬가지라고 보는데, 즉 여기서 고전적인 양심성찰[9] 이 자신의 내면에만 집중하여 삶에서의 회개할 것과 감사할 것에 집중하여 일인칭적인 양심성찰에 그쳤다면, 이에 비하여 현대의 의식성찰은 이에 더하여 하나님의 심정을 헤아리고 이해하려고 하며, 분별을 통하여 그 분의 뜻을 바라보고 더욱 친밀하려는 성령님의 이끄심을 받아들이며 참여하려는 관계적인 영성화(soulization)로 발전해야 함을 잘 설명해 주고 있다. 물론 일차적으로 마음을 청결하게 비워야 하는 노력에서, 우선 나의 마음과 관련해서는 '이 상황, 또는 고난에서 내가 무슨 감정을 느끼는가', '내가 무슨 생각을 하고 있는가', '이러한 생각과 감정은 나의 어떤 경험적 맥락 안에서 시작된 걸까' 등을 성찰해야 하겠지만, 다음 순간 하나님의 마음과 관련해서는, '왜 하나님은 지금 이런 질문을 하는 걸까', '왜 하나님은 이 순간에 침묵하시는 것일까', '왜 나를 이런 상황으로 이끄시는가'와 같은 의문들에 대한 성찰과정을 통해 하나님의 마음 상태를 추측하거나 하나님의 마음 안에서 무슨 일이 벌어지고 있는지를 성찰하며, 이를 토대로 지금 나와 하나님 간의 관계 안에서 무슨 일이 벌어지고 있는지를 성찰 즉 이것을 분별이라고도 할 수 있는데, 해석하는 것이다.

이와 같은 관계적 성찰 질문들은 내 마음 안에 자동화된 왜곡된 내적 프레임이 있음을 자각하고, 그것이 작동하는 것을 관찰하고, 알아차리는 것,[10] 즉 내적 프레임으로 인해 자신과 하나님의 마음을 잘못 이해하여 행동할 수도 있음을 인식하는 것이며, 즉 나의 분별이 틀렸을 수도 있음을 인식하는 것이 중요하다. 따라서 이런 정신화, 곧 영성화는 우리의 영적 삶과 하나님과 관계에서 왜곡된 부분을 변화시킬 수도 있도록 도와주며, 우리가 겪는 초월적 경험에 대해 다중적인 관점을 갖도록, 즉 자동적인 습관화 양식에서 벗어날 수 있는 가능성을 높여준다. 또한 이는 하나님 안에서의 자기인식을 증진시킴으로써 하나님과의 의사소통에 도움을 주며, 자기조절과 상호조절을 가능하게 함으로써 편안함과 안전함을 느끼고 결국 하나님과 나 상호 간의 이해와 정서적인 친밀감을 증진시킬 수 있다. 이상의 설명으로 우리 그리스도인들의 정신화, 그 확장인 영성화에 두 중요한 수련 방법인 거룩한 독서와 의식성찰이 어째서 동양종교적인 명상과는 확연히 다른가 하는 점이 분명해 진다고 할 수 있다.[11]

목회적 돌봄과 영성지도에서의 정신화

정신화의 발달 수준에 관한 애착이론가들의 주장은[12] 영적 돌봄의 현장에서도 매우 흥미있는 설명을 제공해 주고 있는데, 이는 우리의 초월적인 경험이나 신비현상을 이해하는 데는 여러 가지 형태가 있을 수 있고, 이에 대한 이해는 영적인 치유와 성숙을 추구하는 현장에서 도움을 준다.[13] 정신화 수준에 있어서 가장 성숙하지 못한 인식상태가 정신적 동일시(psychic equivalence) 또는 등가성 모드로 경험에 매몰되는 상태를 말하는 것으로 설명되고 있는데, 흔히 어떤 그리스도인들이 신앙적 왜곡에서 오는 신념과 외부현실을 분별하지 못하여, 주위의 지탄을 받는 경우가 생기며, 기도 중에 떠오르는 현상이나 감정 등 마음 상태에 대한 융통성없는 이해로 인하여 하나님의 뜻을 왜곡하거나 자신과 다른 신앙의 칼라를 가진 사람을 박해할 수도 있게 된다. 그 경우 주체적인 나는 없고 경험하는 나만 있다 보니 사이비 교단의 가르침에 무분별하게 끌려 다니는 경우가 이에 속한다고 볼 수 있다. 두 번 째 인식모드는 가상모드(pretende mode)로서 하나님의 진리에 대한 회피와 해리로 인하여, 내적 세계와 외부현실이 분리되어 있어 겉으로는 위선적인 모습을 띠지만, 내적으로는 공허하고 무의미한 느낌을 가질 수 밖에 없어 사소한 형식이나 모양에 집착하여 진실로부터 외면하거나 귀를 막는 외식으로 빠질 수 있음을 가장 심각하게 성경은 경고하고 있음을 알 수 있다. 이상의 미성숙한 인식모드들에 비하여 세 번째 정신화, 즉 기독교적인 영성화는 나의 내적 세계에 대한 깊이 있는 성찰은 나 자신의 주체감을 가지면서도 동시에 외부 세계, 상대 인격체에 대한 관계적인 성찰이 더 해지므로, 나와 세계 및 대상들과는 친밀하게 연관되어 있으면서, 나의 느낌, 생각, 환상이 현실에 영향을 끼치고 현실은 다시 나의 생각, 느낌, 환상에 영향을 미칠 수 있다는 것을 안다. 특히 하나님과의 관계 안에서 친밀한 교제의 관계에 있으며, 그 안에서 다른 존재들과 연합되어 있음에 깊은 평안과 감사를 느끼는 상태를 말하며, 따라서 정신화, 그리고 이의 영적인 확대는 목회적 돌봄과 영성지도에서의 인식의 성숙과정에 대한 구체적인 이해과 목표를 제공받을 수 있다.

이러한 정신화가 성숙하게 이루어질 경우 얻어지는 충만한 자기감(sense of self)과 행위 주체감(sense of agency)으로 인하여 자기의 정서를 조절하는데 부족함이 없어 이 세상을 살아가는데 온전해 질 수 있으며, 하나님과의 연합의 주체로서, '내가 네 안에, 너희가 내 안에' 있음과 같은 충만감을 느낄 수 있는 관상적 영성이 추구하는 삶의 목표가 되며,[14] 하나님의 자녀됨의 정체성을 증진할 수 있다고 본다.

여기서 언급해야만 하는 한 가지 중요한 점은 Fonagy와 Bateman[15]의 말처럼 치료자의 역할은 내담자가 자신의 정서, 마음 상태를 잘 인식하고 정신화할 수 있도록 돕는 것이며, 그렇기 위하여는 Mary Main의 연구에서[16] 밝혀진 것처럼 자신의 경험에 대해 스스로 정신화를 잘 하는 엄마가 아기를 안정애착을 가진 성숙한 존재, 성찰을 잘 하는 존재로 키울 수 있듯이, 치료자나 영성지도자 또한 자신의 현실경험과 초월적인 경험에 대하여 상당 기간 성찰과 분별에 대한 영성화를 습관화하는 것이 필요하다는 것이다. 이 사실은 또한 목회적 돌봄의 현장에서 지도자의 역할이기도 하며, 동시에 그렇기 위하여는 스스로 정신화에 대한 이해와 수련이 큰 도움을 줄 수 있는 것으로 보인다. 이 장의 첫 머리에 제시했던 질문에 대한 답으로 좋은 엄마, 좋은 치료자, 좋은 목회적 돌보는 자나 영성지도자는 그 자신의 정신화가 내담자의 정신화를 촉진한다는 점이 전제가 됨을 다시 한 번 주목하게 된다.

한편 정신화가 치료의 순간에 내담자의 마음의 상태에 대한 정신화에 집중하는 것처럼, 목회적 돌봄과 영성지도에서의 영성화(soulization)도 이 점이 강조되는데, 정신화 기반 심리치료에서는 어떤 고정적인 이론에 입각한 분석이나 내담자에 대한 이론적인 선입견을 가지고 내담자의 상태를 분류하고, 규정하고, 치료적 방법을 적용하는 것이 아니라, 반대로 내담자의 순간적인 마음상태를 알아보고, 궁금해 하고, 서로 질문하면서, 끊임없이 탐구하는 자세로 접근함으로써 내담자의 정신화를 촉진하는 자세를 취한다. 즉 정신화는 상호주관주의의 구체적인 실현으로서, 정신분석의 목표가 달라진다. 통찰에만 의존하던 치유인자가 공감적인 관계 속에서 함께 고민하고 함께 해법을 찾아가는 과정 자체가 치유가 된다는 것으로 바뀐다. 이런 개념 역시 치유와 성숙의 현장에서 기독교 상담자, 목회자, 그리고 영성지도자에게도 적용될 수 있다. 즉 영성지도에서 지도자는 가르치고 알려주고, 모델링하고, 코칭하는 것이 아니라, 관계를 맺고, 함께 존재하고, 연약함을 드러내고, 서로 찾아가도록 돕는 역할로 바뀌는데, 이것이 바로 상호주관주의적인 영성화가 된다. 바로 이 점이 기독교 세계 안에서의 성숙과 치유작업들, 그것이 목회상담이든 영성지도이든 과정 안에서 과거와는 전혀 다른 성찰적 입장인데 이것은 지도자의 관상적(contemplative) 패러다임으로의 전환이 필요하다는 주장과 맞닿아 있다. 즉 논리적이고 이성적인 신학을 열린 영성으로, 함께 고민하는 관계적 영성으로, 어떤 논리는 회의하고, 질문을 사랑하고, 삶의 한복판에서 어떻게 적용할지를 고민하는 영성으로의 '정신화', 즉 '영성화'를 필요로 하며, 이는 영성과 신학적인 성찰의 폭을 넓혀준다. 특히 여기서 기본적인 정신화의 기법인 '멈추기'와 '되감기'의 기법[17]은 그대로 분별을 위한 영성지도의 현장에서 아주 유용한 방법으로 사용될 수 있는 여지가 있다. 즉 예를 들면 수련자가 하나님에 대한 일시적인 믿음의 상실과 이로 인한 부정적인 반응을 보일 경우 그 붕괴의 순간으로 되돌아가 회복시키는 것이 가장 중요한 영성화의 방법이 될 수 있을 것이다. 이는 이냐시오의 영신수련에 기술된 바로 고독(desolation) 상태에 처한 수련자로 하여금 하나님과의 관계에 균열이 오기 전의 상태, 즉 위안(consolation)의 상태로 되돌아가 그 때의 상태에서 하나님의 임재를 기억하게 돕는 기법과 유사하다.[18] 여기서 수련자가 하나님에 대하여 오해한 부분에 성찰을 할 수 있도록 도울 때, 직설적으로 가르치거나 지적하는 것이 아니라, 하나님과의 균열되었다고 보는 상황에서 하나님을 어떻게 경험했는지, 자신의 내면에 주의를 기울이고, 이를 자유롭게 표현하도록 도우며, 그 결과를 명료화하도록 하도록 하는 것이다. 그리고 그 균열이 벌어지기 전, 즉 고독이 오기 전의 위안에서의 마음상태와, 균열이 일어나게 된 계기와 그 후의 마음상태의 연관성을 성찰하도록 하는 것이다. 여기서 또 하나의 중요한 정신화 기법은 치료자나 영성지도자의 자기개방(self-disclosure)인데[19], 즉 지도자가 하나님과 수련자와의 균열과, 그 후에 오는 고독의 상태에 자신이 혹시 조금이라도 기여한 바가 있을 경우, 이에 대하여 솔직하게 먼저 표현하는 것이며, 이런 자기개방 기법은 일반적인 심리치료에서 중요한 것과 마찬가지로 영성지도에서도 대단히 중요한 기법으로 자리매김하게 된다. 여기서 치료자나 영성지도자의 이러한 자기개방은 수련자의 자기성찰로 이어지게 되며, 이러한 자기성찰이 매우 중요한 것은 내담자나 수련자가 치료자나 지도자와 함께 이런 문제의 순간을 바라볼 수 있는 과정을 공유함으로써 복구가 되기 때문이며, 이렇게 두 사람이 함께 성령의 인도함 속에서 균열이 생기기 시작한 순간과 그 이후의 과정을 정신화(영성화)하는 것이 필요하기 때문이다.

여기서 주의할 점은 이러한 균열이 시작되는 시점은 서서히 암묵적으로, 비언어적으로 오기 시작하기 때문에 치료자와 영성지도자의 예민한 직관적인 감각이 필요하며, 이런 종류의 암묵적인 신호를 파악하려면 한편으로는 내담자(수련자)에게 다른 한 편으로는 지도자 자신의 주관적인 경험에 번갈아 가며 관심을 기울일 필요가 있다. 이것이 바로 애착이론과 상호주관주의에서 강조하는 자기 성찰적 반응성(self-reflective responsiveness)'과[20] '공감적 내성적 탐구(empathic introspective inquiry)'의[21] 지속적인 자세인데, 이런 지속적인 정신화 기법을 사용할 수 있는 상담자(지도자)는 자기의 마음과 내담자의 마음을 열린 마음과 공감, 무비판단적인 태도를 가지고 내담자(수련자)와 함께 할 수 있어야 하는데, 이런 치료자(지도자)의 자기성찰은 계속적인 성찰훈련, 나아가서는 영적인 영역으로 이해되는 영성화의 수련을 필요로 하며, 이 점이 바로 최근 들어 북미를 중심으로 상당수의 심리치료자나 분석가들이 자신과 내담자들에게 명상수련을 적극 권장하는 이유가 되기도 한다.

명상수련: 동양적인 마음챙김과 기독교 전통의 관상

정신화가 우리의 마음의 평안과 안전감을 줄 뿐만 아니라, 지금 이 순간에 느끼고 생각하는 것에 대하여 그것에 매몰되거나, 그것을 분리하지 않고, 있는 그대로 무비판적으로 충만하게 자각한다는 개념은, 자기의 마음 상태를 바라보는 것, 바라보는 자기를 인식하는 것, 그리고 이를 바탕으로 상대(치료자)방과의 관계에서 서로 공감적으로 연결됨으로써 '만남의 순간', '지금 이 순간'에 온전히 깨어있는 상태가 된다는 것을 의미한다는 점에서 명상수련과 매우 근접한 지향점을 가진다.[22] 우리가 정신화의 개념에 특별한 관심을 보이는 이유는 방금 위에서 언급한 바와 같이 이 개념이 동양종교의 마음챙김 등 명상의 개념으로 발전해 가고 있으며, 현재의 사회조류가 심리치료에서 이를 적극 권장하는 추세로 가고 있기 때문인데,[23] 기독교 영성의 전통 속에 있는 사람들로서는 종교전통의 다름으로 인해서 일종의 당혹감과 갈등을 느낄 수 밖에 없으며, 이에 대한 경각심과 함께 어디까지 수용할 것인지에 대한 논의가 필요한 실정이다. 저자의 입장은 아무리 명상이 마음의 평안과 정신화에 도움을 줄 수 있다고 하더라도, 마음챙김과 같은 동양적인 명상의 궁극적인 목표는 그러한 명상이 추구하는 종교전통의 영적 달성을 추구하는 것에 있기 때문에 부정적일 수 밖에 없으며, 아울러 그럴 필요가 없는 충분한 이유가 있다고 보는데, 그것은 기독교 전래의 관상기도 및 관상적인 삶의 수련에서도 동일한 도움을 받을 수 있을 뿐만 아니라, 기독교 전통이 추구하는 영적 성숙의 목표와 더욱 통합될 수 있으므로 우리가 타 종교전통에 한눈을 팔지 않고도 충분히 관심을 기울이고, 구체적인 방법론을 탐색해 나갈 수 있는 자원을 보유하고 있다고 믿기 때문이다.[24] 더욱이 바로 앞에서 논의한 바와 같이 동양전통의 명상에서는 다소 부족해 보이는 관계성이 기독교 전통의 관상적 영성에서는 더할 나위없이 풍부하며, 거룩한 독서와 의식성찰 등 기독교 전통의 영성수련 방법이 상호주관적이면서도 이인 심리학적 정신화의 개념과도 훨씬 더 잘 부합하는 방법이기 때문에 기독교 전통의 관상수련과 이에 대한 영성지도는 하나님의 임재 가운데서 그 분과의 상호주관적인 만남의 체험을 분별하는 장이므로 나 혼자 멋대로가 아니라 성령 안에서 성령의 인도하심으로 자신의 하나님 체험을 정신화(즉 영성화)할 수 있으며, 이를 토대로 세상의 다른 피조물들과의 관계 속에서 하나님의 눈으로, 무비판적으로 소망, 믿음, 그리고 사랑의 주체자이자 수혜자로서 상호주관적인 성숙과 치유를 추구할 수 있는 풍부한 여지가 있다고 본다. 다만 정신화나 명상은 언어화할 수 없는 부분을 암묵적으로 깨달을 수 있게, 알고는 있지만 생각해 보지 않았던 마음의 상태를 깨달을 수 있게끔 이미 일부 심리치료자들이나 불교적 명상가들에 의하여 한 발 앞서 사회적으로 적용할 수 있게끔 나름대로 체계화한 면이 있는 반면, 기독교 전통의 관상적 영성은 아직 치유와 성숙의 현장에서 구체적으로 적용할 수 있게끔 실제화되어 있지 못한 상태이므로, 이에 대한 구체적인 접근법과 적용 방법에 대한 개발이 시급한 실정이다. 그렇게 되기 위하여는 정신화에 대한 이해가 기독교 치유와 성숙의 현장에서 더욱 보편화될 뿐 아니라, 무엇보다도 거룩한 독서와 의식성찰 등 기독교 고유의 관상적 영성수련을 영성지도자들이 몸소 열심히 수련함으로써 스스로 정신화 , 나아가서는 영성화가 이루어지게 되길 바란다.

13장 마무리하는 글

그렇다 어린 아기와 젖먹이들의 입에서 나오는 찬미를 온전하게 하셨나
이다 함을 너희가 읽어 본 일이 없느냐 (마 21:16)

온전한 성숙과 치유란 심리학적 차원과 영적 차원의 치유와 성숙이 통
합되어야 한다는 주장이 갈수록 힘을 얻고 있다. 오랫동안 서로 갈라져
있던 이 두 요소들이 최근 들어 치유와 성숙의 세 현장, 즉 아기와 엄마
의 발달심리학적 관찰의 현장, 정신분석을 위시한 심리치료의 현장, 그
리고 영성지도와 목회적 돌봄의 현장에서 서로 가까이 다가서고 있으
며, 그 중심에는 현대 정신분석의 특성인 관계성과 경험된 정서의 강조
가 있는데, 이는 기독교의 관성적 영성과 그 구체적인 실천 현장으로서
의 영성지도에서의 변화와 같다. 현대 정신분석은 대상관계 이론과 자
기심리학을 넘어서, 애착이론의 영향을 받으며 그 최신 흐름인 상호주
관주의와 정신화로 대표된다. 상호주관주의는 돌보는 자와 돌봄을 받는
자 사이의 관계를 과거의 권위적이고 일방적인 관계로부터 상호호혜적
이며 주고받는 관계로 변화시킴으로써 보다 진정한 치유와 성숙이 가능
해 지도록 촉진하는 방향으로 기여하고 있는데, 이는 우리 안에 내주하
시는 성령 하나님의 자기대상적 역할과 관상적 영성의 임재적이고, 수
용적이며, 하나님과 인간의 연합을 이루어 가는 과정을 보다 구체적으
로 이해할 수 있게 도움을 준다. 한편 엄마와 아기의 애착관계에는 상호
주관적인 통찰에 관한 하나님의 창조섭리와 완성에 대한 깊은 메시지가
담겨 있음을 추정할 수 있는데, 우리는 이러한 상호주관주의 이론을 보

다 구체적으로는 영성지도나 목회적 돌봄의 장에서도 적용할 수 있는 공통의 공간이 있음을 알게 된다. 성령의 성화사역 역시 정신분석 치료에서처럼 일방적이 아닌, 역동적이고 상호주관적으로 진행된다는 이해가 가능해 진다. 그렇게 볼 때 심리치료는 성화를 밑에서부터 부분적으로 도우면서 성령의 이끄심을 고대하고, 성령의 성화사역은 정신분석적적 이해와 접근을 통하여, 더 깊은 이해로 도움을 받을 수 있다. 정신분석적 치료는 바람직하기는 초월적이고 관계적인 성령 하나님의 내재적 임재에 대한 이해를 촉진할 수 있으며, 성령 하나님은 정신분석적 노력에도 내재해 있는 소통적이고 상호주관적인 과정을 통하여 그 분의 목적을 이루신다는 설명이 가능하다. 성령 하나님의 내재하심은 자기대상의 개념으로 정신분석에서 이해되는 것과 유사하게 목회적 돌봄과 영성지도의 장 안에서 그 분과의 관계를 통하여 치유를 촉진하신다. 정신분석의 특징인 진실되고 진리를 탐구하는 치료적 자세는 하나님의 임재하심을 예시할 수도 있다. 하나님의 심정, 병자를 치료해주고, 죄인을 죄의 속박에서부터 해방시키시고 싶으신 하나님의 자비로운 사랑, 그 하나님의 심정과, 고통과 속박으로부터의 해방을 원하는 간절한 인간의 갈구하는 심정이 만나는 곳, 바로 그곳이 상호주관적 만남의 장이며, 그곳에 예수 그리스도의 육화와 치유의 기적이 있다고 말할 수 있으며, 따라서 상호주관주의가 심리치료에서 새로운 치료자 상을 보여주는 것처럼, 영적 치유와 돌봄의 현장에서 새로운 기독교 영성지도자 상, 새로운 치유자와 목회자상을 그려볼 수 있게 해 준다. 이제까지의 기독교적인 치유자, 목회적 돌봄의 사역자가 일방적으로 가르치고, 선포하고, 알려주고, 모델링하거나 코칭을 하는 역할을 주로 보여 주었다면, 보다 성숙한 이제부터의 목회적 돌봄이나 영적 지도자의 새로운 상은 돌보는 자와 돌봄을 받는 자가 서로 대등하게 상호주관적인 관계 속에서 함께 연약함을 드러내며, 함께 성찰하는 상처받는 치유자, 십자가상에서 피를 흘리시는 주님을 함께 바라보는 자로서 존재한다는 것이다. 여기서 우리는 묵상기도 가운데서 함께 연약함을 나누는 기독교적인 치유의 영성을 발견하게 된다. 그리고 우리는 묵상기도, 의식성찰, 그리고 렉시오 디비나와 같은 전통적인 기독교 ㅇ의 영성수련을 통하여서도 상호주관주의적인 통찰을 나눌 수 있다는 이론적인 이해를 제공받게 된다. 이러한 상호주관적 접근의 자세는 정말로 영성지도에서 얼마나 필요한 자세이던가! 상호주관의 공간은 바로 영성지도에서 이루어져야 할, 기도 가운데서 만들어지는 분별을 위한 기도충만한 공간을 잘 설명하고 있지 않은가? 영성지도야말로 그 어떤 짜여진 수순이나 기술에 얽매이지 않고 자유롭게 움직이시는 성령님과 수련자가 만나는 장에서 이 양자의 움직임과 경험을 끊임없이 지속적으로 탐구해 나가는 상호주관주의적인 장인 것이다. 이렇게 해서 정신분석 치료자가 내담자와 함께 치료를 이루어 가듯이, 영성지도와 목회적 돌봄의 장 안에서는 성령과 지도자, 그리고 수련자, 또는 목회자와 평신도와 성령은 상호주관적인 연결을 통하여 성화를 이루어 나간다고 볼 수 있다.

  한편 현대 정신분석의 최신 흐름의 또 다른 한 축인 정신화는 직관적이고 비언어적이며, 특히 관계적인 성찰을 주요 치유인자로 하는 그 특성으로 인하여 관상적 영성의 성숙을 위한 수련방법들과 매우 근접하고 있다는 점에 주목할 필요가 있다. 이는 거룩한 독서(렉시오 디비나)와 의식성찰 등 기독교 전통의 주요 영적 수련과 초월적 현실을 분별하는 영성지도의 현장에서 오래 전부터 사용하여 오던 방법들을 더욱 깊고 풍성하게 적용할 수 있는 이론적 틀을 제공할 수 있다. 그러나 정신화가 향하는 직관적이고 비언어적인 성찰의 특성들로 인하여 이 분야는 아쉽게도 먼저 서구 사회의 관심을 끈 동양적 영성전통의 명상수련과 관련하여 연구되어 왔기 때문에 한발 늦은 감이 있으나, 이들 동양적인 명상

수련과는 달리 기독교 전통의 영성수련법들은 훨씬 더 관계적이라는 점
에서 정신화와 더욱 잘 어울리는 개념이 될 수 있으므로, 앞으로 기독교
적인 영성전통과 어떻게 조화를 이루어갈 것인가에 대한 성찰과 연구가
절실히 요구되는 시점에 있다고 본다.

후주 및 참고문헌

1장

1) 예를 들면 우울증은 완치되는 것이 아니라, 체질적으로 타고나는 것이기 때문에, 치료를 한다는 것은 그 방법이 아무리 효과적인 것이라 하더라도 단지 현재의 증상을 완화시키는 것이지만(그것도 대단한 치유이긴 하다.) 언제든 재발이나 악화를 다시 경험하게 된다. 이 점은 비단 우울증에서만이 아니라 사실은 상당수, 어쩌면 앞에서 열거했다시피 거의 대부분의 심리적(정신적) 병리현상에 모두 적용되는 점인지도 모른다.

2) Pargament, K. I.: Spiritually Intergated Psychotherapy: Understanding and Addressing the Sacred, 2007, The Guilford Press, New York, N.Y.

3) 일반적으로 정신건강의 정의는 심리적으로 갈등이나 고통을 느끼지 않고, 대인관계와 사회 경제적으로 일과 결혼에 있어 자립적으로 삶을 영위할 수 있음으로 정의된다.

4) 온전한 성숙이나 치유란 신학적으로 말하자면 성화의 개념에 가깝다고 할 수 있다.

Sperry, L. (1998): Spiritual counseling and the process of conversion. Journal of Christian Healing 20, 82-89.

5) 저자는 여기서 '지속적이고 통합적인 정체성'이란 용어를 사용함으로써 기독교적인 정체성을 표현하고 싶었다. '지속적'이라 함은 현실의 제한된 삶에 대하여 부활 후의 영속적인 삶을 의미하며, '통합적'이란 예수 그리스도를 머리로 하는 기독교 공동체의 우주적인 삶을 의미하려고 하였다. 이 통합적인 정체성 안에서 개개인은 서로 연합되는 구성의 부분을 표상한다.

6) 이제까지 이론상 치유/성숙을 두 단계의 차원으로 구분하여 설명을

하였지만, 실제로는 우리 삶에서는 나뉘어지지 않는다. 이제 그 구체적인 예를 조심스럽게 설명해 보자. 우선 그 유명한 머튼의 루이빌 사건을 들 수 있다. 어느 날 머튼은 루이빌 시내의 길거리에 서 있던 머튼은 갑자기 이 우주 및 존재하는 모든 사람과 구분되어 있지 않고 하나로 연결되어 있다는 '깨달음'을 얻었다. 그는 그것이 영적인 각성, 초월적 현상이라는 확신을 그의 일기에 적고 있다. 그러나 정신분석을 공부한 사람이라면 그의 그런 경험이 어린 시절 부모님이 모두 일찍 사망하고 혼자 이 고독한 지구에 내팽개쳐진 고립의 경험과 결코 무관하지 않다는 것을 부인할 수가 없다. 그가 왜 그런 깨달음을 얻었는지는 그의 성장배경에서 지속적으로 느껴온 고독감을 이해할 때 이 사건은 보다 통합적인 성격을 갖는다는 것을 잘 알게 된다고 본다. 또 다른 한 가지 예로 들 수 있는 것은 저자 자신의 우울 경험이다. 저자가 겪은 우울 경험은 정신병리이기도 하지만, 동시에 그것은 저자를 하나님께로 가까이 이끌어 주는 '어둔 밤'이라고도 말할 수 있는데, 따라서 이를 어느 한 쪽으로만 이해할 때는 이 경험에 대하여 왜곡된 이해가 일어나거나, 온전한 통찰을 얻을 수가 없게 된다. 안셀름 그린은 이와 동일한 통찰을 '아래로부터의 영성'이란 이름으로 소개하고 있는데, 즉 하나님께서는 성서와 교회를 통해서만 말씀하시는 것이 아니라 우리 자신을 통해, 우리의 생각과 느낌들, 우리의 상처와 나약함을 통해서도 말씀하신다는 것을 주장한다. 격정과 분노 등 끊임없이 오가는 생각과 느낌들, 몸과 마음의 질병, 상처와 아픔, 무능과 실패의 경험, 이런 것들은 우리를 절망에만 몰아넣는 것이 아니라 때로는 우리를 하나님의 은총 앞으로 이끌어 주기도 한다. 우리 존재의 폐허 위에 영광된 집을 지으시는 주님을 만나 뵙게 한다는 것이다. 그런 면에서 아래로부터의 영성은 참된 자아를 찾아가는 길과 하나님을 찾아가는 길이라는 양극을 가지고 있으며, 결국은 하나로 통하는 길이 된다. 즉 하나님을 찾아가는 길은 우리가 처해 있는 구체적인 현실로 내려감으로, 우리의 실패와 무능의 현장을 참된 기도의 장소로 삼음으로 이루어진다. 이런 안셀름 그린의 통찰은 치유/성숙이란 심리적 차원과 영적 차원의 두 차원이 있다는 것과 이들이 심리치료와 영적 접근을 통하여 통합될 때 보다 온전한 치유/성숙에 다가갈 수 있음을 잘 보여준다고 할 수 있다.

Anselm Grun과 Meinrad Dufner(2006) **아래로부터의 영성**. 전헌호 역. 왜관, 분도출판사.(원저는 1994)

7) Anselm Grun(1999). **하늘은 네 안에서부터: 오늘 우리에게도 들려오는 사막 교부들의 지혜.** 정하돈 역. 왜관, 분도출판사.(원저는 1994)

8) 그러나 한편으로는 기독교 심리치료자로서 매우 심각하게 관심을 두고 살펴봐야 하는 현상이기도 한데, 즉 북미에서의 최근의 경향으로서 심리치료의 현장에서 동양의 명상기법을 그대로 병행하여 적용하는 추세가 매우 빠른 속도로 퍼지고 있다. 이 흐름은 2차 세계대전 이후의 이성에 대한 회의, 포스트 모더니즘적인 사고의 영향, 특히 70-80대 북미와 유럽을 휩쓴 영적인 차원의 갈망과 관련이 있으며, 동양종교에 대한 관심, 신비주의, 뉴에이지 영성 등의 흐름과 궤를 함께 하고 있다. 그것은 한 마디로 동양적인 영성으로부터 유래된 명상치료가 엄청난 기세로 심리치료나 정신과 분야 치료의 현장에 유행처럼 흘러들어오고 있는 것이 현재의 상황이다. 작금의 이러한 경향은 기독교적 영성 이해와는 거리가 멀다는 점에서 기독교 심리치료자의 입장에서는 주의를 기울일 필요가 있다고 본다.

9) 이 양 자에서의 공통점은 두 학문의 직접적인 상호 교류가 없는 가운데 각각 독립적으로 일어났으며, 신학에서의 변화가 좀 더 일찍 일어났다고 볼 수 있다. 즉 서구 신학계에서 이 변화의 뿌리를 언급하자면, 좀 더 시대를 거슬러 슐라이어마허에게서 찾아야 할 것이다. 그는 이성과 객관이 중요시되던 계몽주의 시대에서 신학의 새로운 시대를 열었고, 긍정적이든, 부정적이든 현대 자유신학자들에게 가장 큰 영향력을 미친 사람들 중의 하나로 평가된다. 그는 신앙이란 보편적인 인간의 직관과

감정이라고 하였으며, 신조나 교리와는 다른 주관주의 즉, 살아계신 하나님과 내 안의 감정으로 직접적으로 교류하고 하나님과 관계하고 하나님을 깨달아가는 것이 종교라고 말한 바 있는데, 그의 이와 같은 경험된 정서와 관계성에 대한 강조가 현대 자유주의 신학과 영성에 코페르니쿠스적인 변화를 가져왔다고 평가된다.

Grenz, S. J. & Olson, R. E. (1997). 20세기 신학. 신재구 역. 서울:IVP.

10)Bland E. D. and Strawn B. D. (2014). *Christianity & psychoanalysis: A New Conversation.* (Ed). IVP.

11) Grenz, S. J. & Olson, R. E. (1997). **20세기 신학**. 신재구 역. 서울:IVP.

12) Barth, K. (1997). **교의학 개요** (신경수 역). 서울: 크리스챤다이제스트(원저 1959년 출판).

13) Brunner, E. (2017). **십자가, 결코 억울한 죽음이 아니라는 희망**. 박영범 역. 경기도 파주시: 공감마을.

14) 정재현 (2004). 폴 틸리히의 상호관계방법에 대한 분석과 비판-우리 자리에서 신학하기를 위하여-. **신학논단**, 213-241.

15) 앞의 글.

16) 신에 대한 이해와 느낌 등 여러 경험도 역시 인간의 감각기관과 뇌를 통한 인식이라는 점에서 그렇다고 본다. 신학도 하나님이 주셨다고 생각되는 계시에 대한, 그러나 결국 인간의 인식과 표현을 통한 산물이라는 점에서는 심리학과 그 대상만 다를 뿐 동일하다고이해할 수 있다.

17) Hunsinger, D. V. (2000). **신학과 목회상담** (이재훈, 신현복 역). 서울: 한국심리치료연구소 (원저 1995년 출판).

18) Van Kaam, A. (1975): In search of spiritual identity. Denville, NJ: Dimension Books.

19) Frenette, D. (2008): Three contemplation waves. in *Spirituality, contemplation & transformation: Writings on centering prayer*, unpublished. Shalem.

20) 이미 관상적 영성에 관하여 개념을 가지고 있는 독자들은 상관없지만, 혹 이에 대하여 기초 개념이 없는 독자들은 제2장을 읽기 전에 이 책 말미에 붙인 부록 '묵상적 영성과 영성지도'를 먼저 읽으면, 이해에 많은 도움을 받을 수 있을 것이다.

21) Taylor, C.(2007). *A secular age*. Cambridge, MA: Belknap Press.

22) 새로운 이론들은 치유/성숙의 장에서 실제적인 많은 변화를 가져오고 있는데, 예를 들면 치료자는 더 이상 일방적으로 환자의 무의식 세계를 파헤치는 과학자, 관찰자로서 앉아 있는 것이 아니며, 치료과정이란 상호주관적 기질(intersubjective matrix) 안에서 환자와 치료자가 함께 새로운 삶의 의미를 발견하고, 함께 창조해(co-create) 나간다는 입장으로 바뀌고 있는 것 등이다(Orange, 1995). 즉 치료자는 환자의 과거력이나 캐고, 무의식의 진실을 의식화하기 위하여 뒤로 물러나 앉아 있는, 즉 고전적인 의미에서의 치료자의 중립성이나, 객관성, 텅 빈 스크린과 같은 태도는 더 이상 강조되지 않는다(Hoffman, 1983). 따라서 고전적인 의미의 전이 개념, 즉 중립적인 치료자에게 일방적으로 투사되는 환자의 왜곡된 감정이라는 정의 또한 생생하게 상호작용하는 치료자와의 관계에서 형성되는 현실적인 것이라는 쪽으로 바뀌게 된다. 치료자가 환자의 무의식을 해석하고 통찰을 얻게 하는 것처럼 동시에 치료자도 환자에 의하여 (어떤 형태로든)해석되어 진다. 마찬가지로 통찰이란 이해는 환자의 개인 내면에서 발굴되어지는 어떤 고착된 진리(일

342

인 심리학)가 아니라, 특정 치료자와 특정 환자의 상호 관계에서 형성되는 대화, 또는 관계의 산물이라는 것이다(이인 심리학). 따라서 현대 정신분석의 이론에 입각한 역동 심리치료에서는 치료자의 경험은 어떻게든 환자에게 다시 경험되어지며, 이 양자 간의 경험을 상호주관적인 입장에서 지속해서 추구하고 이해하는 자세가 필요하며, 그렇게 위하여는 필연적인 치료자의 개입, 적극성, 참여를 용납하고 이해해야 된다는 것이다. 이러한 주장들은 영적 삶을 다루는 영성지도, 목회적 돌봄의 장에서 그대로 적용될 수 있는 가능성을 열어가며, 나아가서는 우리를 치유/성숙시키시는 성령 하나님의 역할에 대한 이해에 도움을 줄 수 있다.

Orange D. M.(1995). *Emotional understanding: Studies in psycho-analytic epistemology.* New York: Guilford Press.

Hoffman I. Z. (1983). The patient as interpreter of the analyst's experience. *Contemporary Psychoanalysis*, 19, 383-422.

23) Wallin, D. (2010), **애착과 심리치료** (김진숙 등 역). 서울: 학지사. (원저 2007년 출판)

24) Bartley, T.(2012). *Mindfulness-Based Cognitive Therapy for Cancer.* Wiley-Blackwell.

25) 이만홍(2006). **영성치유: 정신치료와 영성지도의 통합을 위하여**. 한국영성치유연구소.

이만홍(2022). **심리치료와 기독교 영성**: 2008-2017 강연모음집. 서울; 로뎀포레스트.

26) Benner, D. (2000). **정신치료와 영적 탐구** (이만홍, 강현숙 역). 서울: 하나의학사(원저1988년 출판).

27) May, G. (2006): **영성 지도와 상담** (노종문 역). 서울: IVP. (원저 1992년 출판)

28) 이들 또한 1970년 대부터 일기 시작한 기독교 내에서의 현대적 영성운동의 흐름(Stairs, 2000; Frenette, 2008)의 토양으로부터 자양분을 공급받았으며, 동시에 그 흐름의 중심에 있었다. 그러나 한편 이와 같이 현대 영성지도의 가장 중요한 특징인 묵상적 영성은 아직도 개혁주의 신학과 어떻게 조화를 이루어가야 하는가 하는 질문을 던져주고 있기는 하다.

Stairs J. (2000): *Listening for the soul: Pastoral care and spiritual direction.* Minneapolis: Fortress Press.

Frenette, D. (2008): Three contemplation waves. in *Spirituality, contemplation & transformation: Writings on centering prayer*, unpublished. Shalem.

29)다음 장에서 구체적인 설명을 시도할 것이다.

2장

1) 이 글의 상당 부분은 동일 저자의 아래의 글에서 일부를 발췌한 것임을 밝혀 두며, 일부 견해를 이 글에서 새롭게 첨가하였다.

이만홍(2018). 제5장. 한국의 현실과 통합을 위한 시도. 한국기독교상담심리학회 편, **기독(목회)상담과 영성**. 서울:학지사. p174-185.

2) 저자가 사용하는 '묵상적 영성'에서의 '묵상'이란, 관상(contemplation)과 명상(meditation)의 두 개념이 혼합 내지는 통합된 것을 의미한다. 일부에서는 'meditation'을 '묵상'이라고 번역하고 있으며 이 부분에 번역상 혼용이 있으나, 저자는 'meditation'을 '명상'이라고 번역한다는 점을 밝혀 둔다. 두 단어, '관상'과 '명상'은 인식이 무념적이냐 유념적이냐에 따라 학술적으로 '관상'과 '명상'으로 나눌 수는 있으나,

실제 기도나 영성의 상태에서는 이 두 개념은 항상 혼재되어 있어 온전한 관상적 기도나 관상의 상태, 그리고 온전한 명상기도나 명상의 상태는 실제로는 가능하지 않다. 이는 과거 수련의 도가 깊은 영성가들도 동의한 바인데, 즉 기도 가운데 관상과 명상의 상태는 늘 혼재해 있거나 오락가락하는 상태라고 보았다. 특히 개혁신앙에서 흔히 사용하는 '묵상', '묵상기도'라 함은 기도나 영성이 유념적이냐 무념적이냐의 어느 한 쪽에 치우치지 않고 자연스럽게 혼재 또는 통합된 상태를 의미하는 단어로서 올바른 기독교 전통의 기도나 영성상태를 의미한다고 본다. 개혁신앙 공동체 안에서 흔히 묵상기도, 묵상적 영성이라고 할 때는 대체로 침묵기도. 성찰기도와 같은 뜻으로 사용될 수도 있을 것이다. 이렇게 개혁신앙 안에서 '묵상'이라는 용어를 익숙하게 사용해 온 점을 들어 저자는 현대적 영성 실천의 장에서 일반적으로 묵상적 영성이라는 용어를 사용할 것이며, 다만 학술적으로 '관상'이나 '명상'의 뜻을 구분하여 분명히 해 둘 필요가 있을 경우에만 그렇게 용어를 사용하고자 한다.

3) 이 구절(개역개정)에는 두 개의 중요한 동사가 나오는데, 즉 *바라보며*라고 번역한 히브리어의 *'하자'*라는 동사와, *'사모하는'*으로 번역한 *'바카르'*라는 동사이다. *'하자'*란 동사는 '바라보다', '(정신적으로)감지하다', '(기쁨으로) 숙고하다'란 뜻이며, *'바카르'*란 동사는 '탐색하다', '돌보다', '숙고하다'란 뜻으로 쓰인다. 따라서 이 구절의 핵심적인 의미는 여호와의 아름다움을 '바라보면서', '숙고하며', '성찰하면서' 사는 것을 의미한다(스트롱코드 히,헬 원어사전, 개정판, 라형택 편찬, 2020, 도서출판 O.N.O., 경기 의정부시). 그렇게 이해할 때 이 두 단어는 이 글에서 말하고자 하는 '정신화'와 매우 연관이 있어 보이며, 저자가 말하고자 하는 바, 기독교 영성에서의 정신화라는 뜻에서의 'soulization'의 의미와 근접한다. 나아가서는 이 구절 전체는 아마도 성경 전체를 통틀어 관상적 삶(contemplative life)의 모습을 가장 잘 드러내 주고 있는 표현이라고 생각된다.

4) '영적 지도'나 '영성지도' 모두 영어로는 'spiritual direction'이지만, 일반적으로 다양한 수도전통에서 다양한 형태로 사용되는, 폭넓은 의미로 사용할 경우는 '영적 지도', 이와 구별하기 위하여 현대적 의미의 일정하게 짜여진 형태로 적용되는 특정한 경우는 '영성지도'라고 번역을 하였으며, 저자들이 주로 이 책에서 논의하는 형태의 '영성지도'의 특성은 이 글의 후반부에 상세히 설명할 것이다. 그러나 경우에 따라서는 이 두 번역어는 혼용될 수도 있을 것이다.

5) Leech, K. (1980): *Soul friend: The practice of christian spirituality*. San Francisco: Harper & Row Publishers.

6) May, G. (2006): **영성 지도와 상담.** 노종문 역. 서울: IVP. (원저 1992년 출판)

7) Edwards, T. (2010): **영혼을 돌보는 영성지도.** 이만홍, 최상미 역. 서울: 도서출판 로뎀. (원서 2001년 출판)

이만홍(2006): **영성치유: 정신치료와 영성지도의 통합을 위하여.** 한국영성치유연구소.

8) Barry, W. A. and Conolly, W. J.(1995): **영적 지도의 실제.** 김창재, 김선숙 역. 왜관: 분도출판사. (원저 1982년 출판)

9) 저자들이 소속되어 있는 SoH심리영성연구소에서는 영성지도에 대한 체계적인 교육을 실시하고 있으며, 매 학기 상당수의 그리스도인들이 세미나에 참석하고 있다. 교육에 대한 상세한 내용은 다음을 참고할 것.

홈페이지 www.soh1911.org
온라인커뮤니티 cafe.naver.com/caferodem

10) Stairs J. (2000): *Listening for the soul: Pastoral care and spiritual direction.* Minneapolis: Fortress Press.

11) Houdek, F. (2004): **성령께서 이끄시는 삶**. 염영섭 역. 서울: 성서와 함께. (원저 1996년 출판)

12) Bonhoeffer, D. (1964). **신도의 공동생활.** 문익환 역. 서울: 대한기독교서회.

13) Aschenbrenner, G. (2007). *Conscious Examen.* Chicago: Loyola Press.

14) Houdek, F. (2004), 앞의 책.

15) Brother Lawrence(2012): **하나님의 임재 연습.** 임종원 역. 서울: 브니엘.

16) May, G. (2006): **사랑의 각성.** 김동규 역. 서울: IVP.

17) May, G. (2012): **영성지도와 상담.** 노종문 역. 서울: IVP. (원저 1992년 출판)

18) Dougherty, R. M. (2010): **그룹영성지도: 분별을 위한 공동체.** 이만홍, 최상미 역. 서울: 도서출판 로뎀. (원저 1995년 출판)

19) Green, T. (1986): **세상에서 기도하는 그리스도인들.** 임보영 역. 서울: 성바오로. (원저 1981년 출판)

20) Sperry, L. (1998): Spiritual counseling and the process of conversion. *Journal of Christian Healing 20, 82-89*

   May, G. (2006): **영성 지도와 상담.** 노종문 역. 서울: IVP. (원저 1992년 출판)

21) de Wit, H. F. (1999). *The Spiritual Path: An Introduction to the Psychology of the Spiritual Traditions.* Duquesne University Press.

22) 앞의 책.

23) Tyler, P. (2018). *Christian Mindfulness:* Theology and Practice. SCM Press; London.

24) 정준기 (2004). **현대인들을 위한 사막교부들의 영성.** 서울:은성출판사.

25) 이냐시오 (2006). **로욜라의 성 이냐시오 자서전.** 한국예수회 역. 서울:이냐시오 영성연구소.(원저 1974 출판)

26) 아빌라의 데레사 (2002). **천주 자비의 글.** 서울 가르멜 여자수도원 역. 경북 왜관분도출판사.

27) 십자가의 성 요한 (1973). **어둔 밤.** 최민순 역. 서울:바오로딸.

28) 아래의 저서들을 참고바란다.

William Shenon (2005). **토마스 머튼: 생애와 작품.** 오방식 역. 은성출판사.

John main (2018). **그리스도교 묵상: 그 단순함에 대하여.** 허성준 역. 경북 왜관:분도출판사.

Tomas Keating (2003). **마음을 열고 가슴을 열고.** 엄무광 역. 서울:가톨릭출판사.

Cynthia Bourgeault (2017). **마음의 길: 향심기도와 깨어나기.** 김지호 역. 서울:예수마을.

Paul Knitter (2014). **붓다없이 나는 그리스도인일 수 없었다.** 정경일.이창엽 역. 서울:클리어마인드.

3장

1) Bland E. D. and Strawn B. D. 편저. (2018). **기독교와 정신분석의 새로운 대화** (문희경 역). 서울: 지혜와 사랑, (원저 2014 출판). p91-93.

2) Guntrip, Harry. (2020). **짧게 쓴 정신분석의 역사** (정승아 역). 서울: 학지사. (원저 1971 출판). p199-200.

3) Winnicott, D. (1967). Location of Cultural Experience, *International Journal of Psychoanalysis*, vol, 48. p 3.

4) Fonagy P. and Target M. (2014), **정신분석의 이론들: 발달심리학적 관점** (이효숙 역). 서울: 눈 출판 그룹. (원저 2003 출판). p151.

5) Clair, M. (2015) **대상관계이론과 자기심리학** (안석모 역). 서울: Cengage Learning Korea. (원저 2004 출판). p115-116.

6) Davis, M. and Wallbridge, D. (1997). **울타리와 공간** (이재훈 역). 서울: 한국심리치료연구소. (원저 1991 출판). p13-14.

7) 최영민 (2010), 대상관계이론을 중심으로 쉽게 쓴 정신분석이론. 서울: 학지사. p473.

8) Fulgencio L. Winnicott's Rejection of the Basic Concepts of Freud's Metapsychology Int. J. Psycho-Anal, 88, 443-461.; 최영민, 앞의 책에서 재인용.

9) 최영민, 앞의 책, p474-475.

10) 앞의 책, p480-485.

11) 프로이트와 Klein은 인간의 공격성이 리비도와 죽음 본능이라는 상반된 두 개의 본능적 욕동 중에서 파괴적 속성을 가진 죽음의 본능으로

부터 기원한다고 생각하였다. 그에 반하여 위니컷은 초기 공격성을 유아의 넘쳐나는 생명력과 활동성으로 이해하였으며 어머니가 잘 견디며 수용할 경우 공격성은 건강하게 인격 속으로 통합되고 잔인성은 창조성과 긍정적으로 연결된다고 보았다. 공격적 잠재성은 생물학적 요소가 아니라 초기 환경적 침해에 의존하며 과도한 적대감은 유아의 공격적 충동을 담아주지 못한 돌봄의 실패에서 기인한 것이라고 주장한다.

최영민, 앞의 책, p514-522.

12) 대상관계에서 대상사용으로의 변화 과정은 대상이 유아의 공격성에서 파괴당하거나 변하지 않고 실 제로 살아남는 것 즉 보복하지 않고 변함없이 유아에게 돌봄을 제공하는 것에서 시작된다. 유아는 이러한 경험을 통해서 대상을 투사된 실체가 아니라 외적 현상으로 지각하게 되고 전능적으로 통제할 수 없으며 대상 자체가 권리를 지닌 실제로 인식하게 된다. 이 때 '나 아닌 다른 실제'를 내사하고 자기를 향상시키려고 대상을 사용하기 시작하게 된다.

Winnicott, D. (2000). **놀이와 현실** (이재훈 역) 서울: 한국심리치료연구소. (원저 1982 출판) p40-153.

13) Davis, and Wallbridge, 앞의 책, p91-92.

14) Summers, Frank. (2004). **대상관계이론과 정신병리학** (이재훈 역). 서울: 한국심리치료연구소. (원저 1994 출판). p222-224.

15) Winnicott, *Family and Individual Development:* Guntrip, 앞의 책, p188-190 에서 재인용.

16) Winnicott D. (2000), **성숙과정과 촉진적 환경** (이재훈 역) 서울: 한국심리치료연구소. (원저 1985 출판). p202-221.

17) 앞의 책, p217-218.

18) Summers, 앞의 책, p203.

19) Davis, and Wallbridge, 앞의 책, p57.

20) Winnicott (2000), **성숙과정과 촉진적 환경,** p122-124.

21) 앞의 책, p124-126.

22) 앞의 책, p72-73.

23) Winnicott,(2000). **놀이와 현실,** p172.

24) 앞의 책, p14-15.

25) Hamilton, N. (2007). **대상관계 이론과 실제** (김진숙, 김창대, 이지 연 역) 서울: 학지사. (원저는 1988 출판). p146.

26) Summers, 앞의 책, p218.

27) 앞의 책, p221.

28) Winnicott (2000). **성숙과정과 촉진적 환경,** p39-46

29) Winnicott, *The capacity to Be Alone:* Guntrip, 앞의 책에서 재인 용

30) Frankland, Allan G. (2019). **대상관계 심리치료의 실제-사례로 보 는 치료 안내서** (김진숙 역). 서울: 학지사. (원저는 2014년에 출간) p.18-25.

31) Bland and Strawn, 앞의 책, p100.

32) Winnicott, **성숙과정과 촉진적 환경,** p82.

33) Summers, 앞의 책. p230.

34) 앞의 책, p241-242.

35) 앞의 책, p233-234.

36) 위니컷은 상대적 의존기에 발생하는 병리를 획득한 것을 잃어버리

는 것을 의미하는 "박탈(deprivation)"로 표현하였는데 이는 어느 정도 내재화를 성취하여 발달 중인 자아에게 발생한다. 즉 상대적 의존기의 어느 순간까지 엄마의 돌봄이 충분히 좋았다가 그 후에 심각한 실패가 발생하고 회복되지 않을 경우에 해당하며 인격장애와 경계선 사례 등에서 나타나는 다양한 증상을 포함한다.

Summers, 앞의 책. p243.

37) 전오이디프스기의 내담자가 상담자 곁에서 침묵을 통해 홀로 있는 경험을 하고자 할 때 상담자가 언어적인 해석을 고집하게 되면 치료에 있어 결정적인 중요한 경험을 놓치게 된다. 전 오이디프스적 내담자의 침묵은 자아 관계의 경험을 통해 자기의 창조를 위해 애쓰는 발달적 노력이기 때문에 상담자는 내담자가 홀로 있고자 하는 욕구를 침범하지 않으며 홀로 있을 수 있도록 기꺼이 허용하며 곁에 있어주어야 한다. 그 후 홀로 있었던 순간들의 느낌과 생각을 탐색하고 내담자에게 되돌려 주는 것은 치료 상황을 '안아주는 것'이며 내담자의 파편들을 응집된 형태로 돌려주며 자기를 통합시켜 주는 기능을 하게 된다. 그러나 강렬한 정서로 인해 불안해 하는 신경증 내담자의 침묵은 저항이기 쉽기 때문에 이를 구분하는 것이 전제 되어야 한다.

Summers, 앞의 책, p245-248.

38) 앞의 책, p251.

39) 앞의 책, p256.

40) Winnicott, D. (2001) **박탈과 비행** (이재훈, 박영애, 고승자 역). 서울: 한국심리치료연구소. (원저 1984 출판). p65-69.

41) Summers, 앞의 책. p257-264.

42) Guntrip, 앞의 책, p204.

43) Guntrip H. (1969). *Schizoid Phenomena, Objet Relations and*

the Self. New York: International universities press, p243.

4장

1) Hamilton, N. G. (2007). **대상관계 이론과 실제.** 김진숙 등 공역, 서울: 학지사.

2) Rizzuto, A. (2000). **살아있는 신의 탄생** (이재훈 역). 서울: 한국심리치료연구소(원저 1979년 출판).

3) Bland E. D. and Strawn B. D. (2014). *Christianity & psychoanalysis: A New Conversation.(Ed).* IVP.

4) Brunner, E. (2017). **십자가, 결코 억울한 죽음이 아니라는 희망.** 박영범 역. 경기도 파주시: 공감마을.

5) St. Clair, M. (1998). **인간관계의 경험과 하나님 경험**: 대상관계 이론과 종교. 이재훈 역. 한국심리치료연구소.

6) Tisdale, T. (2014). 4. Ecumenical Spirituality, Catholic Theology and Object Relations Theory. in Bland E. D. and Strawn B. D. (2014). *Christianity & psychoanalysis: A New Conversation.(Ed).* IVP.

7) Holmes, U. T. (1999). **목회와 영성.** 김외식 역. 서울:대한기독교서회.

8) 문희경(2011). **대상관계 이론과 목회상담.** 서울: 도서출판 대서.

9) 애착이론가들의 관찰은 최근 뇌과학자들의 연구에서 확증되고 있는데, 즉 인간의 뇌에는 타고날 때부터 아기로 하여금 대상을 찾아 관계를 맺게 하려는 본능적인 움직임을 일으키는 거울뉴론(mirroring neuron)

이 존재한다고 알려져 있다.

10) '너희가 내 안에 거하고 내 말이 너희 안에 거하면 무엇이든지 원하는 대로 구하라 그리하면 이루리라'(요 15:7). 우리는 너무나도 흔히 기도의 기적같은 능력과 변화의 힘을 거론하지만, 이에 비하여 하나님과의 관계 안에서 그의 뜻 대로 순종하면서, 즉 올바른 관계 안에서 이루어진다는 전제를 너무나도 쉽게 무시하는 경향이 있다.

11) Bland E. D. and Strawn B. D. (2014). *Christianity & psychoanalysis: A New Conversation.(Ed)*. IVP.

12) 이 책의 **2장 묵상적 영성과 영성지도**를 참고하기 바란다.

13) Winnicott, D. (2000). **놀이와 현실** (이재훈 역). 서울: 한국심리치료연구소 (원저 1971년 출판).

14) 문희경(2011). **대상관계이론과 목회상담.** 서울: 도서출판 대서.

15) 앞의 책.

16) Guntrip H. (1971). *Psychoanalytic Theory, Therapy, and the Self*. New York: Basic Books.

17) 문희경(2011). **대상관계이론과 목회상담.** 서울: 도서출판 대서.

18) Schlauch, C. R. (1990). Empathy as the essence of pastoral psychotherapy. *The Journal of Pastoral Care, 44-1, 3-17.*

19) Rizzuto, A. (2000). **살아있는 신의 탄생** (이재훈 역). 서울: 한국심리치료연구소(원저 1979년 출판).

20) Friedrich Schleiermacher(1768-1834). 독일의 신학자로서 종교의 본질을 감성과 관계경험이라고 주장하였으며, 현대 자유주의 신학자들의 선구자 격으로 받아들여진다.

21) 김홍근(2004). **심층심리와 기독교 영성**, 제10장 위니캇의 이론과 목회.영성적 적용. 서울:기독교문서선교회.

22) 이 내용은 이 책 2장 '묵상적 영성과 영성지도'에서 자세히 설명되어 있다. 대체로 모든 영성수련은 두 단계로 집약해서 말할수 있는데, 즉 첫 째는 마음의 청결함을 얻는 단계와, 두 번 째는 해당 종교 고유의 영적 목표를 이루기 위한 단계로서, 기독교 전통의 영성에서는 두 번 째 단계는 하나님과의 친밀한 관계, 즉 하나님과의 연합으로 말할수 있다. 마음의 청결함을 얻는 영성수련 방법으로는 불교에서는 위빠사나와 같은 명상수련을 들 수 있고, 기독교 전통에서는 의식성찰과 같은 수련방법을 들 수 있다.

23) St. Clair, M. (1998). **인간관계의 경험과 하나님 경험: 대상관계 이론과 종교.** 이재훈 역. 한국심리치료연구소.

24) 김홍근(2004). **심층심리와 기독교 영성**, 제10장 위니캇의 이론과 목회.영성적 적용. 서울:기독교문서선교회.

25) 당신을 우리 백성에게 어떻게 소개해야 합니까?라는 모세의 물음에, 하나님이 모세에게 말씀하셨다. "나는 곧 나다. 너는 이스라엘 자손에게 이르기를, '나는 곧 나다'라고 하는 분이 너를 그들에게 보냈다고 하여라."(출 3:14) 이렇게 말씀하셨는데, 이 히브리어 YHWH(야훼)는 70인역에서 헬라어로 '에고 에이미' 라는 용어로, 요한은 예수님이 이렇게 하나님과 같은 용어로 자신을 표현한 것으로 기록하고 있다.(요 8:58)

26) 김홍근(2004). **심층심리와 기독교 영성,** 제10장 위니캇의 이론과 목회.영성적 적용. 서울:기독교문서선교회.

27) 구약에서의 아가서는 진정한 사랑을 나누는 연인 간의 모습을 아름답게 표현하고 있으며, 신약에서는 여러 군데서 하나님(예수님)과 우리 사이의 관계 관계중 가장 온전한 상태를 신랑과 신부의 관계로 묘사하

고 있는 것을 볼 수 있다.

28) Benner, D. (2000). **정신치료와 영적 탐구** (이만홍, 강현숙 역). 서울: 하나의학사(원저 1988년 출판).

29) Davis, M. and Wallbridge, D. (1997). **울타리와 공간** (이재훈 역). 서울: 한국심리치료연구소 (원저 1965년 출판).

30) Winnicott, D. (2000). **성숙과정과 촉진적 환경**. 이재훈역, 서울: 한국심리치료연구소.

5장

1) Freud(1917). *정신분석 강의* (임홍빈 홍혜경 역). 서울:열린책들. (원저 1917 출판).

프로이트는, 융이 주장한 비성적(非性的)인 개념인 '리비도'와 아들러의 '남성 항거'를 대체할 개념을 찾다가 '나르시시즘 서론'을 통해 자가 성애와 대상애의 중간 단계로 '나르시시즘'이란 개념을 제시했다고 전해진다. 융은, 아들러의 '남성 항거'(der m□nnliche protest)라는 개념을 성격의 형성이나 신경증 발생의 유일한 요인으로까지 간주했다. 또한 그것을 나르시시즘적인 리비도적 근거로 보지 않고 사회적인 가치면에서 평가했다. 남성항거의 존재는 이미 정신분석 연구의 시초부터 의미있게 있어 왔다. 단지 아들러의 생각과 다르게 정신분석에서 이 남성항거를 나르시시즘적 성격을 띠고 있고, 거세 콤플렉스에서 비롯된 것이라고 평한 것이라고 융은 설명했다. 아들러의 주장은 사회적인 가치면에서 평가하기를 바랬음에도 불구하고 말이다. 융의 평가가 아들러의 개념형성과 주장의 의도에 걸맞은 것이라고 볼 수 있다. 어쨌든 이런 나르시시즘적인 리비도나 남성항거같은 정신분석 초기 개념들이 설왕설래 하는 상황 속에서 프로이트는 아브라함에게 나르시시즘 개념을 잡기가 참 어려웠다고 말했다고 한다. 프로이트가 주장하는 나르시시즘은 이렇다. 사람에게는 자아를 향한 리비도 집중이 존재한다. 그것 중에 일부가 대상을 향해 나아가기도 하는 것이다. 그때 대상을 향해 리비도가 발현되었다 하더라도 자아를 향해 있던 리비도 집중은 사라지지 않고 계속 존재한다. 이것을 프로이트는 원형동물인 아메바의 모습에 견주어 설명했다. 아메바의 몸통과 그 몸통이 내뻗는 위족과의 관계와 같이 자기애와 대상애는 아메바의 몸통과 위족처럼 왔다 갔다 하는 모습이라는 것이다. 결국 이것은 대상에게 리비도 집중이 일어나야만 알 수 있는데, 성적(性的) 에너지인 리비도와 자아 리비도 에너지의 구분이 대상애가 나타나 봐야만이 구분지어 볼 수 있다는 것이 프로이트의 생각이다. 코헛은 여기에서 생각을 확장했다.

2) Heinz Kohut(1971). *자기의 분석* (이재훈 역). 서울:한국심리치료연구소. (원저 1971 출판).

이상화 부모원상의 발달의 문제는 부모의 자기애적 인격장애에 아이가 지나치게 오래 얽혀 있었을 때 발생하는 경우가 많다. 태어나자마자 아이가 심하게 아팠거나 불가피한 일들로 엄마와 떨어져 있은 경우, 그것들이 아이에게 부정적으로 작용하여 아이의 발달에서 자기애적으로 고착을 가져올 수 있다. 중요한 건 그 과정에서 그런 외적 사건들을 액면 그대로 보기보다는 부모와 아이의 상호작용의 맥락 안에서 보아야 한다는 것이다. 부모가 만성적으로 아이와 자기애적으로 엉켜 있는 관계에서, 외적인 사건이 생겨 그 관계마저 갑작스럽게 단절되면 그때야말로 결정적으로 아이가 자기애적인 결함을 갖는다. 이때 건강한 다른 한쪽 부모나 부모역할을 감당할 수 있는 성숙한 자기대상이 아이와 특별한 공감적 관계를 맺고 아이를 도울 수 있다면 단절로 인한 발달적인 피해를 복구할 수 있다. 부모와의 파괴된 관계에서 입은 상처를 회복하고 자기애적 관계를 재형성, 적절한 최적의 좌절이 아이에게 일어나도록 도울 수만 있다면, 병리적인 부모의 부재는 오히려 아이에게 정상적인 인격의 형성으로 나아가는 바람직한 길이 될 수 있다.

3) Heinz Kohut (1984). *정신분석은 어떻게 치료하는가?* (이재훈 역). 한국심리치료연구소(원저1984)

4) 앞의 책.

5) 앞의 책.

6) Richard D. Chessick. *자기심리학과 나르시시즘의 치료* (임말희 역). 서울:by NUN(2007). (원저 1962 copyright). 존 게도는, 코헛의 변형적인 내재화가 자기애성 장애의 정신분석에서 치료 과정을 뜻한다는 어떠한 증거도 없다는 이유로 이것은 근본적으로 정의되지 않은 개념이라고 비판했다.

7) 앞의 책. 코헛의 변형적인 내재화가 설리반에 의해 상세하게 설명되었는데, 어려운 개념이기는 하지만 이것이 분명한 정신분석의 위치를 가지고 있다고 말했다.

8) 내재화(internalization)라는 것은 함입, 내사, 동일시 등과 같은 욕동 이론을 전제로 한 개념들로서 자아 및 초자아의 성립과 관련이 있다. 영아 때는 주로 아기가 엄마의 젖을 빨 듯이 아무런 방어 없이, 이것을 '함입'(depression)이라고 하는데, 그렇게 '꿀꺽'하고 젖을 먹듯이 대상을 받아들이기도 하고, 이미 아기의 마음속에 존재하는 표상이나 환상이 있어, 엄마와의 상호 작용의 내용과 섞여 아기에게 변형적으로 내재화 되기도 한다. 여기서 코헛이 말하는 적절한 좌절을 통한 변형적인 내재화는, '자기와 자기대상의 관계'라는 상호작용 속에서 자기가 자기대상의 적절한 좌절을 통해 내재화를 이루는 과정이고, 이는 응집된 자기를 향함이라고 이해하면 좋을 것이다.

9) 코헛은 1981년 켈리포니아 버클리에서 열린 제5차 자기심리학 연례 학회에 참석해 "공감에 대해" 즉흥으로 연설했다. 그리고 그는 3일 후 1981년 10월 3일 사망했다. *Heinz Kohut* – Reflections on Empathy – YouTube에서 검색(20210102).

10) 1891-1942년까지 살다 간 독일의 철학자이자 심리학자 그리고 성 녀인 에디트 슈타인은 'Zum Problem der Einf☐hlung' (Edith Stein, 1917.) 이라는 논문을 통해 공감에 대한 깊은 이해를 우리에게 제공했 을 뿐만 아니라 아우슈비츠에서 고통당하는 이들과 함께 공감의 삶을 마감했다.

11) 이것은 정신의 분열의 양성증상과 다른 자아의 통제하에 있는 현상 이다.

12) Heinz Kohut (1984). ***정신분석은 어떻게 치료하는가?*** (이재훈 역). 한국심리치료연구소(원저1984)

13) Heinz Kohut (1977). ***The restoration of the self.*** The University of Chicago Press.(2009). 자기애적 인격장애의 자아동조적인 인격 전 반의 문제는 내현적인 자기애적인 결함으로써 그 스펙트럼이 상당히 넓 다. 더욱이 임상장면에 잘 나타나지 않는 자기애적인 특징 때문에 그 다 양하고 넓게 분포되어 있는 스펙트럼을 다 파악하는 것도 쉽지 않다. 자 기감이 과대적이고 스스로 자기를 특별하게 여기는 자기애적 자아상 때 문에 임상장면에 나타나서 스스로의 문제를 성찰하는 데에 불가능에 가 까운 제한을 갖기도 하고, 타자의 심정을 공감하지 못하는 어려움으로 관계에 늘 실패하기 일쑤다. 타자를 자기애 만족을 위한 대상으로 사용 하는 이상의 인격적인 관계를 맺는 것이 이들에게는 몹시도 어려운 일 이다. 원초적인 자기대상을 포함해서 자기의 발달을 통한 자기감의 영 속성과 전체성을 갖지 못한 자기대상 실패에서 오는 깊은 자기결함을 갖는 안타까운 폐해라고 할 수 있다. 이들은 인생의 발달 과정에서 특별

히 인생의 중후반의 시기에 돌이킬 수 없는 좌절을 만날 때, 간혹 자기를 성찰할 수 있는 기회를 갖기는 하지만, 이 또한 주변인을 괴롭게는 하지만, 스스로는 자기 자신의 문제를 돌아보는 일에는 무능하기 쉽다. 코헛은 실패한 중년에 자기신화의 프로그램을 완성하지 못한 심각한 상실감에 신음하는 이들에게 이 자기심리학은 희망이라고 피력했다.

14)Heinz Kohut(1977). *자기의 회복* (이재훈 역). 서울:한국심리치료연구소. (원저 1977 출판).

외현적으로 드러나는 자기애적인 장애를 코헛은 자기애성 행동장애라고 불렀다. 그리고 그것을 깊은 내면에 자리하고 있는 어린 아이의 절망이라고 표현했다. 코헛은 절망하는 그들의 공허의 자리에서 벗어나고 싶은 절박함이 어느정도인지를 그의 저서 여기저기에 구구절절하게 쓰고 있다. 성 도착을 포함 식이 장애 그리고 각종 중독의 메카니즘을 자기심리학의 자기 결함의 틀로 들여다 보면 잘 볼 수 있다.

15)Heinz Kohut(1971). *자기의 분석* (이재훈 역). 서울:한국심리치료연구소. (원저 1971 출판).

코헛의 환자 F양은, 학교에서 있었던 일에 대해 엄마에게 자랑하고 싶어서 빨리 집으로 달려갔는데, 문을 열어주는 엄마의 표정을 보고는 갑자기 에너지가 훅 빠지는 느낌이 얼마나 크게 들었는지를 회상해냈다. 그때 엄마의 얼굴은 너무나도 어두웠다. 그때 자기 자신이 에너지가 완전히 고갈된 텅 빈 존재로 느껴졌던 경험을 F양은 기억해냈다. F양은 코헛을 자기를 확인해주고 반영해주는 대상으로 사용함으로써 자기애적으로 과도하게 리비도가 집중된 원초적인 자기를 자신의 전체 성격에 통합시키고자 시도했다. 이때 코헛은 F양을 분석하면서, F양의 비난을 오이디푸스 단계의 소망과 관련된 것일거라고 생각했다. F양이 크게 화를 냈을 만큼 치료는 더 이상 진전되지 않았다. 이러던 와중에 코헛은 자신에게 남아있는 깊고 오래된 자기애적 고착들을 볼 수 있었다. 자신 안에 F양의 거울전이를 받아줄 수 없는 가로막힌 장애물이 있다는 사실을 보았고 그것을 받아들일 수 있었다. 코헛은 화가 나서 소리치는 F양의 그 격앙된 목소리가 자신을 올바른 길로 이끌었다고 생각했다. 코헛은 F양의 사례를 통해서 그런 자신의 역전이 저항을 극복한 후에야 그녀가 대상 본능적 전이와 씨름하고 있다는 생각을 버릴 수 있었고, 코헛에 대한 그녀의 분노가 거울전이 안에서 자기대상이 되어달라는 자기애적 요구임을 알 수 있었다. 그녀의 대상 본능적인 씨름과 더불어 나타나는 자기애적 욕구를 좌절시켰던 우울한 어머니에 대한 전이 혼합이 분석에서 진전의 어려움의 이유였음을 깨달을 수 있었던 것이다.

16) Heinz Kohut (1984). *정신분석은 어떻게 치료하는가?*(이재훈 역). 한국심리치료연구소(원저1984)

17) 나는 이제 세상을 떠나 아버지께 돌아가지만 이 사람들은 세상에 남아 있을 것입니다. 거룩하신 아버지, 나에게 주신 아버지의 이름으로 이 사람들을 지켜주십시오. 그리고 아버지와 내가 하나인 것처럼 이 사람들도 하나가 되게 하여주십시오. (요17:11공동번역)

6장

1) 세계대전과 산업화가 이루어지면서 서구의 환자들은 엄마와의 충분한 교감을 얻지 못한 채 성장하여 자기애적 성향이 두드러지고, 따라서 심각한 수준의 공감적 거울반응(empathic mirroring)이 필요한 환자들이었다. Kohut는 이러한 자기애 환자들을 누구보다 깊이있게 관찰하고 대하면서, 자기애를 없애는 것이 건강이 아니라 그것을 세상에서 살아가는 개인의 생동력과 참여로 변형시키는 것이 필요하다는 것으로, 자기애의 개념을 확실히 바꾸어 놓았다. Kohut는 프로이드의 치료개념, 즉 어린 시절로부터의 반복적인 정신내적 갈등을 전이해석을 통하여 해

결해주는 것 대신, 관심을 환자의 연약한 자존감과 정서적 파편화를 공감적으로 이해하는 것만이 이를 달성할 수 있다는 것으로 정신분석의 패러다임을 획기적으로 바꾸었다.

2) 홍이화(2011). **하인즈 코헛의 자기심리학 이야기 I**. 서울: 한국심리치료연구소.

3) Stozier, C. B.(2001). *Heinz Kohut: The making of a psychoanalyst.* New York: Farrar, Straus & Giroux.

4) *This structure(self) is the basis of our sense of being an independent center of initiative and perception, integrated with our most central ambitions and ideals and with our experience that our body and mind from a unit in space and a continuun in time.*

Kohut, H. (1997). *The Restoration of the Self.* Madison: International Universities Press.

5) Ornstein, P. H. (1995). Critical reflections on a comparative analysis of "Self Psychology and Intersubjective Theory." *Progress in Self Psychology, 11, 47-77.*

6) Kohut, H. (1971). *The analysis of the self.* Medison, CT: International Universities Press.

7) '여호와 하나님이 땅의 흙으로 사람을 지으시고 생기를 그 코에 불어 넣으시니 사람이 생령이 되니라'(창 2:7) 여기서 '생령'이라고 번역된 단어는 히브리어로 '하이 네페쉬', 즉 '살아있는 생명체'란 뜻이다.

8) 특히 다음 구절을 주목할 만 하다. '내가 아버지께 구하겠으니 그가 또 다른 보혜사를 너희에게 주사 영원토록 너희와 함께 하리니 그는 진리의 영이라 세상은 능히 그를 받지 못하나니 이는 그를 보지도 못하고 알지도 못 함이라 그러나 너희는 그를 아나니 그는 너희와 함께 거하심

이요 또 너희 속에 계시겠음이라 (요 14:16-17)'.

9) Kohut, H. (1997). *The Restoration of the Self.* Madison: International Universities Press.

10) 앞의 책.

11) Kohut, H. (1971). *The analysis of the self.* Medison, CT: International Universities Press.

12) 아울러 우리가 여기서 한 가지 짚고 넘어가야 하는 점이 있는데, 즉 애착이론과 자기심리학의 이론은 인간의 성숙과 치유에 있어서 관계가 무엇보다도 중요하다는 점에서 공통점을 갖지만, 이 둘 사이에는 확실하게 차이가 나는 점이 있다. 즉 후자는 대상들의 이미지나 표상을 다루고 있으며, 그로 인한 마음 속에 생성되는 결과물, 즉 중간현상이나 자기대상과 같은 구조물은 실존하는 물리적인 존재가 아닌 형이상학적인 표상을 의미하는 반면에, 애착이론은 실재 인물과의 현실적인 관계를 다루고 있다는 점이 다르다는 사실이다. 자기심리학이론에서 자기대상은 엄마의 표상과 아기의 심리적 구조가 만나서 이루어지는 비물리적인 존재이며, 이 자기대상과 계속적인 영향을 주고받는 외부의 실존인물은 그러한 특성을 지닌 어떤 대상이라면 얼마든지 대체될 수 있는 표상이라고 할 수 있다. 그러나 애착이론에서는 다르다. 유아 또는 환자에게 영향을 주는 존재는 반드시 살아있는 실존하는 현실적인 인물이어야만 한다는 의미에서 다른 것이다. 이 애착이론의 개념을 영적인 관계에 응용하자면, 우리의 영적인 성숙을 위하여 우리 안에서 우리의 영과 교제하며 끊임없이 돕고 있는 존재인 성령 하나님은 결코 어떤 표상이나 에너지, 또는 영향력이라고 할 수 없으며, 틀림없이 실존하는 인격체를 가진 존재로 이해된다. 아울러 우리의 영 또한 비록 눈으로 볼 수 없고 만질 수는 없지만, 틀림없는 하나의 실존하는 인격체로서의 존재인 셈이다. 자기나 자아라는 표현은 비록 그 안에 여러 심리학적인 결과물들,

기억, 감정, 표상, 경험 등등의 비존재론적인 결과물이 있을지라도, 우리의 실존을 대표하는 어느 하나, 즉 우리의 영 만큼은 더 이상 환원될 수 없는 실존이라는 것이다.

13) 자기심리학의 주장은, 자기대상이 역할을 하기 위해서는 현실에서 실재로 공감적 관계를 제공하는 타자가 존재해야 한다는 주장을 우리는 깊이 성찰할 필요가 있다. 복음서에는(눅 24:36-48) 엠마오로 가던 제자와 사도들이 모여서 대화할 때 예수님이 나타나셔서 그들에게 가르치는 장면이 나온다. 부활하신 주님은 '너희는 나를 영(프시케)인 줄 알지만, 나는 살과 뼈가 있다. 에고 에코(나는 가지고 있다.) 내 손과 발을 만져 보라. 나는 몸이 있는 부활한 존재이다.'라고 말씀하신다. 주님은 살아 있는 존재, 어제도, 오늘도, 내일도, 영원히 살아있는 존재, 인격적 존재, 몸과 영이 함께 실재하는 존재. '나는 나다(에고 에이미)'의 존재이시다. 성령은 우리의 자기대상이시지만, 동시에 이 기능을 지속적으로 지원하시는 나 밖의 절대타자이시기도 하다는 사실을 알아야 하겠다. 그러므로 우리는 살아계신 주님과 교제해야 한다. 자기심리학에서, 애착이론에서도, 우리가 성숙하기 위하여는 계속해서 살아있는 외부의 존재와 지속적인 관계로 연결되어 있어야 한다는 이론과 일맥상통한다. 부활하신 주님은 공기(프시케)가 아니다. 독립하여 존재하시는, 온전하신 존재이다. 여기서 우리는 세상의 많은 그리스도인들이 왜 바뀌지 않는가? 왜 성숙하지 않는가? 하는 의문에 대한 답을 발견할 수 있지 않을까? 그리스도인들에게는 세 종류의 신앙이 있는 것 같다. 첫째는 주님을 문자로 믿는 사람들, 지혜로 믿거나, 믿어야 할 명제로 생각하는 성경문자주의, 둘째는 주님을(하나님을) 공기(또는 에너지, 추상적인 어떤 형태)로 믿는 진보적 신앙의 사람들, 셋째는 주님은 살아서 우리와 관계를 맺으시는 몸을 소유하시고 계신, 온전한 인격체로서의 대상이신 주님으로, 우리 안에 성령으로 내주하심을 믿는 그리스도인들.

14) 신학자 Jurgen Moltmann(1925-)이 사용한 용어로서, 하나님의

성령이 세상에서 자기 백성과 함께 존재하시는 상태를 나타냄.

15) Kohut, H. (1984). *How does analysis cure?* Chicago: University of Chicago Press.

16) Ornstein, P. H. (2008). Heinz Kohut's self psychology-and ours: Transformation of psychoanalysis. *International Journal of Psychoanalytic Self Psychology, 3,* 195-214.

17) Geist, R. A. (2007). Who are you, who am I, and where are we going: Sustained empathic immersion in the opening phase of psychoanalytic treatment. *International Journal of Psychoanalytic Self Psychology, 2,* 1-26.

18) 다음과 같이 설명하였다. "the consciously or unconsciously felt sense of sharing and participating in another's subjective emotional life while simutaneously experiecing another as participating in ones own subjective life."

19) Geist R. A. (2013). How the empathic process heals: A microprocess perspective. *International Journal of Psychoanalytic Self Psychology, 8,* 265-81.

20) Empathy, or analytic love, must be mutually given and mutually accepted. (Aron, 1996, p136) 이런 표현은 일방적이 아닌 상호주관주의를 잘 설명해 주는 표현이다. 이를 위해서는 치료자의 지속적이고도 공감적인 전념(immersion)이 필요한 데 이는 단지 하나의 기술적 방법에 그치지 않는다. 환자에게 어떻게 반응해야 하는지를 분석가에게 알려주는 것을 도울 수 있는 능력은 분석적 감수성(analytic sensibility)이라고 정의되는데, 이런 반응들은 분석가의 자신의 주관성과 진정성을 불가피하게 표현하는 것을 포함한다(Geist, 2007).

Aron, L. (1996). *A meeting of minds: Mutuality in psychoanaly-sis.* Hillsdale, NJ: Analytic Press.

21) 나중에 Bacal은 optimal responsiveness라고 하였다.(1985)

22) Kohut, H. (1971). *The analysis of the self.* Medison, CT: International Universities Press.

23) Kohut, H. (1984). *How does analysis cure?* Chicago: University of Chicago Press.

24) Kohut, H. (1997). *The Restoration of the Self.* Madison: International Universities Press.

25) 권위주의, 형식주의, 분파주의 등등 그 예는 이루 다 헤아릴 수가 없다. 복음서에 나오는 수 많은 장면들에서 예수님이 바리새인들의 위선을 비롯한 당시의 종교인들에 대한 지적도 이에 해당하는 것으로 이해할 수 있다. 오늘날에도 이러한 자기애적 종교행태는 마찬가지로, 예를 들자면 성경 문자주의 또한 매우 중요하고도 교묘한 자기애적 장애로 이해될 수도 있다. 따라서 이에 대한 치유는 성령의 적절한 자기대상 관계를 경험하게 하는 건전한 영성지도의 입장에서 이루어진다고 본다.

26) 즉 1) 치료자에 의하여 완벽하게 조율과 이해를 받을 필요, 2) 치료자를 이상화할 필요, 그리고 3) 치료자와 똑같이 될 필요를 발견하였고, 여기서 Kohut는 그의 자기애성 환자들과의 치료적 관계에서 일어나는 전이현상 중 3 가지 자기애적 전이, 즉 이상화 전이, 반사전이, 그리고 쌍동이전이를 발견하고 연구하였다. Kohut(1971, 1977)는 이러한 전이 패턴이란 것이 단순히 과거의 관계의 반복임을 넘어서 자기조절에 영향을 주는 것임을 알았으며, 동시에 치료자 자신이 그의 환자에게 어떤 심리적 기능을 한다는 것을 알게 되었다.

27) 이러한 치료를 효과적으로 현실화하기 위하여는, 환자의 폭발적인 자기애적 전이를 인내하는 치료자의 능력과 치료관계의 붕괴를 능숙하

게 타협하여 효과적으로 수정하고 다시 참여할 수 있도록 해주는 능력이 반드시 필요하다. 특히 치료자 자신이 불가피하게 곤경에 빠질 때 이를 공감적 공명으로 표출하는 것은 환자의 자기대상의 반응성의 고통스러운 상실을 초래할 수 있고, 조직화 패턴에 트라우마를 활성화시킬 수 있다. 이 때 수치, 두려움, 분노, 철회나 의기소침 등 환자의 정서적 반응은 치료자와 함께 인식되고 다루어져야 하며, 치료자는 실수를 솔직하고도 공감적으로 인지하여야 한다. 환자의 자기대상의 균열이 일어났을 때, 환자의 도발도 있을 수 있는데, 이 경우 환자는 자기대상의 실패도 현재 관계에서의 트라우마로 인지하지만, 그것은 동시에 환자의 과거 트라우마의 재현이기도 하다는 자기심리학적인 해석이 필요하다. 환자의 이러한 경험을 치료자가 허용하고 받아들일 때, 환자의 붕괴를 좀더 넓은 견지에서 탐색할 수 있는 공간이 생기게 되며, 이는 변형적 내재화를 위한 출발점이 된다.

Stern, D. B. (1992). Commentary on constructivism in clinical practice. *Psychoanalytic dialogues, 2, 331-63.*

Ornstein, P. H. (2008). Heinz Kohut's self psychology--and ours: Transformations of psychoanalysis. *International Journal of Psychoanalytic Self Psychology, 3, 195-214.*

28) 신학적으로 말하자면, 믿음 생활 내내 특히 개혁신앙에서 경계하는 펠라기우스적인 사고에 맞서 싸 우는 것이 되며, 영성학적으로는 이를 주부적 관상(infused contemplation)이라는 용어로 부른다.

29) 이러한 과정을 쉽게 보여주는 예로서 오순절 신앙을 들 수 있다. 현대 사회에서 많은 사람이 오순절 신앙에 관심을 두고, 다른 교파에 비하여 부흥이 되는 이유로는 오순절 영성은 다른 개신교 전통의 영성에 비하여 상대적으로 경험주의적, 감성적이며, 성령과의 생동감있고 정서적인 만남을 강조한다는 특징이 있기 때문이라는 주장이 있다. 이러한 경험주의 중심의 영성과 신앙은 성령의 응집적이고 활력있는 자기대상 기

능을 강조하기 때문에 자기기능이 매우 연약하거나 자기애적인 장애가 있는 환자나 수련자의 자기기능의 재조직화와 안정화에 크게 도움이 되며, 자신의 삶의 목표를 재확인하고 세계관을 명료화하는데 쉽게 도달할 수 있는 점이 있어 보인다. 이러한 점이 오늘날 현대인들의 연약한 자기대상 관계에서 쉽게 도달할 수 있는 오순절신앙을 선호하는 것과도 무관하지 않다. 왜냐하면, 대체로 현대인들의 심리적인 특성 또는 취약점이라고 한다면, 앞서 언급한 대로 프로이트의 정신내적 갈등인 오이디프스적 죄책감의 인간형(guilty man)이라기 보다는 비공감적 환경에서 외롭게 자라는 비극적 인간형(tragic man)이기 때문이다. 따라서 현대인들의 취약한 자기대상적 구조는 회심 후에도 상당히 오랜 기간 자기애적 상태를 지속하며, 영적인 변형의 기간도 상당히 오래 걸릴 수도 있으며, 자칫 잘못 인도하는 영적 지도자나 목회지도자를 만날 경우 자기애적 대상물에 고착되어 병리적 종교현상이나 신앙행태에서 벗어나지 못할 가능성도 그만큼 커질 수 밖에 없다.

30) Bland E. D. and Strawn B. D. (2014). *Christianity & psychoanalysis: A New Conversation.(Ed)*. IVP.

31) Geist, R. A. (2008). Connectedness, permeable boundaries, and the development of the self: Therapeutic implications. International Journal of Psychoanalytic Self Psycholgy, 3, 129-52.

7장

1) Wallin David J. (2010). **애착과 심리치료** (김진숙, 이지연, 윤숙경 역). 서울: 학지사. (원저 2007 출판).

2) 볼비는 당시 정신분석에서 제시하였던 건강한 발달과 병리의 근원적 영향을 오로지 아이의 환상에 두었던 Melanie Klein의 이론과 같은 접근에 불만을 품었으며 엄마와의 관계가 붕괴된 극단적 상황에 처한 아

이들과의 직접적 만남을 통해 실제 현실 관계 경험이 발달에 중요한 영향을 미친다는 사실을 강조하였다.

Wallin, 앞의 책, p31-33.

3) Fonagy, P. & Target, M. (2014). **정신분석의 이론들: 발달정신병리학적 관점**, (이효숙 역). 서울: 눈 출판그룹. (원저 2003 출판). p302.

4) Eagle, Morris N. (2015). **애착과 정신분석 이론, 연구 그리고 임상적 함의**. (이지연, 이성원 역). 서울: 학지사. (원저 1999 출판). p8-22.

5) Bowlby, John. (2009). **애착-인간애착행동에 대한 과학적 탐구**. (김창대 역). 서울: 나남. (원저 1982 출판)

6) Goldberg, Susan. (2014). **애착과 발달-통합적 접근**. (주은지 역). 서울: 학지사. (원저는 2000 출판). p28.

7) Fonagy & Target, 앞의 책. p306-307.

8) 여기에서 유아의 평가는 단지 '인지적'인 것을 의미하는 것이 아니며 인지, 정서, 신체를 포함하는 유기체의 차원에서 이루어지는 평가로 이해해야 함을 유의해야 한다.

9) Gullestad S. E. (2001). Attachment theory and psychoanalysis: Controversial issues, *Scandinavian Psychoanalysis Review*, 24, 3-16.: Eagle (2016). **애착과 정신분석 이론, 연구 그리고 임상적 함의**, p29.에서 재인용.

10) Fonagy, P. (2005). **애착이론과 정신분석**. (반건호 역). 경기도: 도서출판 빈센트. (원저 2001 출판). p.26-28.

11) Bowlby (2009), 앞의 책.

12) Goldberg, 앞의 책, p37-50.

13) Allen, Jon G. (2019). **애착 정신화하기 인간중심의 상담**. (최희철

역). 서울: 학지사. (원저 2013 출판). p37-38.

14) Wallin, 앞의 책, p45.

15) Bowlby, John. (2014). **존 볼비의 안전기지**. (김수임, 가예리, 강민철 역) 서울: 학지사. (원저 1988 출판).

16) Wallin, 앞의 책, p157-159.

17) 앞의 책, p151-155.

18) 앞의 책, p147-148.

19) Schore, Allan N.(2003). *Affect Dysregulation and Disorder of the Self.* New York: W. W. Norton & Company.

20) Stern, Daniel.(2018). **정신분석과 발달심리학 시각에서 바라본 유아의 대인관계적 세계**. (한동석 역). 서울: 씨아이알. (원저 2000년 출판).

21) Siegel, D. (2012). *The developing mind: How relationships and thd brain interact to shape who we are* (2nd ed.). New York: Guilford Press.

22) Eagle, Morris N. (2016). **애착과 정신분석 이론, 연구 그리고 임상적 함의**. (이지연, 이성원 역). 서울: 학지사. (원저 1999 출판).

23) Main은 내적작동모델(Internal working model)을 정신분석 이론에서 말하는 내면화된 자기 이미지와 대상 이미지 같은 형판(the template) 이라기 보다 정보를 얻거나 정보에 대한 접근을 제한하는 기능을 하는 '구조화된 과정'이라고 재개념화 하였다. 내적작동모델은 애착과 관련된 정보를 조직하는 일련의 의식적, 무의식적 규칙이다. 이는 감정과 행동 뿐 아니라 주의와 기억 그리고 인지에도 영향을 미친다.

　　Main. M., Kaplan, N. & Cassidy, J. (1985). Security in infancy, childhood, and adulthood: A move to the level of representation in *Monographs of the Society for Research in Child Development*, 50(1-2), 66-104.

24) Bowlby (2009). 앞의 책.

25) Main, Mary (2000). The organized categories of infant child, and adult attachment: Flexible vs. inflexible attentions under attachment-related stress. *Journal of the American Psychoanalytic Association,* 48(4),. 1055-1096.

26) Wallin, 앞의 책, p68-70.

27) Fonagy & Target, 앞의 책, 349-362.

28) Hazan & Shaver (1987). Romantic love conceptualized as an attachment process. *Journal of Personality and Social Psychology*, 52. 511-524.

29) Mikulincer & Shaver (2007). *Attachment in adulthood: Structure, dyynamics, and change.* New York: Guilford Press.

30) Johnson, S. M. (2006). **정서중심적 부부치료**. (박성덕 역) 서울: 학지사. (원저 2004 출판).

31) Hughes, Daniel, A. (2017). **애착중심 가족치료.** (노경선 외 역) 서울: 눈 출판그룹. (원저는 2007에 출판).

32) Rholes & Simpson, (2015). *Attachment Theory and research*: Johnson, S. (2021) **애착이론과 상담: 개인, 부부, 가족을 위한 정서중심 치료.** (박성덕, 이지수 역) 서울: 학지사 (원서 2019 출간) 에서 재인용.

33) 획득된 안정성(earned security)은 과거의 경험을 통해 얻게 된 불안정과 정신적 외상의 한계를 뛰어넘어 새롭게 얻은 안정감을 의미한다. 이로 인해 자신의 발달 궤도를 뛰어넘어 일관된 자신의 이야기를 만

들어내어 다음 세대로 전수하지 않고 안정된 자녀를 양육할 수 있다.

Wallin, 앞의 책, p.200.

34) Fonagy & Target, 앞의 책.

35) Siegel, 앞의 책.

36) Goldberg, Susan. (2014). **애착과 발달-통합적 접근.** (주은지 역). 서울: 학지사. (원저는 2000 출판).

37) Forsha D., Siegal D. & Solomon, M. (2013). **감정의 치유력.** (노경선, 김건종 역). 서울: 눈 출판 그룹. (원저 2003 출판).

38) 신경계의 가소성(neural plasiticity)이란 발달하는 아동의 뇌처럼 성인의 뇌도 최근의 경험들에 의해 신경들 간에 새로운 연결을 만들 뿐만 아니라 실제로 뇌의 물리적 구조를 변화시키며 뇌가 재형성 된다는 것을 말한다. 신경과학과 심리치료를 연결하는 작업은 Louis Cozolino, Allan Schore, Daniel Siegel, Antonio Damagio등에 의해 이루어지고 있으며 심리학적 발달과 건강한 신경의 발달은 애착 인물의 조율된 반응성에 기인하며 치료적인 변화를 효과적으로 촉진하려면 반드시 몸과 뇌, 마음의 발달을 촉진하는 종류의 애착관계를 치료과정에서 다시 만들어 내야 함을 강조한다.

39) 경험이 마음과 몸에 저장되어 뇌의 구조를 만들어 가는데 엄마의 부드러운 손길, 목소리, 평온한 얼굴 표정 등이 아기의 뇌 안에서 활동을 촉발하면 함께 발사되는 뉴런들이 서로 연합하여 신경망을 형성하고 안전감과 연합시킨다. 이런 방식으로 특히 반복되는 경험들은 뇌의 회로를 만든다. 애착관계는 이러한 학습이 최초롤 만들어 지는 곳이며 그 후 관계에서 경험되는 연결은 신경계의 연결이 되고, 새로운 경험에 대한 반응성에 영향을 미친다.

Siegel, 앞의 책.

40) Fonagy, 앞의 책.

41) Cozolino, Louis (2006). *The Neuroscience of Human Relationships: Attachment and the Developing Social Brain.* New York: W. W. Norton & Company, Inc.

42) Bowlby (2009), 앞의 책, p138.

43) Wallin, 앞의 책, p101.

44) 정신적인 주체적 행위자란 자신의 의지와 선택, 자유 및 책임감을 가지고 행동하는 능력을 가진 자로서 자신과 타인의 경험에 대해 이해하고 해석하여 인식하며 자신의 경험에 영향을 끼칠 수 있는 것을 의미한다.

　　Fonagy & Target, 앞의 책.

45) Wallin, 앞의 책, p75.

46) Forsha, D. (2003). Dyadic regulation and experiential work with emotion and relatedness in trauma and disorganized attachment. In F. Solomon & D. Siegel (Eds.) *Healing trauma: Attachment, mind, body, and brain.* New York: Norton. p228.

8장

1) 볼비의 애착이론은 임상에서보다는 학문적으로 아동심리학 연구 쪽에서 발전되어 나왔기 때문에 상당 기간 정신분석학계에서 거부당했고, 새로운 학파를 형성하지 못했었다. 그러나 최근의 유아연구, 정서 신경과학, 이야기심리학 등의 발전으로부터 자극을 받아, 이 여러 인접학문의 발달로 애착이론은 매우 중요한 이론으로 주목받고 있으며, 애착이

론에 기반을 둔 정신분석적 치료가 등장하기 시작하고 있으며, 대상관계 이론과 자기심리학 등 관계적 정신분석과 상당부분 보완적 입장에 서게 되며, 다시 정신분석의 본류와 서로 화해를 보이고 있다.

2) Wallin, D. (2010), **애착과 심리치료** (김진숙 등 역). 서울: 학지사. (원저 2007년 출판)

3) 앞의 책.

4) Bowlby, John (2009) **애착-인간애착행동에 대한 과학적 탐구.** 김창대 역, 서울: 나남

5) Forsha, Diana & Siegal, Daniel (2003) **감정의 치유력.** 노경선, 김건종 역, NUN.

6) Siegel, D. J. (2012). *The developing mind: How relationships and the brain interact to shape who we are (2nd ed.).* New York: Guilford Press.

7) 쉬운 예로서 개와 고양이는 서로 매우 다른 애착행동의 차이를 볼 수 있으며, 각 종은 나름의 애착행동을 통하여 개체를 위험에서부터 안전하게 보호하는 생존의 기술과 관련이 있다고 본다.

8) Ainsworth, M. D. S., Blehar, M. C., Waters, E., & Wall, S. (1978). *Patterns of Attachment: A Psychological Study of the Strange Situation.* Hillsdale, NJ:Erlbaum.

9) Cozolino, Louis, (2013). **뇌기반 상담심리학의 이론과 실제-** Attachment and the Developing Social Brain, 이민희 역, 서울: 시그마프레스

10) '*하늘에 있는 것이나 땅에 있는 것이 다 그리스도 안에서 통일되게 하려 하심이라.(엡 1:10)*'

'그의 십자가의 피로 화평을 이루사 만물 곧 땅에 있는 것들이나 하늘에 있는 것들이 그로 말미암아 자기와 화목하게 되기를 기뻐하심이라.(골 1:20))'

11) "당신의 품에 안기기까지 내 영혼은 쉼이 없나이다"라는 오거스틴의 고백록의 구절은 유명하다.

12) Ainsworth, M. D. S., Blehar, M. C., Waters, E., & Wall, S. (1978). *Patterns of Attachment: A Psychological Study of the Strange Situation.* Hillsdale, NJ:Erlbaum.

13) Ainsworth는 이에서 한 걸음 더 나아가, 엄마-유아의 상호작용의 질만 중요한 것이 아니라, 유아의 시그널에 반응하는 엄마의 예민성도 중요함을 주장하였다. 안전하게 애착된 유아는 최소한의 울음과 엄마의 존재 하에 탐색을 즐겼던 반면에, 불안전하게 애착된 유아는 자주 울어댔고, 최소한의 탐색 행동을 보였다.

Main, M., & Solomon, J. (1990). Prodedures for identifying infants as disorganized/disoriented during the Ainsworth Strange Situation. in Attachment during the preschool years:*Theory, research and intervention.* Chicago:University of Chicago Press.

14) 그 밖에도, 어린이들은 일차적 상호주관성을 추구하는 경향이 있는데, 이는 정서적 의사소통과 관련된 친밀감과 소속감이다. 넓게 말하자면, 상호주관성이란 두 주관 또는 두 마음 간의 상호작용을 의미한다. 이 주제는 다음 장에서 보다 상세하게 논의될 것이다.

Wallin, D. (2010), **애착과 심리치료** (김진숙 등 역). 서울: 학지사. (원저 2007년 출판)

15) 그는 internal working models라는 개념을 이야기했는데, 결국 그가 주장한 것은 그 시대의 Freud 의견에 반대한 것으로, 일차적 양육자

의 사회적-정서적 현실적 필요를 결코 보다 낮은 필요로 축소할 수 없다는 주장을 폈다.

Wallin, D. (2010), 위의 책.

16) *'그러므로 너희는 이렇게 기도하라 하늘에 계신 우리 아버지여 이름이 거룩히 여김을 받으시오며(마 6:9)'*

　'너희는 다시 무서워 하는 종의 영을 받지 아니하고 양자의 영을 받았으므로 우리가 아빠 아버지라고 부즈짖느니라. 성령이 친히 우리의 영과 더불어 우리가 하나님의 자녀인 것을 증언하시나니,(롬 8:15-16)'

17) 만약 그렇다면 이는 리주토의 하나님 이미지 아론을 크게 보완하는 것이 될 것인데, 왜냐하면 기존의 영적 성숙의 이론 중 왜곡된 하나님의 이미지를 바로 잡는 것이 영적 성숙의 한 작업이라는 주장이 있어 왔는데, 여기서 하나님의 왜곡된 이미지란 하나의 고정된 마음의 심상을 다루는 단순한 것임에 비하여, 역동적으로 작용하는 하나님에 대한 애착 유형에 대한 고찰이 가능하다면 그것은 훨씬 더 생생하고 구체적인 영적 성숙의 모습을 성찰할 수 있는 도구가 될 수 있기 때문이다

18) Kirkpatrick, L. A. (2005). *Attachment, Evolution and the Psychology of Religion.* New York: Guilford.

19) 앞의 책, p59-60.

20) 앞의 책, p3-29.

21) 앞의 책, p100-106

22) 앞의 책, p3-28

23) *'여호와는 나의 반석이시오 나의 요새시오 나를 건지시는 이시오 나의 하나님이시오 내가 그 안에 피할 나의 바위시오 나의 방패시오 나*

의 *구원의 뿔이시오 나의 산성이시로다.(시 18:2)'*

24) Kirkpatrick, L. A. (2005). *Attachment, Evolution and the Psychology of Religion.* New York: Guilford.

25) 앞의 책, p135-36

26) 앞의 책, p101-59.

27) Kirkpatrick, L. A. (1992). An Attachment-Theory Approach to the Psychology of Religion. *The International Journal for the Psychology of Religion 2(1), 3-28.*

28) 이향숙 (2011). **기독교인의 성인애착과 하나님애착 관계.** 성결대학교 신학전문대학원 기독교상담학 박사학위 논문집.

29) Rissuto의 하나님 이미지와 표상에 관하여는 이 책 제3장 **대상관계이론과 기독교 영성**에서 설명하였다.

30) 관계적 애착이론에 의한 치료를 할 때는 당연히 리주토식의 하나님의 이미지를 다루는 것도 포함될 터이지만, 애착이론을 고려한 심리치료나 영성지도에서는 이 분야에서의 의식의 전환을 필요로 하는데, 즉 여기서 가장 중요시되는 기법은 성찰, Main이 언급한 메타인지이며, 이것이 바로 정신화(mentalization)로서 추후 장에서 상세히 다루어진다. 바로 이 점은 현대 기독교 영성지도에서 하나님과의 관계성, 즉 친밀함, 동행함이 기도성찰의 가장 중요한 주제가 되는 것과 일치하며, 이것은 일부 진보적인 신학전통에 따른 영성지도에서처럼, 관계성을 소홀히 하고 자신의 마음의 평화 상태를 지나치게 추구하며, 공동체적인 개념이 없는 것과는 다름을 주의해야 한다.

31) Wallin, D. (2010), **애착과 심리치료** (김진숙 등 역). 서울: 학지사. (원저 2007년 출판)

32) 긍정적 정서관계가 매우 중요함은 심리치료하는 사람들은 기본적

으로 알고 있는 사실이지만, 이것이 직면, 권고, 충고, 지적, 해석 등의 치료적 행동과 역동적으로 상충되며, 이를 통한 교정적 정서경험은 과거 고전적 정신분석에서는 중요치 않게 취급되어 왔다.

33) 심리치료에서 치료자가 자신의 신념이나 감정을 표현하는 '자기개방' 역시 과거 고전적 정신분석에서는 거의 금기시 되어 왔던 기법이지만, 관계적인 정신분석에서는 조금씩 긍정적으로 받아들여지고 있으며, 특히 애착기반 심리치료에서는 이것이 상호조율적으로 사용될 때, 내담자와의 긍정적 관계형성과 내담자의 자기성찰을 촉진하는데 매우 효과적일 수 있다. 그러나 물론 이 기법은 그 후에 내담자에게 미칠 영향을 고려하여 신중히 사용되어져야 하며, 계속적인 추적관찰을 통하여 이를 모니터링하는 것이 필요하다.

34) 이는 당연히 성숙하지 못한 생각으로 영적 성장의 길에서 심각한 걸림돌이 됨을 흔히 발견한다. 하나님이 원하시는 것은 무엇보다도 상한 심령 그 자체라는 것(시 51:10, 17)을 우리는 다 알고 있으며, 이를 고백할 때 주님이 이를 무시하지 않으신다는 것도 잘 알고 있기는 하다. 시편의 시들이 고상하고 거룩한 단어들로만 채워져 있는 것이 아니라, 세상의 저속하고, 치졸하고, 유치한 자기중심적인 고백들도 매우 많이 있다는 사실은 무엇보다도 솔직한 심령 그 자체의 정직한 고백을 주님은 기뻐하신다는 사실을 보여주고 있다.

35) Eagle, M. (2016). **애착과 정신분석 이론, 연구 그리고 임상적 함의.** 이지연, 이성원공역, 서울:학지사.

36) 어찌보면 하나님 스스로가 인간의 고난에 대하여 침묵하심으로써 우리에게 메타인지를 할 수 있는 공간을 마련하시는 분이라고도 할 수 있다. 이러한 메타인지는 그 상황이나 감정을 회피하고 거룩하고 신비해 보이는 용어들을 사용하여 무념적 마음 상태에 빠져들게 하는 일부 진보적 영성과는 구분해야 한다. 현실에 대한 깊은 성찰이 없이 이를

잡념이라는 말로 무시한 채 마음의 평안만을 추구하는 일부 향심기도와 같은 수련법에 대하여 많은 영성가들은 이를 영적 우회라는 말로 그 폐단을 경고하고 있는데, 베네딕트회 수도승인 안셀름 그린은 이를 "아래로부터의 영성"에서 잘 묘사하고 있다.

37) Wallin, D. (2010), **애착과 심리치료** (김진숙 등 역). 서울: 학지사. (원저 2007년 출판)

38) 그는 정신화를 "the process by which we realize that having a mind mediates our experience of the world."이라고 정의 하였다. 이에 관하여는 **12장 정신화와 기독교 영성**에서 상세히 기술하겠다.

Fonagy, P. & Bateman, A. (2010). **정신화 중심의 경계성 인격장애의 치료.** 노경선 외 역. 서울: NUN.

39) 데솔레이션(desolation) 즉 주님이 아니 계신 듯 여겨지는 상황, 콘솔레이션(consolation), 즉 주님이 나와 함께 하셔서 기쁨을 느끼는 것을 의미하며, 이냐시오식 분별법에서의 가장 기본적인 정서 상태를 의미한다.

성 이냐시오 (1998) **이냐시오 영신수련.** 윤양석 역. 서울:한국천주교 중앙협의회.

9장

1) Fosha, D., Siegal, D., & Solomon, M. (2013). 감정의 치유력 (노경선, 김건종 역). 서울: 눈출판사. (원저 2009년 출판), 75.

2) 상기한 바와 같은 두 사람간의 관계에 대해서는 앞서 애착이론에서 말하지 않았는가 하는 의문이 들 수도 있다. 사실 애착이론은 안전하고

안정된 친밀한 관계에 대해서 이야기하고는 있지만, 더 나아가 두 사람 이상의 관계 안에서 지속적으로 예측하지 못하게 변하는 상황이나 의식적, 무의식적인 경험 안에서 어떻게 친밀한 관계를 유지할 수 있을지에 대해서는 말하고 있지 않다. 그리고 애착이론에서는 아이와 엄마를 각각의 주관적 세계를 가진 주체로서 인식하지 않는다. 즉, 애착이론에서 유아는 엄마의 양육을 받는 단순한 수혜자일 뿐 엄마와 같은 주관성을 가진 존재로 관계를 공동으로 창조해내는 독립된 존재로 인식되지 않는다. Fonagy는 애착이론에서 유아의 목적은 엄마라는 대상이라기보다는 존재 상태나 감정상태 즉, 엄마와의 애착관계에서 획득된 안정감과 안전감과 같은 내적인 평형상태라고 언급하고 있다. 이러한 정서 상태나 존재 상태는 유아가 어떤 행동을 할 것인가와 관련된 행동체계에 영향을 주기 때문에 매우 중요하다고 할 수 있다. 즉, 애착이론에서 유아의 목적은 엄마라는 대상으로부터 획득되는 안전하고 안정감 있는 존재 상태나 감정조절상태라고 할 수 있는데, 이러한 과정에서 엄마는 도구나 매개체, 단순한 대상으로서 인식될 수 있다.

3) Aron, L. (1996). *A Meeting of Minds: Mutuality in Psychoanalysis*. New York; Routledge, x.

4) 현대 정신분석에서는 두 사람 심리학이, two-person psychology (Modell), relational matrix (Mitchell), mutual influence structures (Beebe & Lachman), intersubjective context (Atwood & Stolorow) 등을 중심으로 연구되어져 왔다.

　　Stolorow, R., Atwood,G.,& Brandchaft, B. (2007). *The Intersubjective Perspective*. Lanham: Rowman&LittlefieldPubInc. 3.

5) '관계이론'과 '상호주관성이론'에 많은 영향을 미친 학자는 Lewis Aron과 Jessica Benjamin이라고 할 수 있다. Lewis Aron은 1988년 뉴욕대학에서 이루어진 박사 후 정신분석 프로그램의 관계이론 과정에서

관계이론과 상호주관성 이론을 제시해나간 학자라고 할 수 있다. 또한 Jessica Benjamin은 여성주의 정신분석가로서 '주체로서의 엄마에 대한 인식'을 중심으로 mutual cognition의 이론을 전개시켰다. 이러한 관점은 분석상왕에서 치료자와 내담자를 각각의 주체성을 지닌 존재로 바라보게 만들었다.

Stolorow, R., Atwood,G.,& Orange, D. (2002). *Worlds of Experience.* New York: Basic Books. 47.

6) Stolorow, R., Brandchaft, B., & Atwood, G. (1987). *Psychoanalytic Treatment: An Intersubjective Approach.* NJ: The Analytic Press, 1.

7) Stolorow, R., Atwood,G.,& Orange, D. (2002). *Worlds of Experience.* New York: Basic Books, 96.

8) Cooper, A. (2019). 현대 정신분석 : 최근 주도적인 30인의 주요 논문 (이만홍 역). 서울: 지혜와 사랑. (원저 2006 출판), 767.

9) 앞의 책, 754.

10) Stolorow, Atwood, & Orange. 앞의 책, 96.

11) Stolorow, Brandchaft, & Atwood. 앞의 책, 25.

12) Stolorow는 상호주관적 체계 안에서 드러난 특성으로서 언급되는 '세계의 지평선 World Horizon' 의 개념은 Gerson과 Zedies의 "관계적 무의식 relational unconscious", Stern의 "형성되지 않은 경험 unformulated experience"과 유사하다고 설명한다.

Stolorow, R., Atwood,G.,& Brandchaft, B. (2007). *The Intersubjective Perspective.* Lanham: Rowman&LittlefieldPubInc.

13) Stolorow, R., Atwood,G.,& Orange, D.(2001). World Horizons: A Post-Cartesian Alternative to the Freudian Unconscious, *Contemp-*

porary Psychoanalysis, 37 (1), 43.

14) Cooper. 앞의 책, 753.

15) Beckes, L.,& Coan, J. (2011). Social baseline theory: The role of social proximity in emotion and economy of action. *Social and Personality Psychology, 12* (5), 976.

16) Trevarthen, C.,& Aitken, K. (2001). Infant Intersubjectivity: Research, Theory, and Clinical Applications, *J. Child Psychol. Psychiat, 42*(1),4.

17) 앞의 논문, 4.

18) Trevarthen은 아기가 9개월이 되면 '이차적 상호주관성secondary intersubjectivity'이 나타난다고 설명하면서, 이때 아기는 사람뿐만 아니라 사물에 대한 인식 하에 사물들로 가득한 세계와 관계를 맺기 위해 자신의 움직임을 연습한다고 언급한다.

Trevarthen, C.,& Aitken, K. (2001). Infant Intersubjectivity: Research, Theory, and Clinical Applications, *J. Child Psychol. Psychiat, 42* (1), 5-6.

19) Rizzolatti, G.,& Craighero, L.(2004). The mirror-neuron system, *Annual Review of Neuroscience 27.* 164 - 192.

20) Rizzolatti, G.,& Craighero, L. (2005). Mirror neuron: a neuro-logical approach to empathy, In J. P. Changeux & A. R. Damasio (Eds.), *Neurobiology of Human Values* (pp.107-122). Switzerland: Springer, 107.

21) 원숭이의 경우 거울뉴런이 운동과 관련되어 있는 부분 - 전운동피질 (F5) 과 하등 두정엽-에 거울뉴런이 분포되어 있어 제한되는 점들이 많지만, 인간의 경우에는 거울뉴런들이 뇌에 다양하게 분포 -전두엽 전

운동피질 아래쪽, 두정엽 아래쪽, 측두엽, 앞뇌 섬엽-에 위치하고 있어 운동신경이외에도 고차원적인 움직임이나, 감정의 공감 등을 가능하게 한다.이외에 원숭이의 거울뉴런과 인간의 거울뉴런의 차이와 관련되서 자세한 내용은 다음의 논문을 참고 하기를 바란다.

Rizzolatti, G.,& Craighero, L.(2004). The mirror-neuron system, *Annual Review of Neuroscience 27*. 164 – 192.

22) Dinstein, I. (2005). A mirror up to nature. *Current Biology, 18* (1), R16-17.

23) 거울뉴런은 타인의 행위와 의도를 이해하는 것을 가능하게 하는 뇌의 장치로서 공유회로 안에 '부분'으로 존재한다면, 공유 회로는 타인의 감정과 감각을 공감할 수 있도록 하는 전체 장치라고 할 수 있다.

24) Pally, R. (2010). Frontline—The Brain's Shared Circuits of Interpersonal Understanding: Implications for Psychoanalysis and Psychodynamic Psychotherapy. *Journal of The American Academy of Psychoanalysis and Dynamic Psychiatry,38* (3), 381.

25) 앞의 논문, 382.

26) 이러한 공유회로의 특징으로 인해, 치료적 장안에서 치료자는 비언어적이고 암묵적인 전 성찰적인마음들이 이해되고 다시 그것을 타인들과 나눌 수 있게 됨으로써, Bion의 담아내기와 투사적 동일시가 가능해진다. 그리고 더 나아가서는 의식적 자각 밖에서 이루어지는 전이와 역전이안에서의 관계를 형성해 나갈 수 있게 된다. 다른 한편으로 공유회로는 치료자에게 성찰의 공간을 마련해 준다고 할 수 있다. 공유회로는 타인에 대한 공감이 가능하게 하면서도 동시에 자기와 타인이 분리되어 있다는 느낌을 갖게 한다. 이런 과정은 매우 중요한데 한 존재의 주관으로 존재하면서 함께 상호주관을 이루는 과정에서 독립성을 유지하면서

함께 존재한다는 것을 가능하게 한다. 만일 타인의 고통이나 아픔이 그대로 자신에게도 동일하게 느껴짐으로써 자기와 타인을 구분하지 못하는 경우 함께 매몰될 수 있다. 예를 들어, 아기의 고통을 그대로 엄마가 동일하게 느끼게 되면서 매몰되는 경우, 엄마는 자기와 아기의 감정을 구분할 수 없게 되면서 공간을 두고 객관적으로 성찰하게 될 수도 없고 그 결과로 아기의 정서조율을 도울 수 없게 된다. 치료자와 내담자와의 관계 역시 동일한 과정을 겪을 수 있는데, 공유회로는 치료자와 내담자와의 관계에서 분리감을 느끼게 해줌으로써 성찰의 공간을 만들어준다고 할 수 있다.

27) Meltzoff, A.,& Moore, K.(1977). Imitation of facial and manual gestures by human neonates. *Science 198* (4312), 75.

28) Beebe, B., Sorter, D., Rustin, J.,& Knoblauch, S. (2003). Comparison of Meltzoff, Trevarthen, and Stern. *Psychoanalytic Dialogues, 13* (6), 790.

29) Fosha et al. 앞의 책, 315.

30) Klein, J. (2009). Social attention and the Brain. *Current Biology, 19* (20), R958.

31) Mundy,P.,Sigman,M.,& Kasari, C.(1990). A longitudinal study of joint attention and language deveolpment in autistic children. *Journal of Autism and Developmental Disorders, 20* (1), 125.

32) Stern, D. (2007). Applying developmental and neuroscience findings on other-centered participation to the process of change in psychotherapy. In Bråten Stein (Eds.), *On Being Moved: From mirror neurons to empathy* (pp.35-48). Amsterdam: John Benja-mins. 41.

33) Glyn Collis, G.,& Schaffer, H. (1975). Synchronization of visual

attention in mother-infant pairs. *Journal of Child Psychology and Psychiatry, 16* (4), 319-320.

34) Stern. 앞의 책. 41.

35) Stern, D. (1985). "Affect attunement: The sharing of feeling states between mother and infant by means of inter-modal fluency," in Tiffany Field (Eds.), *Social perception in infants (pp.249-268). New jersey: Ablex Publishing,*

36) Trevarthen은 생후 첫 4개월 동안 '일차적 상호주관성 primary intersubjectivity'이 발생하며, 9개월이 되면 '이차적 상호주관성 secondary intersubjectivity'이 전개되는 변화가 일어난다고 제시한다.

37) Stern. 앞의 책. 266.

38) Fosha et al. 앞의 책. 101.

39) Gergely, G.,& Watson, J. (1999). "Early socio-emotional development: Contingency perception and the social-biofeedback model," In Philippe Rochat (Eds.), *Early Social Cognition; Understanding Others in the First Months of Life* (pp.101-136). UK: Psychology Press, 102-103.

40) Trevarthen, C. (1977). "Descriptive analysis of infant communicative behavior," In Shaffert, R. *Studies in mother-infant interaction.* London;New York:Academic Press, 239.

41) Stolorow, Brandchaft, & Atwood, 앞의 책, 26.

42) 앞의 책. 27.

43) Benjamin, J. (2004). Beyond Doer and Done To: an Intersubjective View of Thirdness. *The Psychoanalytic Quarterly, 73* (1), 5.

44) Stolorow, R., Atwood,G.,& Orange, D. (2002), *Worlds of experience:*

interweaving philosophical and clinical dimensions in psychoanalysis. NewYork: Basic Books, 46.

45) Cooper. 앞의 책. 769.

46) Stern, D et al, (1998). Non-interpretive mechanism in psychoanalytic therapy; the something more than interpretation. *International journal of psychoanalysis, 79* (5), 904.

47) Boston Change Process Study Group, (2005). The "something more" than interpretation revisited: sloppiness and co-creativity in the psychoana-lytic encounter. *Journal of the American Psychoanalytic Association, 53* (3), 693.

48) Cooper. 앞의 책. 769.

49) Brown, L (2018). 상호주관적 과정과 무의식 (이재훈 역). 서울: 한국심리치료연구소. (원저 2011 출판).

50) Stolorow와 Atwood는, 상호주관주의에서 치료의 핵심은 '문제가 되는 내담자의 주관성의 측면들을 구성하는 무의식적 영역을 밝히며, 더 나아가 내담자의 경험을 조직화하는 새로운 원칙들을 획득하는 것' 이라고 제시한다.

   Stolorow, R., Atwood,G.,& Brandchaft, B. (2007). *The Intersub-jective Perspective.* Lanham: Rowman&LittlefieldPubInc. 79.

51) Jacobs, T.(1986). On Countertransference Enactments. *Journal of the American Psychoanalytic Association, 34* (2), 289-307.

52) Benjamin, J.(2009). A relational psychoanalysis perspective on the neces-sity of acknowledging failure in order to restore the facilitating and contain-ing features of the intersubjective relationship (the shared third). *Int J Psycho-anal, 90* (3), 441.

53) Ghent, E. (1990). Masochism, Submission, Surrender—Masochi -sm as a Perversion of Surrender. *Contemporary Psychoanalysis, 26,* 108-136.

54) Benjamin, J. (2004). Beyond Doer and Done To: an Intersubjec- tive View of Thirdness, *The Psychoanalytic Quarterly, 73* (1), 8.

55) Ogden, T. (1994). The Analytic Third: Working with intersub- jective Clinical Factor. *Int J Psycho-anal, 75* (1), 3-19.

56) Stolorow, R., Atwood,G.,& Brandchaft, B. (2007). *The Intersubjective Perspective.* LanHam: Rowman&LittlefieldPubInc. 38.

57) Aron, L. (2005). Analytic impasse and the third: Clinical impli- cations of intersubjectivity theory. *Int J Psycho-anal, 87* (2), 349.

58) Wallin, D.(2007). *Attachment in Psychotherapy.* NewYork: The Guilford Press. 337.

10장

1) Orange, Atwood, 및 Stolorow(1997)는 정신분석의 상호주관적 접 근은 현상학에 깊게 뿌리를 두고 있다고 하였으며, Orange(2009)는 현 상학적 정서가 배어 있는 정신분석적 함의로 3 가지를 들었다.

   Orange, D. M., Atwood, G. E., & Stolorow, R. D. (1997). *Working intersubjectively: Contextualism in psychoanalytic practice.* New York: Routledge.

2) Stolorow, R., & Atwood G. (1997). Deconstructing the myth of the neutral analyst: An alternative from intersubjective systems the- ory, *psychoanalytic Quarterly,* 66, 431-449.

3) Stern, Daniel. (2018). **정신분석과 발달심리학 시각에서 바라본 유아의 대인관계적 세계.** 한동석 역. 서울: 씨아이알.

4) 상호주관주의란 나와 같은 의식을 가진 다른 존재를 경험할 수 있는 능력이고, 두 사람 이상이 공통의 경험을 가질 수 있는 가능성이라고 현상학자 Husserl이 말했을 때 두 사람이란 독립된 인격체로서의 두 개체를 의미한다.

5) 동양적 영성에 경도된 현대의 일부 진보적 영성가들, 예를 들면 신시아 부조, 마틴 레어드 같은 사람들의 하나님에 대한 표현은 매우 아름답고 애매해 보이지만, 바로 하나님에 대한 그들의 이해가 비인격적이라는 점에서 기독교의 영성전통과는 거리가 있다는 점에 주의해야 한다. 이들 진보적 영성가들은 하나님을 '인격적'이라고 이해하는 것은 저급한 '신인동형설'의 존재로 격하하는 것이며, 무한하신 하나님을 인간의 이성 속으로 제한하는 것이므로 반대한다고 주장하는데, 그러나 우리의 이성으로 볼 때는 하나님은 표현할 수 없이 '무지의 구름' 속에 계신 하나님인 것은 맞지만, 사랑의 관점에서는 우리가 성령 안에서 예수를 보고 느끼는 것처럼 매우 분명한 인격적인 하나님임에 틀림없다. 이들과는 다르게 신정통주의에 속하는 신학자 에밀 브루너는 하나님은 '인격적'이라고 강력하게 주장하면서 '인격적'이란, 신인동형설로서가 아니라 존재론적인 인격으로서의 하나님을 말하고 있다고 설명한다.

Brunner, E. (2017). **십자가, 결코 억울한 죽음이 아니라는 희망.** 박영범 역. 경기도 파주시: 공감마을.

6) Bland E. D. and Strawn B. D. (2014). *Christianity & psychoanalysis: A New Conversation.(Ed)*. IVP.

7) 예수님은 우리에게 기도문을 딱 하나만 가르쳐 주셨는데, 그것도 제자들의 요청에 의해서이다.(눅 11:1) 이어서 간절히 구하면 아버지가 왜 안 주시겠느냐? 중언부언하지 말고, 위선적으로 하지 말며(마 6:5-

8), 신령과 진정으로(요 4:24), 정직한 영으로, 상하고 통회하는 마음으로(시 51: 10, 17) 하기를 바라셨다. 기도에 관한 이 모든 예수님의 권고들은 우리와 하나님 간의 관계가 고정적이고 비인격적인 관계가 아니라, 역동적이며 상호주관적임을 의미한다.

8) 예수께서 그들에게 말씀하셨다. "*내가 진정으로 진정으로 너희에게 말한다. 아브라함이 태어나기 전부터 내가 있다.*" (*요8:58, 새번역*) "*Truly, truly, I say to you, before Abraham was born, I am.*" (*NASB*) '*I am*'이란 말은 헬라어로는 '에고 에이미'라는 말인데, 1인칭 현재형으로 근본적으로 존재한다는 표현이다. '나는 이다', '나는 존재한다'라는 뜻이다. 이 말은 바로 우리에게 출 3:14을 연상시킨다. "*당신을 우리 백성에게 어떻게 소개해야 합니까*"라는 모세의 물음에 하나님이 모세에게 말씀하셨다. "*나는 곧 나다. 너는 이스라엘 자손에게 이르기를, "나"라고 하는 분이 너를 그들에게 보냈다고 하여라.*", "*I AM WHO I AM*", "*I AM has sent me to you*" (*NASB*) 이렇게 말씀하셨는데, 이 때와 같은 의미의 용어로서, 이 때 사용된 히브리어는 70인역에서 헬라어로 역시 '에고 에이미'라고 번역된 용어이다. 요한은 예수님이 이렇게 하나님과 같은 용어로 자신을 표현한 것으로 기록하고 있다. (그것이 바리새인들이 예수님을 돌로 치려 했던 이유이기도 하다.) '에고 에이미'라는 말은 '나는 스스로 존재하는 자', 라는 말이라고 알려져 있으며. 하나님은 스스로 존재하는 자, 아무에게도 의존되거나, 환원되거나, 준거를 가지고 계신 분이 아니라, 스스로 독립적으로 고독하게 계시는 분이다.

9) 그러나 하나님은 이어서 자신을 다음과 같이 소개하신다. 하나님이 다시 모세에게 말씀하셨다. "*너는 이스라엘 자손에게 이르기를, '여호와, 너희 조상의 하나님, 곧 아브라함의 하나님, 이삭의 하나님, 야곱의 하나님이 나를 너희에게 보내셨다' 하여라. 이것이 영원한 나의 이름이며, 이것이 바로 너희가 대대로 기억할 나의 이름이다.*" (*출 3:15, 새번*

역). 여기서 '**여호와**'라고 언급된 단어는 14절의 '나는 ...이다', '나는 곧 나다.' 란 말과 발음과 뜻이 같다고 학자들은 추정하고 있다. 이상과 같은 말씀들을 종합해서 보면, 하나님은 두 가지로 자신을 소개하신다. 즉 스스로 존재하시는 자이면서 동시에 이스라엘 민족과의 관계성을 가진 존재로서이다. 스스로 존재하시는 하나님인 동시에, 처음부터 함께 하시는 하나님이다. 스스로 존재한다는 것은 진정한 관계를 맺기 위하여 절대적으로 필요한 전제이다. 즉 진정한 사랑을 완성하기 위하여는 독립적인 인격을 전제로 한다. 예수님의 자기표현 속에는 이 두 뜻이 잘 담겨져 있다고 생각한다. 하나님은 이것을 우리에게도 바라신다고 생각한다.

10) *하나님이 이르시되 우리의 형상을 따라 우리의 모양대로 우리가 사람을 만들고...(창세기 1:26)*

11) *예수께서 그들에게 말씀하셨다. "너희의 율법에, '내가 너희를 신들이라고 하였다.'하는 말이 기록되어 있지 않느냐? 하나님의 말씀을 받은 사람들을 하나님께서 신이라고 하셨다. 또 성경은 폐하지 못 한다... (요 10:34-35)"*

12) 저자는 기도의 주관적인 대상으로서 하나님을 인격체로 본다는 점이 복음주의를 비롯한 보수적인 영성과 자유주의적인 진보영성 간의 분분명한 차이점이라고 본다. 많은 진보적인 현대 영성가들의 저서, 예를 들면 신시아 부조, 마틴 레어드, 폴 니터들의 저술에서도 성령, 하나님 등의 표현이 나타나지만, 그들의 대상은 인격적이 아닌 신, 우주의 에너지나 패턴 등을 의미하며 이는 다분히 동양적인 영성의 영향 때문으로 보인다. 따라서 하나님을 인격적인 신(존재론적인)으로 묘사하고 있는 성경은 그들에게는 단지 여러 고대 영적 참고서들 중의 하나일 뿐이며, 그나마도 성구 인용은 많지 않으며, 비인격적인 표현의 영역으로 제한되어 있다. 그러나 이들에 비하여 사막의 교부들이나 아빌라의 데레사, 십자가의 요한 등 스페인 영성가들의 저술들은 언제나 그 중심에 치열

한 하나님과의 접촉, 인격적인 대상으로서의 하나님 추구가 있다는 점이 대비된다.

13) Brunner, E. (2017). **십자가, 결코 억울한 죽음이 아니라는 희망.** 박영범 역. 경기도 파주시:공감마을. p179-180.

14) Trevarthen C. (1977). Descriptive analysis of infant communicative behaviour. In: Schaffer, H. R. *Studies in mother-infant interaction.* London: Academic Press.

   Trevarthen, C. (1979). Communication and cooperation in early infancy: A description of primary intersubjectivity. In M. Bullowa(Ed.), *Before speech: The beginning of human communication(p321-347).* Cambridge University Press.

15) 이것은 뇌과학에서 발견된 Rizzolati의 거울뉴런의 존재와 역할, 그리고 Hurley(2008)의 shared circuit model(SCM)로 입증되고 있다. 즉 인간의 뇌는 다른 사람의 경험을 이해할 수 있도록 연결된 상태로 태어나며, 말하지 않고도 서로를 이해할 수 있으며, 타인을 자기처럼 이해하는 것과 분리된 존재임을 이해하는 것에서 균형을 이룰 수 있다는 것이다.

16) 이 내용에서 "화목", "화해" 라는 원어, "카탈랏소"의 어원은 "~사이에서 물건을 주고 받다"라는 뜻으로 일방적이 아닌(물론 일방적인 힘에 의하여 이루어지긴 하지만) 상호적으로 이루어짐을 뜻한다

17) Fosha D. 등 (2013). **감정의 치유력.** 노경선.김건종 옮김. 서울: 눈출판사. p75. (원저 2006). 이 책9장 서론에서 김미희 인용을 볼 것.

18) 정재현: 폴 틸리히의 상호관계방법에 대한 분석과 비판-우리 자리에서 신학하기를 위하여-, **신학논단,** p213-241. 출판연도 불명.

19) Joseph A. Bracken, S.J.: Toward a New Philosophical Theology

Based on Intersubjectivity. Theological Studies 59(1998) p703-719.

20) Paul Tillich, *Systemic Theogy, Chicago.* The University of Chicago Press, I p61, 윗 글에서 재인용, p231.

21) 여기서 일부 독자들은 과정신학의 주장들을 연상할지도 모른다. 그러나 저자가 이 책에서 말하는 상호주관주의적 성찰은 하나님의 절대 타자로서의 실재성, 전능하심, 구원과 성숙의 주체 되심이라는 정반대의 논리가 상호주관성과 신비롭게 공존함을 믿는다는 입장에서 과정신학과는 전혀 그 출발과 끝이 다르며, 아기에 대한 엄마의 동일한 특성의 실재성에서 성찰되었다는 점을 이해하시기 바란다.

22) Stolorow R., Brandchaft B. and Atwood G. (1987). *Psychoanalytic Treatment: An Intersubjective Approach.* NJ: The Analytic Press.

23) 고전 정신분석에서는 전이, 역전이, 저항 또한 피분석자 또는 분석가의 일방적인 이상반응으로 보았다.

24) 환자의 주관적 경험 속으로 지속적인 공감적 탐색을 통하여, 심리치료자는 환자와 함께 협동적 작업을 통하여 치료적 공간을 공동으로 창조해 나간다. 그 공간에서 주관성의 문제 측면을 이루는 무의식적인 "영역"을 함께 탐색해 나간다. 치료자와 환자 두 공동 참여자는 분석노력에 함께 참여함으로써 지속적인 상호 영향과 각자의 조직화 활동을 통하여 이러한 치료적 공간에서의 탐색의 위험성에 관계적인 안전성을 제공한다. 이는 해석과 자기개방 그리고 해석의 선택을 위한 함의를 가진다.

25) 영성지도(spiritual direction; 이 책 2장을 참조할 것.)에서는 영적 분별(spiritual discernment)을 위하여 지도자와 수련자가 침묵 속에서 기도 충만한(prayerful) 공간을 만들어 간다고 말하는데, 그 기도의 공간은 바로 우리, 즉 지도자와 수련자, 그리고 성령님 삼자가 만나는 상

호주관적인 공간이 된다. 이렇게 볼 때 우리가 묵상하는 자세 가운데, 침묵 속에서 추구하는 것은 임재나 현존이라는 고정적인 단어보다는 만남, 관계맺음과 같은 역동적인 표현이 더욱 강조될 필요가 있다고 할 수 있다.

26) Fosha, D. & Siegal, D. (2003). **감정의 치유력,** 노경선, 김건종 역, NUN.

27) 여기서 독자들의 주의를 환기할 필요가 있는 점은, 여기서 말하는 경험된 정서와 단순한 감각으로서감정의 차이점이다. 경험된 정서 또는 정서적 경험이란 대상관계적인 감정을 말하는데, 즉 나의 감정과 상대의 감정이 상호적으로 어떤 영향을 미치는지에 대한 점을 고려한 것인 반면, 단순한 느낌이란 의미에서의 감정은 자기애적인 것이다. 예를 들어 일부 청소년들이 복음성가를 부르면서 음악적인 흥취에 빠지는 경우 같이 종교적인 행위라도 하더라도 자기 자신의 감정에 겨워 자아도취적인 경우에는 우리는 이것은 관계적인 정서라고 보지는 않는다. 한국인들은 전부터 상당기간 동안 장로교단의 특성상 감정적 경험을 일괄적으로 개인적인 경험으로 치부하여 신앙생활에서 중요하지 않은 요소로 취급하여 온 경향이 있어서, 이에 대한 부분적인 개념수정이 필요하다고 본다.

28) 엄마와 아기가 주관성을 공유하는 방식은, 주의를 공유하고, 그 다음 의도를 공유하며, 그리고는 결국 정서를 공유하는 것인데, 여기서 정서공유란 엄마와 아기가 함께 참여하고, 공유하고, 나누고 연결감을 유지함으로써 주관성은 상호작용을 촉진하고 함께 성숙한다.

29) 고대로부터 중세 수도원의 수도자들을 거쳐 이어져 내려오는 기독교 관상적 영성 전통의 성경읽기 방법을 말한다. 렉시오 디비나는 현대의 성경읽기나 성서묵상의 방법들이 다소 지적인 면을 강조하는것에 비하면, 보다 하나님의 임재와 함께 하는 관상적 자세를 중시한다. 이 책 2

장을 참조할 것.

30) Barth, K. (1997). **교의학 개요** (신경수 역). 서울: 크리스챤다이제스트(원저 1959년 출판).

31) 최상진(2011) **한국인의 심리학.** 서울: 학지사

　박종천(2012) **하나님 심정의 신학: 교회교훈학으로서의 조직신학.** 서울: 대한기독교서회.

　김기철(2014) **미발행 강연.**

32) Stolorow, R. D. (2007). *Trauma and human existence: Autobiographical, psychoanalytic, and philosophical reflections.* New York: Anylytic Press.

33) Branchaft, B. (2007). Systems of pathological accommodation and change in psychoanalysis. *Psychoanalytic Psychology, 24, 667-87.*

34) Bland E. D. and Strawn B. D. (2014). *Christianity & psychoanalysis: A New Conversation.(Ed).* IVP.

35) '*주께서 내 귀를 통하여 내게 들려 주시기를 제사와 예물을 기뻐하지 아니하시며 번제와 속죄제를 요구하지 아니하신다 하시니라*(시 40:6)'라는 시편의 말씀을 인용하셨다.

36) Stolorow, Branchaft, & Atwood(1987), 앞의 책.

37) Orange(2009), 앞의 책.

38) Stolorow, Branchaft, & Atwood(1987), 앞의 책.

39) Orange(2009), 앞의 책, pp.120-121.

40) Stolorow(2007), 앞의 책.

41) 그러므로 치유/성숙의 장에서는 논리, 신학은 뒤로 물러나야 함을 다시 한번 강조된다.

42) 이러한 성령님의 상호관계적인 접근의 대표적인 예를 우리는 요나서에서 하나님과 요나의 상호 교류 가운데서 찾아볼 수 있다.

11장

1) Bateman, A., & Fonagy, P. (2016). *Mentalization-Based Treatment for Personality Disorders; A Practical Guide.* Oxford University Press. 3.

2) Main, M. (1991). Metacognitive Knowledge, Metacognitive Monitoring, and Singular(Coherent) vs. Multiple (Incoherent) Model of Attachment: Findings and Directions for Future Research. In C. M. Parkes, J. Stevenson-Hinde & P. Marris (Eds.), *Attachment Across the Life Cycle* (pp.127-159). London: Tavistock/Routledge.

3) Main, M.,& Goldwyn, R. (1984). Predicting Rejection of Her Infant from Mother's Representation of Her Own Experience: Implications for the Abused-Abusing Intergenerational Cycle. *Child Abuse and Neglect, 8* (2), 203-217.

4) Fonagy와 Steele부부는 '성찰능력과 불안정애착의 세대 간 전이간의 관계'에 초점을 두어 연구를 진행하였다. 실험집단은 엄마들로 구성되었으며, 한 집단은 어린 시절 부모로부터 학대, 방임당하거나 부모가 정신질환을 겪는 등의 심각한 결핍을 경험하면서 성장한 엄마들로 이루어졌으며, 대조 집단의 구성원들은 그런 경험이 없는 엄마들이었다. 이러한 과정을 통해 나타난 연구결과는 성찰능력이 높은 엄마들의 경우

자신들이 부정적인 어린 시절을 겪었을지라도 자신들의 아기와의 관계에서 모두 안정된 애착관계를 형성했지만, 성찰능력이 없는 엄마들의 집단에서는 17명 중에 오직 한 명의 아기만이 안정 애착 유형을 나타냈다.

Fonagy, P., Steele, M., Steele, H., Moran, G.,& Higgitt, A. (1991). The capacity for understanding mental states: The reflective self in parent and child and its significance for security of attachment. *Infant Mental Health, 12*(3), 201-218.

5) 부모의 성찰능력과 안정애착 관계에 대해 Fonagy 와 Steele가 수행한 또 다른 연구가 있다. Fonagy, P.,Steele, H.,& Steele, M.(1991). Maternal Representations of Attachment during Pregnancy Predict the Organization of Infant-Mother Attachment at One Year of Age. *Child Development, 62* (5), 891-905.

6) Fonagy, P.,& Bateman, A. (2010). 정신화중심의 경계성 인격장애의 치료 (노경선정신치료연구회 역). 서울: 눈출판사. (원저 2006년 출판), 49-50.

7) Fonagy, P., Gyorgy Gergely, G., Jurist, E.,& Target, M. (2022). 정서조절, 정신화, 그리고 자기의 발달 (황민영 역). 서울: 학지사. (원저 2005년 출판), 291.

8) Fonagy, P. 〔Simms/Mann Institute〕. (2016, November 19). *What is Mentalization,* 〔Video〕 YouTube. https://youtu.be/MJ1Y9zw-n7U.

9) Fonagy, P. (2005). 애착이론과 정신분석 (반건호 역). 서울: 도서출판 빈센트, (원저 2001년 출판),15-19.

10) Bateman, A.,& Fonagy, P. (2004). *Psychotherapy for Borderline*

Personality Disorder: Mentalization Based Treatment. London: Oxford University Press. 58.

11) Fonagy & Bateman. 앞의 책, 24.

12) Bateman, A. [Espen FolmoSimms]. (2015, June 19). *Mentalizing and MBT* [Video] YouTube. https://youtu.be/kxUHILbZNaY.

13) Fonagy, Gergely, Jurist 그리고 Target는, 정신화는 내측 전전두 피질에 위치하는 것으로 생각되는 유전전인 대인관계해석 메커니즘 Interpersonal Interpretive Mechanism: IIM과 관련되어 있다고 설명한다.

　　Fonagy, P., Gyorgy Gergely, G., Jurist, E.,& Target, M. (2022). 정서조절, 정신화, 그리고 자기의 발달 (황민영 역). 서울: 학지사. (원저 2005년 출판), 126-128.

14) Patrick Luyten, P.,& Fonagy, P. (2015). The neurobiology of mentalizing, *Personality Disorders: Theory, Research, and Treatment, 6* (4), 366-379.

15) 앞의 논문 366.

16) Fonagy, P. (2019). *Handbook of Mentalizing in Mental Health Practice.* Washington: Amer-PsychiatricPubInc, 247-417.

17) Stern,D. (2015). 최초의 관계 유아와 어머니 (민주원 역). 서울: 눈출판사, (원저 1977년 출판),131.

18) Fonagy et al., 앞의 책, 116.

19) Fonagy & Bateman, 앞의 책, 126-128.

20) Allen, J. [The Menninger Clinic]. (2013, June 18). *What is Men-talizing & Why Do It with Jon G. Allen, PhD* [Video] YouTube.

https://youtu.be/NLT7ieO3hTk.

21) Gross, J. (2010). Emotion Regulation: Past, Present, Future. *Cognition & Emotion. 31* (5), 557.

22) Jurist, E. (2005). Mentalized affectivity. *Psychoanalytic Psychology, 22* (3), 426.

23) Fonagy & Bateman. 앞의 책, 37.

24) Fonagy, P.,& Target, M. (1996). Playing with reality: I. Theory of mind and the normal development of psychic reality. *International journal of psycho-analysis, 77* (2), 218-221.

25) Bateman, A., & Fonagy, P. (2016). *Mentalization-Based Treatment for Personality Disorders; A Practical Guide.* Oxford University Press. 20.

26) Wallin, D.(2010). 애착과 심리치료 (김진숙 역). 서울; 학지사, 448.(원저 2007년 출판)

27) 앞의 책, 78-79.

28) 앞의 책, 471.

29) Allen, J., Fonagy, P., & Bateman, A. (2008). *Mentalizing in Clinical Practice.* Arlington: Amer-PsychiatricPubInc, 218-219.

30) Fonagy, P.,& Target, M. (2012). 정신분석의 이론들 발달정신병리학적 관점(이효숙 역). 서울; 눈 출판사. (원저 2003년 출판), 350.

31) Wallin, 앞의 책, 473.

32) Fonagy et al.,앞의 책, 217.

33) Jurist, 앞의 논문, 426.

34) Allen, J. (2005). *Coping with trauma: Hope through under-standing.* Arlington : Amer - PsychiatricPubInc. 224-225.

35) Fonagy & Bateman, 앞의 책, 165.

36) Fonagy, P. 〔Simms/Mann Institute〕. (2016, November 19). *What is Mentalization,* 〔Video YouTube. https://youtu.be/MJ1Y9zw -n7U.

37) Fonagy, P. (2019). *Handbook of Mentalizing in Mental Health Practice.* Washington: Amer -PsychiatricPubInc. 79.

38) Allen, Fonagy, & Bateman, 앞의 책, 1.

39) Fonagy et al.,앞의 책, 246-247.

40) 이 책에서는 정신화 기반 치료 MBT: Mentalization Based Therapy 의 자세한 과정을 다루지는 않는 다. MBT에 대한 구체적인 내용을 알고 싶을 때는 많은 책들이 있기 하지만, 다음의 책들을 추천한다.

　Fonagy, P.,& Bateman, A. (2010). 정신화중심의 경계성 인격장애의 치료 (노경선정신치료연구회 역). 서울: 눈출판사.(원저 2006년 출판).

　Fonagy, P. (2019). *Handbook of Mentalizing in Mental Health Practice.* Washington: Amer-PsychiatricPubInc.

41) Allen J. (2019). 애착 정신화하기 인간중심의 상담 (최희철 역). 서울: 학지사. (원저 2013년 출판).

42) Fonagy & Bateman. 앞의 책, 78.

43) 앞의 책, 164-177.

44) 앞의 책, 176.

45) Allen, 앞의 책, 247.

46) 앞의 책, 248.

47) 현재 현대정신분석은 결국 정신화를 넘어서서 마음챙김mindful-ness과 같은 '영성적 차원'의 흐름으로 가고 있는 중이다. "두 사람간의 관계성, 정서, 성찰"을 중심으로 전이와 역전이가 상호적으로 엮어진 역동적인 관계적 맥락을 토대로 이루어지는 치유과정을 전제해 볼 때, 현대정신분석은 당연히 정신화를 넘어서는 '치료자의 영성'에 대해 주목할 수밖에 없을 것이다. 또한 내담자의 고통에 대해서 고통스러워하는 '자기self'의 틀을 넘어서서 자기 개념을 초월하는 과정으로서의 '내담자의 영성'에 주의를 전환시킬 수밖에 없었으리라 인식된다.

12장

1) Wallin, D. (2010), **애착과 심리치료** (김진숙 등 역). 서울: 학지사. (원저 2007년 출판)

2) Fonagy, P., & Bateman, A. (2010). **정신화중심의 경계성 인격장애의 치료**. 노정선 등 옮김. 서울: NUN.

3) 사막의 교부들과 동방교회적 전통에서부터 비롯되어 중세 수도원을 거쳐 내려온 비움의 영성, 또는 침묵의 영성을 말하는데, 특히 15세기 스페인 영성가들, 아빌라의 테레사, 십자가의 요한, 그리고 예수회를 창시한 이냐시오로부터 깊은 영향은 받았다. 그 내용에 관하여, 그리고 이 책에서 '관상적'이라는 용어와 '묵상적'이라는 용어가 혼용되는 이유는 이 책의 2장 '묵상적 영성과 영성지도'에 상세히 설명하였으므로 참고하기 바란다.

4) 관상적 영성을 구체화하고 삶에서 실천할 수 있는 방법은 고대로부

터 매우 다양한 방법이 있어 왔으며, 오늘날 현대 영성가들 사이에서도 향심기도와 같은 새롭게 각광을 받는 방법들이 개발되기도 하였지만, 저자의 견해로는 기독교 영성의 관계적인 특성을 가장 잘 구현할 수 있는 방법으로는 두 가지, 즉 거룩한 독서(렉시오 디비나)와 의식성찰을 들 수 있다고 본다. 거룩한 독서는 성서묵상의 방법을 말하는데, 귀고 2세에 의하여 정리된 네 단계, 즉 렉시오, 메디타치오, 오라시오, 그리고 컨템플라치오를 통하여 관상적 묵상을 하는 방법을 말한다. 의식성찰은 수도원 전통에서부터 오랜 기간 동안 영서지도의 한 방법으로 실천되어 왔으며, 과거에는 하루의 삶을 반성하고 회개와 감사를 고백하는 양심성찰로 불리워져 왔으나, 현대 들어서는 보다 의식 전반에 걸쳐 하나님의 임재를 추구하는 관상적 수련으로서 적용되어 오고 있다.

이만홍 (2022). **심리치료와 기독교 영성.** 서울: 로뎀포레스트.

5) Wallin, D. (2010), 위의 책.

6) '믿음이 없이는 하나님을 기쁘시게 할 수 없나니...'(히 11:6)라고 한 사도 바울의 말씀처럼 우리의 믿음이 문제라고 할 수 있는데, 왜냐하면 하나님은 본질상 믿음에 있어서 실패하지 않으시므로 결국 이 말은 상호관계적인 의미를 내포하고 있다고 말할 수 있지 않을까?

7) Fonagy, P. (2005). 애착이론과 정신분석. 반건호 옮김. 서울: 도서출판 빈센트.

8) 앞의 책.

9) 과거 수도원 전통에서는 죄의 회개와 윤리적 문제를 성찰하는데 집중하였기 때문에 양심성찰(consciencious examen)이라고 하였으나, 현대에 들어와서는 하나님의 의재의식과 역동적인 관계를 중시하는 보다 폭넓은 성찰로 바뀌면서 명칭도 의식성찰(consciencious examen)로 바뀌었다.

Aschenbrenner, G. (2007). *Conscious Examen.* Loyola Press: Chicago, Ill.

10) Fonagy, P., & Target, M. (1996). Playing with reality: I. Theory of mind and the normal development of psychic reality. *International journal of psycho-analysis* 77 ,218-221.

11) 바로 이러한 관점에서 최근 기독교계에서 유행이 되고 있는 향심기도가 어떤 전통에 경도되어 있는지를 평가할 수 있다. 향심기도에 대한 전도사격인 현대 영성가인 신시아 부조의 저술(2017)을 보면, 거기에도 관계적인 요소. 즉 자비라는 사랑의 행위에 대한 수련이 있다고 주장하고 있으나, 이는 불교의 수행과 마찬가지로 자기 안으로 들어가 오로지 자기 속에서 완성하여 밖으로 나오는 수련이며, 그 과정이 결코 타인과의 관계 안에서 이루어지는 것이 아니므로, 이는 이인 심리학적인 성찰과는 전혀 다르다고 할 수 있다. 이에 극명하게 대조되는 기독교적인 영성수련들은 철저히 처음부터 끝까지 성령님의 임재하심 가운데서 그 분과의 관계 안에서 이루어지는 성찰이므로, 이런 차이점에 대한 분명한 인식이 필요하다.

12) Allen J., Fonagy, P., and Bateman, A. (2008). *Mentalizing in Clinical Practice.* Arlington: AmerPsychiatricPubInc, 218-219.

13) 이는 앞 장에서 설명한 대로, 첫째, 정신적 동일시, 즉 정신적 등가성(psychic equivalence) 모드로 경험에 매몰된 상태, 둘째, 가상모드(pretend mode)로 회피와 해리를 일으킨 상태, 셋째, 정신화로 상황에 대한 인식이 잘 되어 있는 상태들을 의미 하며, 상세한 설명은 앞 장을 참고하기 바란다.

14) 2장 묵상적 영성과 영성지도를 참고할 것.

15) Bateman, A., & Fonagy, P. (2016). *Mentalization-Based Treat-*

ment for Personality

Disorders; A Practical Guide. London: Oxford University Press.

16) Mary Main의 연구는 이미 언급한 바와 같이 성찰을 잘 하는 엄마는 스스로는 자랄 때 불안정 애착이었지만, 자신의 아이에게는 안정애착을 만들더라는 메리 메인의 연구결과는 메타인지의 중요성을 주목하게 했으며, 이는 Fonagy의 정신화 이론으로 발전하였다.

Wallin, D. (2010). 위의 책.

17) 앞 장의 기본적인 정신화의 기법을 참고할 것.

18) 이냐시오 (2006). **로욜라의 성 이냐시오 자서전.** 한국예수회 역. 서울:이냐시오 영성연구소.(원저 1974 출판) .

19) 자기개방(self-disclosure)은 고전 정신분석에서는 매우 금기시 하는 기법이었으나, 현대 정신분석에서는, 특히 상호주관주의 이론에서는 매우 중요하고도 궁극적인 기법으로서 재조명되고 있다.

Stolorow, R., Brandchaft, B.. and Atwood, G. (1987) *Psychoana-lytic Treatment: An Intersubjective Approach.* NJ: The Analytic Press.

20) Mitchell, S. (1997). *Influence and autonomy of psychoanalysis.* Hillsdale, NJ: Analytic Press.

21) Stolorow et al. (1987), 위의 책.

22) 동양종교, 특히 불교의 마음챙김 명상은 순수한 주의집중으로부터 출발한다. 순수한 주의집중이란 '연속되는 지각의 순간들에서 우리에게, 그리고 우리 안에서 실제로 일어나는 것을 명료하게 집중하여 알아차리는 것'으로서, 무엇인가를 바꾸는 것이 아니라 마음과 정서, 신체를 있는 그대로 관찰함으로써 여태껏 성찰의 대상이 아니었던 마음을

개발하는 것이다. 이런 종류의 주의집중는 그 자체로서 치유적인 기능을 하는 것이 사실이긴 한데, 왜냐하면 현실적인 감정과 관계에서부터 벗어나 집착을 끊고 마음이 청결해지는 훈련을 하기 때문이다. 그러나 불교적 명상이 궁극적으로 추구하는 목표는 모든 것은 실재하지 않으며, 결국에는 자기 자신도 없다는 것을 깨닫게 되고, 우리가 겪는 갈망이나, 욕구, 좌절 등 모든 감정은 원래 실체가 없다는 인식에 도달함으로써 자신의 갈망을 똑똑히 확인하고 탐욕, 분노, 무지의 집착으로부터 벗어나 무조건적인 자유에 도달한다고 본다. 따라서 이런 불교적 명상을 수행한다는 것은 기독교적인 믿음의 세계와는 정반대의 방향으로 정신화를 하는 것인데, 왜냐하면 기독교의 묵상기도(관상기도)는 초기에는 불교의 명상과 유사하게 현실에서의 집착에서부터 벗어나는 마음의 청결함을 추구하지만, 그 다음 단계에서는 불교적 명상과는 정반대로, 우리가 지금의 현실은 확신할 수 없지만, 점차적으로 절대자의 존재 자체와, 그분과의 관계가 친밀해지고, 그 안에서 우리의 정체성이 보다 굳건하게 됨에 따라, 그 관계 안에서는 감정을 포함한 일체가 분명한 자리매김과 관계성을 확립한다는 방향으로 정신화가 이루어진다고 보기 때문이다.

23) 근래 들어 많은 심리치료 책들이 심리치료에 대한 보완적인 기법으로 마음챙김 등의 동양적 명상을 수련자에게 권하고 있는데, 어떤 통계에 의하면 심리치료자의 50%에 달한다는 보고도 있다. 명상과 심리치료의 통합에 관한 대표적인 참고서로는 Wallin의 애착과 심리치료(2010)를 참고할 수 있다.

24) 바로 이와 같은 동일한 인식을 20세기 최고의 영성가로 추앙받는 Thomas Merton도 그의 편지에서 기술한 바 있다. 그는 상당 기간 동양적 영성에 관심을 기울였으나, 그가 죽기 전 마지막 태국으로의 여행에서 수도원으로 보낸 편지에서 이와 같은 생각을 피력한 바 있다.

William Shenon (2005). **토마스 머튼: 생애와 작품**. 오방식 역. 은성 출판사.

SoH심리영성센터

'산으로 가서 여호와 앞에 서라'(Standing on the Horeb mountain, 왕상 19:11)는 부르심에 순종하여 이 세상에서 주님과 함께 살기 위해 모인 묵상공동체로서, 묵상과 침묵의 영성을 중심으로 **기독영성지도**와 **정신역동 심리치료**를 통합한 전인적 영성치유 사역을 지향하고 있습니다.

SoH심리영성센터의 주요활동

1. SoH심리영성센터의 근간이 되는 로뎀공동체 안에서 매월 묵상예배와 묵상기도회를 드리고 있습니다.

- **월례묵상예배 (**매월 첫째 수요일 PM 7시 – 9시)
- **묵상기도회** (매월 셋째 수요일 AM 10시 – 2시 30분)
  렉시오 디비나 및 그룹영성지도, Walkig Prayer

2. SoH심리영성센터는 **부속 SoH상담실**을 통하여 심리치료와 영성지도, 그리고 통합적인 심리영성치유를 실천하고 있으며, **로뎀정신과 클리닉과 연계**하여 전인적 치유를 시도하고 있습니다.

3. **부속 출판사 로뎀 포레스트**를 설립하여 묵상기도와 영성지도, 및 통합적인 심리영성치유에 관한 책들을 출판, 판매해 오고 있으며, 시중의 우수한 영성서적을 소개, 추천 및 판매하고 있기도 합니다.

4. **온전한 인간 이해에 바탕을 둔 심리영성 치유자를 양성**하기 위하여 학기별로 다양한 교육과정을 개최합니다. 두 트랙의 교육과정이 있는데, 하나는 **묵상기도와 영성지도를 위한 과정**과, 다른 하나는 **정신분석적 심리치료를 위한 과정**이며, 궁극적으로는 이 **두 영역을 통합**하는데 목적이 있습니다.

영성심리치료 교육과정개관

1. 치료하는 하나님의 부르심을 받은 영적 돌봄의 사역자들이 묵상기도를 통하여 내면에서 하나님의 임재를 깊이 경험하고 주님과 친밀한 관계를 이루어나가는 가운데, 통찰의 기술을 통한 정신분석적인 심리치료 방법과 영적 분별의 기독교전통 영성지도를 통합함으로써 온전한 치유자, 영성심리치료자로 세움 받을 수 있도록 돕는 과정입니다. 이 과정의 참여자들은 성령의 인도하심을 확신하는 개혁신앙을 가질 것이 요구됩니다.

2. 전 과정은 3 Part로 구성, 과정별 매주 3시간씩 24주로 되어 있습니다.

3. 각 과정은 **한국목회상담협회의 이수평점을 인정받을 수 있습니다.**

4. 전 과정을 이수하고 소정의 과정을 거친 후 **영성심리치료 전문가 자격증**을 수여합니다. **단, 별도의 영성지도 자격증은 수여하지 않습니다.**

Part I. 샘이 마를 때 (묵상기도와 묵상적 삶)

이 과정은 모든 사역자들, 심리치료자, 소그룹 인도자, 셀 리더, 찬양사역자 등 모든 부르심을 받은 사람들이 전문사역자로 나서기에 앞서, 묵상 가운데 주님의 임재를 깨닫고 개인적으로 주님과 친밀한 관계를 깊이 이루어가도록 도움으로써 온전한 치유자로 세워질 수 있도록 돕는 과정입니다.

강의 내용 (총 24주 : 기초 12주, 심화 12주)
영성치유-새로운 지평, 침묵과 경청, 묵상기도, 렉시오 디비나 I, 렉시오 디비나 II, 복음관상, 의식성찰, 묵상기도 II, 영성지도의 개념과 역사, 그룹 영성지도 I, 그룹 영성지도 II, 개혁주의 영성과 묵상, 의식과 관상기도, 묵상(관상)적 삶

Part II. 정신분석과 영적탐구

하나님의 형상대로 지음 받은 인간의 깊은 심층내면을 좀 더 정통 정신분석적인 개념과 함께 현대 정신분석적 개념에 입각하여 세밀히 이해하고 기독교 영성과의 관계 및 임상에서의 적용가능성을 연구함으로써, 온전한 치유자로서 심리영성치료의 기본자세를 습득할 수 있도록 합니다.

II-A. 정신역동과 영적탐구 (12주)

정신분석의 전제들−핵심감정, 심리역동과 방어기제, 인생주기와 심리역동, 심리치료의 외적 조건과 전체 흐름/내담자 평가, 감정의 표현과 공감, 저항과 영적 성숙, 전이와 하나님 이미지, 통찰과 치유, 종결과 애도과정/삶과 죽음, 역전이와 심리적 성찰

II-B. 현대정신분석과 기독교영성 (12주)

현대정신분석과 현대 신학적 변천, 대상관계와 기독교영성, 자기심리학과 기독교영성, 애착이론과 기독교영성, 정신화와 기독교영성, 상호주관주의와 기독교영성, 뇌과학과 기독교영성, 명상과 기독교영성

Part III. 영성지도 및 영성심리치료

III-A. 영성지도 기본과정 (12주)

이 세미나는 하나님의 부르심을 받은 사역자들이 묵상기도를 통하여 스스로의 내면에서 하나님의 임재를 깊이 경험하고 주님과의 친밀한 관계를 바탕으로, 믿음의 현장에서 일어나는 여러 모양의 신앙체험과 고민을 함께 나누고, 성령 안에서의 영적 분별과 건강한 묵상적 공동체를 세워 가는 가장 구체적인 방법인 영성지도(spiritual direction)를 함께 공부하고 연구해 나가는 세미나입니다.

이 과정은 모든 사역자들, 심리치료자, 소그룹 인도자, 셀 리더, 찬양사역자 등 모든 부르심을 받은 사람들이 참여할 수 있지만, 주님 앞에서 침묵하면서 깊은 내면 영혼에서 만나는 그 분의 말씀하심에 귀를 기울이는 것으로

써 새로운 기도의 시작을 열어가는 묵상기도의 의미, 목적, 전통적인 흐름을 이해하는 것과, 분별하시는 성령의 인도하심을 확신하는 개혁 신앙적 믿음의 소유를 필요로 합니다.

이 세미나의 특징은 기독교 전통적인 영성지도의 실제적인 기술을 살펴보는 과정입니다. 영성지도의 관계를 맺음, 나눔, 그리고 기도 충만 가운데 주님 앞에서 전통적인 영적 분별의 방법들을 살피고, 개혁신앙의 입장에서 스스로의 방법을 개발해 나가는 훈련을 합니다. 여러 다양한 종교체험을 다룰 수 있도록 의식심리학과 영성발달 이론을 공부하며, 영성지도 과정 속에서 만날 수 있는 관계개념들의 여러 현상을 살펴봅니다. 지도자, 수련자, 관찰자로 이루어진 triad 형태로 6회에 걸친 practicum을 실시하고 지도감독을 받습니다.

1. Introduction, practicum의 구성/contemplative prayer and life
2. Contemplative listening
3. Reflection practice I
4. Analytic conscious examen
5. 정신영성발달과 성숙
6. 의식심리학과 종교체험
7. 영분별
8. 이냐시오의 영신수련 구성과 역동
9. 심리영성치료(psycho-spiritual therapy)
10. Resistance, transference, counter-transference
11. 개혁주의 영성과 영성지도
12. Final reflection
Practicum (영성지도 실습/Toronto의 Regis College 영성지도 프로그램 참고)
Phase I- Spiritual direction triad practicum (3회)
Phase II- Supervised psychospiritual therapy (6회)

* 영성지도 세미나과정을 이수할 때는 한국목회상담협회 및 한국기독교상담심리학회의 이수평점을 인정받을 수 있지만, 별도의 영성지도 자격증은 수여하지 않습니다.

III-B. 영성심리치료 개인심화과정 (12주)

현대 정신분석과 기독교 영성

Published by Rodemforest

Seoul, Korea 2022

2022년 년 10월 15일

지은이/ 이만홍, 김미희, 김윤희, 유현주

발행처/ 로뎀포레스트

등록번호/ 제2022-132호, 2022년 4월 15일, 강남구청

주소/ 서울 강남구 삼성로 96길 27 진솔빌딩 4층 B

전화/ (02) 558-1911, 556-4113

이메일/ soh1911@naver.com

SoH심리영성센터 홈페이지/ www.soh1911.org

로뎀포레스트 카페/ cafe.naver.com/caferodem

ISBN/ 9791197866739 93230

도서정가/ 16,000원